20.-

Jean-Daniel Blanc

**Wachstum und Wachstumsbewältigung
im Kanton Basel-Landschaft**

Quellen und Forschungen zur Geschichte und Landeskunde
des Kantons Basel-Landschaft, Band 57

Jean-Daniel Blanc

Wachstum und Wachstumsbewältigung im Kanton Basel-Landschaft

Aspekte einer Strukturgeschichte 1940–80

1996 VERLAG
des Kantons Basel-Landschaft

Kommission «Quellen und Forschungen»:
Dr. Hans Utz, Ettingen, Präsident
Dr. Elsi Etter, Itingen
Dr. Jürg Ewald, Arboldswil
Dr. Matthias Manz, Sissach
Dr. Kaspar Rüdisühli, Binningen
Peter Stöcklin, Diegten
Fritz Sutter, Pratteln
lic. phil. Dominik Wunderlin, Basel
Max Zoller, Schönenbuch

Redaktion:
Dr. Hans Utz, Ettingen
Dr. Matthias Manz, Sissach

Abbildung Umschlag:
Der Zonenplan von 1952 von Münchenstein schlug die bereits grossflächig zersiedelten Gebiete der Gemeinde der Bauzone zu, mitten drin verblieben aber auch viele landwirtschaftlich genutzte Freiflächen.

Diese Arbeit ist als ein Projekt der *Forschungsstelle Baselbieter Geschichte* angenommen worden.

Layout: Atelier für Buchgestaltung Albert Gomm SGD, Basel
Satz, Lithos und Druck: Boehm-Hutter AG, Reinach BL
Bindearbeiten: Buchbinderei Grollimund AG, Reinach BL

® Copyright  Liestal 1996

ISBN 3-85673-245-4

Inhaltsverzeichnis

Kapitel 1
Vorwort

Moderne Industriegesellschaften werden in starkem Mass vom Wirtschaftswachstum geprägt. Begleitet wird dieses im allgemeinen von einem mehr oder weniger starken Wachstum der Bevölkerung. In den 30 Jahren zwischen 1945 und 1975 wies die ganze Schweiz ein aussergewöhnlich grosses Wachstum dieser beiden Bezugsgrössen auf, und der Kanton Basel-Landschaft erlebte sogar eine geradezu explosionsartige Zunahme seiner Einwohnerzahl. Die Synchronisierung des Wachstums der beiden Basisgrössen Wirtschaft und Bevölkerung zeigte sich aber auch beim Wachstumseinbruch in der zweiten Hälfte der 70er Jahre. Angesichts dieser gleichgerichteten Bewegung kann davon ausgegangen werden, dass zwischen den beiden Grössen eine wechselseitige Beeinflussung stattfindet und es zu kumulativen Effekten kommt, ohne dass der genaue Zusammenhang hier untersucht werden soll. Wenn in dieser Arbeit von Wachstum und Wachstumsbewältigung die Rede ist, so ist im allgemeinen das gemeinsame Wachstum von Bevölkerung und Wirtschaft gemeint.
Als Kriterium für Wirtschaftswachstum wurde die Veränderung des realen Bruttoinlandproduktes der Schweiz verwendet, eine Grösse, welche definitionsgemäss die Gesamtheit aller im Laufe eines Jahres im Inland produzierten Güter und Dienstleistungen umfasst. An sich wäre die Verwendung eines Indikators für die regionale Wirtschaftsentwicklung wünschbar, doch besteht für den gesamten hier untersuchten Zeitraum keine ausreichende Datenbasis dafür, während die nationale Buchhaltung seit 1948 geführt wird. Die regionale Konjunkturentwicklung sollte allerdings keine grösseren Abweichungen vom nationalen Trend aufweisen, abgesehen vom durch das überproportionale Bevölkerungswachstum verursachten Zuwachs.
Es muss betont werden, dass mit dem Begriff Wachstum in dieser Arbeit keine Wertung verbunden wird, und schon gar keine im Sinn eines allgemeinen Fortschrittes. Wachstum wird zwar als quantitativer Vorgang verstanden, darüber hinaus aber auch als Indikator des wirtschaftlichen und gesellschaftlichen Wandels. Es wird gefragt, wie

die kantonale Politik auf die Herausforderungen reagierte, vor die sie aufgrund des beschleunigten Wachstums und seiner Folgeerscheinungen gestellt wurde. Zwei Grundtypen politischen Handelns können in diesem Zusammenhang unterschieden werden: Das Ziel einer Wachstumspolitik ist die Förderung des Wachstums und die Bereitstellung optimaler Rahmenbedingungen dafür. Die Wachstumsbewältigungspolitik dagegen beschäftigt sich mit der Verarbeitung der vielfältigen Folgeerscheinungen des Wachstums. In der Praxis sind diese beiden idealtypischen Politikmuster in den meisten Fällen kaum klar unterscheidbar. So ist etwa die Erstellung staatlicher Infrastrukturen Teil jeder Wachstumspolitik, sie dient aber auch, z. B. im Fall von Abwasserreinigungsanlagen, der Bewältigung der Wachstumsfolgen. Es soll in dieser Arbeit auch nicht nach Definitionen gesucht, sondern gefragt werden, welche Ziele in den einzelnen Politikbereichen verfolgt und welche Probleme wahrgenommen wurden, und wie sich das im Zeitverlauf als Folge des Wachstumsprozesses selbst verändert hat.

Zeitgeschichtliche Forschung hat in der Schweiz noch immer Seltenheitswert, und die hier verfolgten Fragestellungen sind noch kaum untersucht worden. Dieser schlechte Forschungsstand, die thematische Breite der Untersuchung selbst, und die eher abstrakte Fragestellung führten insgesamt dazu, dass kein allzu kohärentes Werk entstand. Die Arbeit ist das Resultat eines Forschungsprozesses, der erst begonnen hat, und noch kein abgerundetes Bild liefern kann. Überblickartige Darstellung mischt sich teilweise mit detaillierten Untersuchungen einzelner Prozesse, andere wichtige Entwicklungen konnten nur oberflächlich behandelt werden, und unumgänglicherweise blieben grosse Lücken offen. Insbesondere konnte im Rahmen dieser Arbeit nicht auf die allgemeine politische Geschichte des Kantons Basel-Landschaft eingegangen werden, und auch die Personen, die darin eine Rolle spielten, fehlen fast völlig.

Der Fokus der vorliegenden Untersuchung liegt auf der kantonalen Ebene. Immer wieder wird aber auch auf Entwicklungen auf Bundesebene eingegangen, die ihre Auswirkungen im Baselbiet hatten. Im Bereich der Ortsplanung wird wiederholt die kommunale Perspektive eingenommen. Zeitlich umfasst die Untersuchung die vier Jahrzehnte von 1940 bis 1980, die wichtigsten Entwicklungslinien der Zeit seit 1980 werden in Schlusskapiteln kurz umrissen.

Verwendete Quellen

Für die Arbeit wurde folgendes Quellenmaterial verwendet:
– Gedruckt vorliegende amtliche Berichte, v.a. der jährliche Amtsbericht des Regierungsrates, die chronologische Gesetzessammlung des Kantons, der Geschäftsbericht der Basellandschaftlichen Kantonalbank.
– Die im Staatsarchiv gesammelten Vorlagen des Landrates, die im wesentlichen Berichte des Regierungsrates oder der landrätlichen Kommissionen an den Landrat beinhalten. In Einzelfällen wurde das Protokoll des Landrates verwendet.
– Zeitgenössische Artikel aus Zeitungen und Zeitschriften, allen voran der Basellandschaflichen Zeitung.
– Für den Bereich der Raumplanung wurden eigentliche Archivquellen verwendet, nämlich: Für die 40er Jahre im Staatsarchiv thematisch geordnet vorliegende Unterlagen aus der Verwaltung, vorwiegend aus der Baudirektion. Akten aus späterer Zeit, v.a. aus den 50er und 60er Jahren, konnten in der Ablage des Amtes für Orts- und Regionalplanung gefunden werden.
Die verwendeten statistischen Daten stammen aus dem Statistischen Jahrbuch des Kantons Basel-Landschaft, mit Ausnahme der Angaben zur schweizerischen Wirtschaftsentwicklung, welche den vom Bundesamt für Statistik herausgegebenen langfristigen Reihen entnommen sind.[1] Die einzige eigene Bearbeitung des Datenmaterials stellt die Deflationierung der Werte der kantonalen Bautätigkeit dar, wozu der Zürcher Baukostenindex verwendet wurde.

Periodisierung und Aufbau der Arbeit

Die Bedeutung der Chronologie, des zeitlichen Ablaufes der beschriebenen Entwicklungen, wird in dieser Arbeit hoch eingeschätzt. Dem wird mit einer in Perioden eingeteilten Darstellung der Entwicklungen Rechnung getragen, wobei die konventionelle zeitliche Grösse von Jahrzehnten gewählt wurde. Dies ist nützlich, weil keine eigenen Bezeichnungen eingeführt werden müssen und immer klar ist, wovon gesprochen wird. Dennoch hätte dieses Verfahren nicht gewählt werden dürfen, wenn es nicht auch aus inhaltlichen Gründen sinnvoll gewesen wäre. Es wird in der Arbeit versucht, Grundcharakteristiken jedes Jahrzehntes herauszuarbeiten, wobei als selbstverständlich angenommen wird, dass die untersuchten Prozesse sich nicht an die Grenzen der Jahrzehnte hielten.

---

1   Bundesamt für Statistik 1992.

Die Arbeit ist in zwei Hauptteile gegliedert, welche in sich je chronologisch aufgebaut, also in Jahrzehnt-Kapitel eingeteilt sind. Der erste Hauptteil ist der allgemeineren strukturgeschichtlichen Entwicklung gewidmet und mit Wachstumspolitik überschrieben: Demographische und wirtschaftliche Entwicklungen, sozial- und wirtschaftspolitische Grundtendenzen und ausgewählte Aspekte der kantonalen Politik , v.a. der Finanz- und Infrastrukturpolitik, werden hier behandelt. Der zweite Hauptteil enthält die beiden im engeren Sinne als Wachstumsbewältigung zu bezeichnenden Bereiche Raumplanungs- und Umweltpolititik, welche beide von bescheidenen Anfängen in den 40er Jahren zu etablierten Politikbereichen heranwuchsen.
Diese Art der Darstellung soll die Entwicklungsdynamik innerhalb der einzelnen Bereiche betonen. Selbstverständlich kann die Arbeit auch anders gelesen werden, indem jeweils die beiden einem Jahrzehnt gewidmeten Kapitel aneinandergehängt werden.

Dank

Ich möchte an dieser Stelle allen danken, die mir beim Zustandekommen dieser Arbeit geholfen haben. Ich denke dabei insbesondere an Ruedi Epple, Iris Gronemeier, Barbara Heuberger, Martin Leuenberger, Mario König, Judith Manz-Tanner. Darüber hinaus gilt mein Dank der ganzen Forschungsstelle Baselbieter Geschichte und allgemein dem Kanton Basel-Landschaft, der das anspruchvolle und beispielhafte Projekt einer neuen Kantonsgeschichte ermöglichte, zu der dieses Buch einen Baustein darstellt.

Wachstumspolitik

Kapitel 2
Aufbruch in eine neue Zeit

In bezug auf die Bevölkerungsentwicklung stand der Kanton Basel-
Landschaft in den 40er Jahren auf der Schwelle zwischen einem seit
langem andauernden mässigen und einem plötzlich losbrechenden
masslosen Wachstum. Ähnliches gilt für die wirtschaftliche Entwicklung, die sich nach dem Ende des Zweiten Weltkrieges ebenfalls stark
beschleunigte. Der Übergang von der durch Krise und Krieg geprägten Zeit zu den Jahren des Wirtschaftsbooms erfolgte aber nicht ohne
heftige Auseinandersetzungen über den künftigen sozial- und wirtschaftspolitischen Kurs.

2.1   Mässiges Bevölkerungswachstum – ungleiche Verteilung

Baselland hatte bereits seit dem ausgehenden 19. Jahrhundert ein
beschleunigtes Bevölkerungswachstum erlebt, das allerdings auf
bescheidenem Niveau erfolgte. So zählte der Kanton im Jahr 1900
erst knapp 70 000 Einwohnerinnen und Einwohner. Die Bevölkerungsentwicklung verlief in den beiden Kantonsteilen immer unterschiedlicher. Während die Bevölkerung des stadtnahen Bezirks
Arlesheim von 1900 bis 1941 von 26 000 auf 46 000 Einwohner
wuchs, stagnierte sie in den beiden ländlichen Bezirken Sissach und
Waldenburg in der selben Zeitspanne bei knapp 17 000 bzw. gut 9000.
Zwischen diesen beiden Extremen bewegte sich der Bezirk Liestal
mit einem mässigen Wachstum von 16 000 auf 21 000 Einwohnerinnen und Einwohner.
Das Bevölkerungswachstum erfolgte aber auch im zeitlichen Ablauf
keineswegs gleichmässig. Nachdem die Kantonsbevölkerung während des Wirtschaftsbooms der 20er Jahre nochmals kräftig gewachsen war, stagnierte sie während der Depression der 30er Jahre. Von
1941[1] bis 1950 war wieder ein starkes Wachstum der Bevölkerungszahlen zu verzeichnen, dessen regionale Verteilung für einmal relativ

---

1   Die eidgenössische Volkszählung wurde 1940 kriegsbedingt aufs folgende Jahr ver-
     schoben.

Wachstumsraten BL-Bevölkerung nach Bezirken

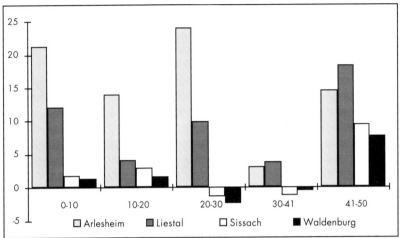

Graphik 1: Der Bezirk Arlesheim wies schon seit Beginn des Jahrhunderts das grösste Bevölkerungswachstum auf, gefolgt vom Bezirk Liestal.

ausgeglichen war – die Wachstumsrate des Hauptstadtbezirks lag sogar über jener von Arlesheim.

Baselland war vor dem Zweiten Weltkrieg noch alles andere als ein Einwanderungskanton. Nur in den 20er Jahren wies der Kanton einen Wanderungsgewinn aus, während bis 1945 jeweils mehr Leute das Baselbiet verliessen als zuwanderten.[2] In der zweiten Hälfte der 40er Jahre führte allerdings ein beträchtlicher Wanderungsgewinn von fast 6000 Personen zu einer Trendwende.

Diese Bilanzen sollen allerdings nicht davon ablenken, dass neben den Wanderungsbewegungen über die Kantonsgrenze auch grössere Binnenwanderungen stattfanden, worauf auch die unterschiedliche Entwicklung der einzelnen Bezirke hindeutet. Insgesamt begann sich die Bevölkerung innerhalb des Kantons zu den entstehenden Vororten der Stadt Basel umzuschichten, wobei es vorerst zumeist Angehörige niederer sozialer Schichten waren, die sich in den um die Stadt gelegenen Gemeinden niederliessen. Erst im Verlauf der 30er Jahre kam es bei der sozialen Zusammensetzung der Zuwanderer zu einer gewissen Trendwende, als im Gefolge der Sozialpolitik des «Roten Basel» das Leben in der Stadt für ärmere Leute von der Landschaft attraktiver wurde und sich umgekehrt Wohlhabende aus der Stadt in einigen der Vororte niederzulassen begannen.[3]

2   Es handelt sich jeweils um Jahrzehnt-Bilanzen gemäss StJ BL.
3   BZ 1.8.1941.

Bevölkerungsentwicklung BL

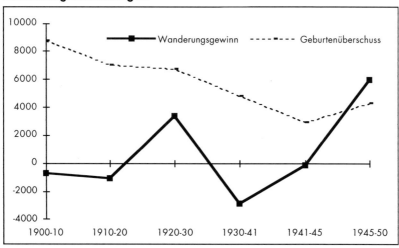

Graphik 2: Die Bevölkerung wuchs per saldo lange in erster Linie aufgrund des
Geburtenüberschusses. Nach dem Zweiten Weltkrieg nahm der Wanderungsgewinn
schlagartig zu.

Die verhältnismässig bescheidene Bevökerungszunahme des Kantons beruhte also bis 1945 fast ausschliesslich auf dem Geburtenüberschuss der einheimischen Bevölkerung. Die Geburtenrate entwickelte sich allerdings in Baselland, wie in der ganzen Schweiz, langfristig stark zurück, und zwar von etwa 30 Lebendgeborenen pro 1000 Einwohner zu Beginn des Jahrhunderts bis auf 13,8 im Jahre 1940. Diese fast 40 Jahre dauernde Abnahme führte zu wachsenden Ängsten vor einer Überalterung der Bevölkerung und einem Aussterben der Schweizerinnen und Schweizer. Ende der 30er Jahre kam es aber zu einer unerwarteten Trendwende, und die Zahl der Geburten begann wieder deutlich zu steigen. In der zweiten Hälfte der 40er Jahre lag die Geburtenrate bei 17 bis 18 mit weiter steigender Tendenz. Diese Entwicklung wurde allerdings erst mit einer gewissen Verspätung wahrgenommen, bzw. sie wurde zunächst als vorübergehende Erscheinung interpretiert. Immerhin ist bemerkenswert, dass in der unsicheren Situation während des Krieges immer mehr Kinder geboren wurden.
Einen historischen Tiefpunkt wies 1941 mit 5,4 Prozent der Anteil der im Kanton lebenden Ausländerinnen und Ausländer auf. Während der 40er Jahre begann dieser Anteil wieder zu steigen und erreichte 1950 bereits 6,2 Prozent.

2.2 Unerwartet rascher wirtschaftlicher Aufschwung

Nach der Depression der 30er Jahre zeigten sich die 40er Jahre wirtschaftlich insgesamt trotz Krieg von einer günstigen Seite. Das Übel der Massenarbeitslosigkeit war besiegt und die Zukunftsaussichten allgemein recht positiv. Dennoch überraschte der nach Kriegsende fast schlagartig einsetzende Aufschwung, denn mit einer solchen Entwicklung hatte niemand gerechnet. Allerdings blieben viele der kriegswirtschaftlichen Restriktionen noch einige Zeit bestehen.

Industriekanton mit bäuerlicher Prägung

Das Bild der basellandschaftlichen Wirtschaft wurde 1941 noch stark von der Industrie und der Landwirtschaft bestimmt, wo 18 941 bzw. 9845 Personen Beschäftigung fanden. Im Bereich der Dienstleistungen waren dagegen erst 6546 Personen beschäftigt. Baselland konnte damit als Industriekanton mit gleichzeitig stark bäuerlicher Prägung gelten. Keine Rede kann jedenfalls davon sein, dass Baselland vor dem Krieg noch ein armer «Bauern- und Posamenterstaat» war, wie später häufig behauptet wurde.

Der Industriesektor war vielfältig und dadurch relativ krisenresistent, und auch die regionale Verteilung der verschiedenen Industrien konnte insgesamt als ziemlich ausgeglichen gelten. Allerdings konzentrierte sich die wirtschaftliche Entwicklung im oberen Baselbiet seit dem Eisenbahnbau auf die Haupttäler, während sich die Plateaudörfer tendenziell entvölkerten.[4] Einzig das schlecht erschlossene Reigoldswilertal bereitete in wirtschaftlicher Hinsicht ernsthafte Sorgen. Die frühere Hauptindustrie des Kantons, die Seidenbandweberei, spielte nach ihrer schweren Krise in den 20er Jahren nur mehr eine geringe Rolle. Nach dem Zweiten Weltkrieg herrschte zwar wieder Vollbeschäftigung unter den Heimposamentern, doch handelte es sich dabei vorwiegend um ältere Leute, während der Nachwuchs angesichts der düsteren Zukunftsperspektiven fehlte.[5]

Bereits zu dieser Zeit arbeitete eine wachsende Zahl von Baselbietern nicht in ihrem Wohnkanton, sondern in der nahegelegenen Stadt. Aber nicht nur zwischen Basel und seinen Vororten, sondern auch zwischen den Dörfern auf den Hochebenen und den Industrieorten in den Tälern flossen bereits grössere Pendlerströme hin und her. In bezug auf letztere schrieb ein Beobachter 1945: «Wir leben in einer Zeit, da die Fabrikarbeiter der Plateaudörfer täglich den mühsamen

---

4   Schaffner, S. 195ff.
5   Grieder, S. 212.

Weg ins Tal zurücklegen. Auf die Dauer wird aber die Umsiedlung ins Tal und damit die Entvölkerung der Plateaudörfer nicht zu vermeiden sein.»[6]
Absehbar war in den 40er Jahren, dass der industrielle Schwerpunkt des Kantons künftig noch stärker dem Rhein entlang liegen würde. Pratteln und Muttenz waren bereits die wichtigsten Industrieorte, und die Entwicklung des Industriegebietes Schweizerhalle zeichnete sich mit der Verlegung wichtiger Chemiebetriebe in den späten 30er Jahren ab. Kurz nach Kriegsausbruch war die erste Etappe der beiden basellandschaftlichen Rheinhäfen Birsfelden und Au vollendet, nachdem sie auch aus Gründen der Arbeitsbeschaffung kräftig vorangetrieben worden war. Das künftige Kraftwerk Birsfelden dagegen war erst in Planung. Aus kriegswirtschaftlicher Sicht hätte man sich in den 40er Jahren wohl eine umgekehrte Reihenfolge der Realisierung dieser Grossprojekte gewünscht. Denn während die Rheinschiffahrt durch den Krieg stark beeinträchtigt war und die Häfen deshalb in den ersten Jahren mit Verlust arbeiteten,[7] war die Nachfrage nach Elektrizität als einzige einheimische Energiequelle gross.
Ein weiteres grosses Vorhaben in diesem Gebiet war während des Krieges heftig umstritten: Das Projekt für einen neuen Basler Flughafen sah zunächst im Hardwald, dann bei Allschwil eine Piste für den sich stark entwickelnden Flugverkehr vor. Beide Standorte wurden aber frühzeitig wieder fallengelassen.[8]

Beschäftigung und präventive Arbeitsbeschaffung

Bei Kriegsausbruch konnte die grosse Krise der 30er Jahre wirtschaftlich als überwunden gelten, doch politisch wirkte sie stark nach. Während des Krieges herrschte allgemein das Bemühen, dem Auftreten von Arbeitslosigkeit zuvorzukommen, denn man war sich der sozialen Sprengkraft derselben bewusst. Erstmals wurde der Bund auf diesem Gebiet aktiv, indem er die Kantone mit der Erstellung von präventiven Arbeitsbeschaffungsprogrammen beauftragte.[9] Diese bestanden vor allem aus öffentlichen Bauprojekten, die während des Krieges ohnehin nicht realisiert werden konnten, aber in ausführungsreifem Zustand bereitgehalten wurden. Während des Krieges war die wirtschaftliche Lage den Umständen entsprechend nicht schlecht, und die Zahl der Arbeitslosen lag im Kanton Basel-

6   Schaffner 1945, S. 230.
7   Vgl. Haerri 1981.
8   Vgl. Löw 1989.
9   Bericht RR betr. das Arbeitsbeschaffungsprogamm vom 9.5.1944, (Vorlagen).

Landschaft lediglich noch bei 200 bis 300, wozu selbstverständlich auch die Mobilisierungen beitrugen.

Allerdings rechnete man damit, dass nach Kriegsende eine ausgeprägte Rezession einsetzen würde. Deshalb häuften sich gegen Kriegsende Vorstösse, die präventive Massnahmen gegen die zu erwartende Arbeitslosigkeit verlangten. So meinte der sozialdemokratische Landrat Ryser im März 1945 in einem Vorstoss: «Es muss angenommen werden, dass demnächst sich die wirtschaftlichen Verhältnisse des Kantons verschlechtern werden. Vermutlich wird eine gewisse Arbeitslosigkeit nicht zu vermeiden sein, sei es wegen Mangel an Rohstoffen oder wegen dem Fehlen von Exportmöglichkeiten. Entsprechende Gegenmassnahmen müssen rechtzeitig getroffen werden.»[10]

Die Ansicht, gegen die zu erwartende grössere Arbeitslosigkeit müsse energisch vorgegangen werden, wurde von fast allen politischen Kräften geteilt, wenn auch aus unterschiedlichen Gründen. Zum einen sah man in einer Massenarbeitslosigkeit eine Gefahr für die politische Stabilität und den sozialen Frieden, die man nicht in Kauf zu nehmen gewillt war. Zum anderen hatten sich seit Mitte der 30er Jahre die wirtschaftspolitischen Orientierungen stark verändert. In staatlichen Arbeitsbeschaffungsmassnahmen sah man nun eine nötige Massnahme zur Glättung von konjunkturellen Wechsellagen.[11]

Doch zur allgemeinen Überraschung kam es unmittelbar nach Kriegsende nicht zu einer Krise, sondern zu einem heftigen konjunkturellen Aufschwung, der schon nach kurzer Zeit in verschiedenen Bereichen zu einem Arbeitskräftemangel führte. Im Amtsbericht des Jahres 1945 wurde konstatiert: «Mit dem Abschluss des Krieges bzw. der Aktivdienstzeit trat dann das Gegenteil dessen ein, was hatte befürchtet werden müssen: anstelle eines wirtschaftlichen Schocks mit entsprechender Massenarbeitslosigkeit ein bedeutendes Ansteigen der Konjunktur mit entsprechender, stets zunehmender Knappheit an Arbeitskräften in allen Erwerbsgebieten.»[12] Als Folge dieses Aufschwungs kam es zu einem raschen Rückgang der restlichen Erwerbslosigkeit, und 1948 zählte man im ganzen Kanton noch lediglich 17 Teil- und Ganzarbeitslose.

Die Angst vor der Krise blieb aber bestehen, denn man interpretierte die Wirtschaftsentwicklung – nicht ganz zu unrecht – als «Nachholkonjunktur», und rechnete deshalb nach Erschöpfung des Nachhol-

10   Interpellation Ryser vom 26.3.1945, (Vorlagen).
11   Vgl. Prader S. 203ff.
12   AB 1945, S. 45.

bedarfes mit ihrem Ende. Tatsächlich kam es dann 1949 zu einer heftigen Rezession, die wieder zu Unsicherheit über die wirtschaftlichen
Perspektiven führte. Allerdings zeigte es sich auch, dass die Auswirkungen dieses Einbruchs auf den Arbeitsmarkt relativ bescheiden
blieben. Ausserdem konnten nun die seit Kriegsende in grosser Zahl
eingeführten italienischen Arbeitskräfte als «Konjunkturpuffer» verwendet werden, genau wie man es sich vorgestellt hatte.

Miet- und Wohnbaupolitik in der Krieg und Nachkriegszeit

Während des Krieges wurden in der Schweiz die Regeln der freien
Marktwirtschaft durch die staatliche Kriegswirtschaft in wesentlichen Bereichen ausser Kraft gesetzt oder stark eingeschränkt. Die
Konzentration der kriegswirtschaftlichen Kompetenzen beim Bund,
verbunden mit dem bundesrätlichen Vollmachtenregime, brachte
eine aussergewöhnliche Zentralisierung der politischen Macht in der
Schweiz mit sich. Diese ermöglichte rasches und zielgerichtetes Han-
deln, sie degradierte aber die Kantone weitgehend zu ausführenden
Organen des Bundes. Zu den Zielen der schweizerischen Kriegswirtschaft gehörte neben der wirtschaftlichen Versorgung in besonderem
Masse die Wahrung des sozialen Friedens. Damit wurde eine Lehre
aus dem Ersten Weltkrieg gezogen, wo die ungleiche Verteilung von
Kosten und Gewinnen des Krieges zu einer wachsenden sozialen
Polarisierung und schliesslich zum Landesgeneralstreik von 1918
geführt hatte.
Ein wichtiges Instrument der kriegswirtschaftlichen Sondervoll-
machten stellte die Überwachung der Preise dar, mit der die kriegsbedingte Teuerung in Grenzen gehalten werden sollte. Der wichtigste
Teil war die strenge Kontrolle der Mietpreise, mit welcher der Bundesrat die Kantone beauftragte. Sie kam praktisch einer Einfrierung
der Wohnungsmieten gleich. Tatsächlich verharrte der Mietpreisin-
dex während der Kriegsjahre auf dem Stand von 1939, während in
allen anderen Bereichen eine erhebliche Teuerung zu verzeichnen
war. Im Amtsbericht 1942 zog der Regierungsrat eine positive
Bilanz: «Die Einführung des Mieterschutzes trug viel dazu bei, dass
die Forderungen der Hausbesitzer in die nötigen Schranken gewie-
sen werden konnten. Waren vorher die Mieter nur allzu willfährig,
irgendwelchen Preiserhöhungen zuzustimmen, machte sich hiernach
eine merkliche Versteifung ihrer Haltung bemerkbar.»[13]
Während in den ausgehenden 40er Jahren fast alle kriegswirtschaftlichen Massnahmen nach und nach aufgehoben wurden, stiess eine

---

13   AB 1942, S. 206.

Aufhebung der Mietzinskontrolle angesichts der grossen Wohnungsnot auf heftige Opposition. Obwohl die Organisationen der Hausbesitzer auf eine rasche Aufhebung der sie einengenden Bestimmungen
drängten, setzten sich die Vertreter der Mieterseite weitgehend
durch, und es wurden lediglich einige generelle Mietzinserhöhungen
bewilligt. Die Kontrolle der Mietpreise sollte also ein wichtiges Element der Nachkriegsentwicklung im Wohnungsmarkt bleiben.

Während des Zweiten Weltkrieges erachtete man in der Schweiz eine
starke staatliche Unterstützung des privaten Wohnungsbaues als
nötig, da dieser in den ersten Kriegsjahren weitgehend zusammenge-
brochen war. Der Bundesrat leitete 1942 eine generelle, d.h. einkom-
mensunabhängige Subventionierung des Wohnbaus ein, welche an
die Bedingung einer gleichzeitigen Subventionierung durch den
jeweiligen Kanton geknüpft war. Auch der Kanton Basel-Landschaft
beteiligte sich an verschiedenen Wohnbauaktionen des Bundes, da
auch hier eine steigende Wohnungsnot zu verzeichnen war. Bei
Kriegsende wurde sogar zur Beschlagnahmung leerstehender oder zu
wenig genützter Wohnungen gegriffen.

Auch die Subventionierung des Wohnbaus wurde angesichts dieser
Situation nach dem Krieg fortgesetzt. Allerdings wurden nun auch
zunehmend sozialpolitische Bedingungen für die Förderung gestellt,
insbesondere die Förderung kinderreicher Familien war eines der
Ziele.[14] Dennoch kam insgesamt ein hoher Anteil der in den 40er Jahren im Kanton Basel-Landschaft erstellten Wohnungen und Einfamilienhäuser in den Genuss einmaliger staatlicher Kapitalzuschüsse.[15]
Bei einem späteren Verkauf der Häuser mussten die staatlichen Beihilfen zurückgezahlt werden.

2.3 «Es geht um einen neuen Geist»

In der unmittelbaren Nachkriegszeit wurden in der Schweiz wichtige
sozialpolitische Fragen geklärt und damit die Fundamente eines
neuen gesellschaftlichen Konsenses gefestigt, ohne den der jahrzehntelange wirtschaftliche Aufschwung kaum denkbar gewesen wäre.
Die Schaffung einer solidarischen Altersversicherung und die verfassungsmässige Klärung der Rolle des Staates in der Wirtschaft werden
hier aufgeführt, weil sie als nationale Ereignisse auch im Baselbiet
hohe Wellen schlugen. Die Vollendung des schweizerischen Modells
der Sozialpartnerschaft mit der Erkämpfung von Gesamtarbeitsver-

14 Vgl. Angelini/Gurtner und Enderle.
15 Die 2760 geförderten Objekte stellten über 70 Prozent des gesamten Wohnbaus dar.
Christen 1952, S. 130.

trägen wurde auch in der Region Basel ausgetragen und berührte das Baselbiet direkt.

Sozialpolitische Aufbruchstimmung

Der ab 1943 einsetzende Aufbruch in die Nachkriegszeit trug in der Schweiz die Züge einer sozialpolitischen Nachholbewegung und einer politischen Linkswende. In den Nationalratswahlen von 1943 verbuchten die Sozialdemokraten starke Gewinne, und noch im gleichen Jahr zog erstmals ein Mitglied dieser Partei in den Bundesrat ein. Mit dem Programm «Die neue Schweiz» formulierte die SPS ihre Zukunftsvorstellungen. Links von der Sozialdemokratie formierte sich die verbotene Kommunistische Partei unter dem Namen «Partei der Arbeit» neu und erzielte spektakuläre Stimmengewinne.

Mut zum sozialpolitischen Aufbruch war aber auch im bürgerlichen Lager spürbar.[16] Grosse Teile der Bürgerlichen waren der Meinung, es gelte die seit dem Ende des Ersten Weltkrieges herrschende politische Polarisierung durch soziale Reformen zu überwinden. Für die in den Jahren der äussersten Anspannung beschworene Vorstellung einer «Volksgemeinschaft» musste nun der sozialpolitische Preis bezahlt werden, wollte man nicht wieder in das alte Muster zurückfallen. Jedenfalls herrschte nach den gemeinsam durchlittenen Kriegsjahren die Überzeugung vor, lange verschleppte politische Aufgaben seien nun endlich zu erledigen. Vor allem anderen handelte es sich dabei um die Schaffung einer staatlichen Altersversicherung, die nun in kurzer Zeit vorangetrieben wurde.

Damit kein falscher Eindruck entsteht, soll aber auch darauf verwiesen werden, dass die sozialpolitische Aufbruchstimmung nach dem Kriegsende ihre klaren Grenzen hatte und weitgehend von konservativen gesellschaftspolitischen Vorstellungen geprägt wurde. Keine Chance hatte beispielsweise die in verschiedenen Kantonen vorgebrachten Vorstösse für die Einführung des Frauenstimmrechtes. Auch im Kanton Basel-Landschaft wurde ein entsprechender Landratsbeschluss von den Stimmbürgern am 7. Juli 1946 mit grosser Mehrheit zurückgewiesen.[17]

Unter der Überschrift «Es geht um einen neuen Geist» publizierte die «Basellandschaftliche Zeitung» in der Woche vor dem 6. Juli 1947 ihre redaktionellen Stellungnahmen zu den drei Abstimmungsvorlagen des Wochenendes: AHV, Wirtschaftsartikel, Arbeitslosenversicherung. Sie präzisierte: «Wenn wir vom wahren neuen Geiste reden,

16   Vgl. Luchsinger 1994.
17   BZ 7.7.1946.

so von jenem, der an der Landi gefeiert wurde, den man dann in den Kriegsjahren im Wehrmannskleid und an der Arbeitsfront praktisch erprobte und der nun heute berufen ist, an der neuen Welt zu bauen. Ein Geist, der vor allem aus der Notgemeinschaft wuchs.»[18]
Im Zentrum des neuen Geistes, den die Redaktion der freisinnigen Zeitung beschwor, stand die Abstimmung über die Schaffung der Alters- und Hinterbliebenenversicherung, mit der ein bereits jahrzehntealter Verfassungsauftrag umgesetzt werden sollte. Der Kommentator stellte in diesem Zusammenhang die rhetorische Frage, «ob das Schweizervolk bereit ist, für seine Alten, Witwen und Waisen, für sich selbst und für die Anderen, ein Opfer zu bringen, oder nicht.»[19] Noch pathetischer rief das befürwortende Komitee in Inseraten dazu auf, mit der Annahme des AHV-Gesetzes «ein in die Zukunft leuchtendes Denkmal der Solidarität unserer Generationen» zu schaffen. Die Zustimmung zur Altersversicherung blieb diesmal nicht aus. Eine überwältigende Mehrheit der Schweizer Stimmbürger legte zur Schaffung dieses sozialpolitischen Jahrhundertwerkes ein Ja in die Urne. Auch im Kanton Basel-Landschaft war die Zustimmung enorm, und keine einzige Gemeinde lehnte die Vorlage ab. «Ein Ehrentag des Schweizervolkes und des Baselbiets» titelte die BZ am Montag nach der Abstimmung auf der Frontseite und betonte: «Mit besonderer Genugtuung vermerken wir aber das glänzende Resultat unseres Baselbiets, das mit 22 053 : 2542 Stimmen an zweiter Stelle den Tessinern dichtauf folgt und gestern einmal mehr bewiesen hat, dass es seines Selbstbestimmungsrechtes und seines gleichberechtigten Platzes im Kreis der Eidgenossenschaft würdig ist.»[20]

Zwischen Liberalismus und Interventionismus

Am gleichen Abstimmungssonntag wurde auch die Verankerung der sogenannten Wirtschaftsartikel in der Bundesverfassung gutgeheissen. Mit diesem Schritt wurde die notrechtliche Praxis, die sich in der Wirtschaftspolitik in der Zwischenkriegszeit eingeschlichen hatte, beendet, und es wurden konstitutionelle Leitplanken für die kommende Entwicklung gesetzt. Die Zustimmung zur hartumkämpften Kompromisslösung der Wirtschaftsartikel war weitaus geringer als jene zur AHV. Im Kanton Basel-Landschaft wurde die Vorlage immerhin in allen Bezirken mit einem Gesamtstimmenverhältnis von 13 053 Ja zu 10 760 Nein angenommen. Auffallend war dabei insbe-

18   BZ 2.7.1947.
19   BZ 4.7.1947.
20   BZ 7.7.1947.

sondere die Zustimmung der Bauerngemeinden, während in den
Arbeiterorten die Mobilisierung geringer blieb.[21]

Die Wirtschaftsartikel stellten eine klare Absetzung von einer rein
liberalen Position dar, indem die Berechtigung staatlicher Interventionen anerkannt wurde. Andererseits wurden darin auch die
dominierende Rolle der Marktwirtschaft und die Handels- und
Gewerbefreiheit festgehalten. Um die genaue Formulierung dieser
Verfassungsartikel war angesichts ihres grundsätzlichen Charakters
hart gerungen worden. Die Einleitung von Artikel 31bis bestimmte
die Richtung der ganzen Vorlage: «Der Bund trifft im Rahmen seiner
verfassungsmässigen Befugnisse die zur Mehrung der Wohlfahrt des
Volkes und zur wirtschaftlichen Sicherung der Bürger geeigneten
Massnahmen.» Im gleichen Artikel 31 wurde der Spielraum der Kantone für den Erlass eigener Bestimmungen auf die in der Bundesverfassung vorgesehenen Bereiche beschränkt.

Die neuen Verfassungsbestimmungen gaben die Richtung vor, in der
sich die wirtschaftspolitische Praxis der kommenden Jahrzehnte
bewegen sollte. Sie stellten die konstitutionelle Grundlage des
schweizerischen Modells einer sozialen Marktwirtschaft dar.

Die Sozialpartnerschaft wird erkämpft

Trotz reformfreudiger Stimmung wurden in den ersten Nachkriegsjahren keine Geschenke verteilt, sondern viele der neuen Errungen-
schaften mussten hart erkämpft werden. Dies galt insbesondere für
die Regelung der industriellen Beziehungen durch Gesamtarbeitsver-
träge, mit denen erst eine solide Grundlage für die später als typisch
schweizerisch verstandene Sozialpartnerschaft gelegt wurde. Die
Schweiz erlebte in den mittleren 40er Jahren eine letzte grosse Streikwelle, bei der die Forderung nach Gesamtarbeitsverträgen eine zentrale Rolle spielte.

Auch in Baselland brachen verschiedene solche Arbeitskonflikte aus.
1944 kam es in der Säurefarik Schweizerhalle zu einem für die
Gewerkschaften erfolgreichen Streik. Die Beschäftigten erkämpften
sich hier noch vor jenen der baselstädtischen Chemiebetriebe einen
Gesamtarbeitsvertrag.[22] Das gleiche Resultat erreichten die 400
Arbeiterinnen der Schappespinnerei von Arlesheim im Jahr 1946,
nachdem sich die Unternehmensleitung zuvor noch strikte geweigert
hatte, mit der Gewerkschaft in Verhandlungen zu treten.[23] Die

---

21   BZ 7.7.1947.
22   Stirnimann 1992.
23   Brassel/Schiavi 1987, S. 62.

Arbeitskämpfe der 40er Jahre drehten sich also nicht um Lohnfragen, sondern es wurde mit ihnen eine institutionalisierte Regelung der industriellen Beziehungen errungen.

Wenn sich die Arbeitgeberseite auch noch heftig gegen vertragliche Regelungen wehren mochte, so war doch die Sozialpartnerschaft grundsätzlich auch von der bürgerlichen Seite erwünscht. Dies zeigte sich in einer Motion der freisinnig-demokratischen Fraktion im Landrat vom Sommer 1945: «In unserem Kanton fehlt eine Organisation, die objektiv eine gute Zusammenarbeit zwischen Arbeitgeber und Arbeitnehmer vermitteln und fördern könnte, die auch in der Lage wäre, den Abschluss von Gesamtarbeitsverträgen zu erleichtern. Eine solche Organisation muss deshalb geschaffen werden. Dabei käme als zweckmässigste Lösung ein Ausbau des kantonalen Einigungsamtes in Betracht.»[24]

24   Motion Matter vom 5.7.1945.

Kapitel 3
Wachstumsschub ohne Probleme

Nach dem Zweiten Weltkrieg wurde der Kanton Basel-Landschaft von einem gewaltigen wirtschaftlichen Aufschwung und von grossen Bevölkerungsverschiebungen erfasst. Diese Umwälzungen trafen eine Gesellschaft, die darauf nicht unvorbereitet war. Sie erreichten allerdings ein Ausmass, mit dem niemand gerechnet hatte, und es ist nicht zu übersehen, dass man den Herausforderungen durch das beschleunigte Wachstum nicht in allen Bereichen gewachsen war.

3.1   Anschwellende Einwanderungsströme

Das Bevölkerungswachstum, das im Kanton Basel-Landschaft schon in der zweiten Hälfte der 40er Jahre begonnen hatte, setzte sich in den 50ern beschleunigt fort. Mit einer Zunahme von fast 36 Prozent in zehn Jahren erreichte es neue Dimensionen und beförderte Baselland an die Spitze der Schweizer Wachstumskantone. Dies war neu, denn bisher hatte sich das kantonale Bevölkerungswachstum ungefähr im schweizerischen Mittel bewegt. Allerdings blieb das Ausmass dieses Wachstums wegen der schlechten statistischen Erfassung verborgen; ein Phänomen, auf dessen Ursachen später näher eingegangen wird.
Das Bevölkerungswachstum erfolgte innerhalb des Kantons keineswegs gleichmässig verteilt, sondern die bereits länger andauernde Auseinanderentwicklung der verschiedenen Kantonsteile verstärkte sich, wobei das Spektrum von Gemeinden, deren Bevölkerungszahl sich im Laufe der 50er Jahre beinahe verdoppelte, bis zu vielen unter Abwanderung leidenden Dörfern reichte. Das Bevölkerungswachstum der 50er Jahre folgte ganz allgemein schon vorgeprägten Mustern, d.h. es konzentrierte sich auf diejenigen Gemeinden, die schon in den Jahrzehnten zuvor gewachsen waren.
Im Bezirk Arlesheim waren es vor allem die stadtnahen Gemeinden des ersten Vorortsgürtels, die von einer bereits grossen Bevölkerungszahl ausgehend weiter anwuchsen und siedlungsmässig immer mehr mit der Stadt Basel verschmolzen. Die weiter entfernten

Bevölkerung: Wachstumsraten im Vergleich

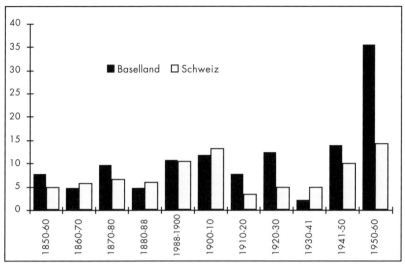

Graphik 3: Das Bevölkerungswachstum im Kanton Basel-Landschaft war ausser in den beiden Jahrzehnten von 1910 bis 1930 immer ähnlich hoch gewesen wie in der ganzen Schweiz. Dies änderte sich nach dem Zweiten Weltkrieg rasch.

Gemeinden des zweiten Vorortsgürtels wurden erst im Verlauf des Jahrzehntes stärker vom Wachstum erfasst. Insgesamt wohnte nun bereits deutlich mehr als die Hälfte der Kantonsbevölkerung im Bezirk Arlesheim. Im oberen Kantonsteil konzentrierte sich das Wachstum auf die grösseren Orte im Ergolztal (Liestal, Lausen, Sissach, Gelterkinden) und – in kleinerem Ausmass – auf die Industriegemeinden des Waldenburgertales.

Ursachen des Bevölkerungswachstums

Das starke Bevölkerungswachstum hatte verschiedene Ursachen. Es war zum einen auf die bereits seit den ausgehenden 30er Jahren gestiegene Gebärfreudigkeit zurückzuführen, eine Entwicklung, die in erster Linie daher rührte, dass häufiger und jünger geheiratet wurde als früher.[25] Die Zahl der Lebendgeborenen pro 1000 Einwohner stieg im Verlauf der 50er Jahre auf über 20 an, nachdem die Zahl zuvor bis auf 14 abgesunken war.
Doch so stark dieser «Babyboom» auch sein mochte, für das aussergewöhnliche Wachstum in Baselland war doch in erster Linie die

25   Höpflinger, S. 63.

Zuwanderung verantwortlich, welche nach dem Ende des Krieges massiv einsetzte. Die Zunahme der Einwohnerzahl von gut 40 000 innerhalb des Jahrzehntes war nur zu gut einem Drittel auf den Geburtenüberschuss zurückzuführen, der Rest war die Folge des Wanderungsgewinnes. Allerdings verstärkten sich die beiden Wachstumsimpulse gegenseitig, da es sich bei den Zuwandernden oft um junge Familien handelte.

Die Zuwanderer können grob in drei Kategorien eingeteilt werden: Erstens diejenigen Stadtbasler, die freiwillig oder gezwungenermassen die Enge der Stadt mit dem Wohnen «im Grünen» der Vorstädte vertauschten und sich dafür meist einen längeren Arbeitsweg einhandelten. Zweitens trug zunehmend auch die innerschweizerische Binnenwanderung zum Wachstum bei, wobei es sich zu einem grossen Teil um Leute aus den wirtschaftlich schwächeren Regionen der Berggebiete handelte, die in die wachsenden städtischen Agglomerationen zogen. Drittens setzte sich die bereits in den späten 40er Jahren eingeleitete Einwanderung ausländischer Arbeitskräfte fort. Auffallend ist, dass die ausländische Wohnbevölkerung viel schneller wuchs als die Gesamtbevölkerung. Der Ausländeranteil stieg in zehn Jahren von 6 auf 13 Prozent. Dies entsprach einer Verdreifachung der absoluten Zahl auf fast 19 000 Menschen, wovon der grössere Teil junge Männer waren. Diese massive Zunahme ist an sich erstaunlich, und es stellt sich deshalb die Frage, ob in dieser Zeit eine eigentliche Einwanderungspolitik betrieben wurde.

Die Vorstellung einer dauernden Rotation

Der massive Import ausländischer Arbeitskräfte stellte die Antwort auf die permanente Anspannung des Arbeitsmarkes dar. Die Industrie und vor allem die Bauwirtschaft hatten einen fast nicht zu befriedigenden Bedarf an zusätzlichen Arbeitskräften, und diesem wurde von den politischen Behörden durch eine sehr liberale Einwanderungspraxis entsprochen. Da es eine eigenständige Baselbieter Ausländerpolitik nicht gab und den kantonalen Instanzen lediglich die Umsetzung der auf Bundesebene getroffenen Entscheide oblag, muss die gesamtschweizerische Fremdarbeiterpolitik betrachtet werden.

Die Fremdarbeiterpolitik der 50er Jahre folgte weitgehend derjenigen der ersten Nachkriegsjahre. Der kurze Zyklus von Aufschwung und Rezession der späten 40er Jahre galt als erfolgreicher Testlauf für das Modell einer durch Ausländerbeschäftigung flexiblen Arbeitsmarktpolitik. Auf dieser Erfahrung aufbauend wurde die offizielle Theorie der Ausländerbeschäftigung als «Konjunkturpuffer» weiterentwickelt.[26] Die ausländischen Arbeitskräfte sollten dieser Vorstellung gemäss nicht nur den Bedürfnissen der Wirtschaft entsprechen, sondern auch die negativen Folgen der konjunkturellen Wechsellagen von den inländischen Arbeitnehmern fernhalten. Diese Sichtweise wurde auch vom Arbeitsamt Baselland, der kantonalen Bewilligungsbehörde, recht unverblümt geäussert: «Soweit ausländische Arbeitskräfte in der Industrie beschäftigt werden, bilden sie dank der gesetzlichen Möglichkeit des Widerrufes gegebener Arbeitsbewilligungen eine beschäftigungspolitische Manövriermasse, die sich zahlenmässig den Schwankungen der Beschäftigungsverhältnisse laufend anpassen lässt.»[27]

Folglich sollte es sich bei den Ausländern vorwiegend um junge, unverheiratete Männer handeln, die nach einigen Jahren wieder in ihre Heimat zurückkehren würden. Diese Vorstellung der «Rotation» der Ausländer wurde durch entsprechende Massnahmen zu verwirklichen gesucht, insbesondere durch die Verweigerung des Familiennachzugs und durch die Bevorzugung der Saisonbewilligung auch in nicht saisonalen Branchen.

Allerdings konnte man sich im Verlauf der 50er Jahre der Tatsache nicht länger verschliessen, dass das Rotationsmodell unter den Bedingungen anhaltender Hochkonjunktur immer weniger spielte. Die dauernde Rotation entsprach weder den Wünschen der Arbeitgeber noch denjenigen der betroffenen Menschen, die immer weniger an eine baldige Rückwanderung dachten. Die zunehmende Abhängigkeit der gesamten Wirtschaft, und insbesondere des Baugewerbes, von der Ausländerbeschäftigung machte darüber hinaus auch den konjukturellen Charakter der Ausländerbeschäftigung zur Illusion. So dachten die meisten Unternehmen auch während der Rezession 1958 nicht daran, ihre Arbeitskräfte, ob in- oder ausländisch, zu entlassen.

Langsam, sehr langsam bekam man eine Ahnung davon, dass die Fremdarbeiterpolitik nicht nur zu mehr Wohlstand für die einheimische Bevölkerung, sondern auch zu einer eigentlichen Masseneinwanderung führen würde. Sobald die Schweizerinnen und Schweizer mit der Perspektive konfrontiert waren, dass die als Arbeitskräfte willkommenen Ausländer sich für längere Zeit niederlassen könnten, regte sich die latent vorhandene Fremdenfeindlichkeit. So wurde in den «Basler Nachrichten» 1957 unter der Überschrift «Die Niederlassung unerwünschter Elemente in den Vorortsgemeinden» in einem rüden Ton auf ein neues Problem hingewiesen:

26   Vgl. Niederberger 1981 und Prader 1981.
27   AB 1953, S. 240.

«Ein weiteres, ziemlich schwerwiegendes Problem für die Vorortgemein-
den besteht darin, dass viele als Fremdarbeiter zugezogene Italiener jetzt
bald zehn Jahre in der Schweiz weilen und damit das Recht auf Niederlassung erhalten. Muss die Gemeinde, die zuletzt vor der Erreichung der
Zehnjahresgrenze vielleicht nur kürzere Zeit den Ausländer beherbergt
hat, ihm die Niederlassungsbewilligung mit entsprechenden Risiken ertei-
len?»[28]

Die meisten italienischen Arbeitskräfte befanden sich allerdings in
der wenig komfortablen Situation einer rechtlichen Zwitterstellung.
Einerseits waren sie arbeitsrechtlich den Einheimischen weitgehend
gleichgestellt – dies auf Druck der Gewerkschaften, die so ein eigentliches Lohndumping verhindern wollten. Andererseits waren sie in
der geographischen und beruflichen Mobilität stark eingeschränkt.
Mit der Verweigerung des Berufs- und Stellenwechsels sollte verhindert werden, dass eine eigentliche Konkurrenz um die – trotz massi-
vem Zufluss immer knappen – Ausländer einsetzte. Diese Politik
kam letztlich einer Stützung ertragsschwacher Branchen und Regionen gleich. Dementsprechend häufte sich die Ausländerbeschäftigung trotz formaler Lohngleichheit in den schlecht entlöhnten Bereichen, aus denen sich die Schweizer Arbeitnehmer zunehmend
zurückzogen.

3.2   Fast pausenloser wirtschaftlicher Aufschwung

Am wirtschaftlichen Himmel der 50er Jahre schien die Sonne pausenlos, unterbrochen von nur einem kurzen Gewitterregen. In diesem Treibhausklima expandierte im Kanton Basel-Landschaft vor
allem die Industrie und die Bauwirtschaft. Die nach Krise und Krieg
revitalisierte freie Marktwirtschaft garantierte in weiten Bereichen
wirtschaftlichen Erfolg und sozialen Frieden. Trotzdem griff man
pragmatisch zu staatlichen Eingriffen, wo man es aus politischen
oder sozialen Gründen für nötig erachtete.

Reallohngewinne und Vollbeschäftigung

Im Jahre 1949 wurde die Nachkriegskonjunktur von einer heftigen
Rezession unterbrochen. Nicht nur der basellandschaftliche Regierungsrat befürchtete, dass damit die Hochkonjunktur zu Ende sein
könnte: «Der Kulminationspunkt der Nachkriegsüberkonjunktur
liegt hinter uns. […] Wenn auch diese ‹Normalisierungstendenz›
direkte staatliche Gegenmassnahmen vorläufig noch nicht als unver-

28   BN 12.2.1957.

meidlich erscheinen lässt, so hat doch dieser unverkennbare Konjunkturumschwung eine latente und allgemeine Unsicherheit über die nächste wirtschaftliche Zukunft heraufbeschworen.»[29]
Die wirtschaftliche Unsicherheit zu Beginn des Jahrzehnts hielt nicht lange an, denn bereits im folgenden Jahr setzte ein Konjunkturaufschwung ein, der nicht so bald wieder nachlassen sollte. Was zunächst als «Korea-Boom» mit dem Kriegsausbruch im Fernen Osten erklärt wurde, leitete eine rund zweieinhalb Jahrzehnte dauernde Zeit wirtschaftlicher Blüte ein. Herausragendes Merkmal der wirtschaftlichen Entwicklung der 50er Jahre waren die hohen Wachstumraten des realen Bruttoinlandproduktes, die im Durchschnitt fast fünf Prozent betrugen. Nur einmal, im Jahre 1958, war eine kleine Rezession zu verzeichnen.[30]
Die bereits 1950 geringe Erwerbslosigkeit wurde in kurzer Zeit völlig abgebaut, und schon 1955 hiess es: «Die Vollbeschäftigung schöpft die letzten Arbeitsmarktreserven aus; in vielen Betrieben herrscht ein ausgesprochener Personalmangel.»[31] In den späten 50er Jahren wurden im Kanton jeweils weniger als 10 Arbeitslose ausgewiesen. Diese kamen aufgrund persönlicher Eigenschaften für keine der vielen offenen Stellen in Frage, denn: «Wer heutzutage nicht auf dem Weg über das den Inserateteil der Zeitungen nachgerade beherrschende Stellenangebot Arbeit oder ihm besser zusagende Beschäftigung findet, ist als Arbeitskraft schon irgendwie suspekt, beruflich-qualitativ, charakterlich oder gesundheitlich.»[32]
Die Situation eines permanent ausgetrockneten Arbeitsmarktes stellte das vielleicht prägendste Merkmal des Wirtschaftsbooms der Nachkriegszeit dar. Neu war, dass konjunkturelle Rückschläge praktisch keine Auswirkungen mehr auf den Arbeitsmarkt hatten. So war zwar die Rezession von 1958 mit einer Schrumpfung des Sozialproduktes um zwei Prozent nicht unbedeutend, aber sie führte nicht zu einem nennenswerten Rückgang der ausländischen Beschäftigung. Diese Entwicklung kann damit erklärt werden, dass die Unternehmen aufgrund einer günstigen Erwartungshaltung inbezug auf die längerfristige Entwicklung auf Entlassungen verzichteten oder die Lockerung des Arbeitsmarktes sogar dazu nutzten, ihren Personalbestand im Hinblick auf den folgenden Aufschwung aufzustocken. Von der günstigen Entwicklung am Arbeitsmarkt profitierte auch die Arbeitnehmerschaft, wenn auch nicht übermässig. Die Reallöhne

29 Bericht RR betr. Subventionierung von Projektierungsarbeiten zur Vorbereitung der Arbeitsbeschaffung vom 4.8.1950, (Vorlagen).
30 Bundesamt für Statistik 1992.
31 KB BL 1955, S. 3.
32 AB 1957, S. 473.

wuchsen zwar um durchschnittlich zwei Prozent jährlich, doch war dies angesichts des Wirtschaftswachstums und der Produktivitätsgewinne eher bescheiden. Eine allgemeine Zurückhaltung bei den Lohnforderungen kann als charakteristisches Merkmal der 50er Jahre gelten. Sie war angesichts des ausgetrockneten Arbeitsmarktes keineswegs selbstverständlich, entspricht aber der allgemeinen politischen Mässigung jener Jahre. Auch die Gewerkschaften bewerteten die Sicherung der langfristigen Wachstumschancen deutlich höher als kurzfristige Lohnmaximierungen.[33]

Diese Haltung entsprach auch der Mentalität eines grossen Teils der Bevölkerung, welcher zwar die Früchte einer bescheidenen Wohlstandssteigerung genoss, aber die günstige Situation primär zur Absicherung der eigenen Position zu nutzen suchte. So musste sich die öffentliche Arbeitsvermittlung trotz ausgetrocknetem Arbeitsmarkt keineswegs über mangelnden Andrang beklagen, denn sie beobachtete, dass «das Sekuritätsstreben immer allgemeiner wird. Viele Arbeiter – vornehmlich solche mittleren Alters, die die grosse Krise der 30er Jahre erlebt und zum Teil am eigenen Leib verspürt haben – glauben nicht an die Verewigung der heutigen guten Konjunktur und tendieren darum unter den günstigen Verhältnissen dieser Zeit nicht nur auf besser bezahlte, sondern vor allem auch auf krisenfeste Arbeitsplätze.»[34]

Die Zurückhaltung der Arbeitnehmerforderungen trug aber auch dazu bei, dass trotz Vollbeschäftigung und angespanntem Arbeitsmarkt die Inflation gering blieb, was man keineswegs als selbstverständlich ansah. So befürchtete die Kantonalbank 1955: «Es liegt auf der Hand, dass namentlich von der Überbeschäftigung inflatorische Impulse ausgehen, die leicht die berüchtigte Lohn-Preisspirale in Gang setzen können.»[35] Die Teuerungsraten blieben aber ausser im Jahr 1951 stets unter zwei Prozent, wobei allerdings auch das schon als zu hoch beurteilt wurde.

Die Wirtschaftspolitiker sahen sich immer stärker mit dem Problem konfrontiert, die Konjunktur nicht ankurbeln zu müssen, wie sie es erwartet hatten, sondern dämpfend einzugreifen. Dabei erwiesen sie sich weder als konsequent noch als besonders erfolgreich. Lange sah man in einer freiwilligen Mässigung aller Beteiligten ein erfolgversprechendes Rezept. Auch die Beschäftigung einer immer grösseren Zahl von Ausländern betrachtete man lange als konjunktur- und inflationsdämpfende Massnahme.[36] Allerdings kamen in der Wirt-

33   Siegenthaler 1987, S. 503f.
34   AB 1956, S. 447.
35   KB BL 1955, S. 3.
36   Prader, S. 166ff.

schaftswissenschaft zunehmend Zweifel an dieser angebotsorientier-
ten Interpretation auf, die vor allem auf die Drosselung der befürchteten Lohninflation ausgerichtet war. Man begann sich zu fragen, ob
die stetige Ausweitung der ausländischen Beschäftigung nicht selbst
zu einem Motor der Konjunkturüberhitzung geworden sei.

Fortschreitende Industrialisierung

«Gesamthaft gesehen kann die Schweiz auf ein weiteres Jahr der
Wirtschaftsblüte zurückblicken. Hauptträger der Konjunktur waren
neben dem stark angestiegenen Aussenhandel die hohen Investitionen, vor allem ein erneut gesteigertes Bauvolumen, und der auf die
gute Kaufkraft weiter Bevölkerungskreise gestützte Verbrauch im
Inland. In der von der Konjunktur weniger begünstigten Textilindu-
strie und andern, unter starker Importkonkurrenz leidenden Bran-
chen zeigte sich indessen trotz guter Beschäftigung ein Rückgang der
Konjunktur.»[37]
Mit diesen Worten beschrieb 1955 die Basellandschaftliche Kantonalbank die wirtschaftliche Entwicklung eines durchschnittlichen Jahres
des Jahrzehnts. Die gute Konjunktur war zuallererst auf die hohe
Exportnachfrage zurückzuführen, die ab 1950 einsetzte. Fast alle
Branchen, insbesondere die im Baselbiet gut vertretene Chemie- und
Maschinenindustrie, konnten von der guten Nachfrage profitieren.
Schwierigkeiten hatten in dieser Zeit lediglich die im säkularen Trend
beständig schrumpfende Textil- und Bekleidungsindustrie. Die traditionelle Heimposamenterei verschwand zwar noch nicht ganz, doch
gerieten die zumeist älteren Posamenter immer mehr in eine «Relikt-
situation».[38]
Baselland entwickelte sich in diesen Jahren noch ausgeprägter zu
einem Industriekanton, wobei es sich in erster Linie um Industrien
handelte, welche in der Stadt keinen Raum für Expansion mehr fanden und deshalb in ihr Umland zogen. 1955 zählten über zwei Drittel der Arbeitsplätze im Kanton zum zweiten Sektor (Industrie,
Gewerbe, Handwerk). Das für die ganze Schweiz zu konstatierende
«Übergewicht» des Industriesektors war also in Basel-Landschaft
aufgrund der Lage des Kantons noch ausgeprägter, da hier der in den
städtischen Zentren konzentrierte Dienstleistungssektor nur wenig
vertreten war. Die Zahl der im Tertiärsektor beschäftigten Personen
stieg im Baselbiet nur langsam an.

37   KB BL 1955, S. 3.
38   Grieder 1985, S. 214f.

Die Betrachtung der Struktur der Arbeitsplätze innerhalb der politischen Grenzen des Kantons ist allerdings nur beschränkt sinnvoll, da für ein vollständiges Bild die gesamte regionale Wirtschaft betrachtet werden muss. Die Pendelbeziehungen zwischen den beiden Halbkantonen waren zwar noch nicht so weit entwickelt wie heute, aber bereits von beträchtlicher Bedeutung. Im Jahre 1960 arbeiteten von gesamthaft 68 800 Beschäftigten in Baselland deren 18 400 im Kanton Basel-Stadt, während nur 4600 Städter ins Baselbiet zur Arbeit fuhren.[39] Demgegenüber wies Baselland zu diesem Zeitpunkt mit den übrigen angrenzenden Kantonen sowie mit Deutschland und Frankreich eine deutlich positive Pendlerbilanz aus.

Das untere Baselbiet (Bezirk Arlesheim und Pratteln) stand ganz im Zeichen der Dynamik des Wirtschaftszentrums Basel. Diese zeigte sich einerseits in der industriellen Expansion aus der Stadt heraus, andererseits in der wachsenden Zahl von Einwohnern der Vororte, welche täglich nach Basel zur Arbeit meist am Bürotisch fuhren. Das städtische Umland des Unterbaselbietes differenzierte sich somit in reine Wohngebiete und in Industrieregionen von verschiedener Grösse. Der industrielle Schwerpunkt verlagerte sich noch stärker an den Rhein zwischen Muttenz, Pratteln und den Rheinhäfen. Letztere erlebten jetzt einen enormen Aufschwung. Spitzenreiter der industriellen Entwicklung im Kanton war in den 50er Jahren Muttenz, wo sich die Zahl der Industriearbeiter in zehn Jahren verdreifachte. Muttenz und Pratteln wiesen 1960 als einzige Gemeinden des unteren Kantonsteils mehr Zu- als Wegpendler auf. Industrielle Arbeitsplätze entstanden zwar in fast allen Gemeinden des Unterbaselbiets, doch sie waren nirgends so dominant wie in diesen beiden Industrieorten. Auch im Oberbaselbiet verstärkten sich die wirtschaftlichen Unterschiede. Liestal, Lausen und Sissach beherbergten eine wachsende Zahl von Industriearbeitsplätzen, und obwohl diese Orte auch das grösste Bevölkerungswachstum verzeichneten, zogen sie immer mehr Pendler aus der Umgebung an.[40] Die industrielle Entwicklung im Ergolztal folgte weiterhin der SBB-Hauptlinie, denn auch in Gelterkinden und Tecknau expandierte die Zahl der Betriebe. Im zweiten wirtschaftlichen Schwerpunkt des oberen Kantonsteils, dem Waldenburgertal, entwickelten sich die Industrieorte Waldenburg, Ober- und Niederdorf und Hölstein weiter, und auch sie wiesen bis 1960 wesentlich mehr Zu- als Wegpendler auf. Umgekehrt mussten immer mehr Leute aus den abgelegenen Dörfern des Oberbaselbiets zur Arbeit in ein nahegelegenes Regionalzentrum fahren. Die Landwirt-

39   StJ BL 1965, S. 44ff.
40   Alle drei erwähnten Orte wiesen 1960 eine positive Pendlerbilanz auf.

schaft steigerte zwar ihre Produktivität und ihre Erträge in einem hohen Ausmass, doch sie bot immer weniger Leuten Arbeit und war insbesondere bei den Löhnen nicht mehr konkurrenzfähig. So wies der Primärsektor 1965 gerade noch ein Drittel der Beschäftigtenzahl auf, die er bei Kriegsausbruch gehabt hatte.

Zusammenfassend lässt sich sagen, dass sich die Wirtschaftsgeographie des Kantons Basel-Landschaft im Verlauf der 50er Jahre nicht grundsätzlich veränderte, dass sich aber die bereits bestehenden Unterschiede noch stärker ausprägten.

Ein endloser Bauboom

Die Bauindustrie dominierte mit ihrem gewaltigen Wachstum die Binnenkonjunktur. So stieg das jährlich ausgeführte Bauvolumen im Verlauf des Jahrzehntes im Kanton Basel-Landschaft nominal von 68,3 auf 263,8 Millionen Franken. Das enorme Wachstum der Bauwirtschaft lag weit über dem, was jeweils für möglich gehalten wurde und versetzte auch sachkundige Beobachter immer wieder in Erstaunen: «Seit Jahren besteht die Meinung, die Bauwirtschaft sei an der Grenze ihrer Kapazität angelangt; von Jahr zu Jahr aber sind die Bauaufwendungen weiter angestiegen.»[41] Oder es wurde fast beschwörend festgehalten: «Es werden sich nicht ewig immer wieder neue Rekordjahre folgen können. Und es wird eben mit einer Rückkehr zu ‹normaleren› Verhältnissen gerechnet werden müssen.»[42]

Doch es folgten dann jeweils noch weitere Rekordjahre. Unterbrochen wurde die stetige Entwicklung lediglich durch die Rezession der Jahre 1957 und 1958, welche durch eine Kreditverknappung verursacht wurde. Doch dieser kurze Rückgang wurde in den letzten Jahren des Jahrzehntes mehr als kompensiert.

Die Graphik zeigt erstens die gewaltige Steigerung der gesamten Bautätigkeit in nur 10 Jahren auf etwa das Dreifache, die in zwei grossen Schüben erfolgte. Zweitens lässt sie auf eine relativ geringe Bedeutung der öffentlichen Bautätigkeit schliessen. Einzig als sich während der Rezession von 1958 der private Bau zurückbildete, steigerte sich der Anteil des staatlichen Hoch- und Tiefbaus von rund 20 auf über 30 Prozent. Wir werden auf die Ursachen und Folgen der geringen öffentlichen Bautätigkeit zurückkommen. Drittens zeigt die Graphik deutlich den grossen Anteil des Wohnbaus an der Bautätigkeit. Fast die Hälfte der in die Bauwirtschaft investierten Mittel diente jeweils der Steigerung des Wohnungsangebotes.

---

41   KB BL 1955, S. 4.
42   Bericht RR über Grundlagen, Durchführung und Ergebnisse der Bauerhebung 1957/58, (Vorlagen).

Bautätigkeit in BL in den 50er Jahren

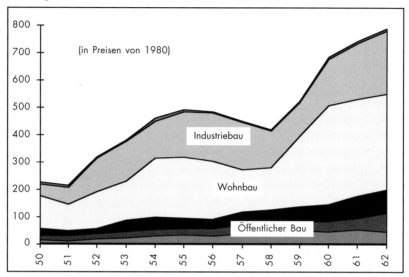

Graphik 4: Das reale Wachstum der Bautätigkeit im Kanton Basel-Landschaft war während der 50er Jahre ausserordentlich hoch. Die Kategorie öffentlicher Bau besteht der Reihe nach aus: Strassenbau, übriger Tiefbau und Hochbau.

Die Steigerung der privaten Bautätigkeit kann einerseits mit einer rasch und stetig wachsenden Nachfrage erklärt werden. Die wachsende Bevölkerung verlangte nach einer Steigerung der Wohnungsproduktion, und auch die expandierende Industrie benötigte immer neue Hallen. Ermöglicht wurde die Expansion der Bauwirtschaft andererseits durch günstige angebotsseitige Bedingungen: Der Kapitalmarkt war stets flüssig, die Zinsen meist niedrig und das Arbeitskräfteangebot dank der Fremdarbeiterpolitik sehr flexibel. Gegen Ende des Jahrzehntes begannen sich allerdings die Klagen über die Verteuerung der Baukosten zu häufen, und es mehrten sich die Anzeichen, dass die Bauwirtschaft nun trotz grosser Flexibilität an die Grenzen ihrer Kapazitätausweitung zu stossen begann. Dabei spielte auch die Verknappung und Verteuerung von Bauland eine Rolle. Doch für die 50er Jahre sind diese Erscheinungen noch nicht typisch, wenn natürlich auch zu dieser Zeit immer wieder über steigende Bodenpreise geklagt wurde.

Staatliche Eingriffe zur Sicherung des sozialen Friedens

Seit dem Ausgang des Krieges herrschte in grossen Teilen des Kantons Basel-Landschaft praktisch ununterbrochen ein grosser Mangel an Wohnraum. Trotz der enormen Wohnbautätigkeit änderte sich an dieser Situation die ganzen 50er Jahre hindurch wenig, was angesichts des grossen Bevölkerungswachstums nicht erstaunt. Dieses permanente Ungleichgewicht auf dem Wohnungsmarkt und die daraus resultierenden politischen Forderungen führten dazu, dass der Staat diesen Markt nicht sich selbst überlassen konnte. Aus Sorge um den sozialen Frieden waren aber auch für den Fall wirtschaftlicher Einbrüche umfangreiche staatliche Interventionen vorgesehen.

Ende und Wiederaufnahme der Subventionierung des Wohnbaus

Während des Krieges hatte man im Kanton Basel-Landschaft den privaten Wohnbau mit Hilfe des Bundes nach dem Giesskannenprinzip subventioniert. Das Ziel war dabei eine allgemeine Steigerung des Wohnungsbaues und nicht eine Förderung kostengünstiger Wohnungen. Gegen Ende der 40er Jahre verbreitete sich Unzufriedenheit mit dieser «staatlichen Krückenwirtschaft».[43] Im Kanton Basel-Landschaft wurde 1948 mit einem kantonalen Wohnbaugesetz der Wechsel zu einer stärker sozialpolitisch differenzierten Wohnbauförderung vorgenommen. Allerdings wurde das Gesetz in der Volksabstimmung nur knapp angenommen, da sich die grundsätzlichen Gegner staatlicher Unterstützung immer stärker zu Wort meldeten. Im Jahre 1950 scheiterte die Weiterführung der Wohnbausubventionen des Bundes an einem Referendum.[44] In der Folge wurde auch im Kanton Basel-Landschaft die Subventionierung des Wohnbaues vorerst völlig eingestellt.
Die 50er Jahre standen damit ganz im Zeichen des privaten Wohnungsbaues. Zunächst herrschte allgemeines Erstaunen, dass der Wohnbau nach Ende der staatlichen Subventionierung ohne Unterbruch weiterging. In einer offensichtlichen Fehleinschätzung der Lage hatte man die Steigerung des Wohnbaues im Jahr 1949 noch mit der Angst vor einem Ende der Subventionierung erklärt und deshalb mit einem Einbruch gerechnet. Das Vertrauen in die Marktkräfte im Bereich der Wohnungsproduktion wurde nun aber offensichtlich bestätigt, nachdem man diesen Markt vorher jahrelang für

43   BZ 31.5.1948.
44   BZ 30.1.1950.

grundsätzlich gestört gehalten und deshalb geglaubt hatte, nur mit
staatlicher Förderung liesse sich eine genügende Wohnbautätigkeit
aufrechterhalten.

Schnell zeigte sich allerdings, dass die Probleme angesichts der günstigen wirtschaftlichen Entwicklung nicht mehr bei der Produktion
sondern bei der Verteilung des Wohnraumes lagen. Die steigenden
Bodenpreise und Baukosten hatten zur Folge, dass einkommensschwache Bevölkerungsgruppen entweder gar keine Wohnung mehr
fanden oder aber eine für sie viel zu teuere Neubauwohnung beziehen mussten.[45] In einem Artikel in der BZ wurden die Zustände 1953
mit den folgenden Worten kommentiert: «Es gibt auch bei uns noch
sehr viel mehr Familien, die in menschenunwürdigen Wohnverhält-
nissen leben und mehr Kinder, die in Elendswohnungen, in allzu
engen Verhältnissen – und vielfach sogar ohne ihr eigenes Bett – auf-
wachsen müssen, als sozialhygienisch und staatspolitisch zu verant-
worten ist.»[46]

Die ausgeprägte Wohnungsnot bestimmter sozialer Gruppen führte
dazu, dass sich staatliche Interventionen im Bereich des Wohnbaus
nicht mehr umgehen liessen und auch im Grundsatz nicht bestritten
wurden.[47] Aufgrund von Vorstössen im Landrat legte die Kantonsregierung deshalb 1953 drei sozialpolitische Wohnbaugesetze vor. Der
Staat sollte Beiträge leisten an den Bau einfacher Wohnbauten speziell für Minderbemittelte und ebenso an Umbauten und Sanierungen
zur Beschaffung von billigem Wohnraum. Drittens sollte er kinder-
reichen, einkommensschwachen Familien direkte Mietzinszuschüsse
zukommen lassen. Umstritten war von den drei Vorlagen einzig die
letzte, die direkte Auszahlung von Beihilfen an den Mietzins, und sie
wurde von den Stimmbürgern auch als einzige abgelehnt. Es wurde
vor allem beanstandet, dass die Bedingungen für die Berechtigung zu
large seien.[48]

So wurde der soziale Wohnbau von Staates wegen ab 1953 wieder in
bescheidenem Ausmass gefördert. Insgesamt wurden in den 50er
Jahren im Kanton Basel-Landschaft 8,3 Prozent der Neubauten subventioniert.[49] Nach der Ansicht der Regierung war diese Subventionierung unumgänglich, wie sie später erklärte: «Denn daran kann
wohl angesichts der Bevölkerungsentwicklung der letzten zwei Jahr-

45   Vgl. AB 1954, S. 52.
46   BZ 28.8.1953. Auch der Kanton Basel-Landschaft lehnt die Vorlage ab, wenn auch nur
      knapp.
47   Auch ein Gegner der staatlichen Mietzinsbeiträge betonte: «Dass es Aufgabe des Staates
      ist, hier [gegen die Wohnungsnot] mit geeigneten Mitteln einzugreifen, wird im Ernste
      grundsätzlich nicht bestritten werden können.» BZ 28.8.1953.
48   BZ 28.8.1953.
49   Vgl. Cappus 1963.

zehnte nicht der geringste Zweifel sein, dass sich unser Kanton ohne Wohnbauaktion heute mit Bezug auf seinen Wohnungsmarkt in einer weit auswegloseren Lage befände.»[50]
Gegen Ende des Jahrzehntes wurde die Wohnbauförderung wieder stärker zum politischen Thema. So forderte 1958 eine sozialdemokratische Motion im Landrat: «Die zunehmende Verknappung der verfügbaren Wohnungen zu erschwinglichen Mietpreisen macht es notwendig, dass durch die öffentliche Hand Massnahmen zur Förderung des sozialen Wohnungsbaues getroffen werden.»[51] Im folgenden Jahr nahmen die Stimmbürger ein Gesetz über Beitragsleistungen an einfache Wohnbauten mit grossem Mehr an, nachdem auch der Bund wieder mit einer gewissen Subventionierung begonnen hatte.[52] Eine direkte staatliche Wohnbautätigkeit, wie sie v.a. in den Städten zu dieser Zeit erneut vorangetrieben wurde, war im Kanton Basel-Landschaft dagegen kein Thema.

Langsamer Abbau der Mietpreiskontrolle

Während die Wohnbaupolitik zwar vom Bund mitgetragen, aber im Wesentlichen vom Kanton betrieben wurde, blieb die Mietpreispolitik nach dem Krieg noch lange eine ausschliessliche Angelegenheit des Bundes. In den ausgehenden 40er Jahren suchten die Hauseigentümerorganisationen eine rasche Aufhebung der kriegsnotrechtlichen Mietpreiskontrolle durchzusetzen. Mieter und Mieterinnen wehrten sich aber entschieden dagegen, da sie eine rasche Erhöhung des Niveaus der Mietpreise befürchteten, deren Entwicklung hinter der allgemeinen Teuerung zurückgeblieben war.
Eine Kommission des Bundes legte 1948 eine Kompromisslösung vor, welche «die Erreichung eines selbsttragenden Wohnungsmarktes durch sukzessive Lockerungen der Mietpreisvorschriften für Altbauwohnungen unter Berücksichtigung der finanziellen Tragbarkeit für die Mieter sowie der kostenmässigen Erfordernisse für den Gebäudeunterhalt und der angmessenen Einkommensansprüche der Hauseigentümer» empfahl.[53] Damit blieb grundsätzlich das Regime der «Kostenmiete» erhalten, wobei der Bundesrat um der Teuerung zu folgen wiederholt generelle Mietzinserhöhungen bewilligte. Nach der Aufhebung des Vollmachtenrechts wurde die Mietpreiskontrolle in mehreren befristeten Übergangsordnungen weitergeführt. Die grösste Lockerung mietrechtlicher Bestimmungen erfolgte im Jahre

---

50   AB 1964, S. 238.
51   Motion Facchin betr. sozialen Wohnungsbau vom 10.3.1958, (Vorlagen).
52   BZ 28.5.1959.
53   Zitiert nach Enderle, S. 85.

1954, als die nach Kriegsende bezogenen Wohnungen, für die schon vorher höhere Ansätze gegolten hatten, von der Preiskontrolle befreit wurden.

Als Folge der selektiven Freigabe entwickelte sich in der Nachkriegszeit ein gespaltener Markt für Mietwohnungen, in dem die preisgebundenen Altwohnungen den teuren Neubauten gegenüberstanden. Der starke Preisanstieg letzterer war eine Folge sowohl der stark ansteigenden Bodenpreise als auch der relativen Verteuerung der Baukosten. Der grosse Nachfrageüberhang führte einerseits dazu, dass auch die teuren Neubauwohnungen problemlos vermietet werden konnten, andererseits waren viele einkommensschwache Familien gezwungen, eine für ihre Verhältnisse sehr teure Wohnung zu mieten.

Während in den bevölkerungsmässig stagnierenden Randgebieten kaum grosse Spannungen bestanden, war die Wohnungsnot in den städtischen und vorstädtischen Wachstumsgebieten besonders ausgeprägt. Auch im Kanton Basel-Landschaft waren die Verhältnisse sehr verschieden. Während im oberen Kantonsteil die Einfamilienhäuser im Eigentum der Benützer vorherrschten, dominierte in den Vororten zunehmend der kommerzielle Mietwohnungsbau. Dem stand lange eine bundesrechtlich einheitliche Regulierung des Wohnungsmarktes gegenüber, welche den Kantonen lediglich die Gestaltung der Ausführung überliess.[54] Erst 1959 erlaubte der Bund den Kantonen die ganze oder regionenweise Aufhebung der Mietpreiskontrolle. Gleichzeitig wurde der schrittweise Übergang zu einem gesamtschweizerischen System der Marktmiete zum Programm erklärt.[55] Im Mai 1960 hiessen die Stimmberechtigten eine Kompromisslösung gut, welche eine befristete Weiterführung der Mietpreisüberwachung mit einem schrittweisen Abbau derselben verband. Die «Basellandschaftliche Zeitung» feierte das klare Abstimmungsergebnis – im Baselbiet wurde eine Zustimmung von über drei Vierteln der Stimmbürger verzeichnet – als «überzeugtes Ja für die Abkehr von der Wohnungszwangswirtschaft».[56]

Von Krisenvorsorge dominierte Wirtschafts- und Sozialpolitik

Nach dem Krieg liess sich der Zustand der Vollbeschäftigung unerwartet problemlos erreichen, und auch in den 50er Jahren blieb Arbeitslosigkeit in der Schweiz praktisch unbekannt. Eine gewisse

---

54 Vgl. RRB betreffend Durchführung der Verordnung über die Mietzinskontrolle und die Beschränkung des Kündigungsrechts vom 16.3.1954.
55 Vgl. Enderle.
56 BZ 30.5.1960.

Krisenangst blieb dennoch bestehen, wenn man auch kaum mehr mit der «grossen Krise» rechnete. So argumentierte der Regierungsrat: «Angesichts der Tatsache, dass jeder Konjunkturrückgang die Tendenz in sich trägt, sich aus sich selbst heraus zu steigern und unter Umständen zu übersteigern, muss wohl die Möglichkeit, dass diese Rückbildungen in krisenhafte Erscheinungen ausmünden, ernsthaft bedacht werden.»[57]

Es bestand weiterum Einigkeit, dass der Staat im Falle einer Krise aktiv gegen deren Folgen vorzugehen habe. So hielt eine Kommission des Landrates im Jahre 1952 in ihrem Bericht einstimmig fest: «Wir betrachten es in der geltenden Wirtschaftsordnung als eine der Aufgaben des Staates und der Gemeinden, mitzuhelfen, im Falle einer eintretenden Krise in der privaten Wirtschaft dem Arbeitnehmer seinen angestammten Arbeitsplatz zu erhalten und damit auch für den Arbeitsfrieden beizutragen.»[58]

Ausschlaggebend für diese hohe politische Priorität der Bekämpfung von Arbeitslosigkeit war eine sozialpolitische Grundhaltung, die Arbeitslosigkeit als grundsätzliches Übel betrachtete. Daneben spielte aber auch – das obenstehende Zitat deutet es an – die Überzeugung eine Rolle, dass ein grösserer Beschäftigungseinbruch die politische und soziale Stabilität gefährden würde.

Der Staat sollte aber nicht nur die direkten Folgen einer möglichen Krise bekämpfen, sondern damit gleichzeitig auch einen Beitrag zur Überwindung der Rezession leisten. Die keynesianisch geprägte wirtschaftspolitische Grundhaltung ging davon aus, dass eine Marktwirtschaft nicht immer aus eigener Kraft einen Zustand des Gleichgewichts erreicht, sondern dass im Gegenteil staatliche Interventionen zu dessen Herstellung unerlässlich sein können. In dieser Haltung spiegelten sich die Erfahrungen der 30er Jahre, wo man mit einer einseitigen Politik der Haushaltsanierung die Wirtschaftskrise in der Schweiz verlängert und verschärft hatte.

Allerdings ist nicht zu übersehen, dass trotz starker politischer Thematisierung das konjunktur- und beschäftigungspolitische Instrumentarium bescheiden blieb. Es handelte sich im wesentlichen um drei bundesgesetzlich den Kantonen übertragene Aufgaben, welche für den Krisenfall vorgesehen waren. Erstens sollte eine Ausweitung des Obligatoriums der Arbeitslosenversicherung die Grundlage für die Existenzsicherung legen, wobei aber Inflation und Lohnentwick-

---

57 Bericht RR betr. Subventionierung von Projektierungsarbeiten zur Vorbereitung der Arbeitsbeschaffung vom 4.8.1950, (Vorlagen).
58 LR-Kommission betr. Entwurf eines Gesetzes über die Beteiligung des Kantons und der Gemeinden an den finanziellen Erleichterungen privatwirtschaftlicher Reservebildung für die Arbeitsbeschaffung vom 19.3.1952, (Vorlagen).

lung die für das Obligatorium vorgesehenen Mininaleinkommen
stets wieder überholen liessen.

Zweitens sah man in der Anlage steuerfreier Rückstellungen der
Unternehmen, die im Krisenfall zur Arbeitsbeschaffung hätten verwendet werden können, ein ebenso wirksames wie billiges konjunk-
turpolitisches Instrument zur «Inflationsbekämpfung und Arbeits-
beschaffungsvorbereitung auf breitester Grundlage».[59] Allerdings
fällt die Einschätzung der Wirksamkeit dieser Massnahmen im Rückblick weit weniger euphorisch aus.[60] Als drittes und wichtigstes Mittel zur Bekämpfung von Arbeitslosigkeit waren direkte staatliche
Beschäftigungsprogramme vorgesehen. Zu diesem Zweck hatten alle
Kantone jährlich in aufwendiger Arbeit sogenannte Bauerhebungen
durchzuführen, d.h. eine Liste aller baureifen Projekte der öffentlichen Hand zu erstellen.

Das Bekenntnis zur Verantwortung des Staates im Bereich Beschäftigung stellte sozusagen den Preis für das in den 50er Jahren in voller
Entfaltung befindliche Konkordanzsystem und für die politische
Integration der Sozialdemokratie dar. Die wirtschaftspolitische Orientierung schwankte entsprechend dem Kompromisscharakter des
politischen Systems zwischen einer neoliberal geprägten Grundhaltung und dem Bekenntnis zu antizyklischem Handeln des Staates.
Letzteres wurde zwar häufig beschworen, jedoch sehr selektiv umgesetzt.

3.3   Sparpolitik und verzögerter Infrastrukturbau

Welche Rolle sollte der Staat spielen in einer von einem beschleunigten Wachstum und Modernisierung erfassten Gesellschaft? Bei der
Beantwortung dieser Frage stand man im Baselbiet in den 50er Jahren im Spannungsfeld zwischen traditioneller Sparhaltung einerseits
und den rasch wachsenden Anforderungen nach staatlichen Leistungen andererseits. Obwohl die kantonale Politik noch stark der Tradition verhaftet war, öffnete sich ein Graben zwischen ihr und einer
dem Staat misstrauisch gegenüberstehenden Mehrheit der Bevölkerung.

Tiefverwurzeltes Misstrauen gegenüber dem Staat

Der Kanton Basel-Landschaft kannte in den 50er Jahren keine
finanziellen Probleme, die Steuern mussten nicht erhöht werden.

59   Ebda.
60   Vgl. Senti, S. 107.

Dennoch führten die Finanzpolitik und der Ausbau der staatlichen Verwaltung immer wieder zu heftigen Auseinandersetzungen. Allerdings konnte damit auch im Baselbiet eine Entwicklung nicht aufgehalten werden, die zu einer stetigen Ausweitung der staatlichen Tätigkeit führte.

Das staatliche Steuereintreiben hat im Kanton Basel-Landschaft noch keine lange Tradition, denn während des ganzen 19. Jahrhunderts musste der junge Staat auf eine Besteuerung der Einkommen seiner Bürger verzichten. Die Aufwendungen für die bescheidene kantonale Verwaltung liessen sich lange mit den Einkünften der Saline Schweizerhalle decken, und für besondere Ausgaben – etwa den Aufbau des Schulsystems – reichte das durch «Erbteilung» bei der Staatsgründung erhaltene Vermögen aus. Erst 1928 konnte ein unbefristetes Steuergesetz verabschiedet werden, und auch dieses sah noch sehr bescheidene Abgaben vor.

Seither begannen sich Aufgaben des Staates aber laufend auszudehnen und entsprechend stieg sein Finanzbedarf.[61] Insbesondere als Folge der schweren Krise der 30er Jahre beschleunigte sich die Entwicklung. Nachdem man mit einer extremen Sparpolitik zuerst versucht hatte, die Ausgaben den sinkenden Einnahmen anzupassen, erfolgte in der Mitte des Jahrzehntes eine markante Kehrtwende. Ab 1938 wurde ein «Krisenopfer» zur Finanzierung besonderer Aufgaben des Staates erhoben, insbesondere für Arbeitsbeschaffungsmassnahmen und für zusätzliche Hilfe an die überforderten Vorortsgemeinden.[62]

Diese Entwicklung wurde von der Mehrheit der Bevölkerung ohne Begeisterung, jedoch mit Einsicht in die Notwendigkeit, mitgetragen. Allerdings ging man davon aus, dass es sich um eine vorübergehende Zunahme der Aufgaben des Staates handle. Eine Verlängerung der Erhebung des Krisenopfers wurde 1945 von den Stimmberechtigten massiv abgelehnt, die nach dem Ende des Krieges und der Krise dessen Sinn nicht mehr sehen wollten. In den späten 40er Jahren herrschte generell eine feindliche Haltung gegenüber dem Staat und dessen Einnahmen- und Ausgabenwünschen. Die «Basellandschaftliche Zeitung» bemerkte 1948 anlässlich der Beratung des Wohnbaugesetzes:

> «Dabei wollen wir uns freilich klar darüber sein, dass wahrscheinlich in nächster Zeit jede Vorlage, die neue Ausgaben bringt, in unserm Kanton grosse Mühe haben wird. Solche Anträge stossen auf sehr viele taube Ohren, wenn gleichzeitig in vielfacher Form nach neuen Steuern gerufen

61   Vgl. dazu inbesondere Auer 1964 und Epple 1993.
62   Vgl. Weisskopf S. 508ff.

wird. Von beiden Wegen, den Staatshaushalt zu verbessern, ist derjenige über den Abbau der Ausgaben in der Regel angenehmer als derjenige neuer Steuern. So züchtet man, ohne dass man es will, Neinsager aus Prinzip.»[63]

Diese Prognose lag nicht falsch, wie sich schon bald z.B. bei der Ablehnung des Statistischen Amtes zeigen sollte.

Angst vor «Aufblähung des Staatsapparates»

Das Problem des kantonalen Statistischen Amtes begann damit, dass die Geschäftsprüfungskommission des Landrates 1947 registrierte, dass in den vorhergehenden Jahren eine Reihe von Stellen in der kantonalen Verwaltung ohne ausreichende gesetzliche Grundlage geschaffen worden war, nämlich: Kantonsstatistiker, Bauführer, Hochbauinspektor, Leiter Planungsstelle, Baupolizeibeamten, Tiefbautechniker, Wasserwirtschaftsexperte.[64] Obwohl es sich dabei durchwegs um sachlich unbestrittene Aufgaben des Staates handelte, kritisierte die Kommission das rechtlich zumindest fragwürdige Vorgehen der Regierung bei der Schaffung dieser Stellen in der Verwaltung.

Die Regierung wies in ihrer Entgegnung auf das in Ausarbeitung stehende Organisationsgesetz hin, welches das Problem lösen sollte. Die Landräte liessen sich zwar davon überzeugen, dass das neue Gesetz abgewartet werden könne, doch beschlossen sie, die Schaffung eines Statistischen Amtes vorzuziehen, da die Stelle des Kantonsstatistikers vakant wurde und nicht ohne gesetzliche Grundlage neu besetzt werden sollte. Der Regierungsrat machte deutlich, dass er lieber abgewartet hätte: «Da er aber weiss, dass das Volk gegenwärtig nicht leicht dafür zu haben ist, neue Ämter zu schaffen, hätte er es lieber gesehen, wenn es möglich gewesen wäre, die Frage der Einführung des Statistischen Amtes im Zusammenhang mit den Organisationsgesetz, das in Vorbereitung steht, zu behandeln.»[65] Die Bedenken der Regierung waren wohl die Folge der nur sehr knappen Annahme eines Amtes für Gewerbe, Handel und Industrie im Jahre 1946.

Die Schaffung eines Statistischen Amtes war im übrigen bereits 1917 gefordert und aus Spargründen abgelehnt worden. 1936 wurde erstmals ein Statistiker provisorisch und vom Landrat geduldet angestellt. Jetzt sollten also die Stimmbürger die statistische Arbeit der

63   BZ 27.5.1948.
64   Bericht RR betr. Schaffung eines Statistischen Amtes vom 1.8.1950, (Vorlagen).
65   Ebda.

Kantonsverwaltung sanktionieren, eine Arbeit, die in anderen Kantonen längst eine Selbstverständlichkeit war. Doch die Stimmbürger dachten anders und schickten das Statistische Amt 1950 mit grosser Mehrheit bachab. Die BZ kommentierte: «Der Einwand, der gegen die Schaffung eines Statistischen Amtes erhoben wird, ist der, dass man prinzipiell gegen die Schaffung eines neuen Amtes mit allen seinen finanziellen Auswirkungen ist. […] Die Gegnerschaft gegen das Statistische Amt entspringt also lediglich der Furcht vor einer weiteren Aufblähung des Staatsapparates.»[66] Die Erstellung von Statistiken war offensichtlich nicht eine Arbeit, welche von der Bevölkerung als besonders notwendig angesehen wurde. So wurden in den 50er Jahren im Kanton Basel-Landschaft keine Statistiken mehr erarbeitet, was vorerst kaum jemanden störte, später aber als umso grösserer Fehler bedauert wurde. Mit der Ausarbeitung des erwähnten Organisationsgesetzes, das die übrigen neuen Stellen legalisieren sollte, beeilte man sich nach dieser Erfahrung mit der Bevölkerung nicht mehr besonders. Erst 1958 wurde es zur Abstimmung gebracht und nahm die Hürde einigermassen knapp.

Wenn im Volk ein Ressentiment gegen den teuren «Beamtenapparat» herrschte, so lag das auf jeden Fall nicht an einer zu grosszügigen Besoldung der Staatsdiener. Im Gegenteil: Die Staatsangestellten hatten sich im Vergleich zur Privatwirtschaft lange mit recht mageren Löhnen zu begnügen, was bei einem ausgetrockneten Arbeitsmarkt rasch zu grösseren Rekrutierungsproblemen führte. So hatte man schon 1952, zu Beginn des Booms, grösste Mühe, überhaupt qualifizierte Interessenten für das Amt des Hochbauinspektors zu finden.[67]

Mit Steuersenkungen gegen das Wachstum des Staates

Nach diesen Erfahrungen war es erstaunlich, dass die Stimmbürger 1952 ein neues kantonales Steuergesetz guthiessen, wenn auch nur knapp. Vielleicht hat die Opposition der Sozialdemokraten und der Aktion Kanton Basel eher zur Annahme beigetragen,[68] vielleicht gab der im Gesetz verankerte Ausgleich der kalten Progression den Ausschlag. Dank diesem modernen Gesetz verfügte der Kanton jedenfalls in den 50er Jahren über eine solide finanzielle Basis. Die Baselbieter Finanzpolitik sah sich in der Folge mit einer ungewöhnlichen Situation konfrontiert: Die Einnahmen des Staates stiegen schneller

66   BZ 1.12.1950.
67   BZ 1.4.1952 und 18.7.1952.
68   Vgl. den Kommentar zum Ergebnis in der BZ vom 6.10.1952.

an als die Ausgaben. Man hatte zwar bei der Schaffung des Steuergesetzes keineswegs allzu grosszügig sein wollen, doch die unerwartet
günstige Wirtschaftsentwicklung und die steigenden Einkommen
führten zu rasch wachsenden Steuererträgen. In der Folge wies die
Staatsrechnung in den 50er Jahren trotz ebenfalls stark steigenden
Ausgaben stets Überschüsse aus.

Zu dieser Entwicklung trugen allerdings nicht nur die Einkommens-
steuern bei, eine immer wichtigere Rolle begann die Grundstückgewinnsteuer zu spielen. Diese hatte dem Staat vor 1950 jeweils nur
einige hunderttausend Franken eingetragen, bis 1960 wuchs ihr
Ertrag aber auf 18 Millionen Franken an und betrug damit mehr als
ein Viertel der gesamten kantonalen Steuereinnahmen. Dieses
enorme Wachstum einer vorher eher unbedeutenden Steuer wider-
spiegelte die Zunahme des Bodenhandels und die überproportional
steigenden Bodenpreise. In den 50er Jahren wurde wiederholt
moniert, der Staat gerate mit der Gewöhnung an diese hohen Erträge
in eine gefährliche Abhängigkeit von einer äusserst konjunkturab-
hängigen Steuer. Konsequenzen wurden daraus allerdings keine
gezogen.

Die üppig sprudelnden Staatseinnahmen weckten nicht etwa die
Begehrlichkeit derjenigen, welche mehr Geld ausgeben wollten, sondern es meldeten sich unwillige Steuerzahler. In der Mitte der 50er
Jahre begannen die bürgerlichen Parteien vehement einen starken
Steuerabbau zu fordern. Die Steuerzahler müssten an den Erträgen
der guten Konjunktur beteiligt werden, lautete ihr Argument. Gegen
den Widerstand der Sozialdemokraten und gegen den Willen der
Regierung wurde 1956 eine substanzielle Steuersenkung durchgesetzt. Damit bewegte sich der Kanton Basel-Landschaft im nationalen Trend, wurde doch auch auf Bundesebene der gleiche Streit um
einen Steuerabbau mit den gleichen Fronten (Regierung und Linke
gegen Bürgerliche) und dem gleichen Resultat ausgetragen.

Seit dem Ende des Zweiten Weltkriegs bis in die ausgehenden 50er
Jahre wurde im Kanton Basel-Landschaft eine äusserst zurückhaltende Finanzpolitik betrieben. Trotzdem lautete der Grundtenor
aller Kommentare stets, es müsse mehr gespart und weniger ausgegeben werden. Die Haltung ist einerseits in der Kontinuität einer traditionellen Mentalität der Knausrigkeit und Sparsamkeit der Baselbieter Politik zu sehen, sie entsprach aber auch der in den 50er Jahren
dominierenden neoliberalen Strömung. Ein gemeinsames Element
stellt dabei die Forderung dar, der Staat solle möglichst wenig Aufgaben übernehmen.

In scharfem Kontrast zu dieser Haltung stand die tatsächliche Entwicklung: Seit längerem war ein stetiges Wachstum des Staates und

seiner Aufgaben zu verzeichnen. Diese Tendenz setzte sich im Baselbiet auch in den 50er Jahren fort. Als Folge des wirtschaftlichen
Wachstums und des sozialen Wandels liess es sich gar nicht vermeiden, dass immer neue Aufgaben vom Staat übernommen wurden.
Fast alle Aufgabengebiete erforderten dabei nicht nur absolut, sondern auch relativ höhere Aufwendungen. Der Spitzenreiter beim
Ausgabenwachstum stellte seit den 20er Jahren das Gesundheitswesen dar, aber auch das Bildungswesen und der Strassenbau benötigten
stets höhere staatliche Aufwendungen.[69]
Dazu kam, dass der Kanton als Folge des Progressionsverbotes für
die Gemeindesteuern stets grössere Lasten übernahm. Dieses ana-
chronistische Verbot hatte man zwar schon in den 40er Jahren aufzuheben versucht – «in Erkenntnis der durch die wirtschaftliche Entwicklung veränderten Umstände und in Befolgung der von der
Finanzwissenschaft anerkannten Lastenverteilung nach der wirtschaftlichen Leistungsfähigkeit»[70] – doch war dies am Veto des
Souveräns gescheitert. Die Folge davon war, dass der über reichliche
Einkünfte verfügende Kanton in den 50er Jahren den Gemeinden
finanziell immer mehr unter die Arme greifen musste. Er übernahm
entweder Aufgaben der Gemeinden oder leistete grössere Beiträge zu
ihrer Erfüllung. Am Beispiel des Gewässerschutzes wird dieser Prozess der Aufgabenübertragung an den Kanton dargestellt.[71]
Die Ausweitung der staatlichen Aufgaben in den 50er Jahren war nur
möglich, weil die finanziellen Mittel als Folge der reichlich fliessen-
den Steuererträge vorhanden waren. Es mussten also keine neuen
Steuern durchgesetzt werden, was wohl auf grössere Schwierigkeiten
gestossen wäre. Als das neue Baselbieter Steuergesetz zu Beginn des
Jahrzehnts erlassen worden war, hatte niemand damit gerechnet, dass
es so grosse Erträge mit sich bringen würde.
Die Steuersenkung von 1956 erscheint im Rückblick nicht als besonders glückliche Massnahme. Sie lag nicht nur quer zu den Bemühungen um eine Dämpfung der Konjunktur, sondern sie erfolgte auch zu
einem äusserst ungeschickten Zeitpunkt. Schon im folgenden Jahr
begann sich die Finanzlage des Kantons wieder zu verschlechtern,
und er musste erstmals Darlehen aufnehmen, um seine Ausgaben zu
finanzieren.[72] Später, als man mit den Folgen der kurzsichtigen Politik der 50er konfrontiert war, wurde allgemein bedauert, dass man
angesicht der zu erwartenden Infrastrukturausgaben mit den Überschüssen keine Rücklagen gebildet hatte.

---

69   Auer 1964, S. 393.
70   Bericht der Kommission vom 24.4.1947, (Vorlagen).
71   Vgl. Kapitel 8.
72   Auer 1964, S. 335.

Rückstau bei der öffentlichen Infrastruktur

Zu Beginn der 50er Jahre war absehbar, dass der Raumbedarf in den
Bereichen Verwaltung, Schul- und Spitalwesen rasch steigen würde,
neue Strassen, Kanalisationen und Kläranlagen gebaut werden mussten. Doch gerade im Bereich der öffentlichen Bautätigkeit herrschte
im Kanton Basel-Landschaft eine Zurückhaltung, die unter dem
Druck der drängenden Probleme erst gegen Ende des Jahrzehntes
langsam aufgegeben wurde.

Bereits in den 40er Jahren herrschte bei der Kantonsverwaltung
grosse Raumnot. Mit der Ausschreibung eines Wettbewerbes für den
Bau eines zentralen Verwaltungsgebäudes auf der Gutsmatte in Liestal strebte man 1947 eine grosszügige Lösung für dieses Problem
an.[73] Trotz einiger Schwierigkeiten – es stellte sich heraus, dass das
Siegerprojekt heimlich von einem Zürcher Architekturbüro erstellt
worden war – legte die Regierung 1949 dem Landrat ein entspre-
chendes Projekt vor.[74]

Dieses stiess aber bereits in der landrätlichen Kommission auf starken Widerstand, obwohl das Bedürfnis der Verwaltung nach neuen
Räumen anerkannt wurde: «Doch verursachte das Vorhaben, der
staatlichen Raumnot durch die Erstellung eines grossen zentralen
Verwaltungsgebäudes zu begegnen, ein gewisses Unbehagen, weil es
mehr und mehr als mit unseren Bedürfnissen und Anschauungen
nicht übereinstimmend beurteilt wurde.»[75] Die Kommisson wollte
kein so grosses – und teures – Projekt und empfahl als Alternative
eine «etappenweise Verwirklichung des Bauprogrammes unserer
Zentralverwaltung», ein Vorgehen, dem sich in der Folge auch der
Regierungsrat anschloss.

Es hätte ja an sich sinnvoll sein können, anstelle eines grossen mehrere kleinere Gebäude nacheinander zu erstellen. In der Praxis führte
aber die neue Strategie – die «Generalplan» genannt wurde – dazu,
dass der Bau neuer Verwaltungsgebäude immer mehrere Schritte hinter dem Bedarf herhinkte. Nur sehr zögerlich entstanden in den 50er
Jahren auf der Gutsmatte in Liestal die Anfänge eines neuen kantonalen Verwaltungsquartiers, nachdem bisher die kantonale Verwaltung noch vorwiegend innerhalb der Altstadt, im Regierungsgebäude
und im Amtshaus, untergebracht gewesen war. Eines der neuen

---

73   Bericht des Preisgerichtes 1948.
74   Bericht RR betr. Weiterbearbeitung des Verwaltungsgebäudeprojektes vom 21.3.1949,
     (Vorlagen).
75   Bericht der LR-Kommission betr. Erstellung eines Verwaltungsgebäudes vom 27.3.1951,
     (Vorlagen).

In den 50er Jahren entstanden auf der Gutsmatte in Liestal die ersten, bescheidenen kantonalen Verwaltungsgebäude.

Gebäude baute der Kanton selbst, das andere liess er von der kantonalen Gebäudeversicherung erstellen, um sich darin einzumieten.

Die Raumnot der Verwaltung wurde auf diese Weise nie beseitigt, doch konnte jeweils der dringendste Bedarf gedeckt werden. Dass dieses Vorgehen die Arbeit der Staatsverwaltung nicht gerade erleichterte, liegt auf der Hand. So klagte der Regierungsrat 1953: «Die kantonalen Verwaltungen in Liestal leiden seit Jahren unter einer bedenklichen Raumnot und sind derart verstreut untergebracht, dass die rationelle Arbeitsweise innerhalb der einzelnen Direktionen empfindlich erschwert wird. Gleichzeitig erfordern die baulich unhaltbaren Zustände des Regierungs- und Amtsgebäudes und der Baracken, in welchen das Arbeitsamt untergebracht ist, eine unaufschiebbare Sanierung.»[76]

Die Bevölkerung will keine «Prunkbauten»

War die Realisierung einer grosszügigen Lösung für die Zentralverwaltung in Liestal schon an der Zurückhaltung und Sparsamkeit der Landräte gescheitert, so zeigten sich am Beispiel des Neubauprojek-

76   Bericht RR betr. Erstellung eines Verwaltungsgebäudes auf der Gutsmatte vom 12.6.1953.

tes für das kantonale Arbeitsamt die noch grösseren Schwierigkeiten, die Bevölkerung von der Notwendigkeit von Verwaltungsbauten zu überzeugen.

Zuerst kam es wegen der Standortwahl für das Arbeitsamt, das in Baracken untergebracht war, zu längeren Auseinandersetzungen. Schon in den 40er Jahren war die Idee aufgetaucht, dieses ins untere Baselbiet, näher an die Mehrheit seiner Klienten, zu verlegen. Das Vorhaben stiess aber auf Widerstände. Nachdem der erste Vorschlag einer Verlegung nach Binningen abgelehnt worden war, kam schliesslich eine weitgehende Einigung darüber zustande, dass Pratteln ein idealer Standort darstelle.

Bis 1957 wurde ein Neubauprojekt für das Arbeitsamt, das damals noch mehreren Direktionen unterstand, ausgearbeitet. Schon in der landrätlichen Finanzkommission wurde das Projekt und seine Kosten auf Herz und Nieren geprüft. Obwohl die Baudirektion nachweisen konnte, dass der Kubikmeterpreis für den Bau dem landesüblichen Durchschnitt entspreche, mussten die Kosten nochmals gesenkt werden und lagen schliesslich bei einer Million Franken. Dieses Projekt empfahl die Kommission schliesslich als «zweckmässig und nicht übertrieben modern und luxuriös».[77]

Doch gerade inbezug auf den letzten Punkt gab es aber ganz andere Meinungen. Obwohl sich alle politischen Parteien für das Projekt aussprachen, trat eine Liga der Baselbieter Steuerzahler auf den Plan und ergriff das Referendum. Vor der Abstimmung versuchten die Gegner des Neubaus mit äusserst polemischen Mitteln den Stimmbürgern den Eindruck zu vermitteln, der Staat werfe ihre Steuergelder zum Fenster hinaus. In den Inseraten der Liga wurde von «Prunkbauten» und von «Palais» des Staates gesprochen und davon, dass es «diesem Unfug, gerade auch im Interesse der Staatsangestellten selbst, einen Riegel zu stossen» gelte.[78]

Die Liga verzeichnete einen durchschlagenden Erfolg. Das Projekt wurde im Verhältnis 4:1 abgelehnt. Trotz der allgemeinen Zurückhaltung bei staatlichen Bauten und den kurz zuvor durchgesetzten Steuersenkungen war offensichtlich eine grosse Mehrheit der Stimmbürger der Ansicht, der Staat übertreibe in seiner Baupolitik. In der Bevölkerung stiess also selbst die sehr zurückhaltende Baupolitik der «classe politique» noch auf vehemente Ablehnung, was eine rechtspopulistische Oppositionsgruppierung ausnutzen konnte. Die BZ beurteilte das Abstimmungsresultat als Zeichen eines verbreiteten Unbehagens: «Hauptverantwortlich für das Nein ist wohl ein unbe-

---

77   Bericht der Finanzkommission vom 2.8.1957, (Vorlagen).
78   Inserat in der BZ 21.3.1958.

streitbares Malaise, das gegenüber der in den letzten Jahren vielfach allzu grosszügigen Ausgabenpolitik des Staates besteht.»[79]
Als Folge dieser Ablehnung wurde nicht nur das Projekt für das Arbeitsamt verkleinert, sondern auch gleich dasjenige für das Staatsarchiv, da man ein zweites Debakel befürchtete. Die Regierung argumentierte, die Stimmbürger hätten sich gegen Raumreserven ausgesprochen, darum dürften jetzt auch keine zusätzlichen mehr geschaffen werden, wenn es auch an sich notwendig und vernünftig wäre. Im Falle des Staatsarchives sei absehbar, dass dieses bereits in 10 Jahren erweitert werden müsse, stellte die Regierung resigniert fest.[80]

Eile mit Weile beim Spitalbau

Bereits in den 40er Jahren wurde im Landrat in mehreren Vorstössen nach einem eigenen Spital für den unteren Kantonsteil gerufen.[81] Den Anlass dazu stellten Taxerhöhungen in den Basler Spitälern dar, welche wieder einmal die Abhängigkeit vom Stadtkanton vor Augen führten. Der Regierungsrat gab sich in seiner Antwort zurückhaltend, denn er war der Ansicht, «dass der ganze Fragenkomplex mit den Erweiterungsbauten in Liestal im engsten Zusammenhang steht und deshalb im Rahmen einer Gesamtaufgabe zu lösen ist».[82] Es sei «notwendig abzuklären, wieweit die Basler Spitäler im Rahmen einer die Kantonsgrenzen ausser acht lassenden Gesamtplanung des Spitalwesens einen Teil dieser Aufgabe bereits erfüllen und in welcher Weise die Zukunftsregelung getroffen werden muss.» Im weiteren betonte er aber klar: «Im Interesse des mittleren und oberen Kantonsteils ist die Erweiterung der kantonalen Krankenanstalt in den Vordergrund zu stellen.»
Damit war die Ausgangslage für die einige Jahre dauernde intensive Suche nach einem Spitalbaukonzept des Kantons gegeben – und gleichzeitig waren die schliesslich getroffenen Entscheidungen weitgehend vorgespurt. Ab 1949 beschäftigte sich eine Expertenkommission nach der anderen mit der Spitalbaufrage, ohne dass die Frage eines zweiten kantonalen Spitals geklärt werden konnte.[83]
Erst 1952 fiel die Entscheidung: Die von Regierungsrat Boerlin geleitete Fachkommission für die Spitalbaufrage beschloss, es sei auf ein

79 BZ 24.3.1958.
80 RR betr. Erstellung eines reduzierten Neubaues für das Staatsarchiv und die Lehrmittel-
    verwaltung vom 20.5.1958, (Vorlagen).
81 Motion Möschlin vom 19.12.1946 und Anfrage Rutschi 1.9.1947, (Vorlagen).
82 Beantwortung RR der Anfrage Rutschi vom 4.11.1947, (Vorlagen).
83 Vgl. Abegg 1964.

zweites Spital im unteren Kantonsteil vorläufig zu verzichten. Dafür
sollte der Neubau des Krankenhauses in Liestal prioritär behandelt
werden.[84] Für den Bezirk Arlesheim wurden als vorläufige Massnahmen der Ausbau des Spitalabkommens von 1948 mit Baselstadt und
eine Beteiligung am Bau des Spitals Dornach vorgesehen. Immerhin
wurde bereits das Areal für ein später zu erstellendes Spital auf dem
Bruderholz bestimmt und dessen vorsorgliche Erwerbung beschlossen.
Nun hätte man glauben können, mit dem Spitalbau in Liestal könne
zügig begonnen werden. Das alte Spital aus dem 19. Jahrhundert war
hoffnungslos überbelegt, und der Betrieb musste mit Pavillons not-
dürftig aufrechterhalten werden. Obwohl diese Situation von Jahr zu
Jahr schlimmer wurde, kam der vorgesehene Spitalbau lange nicht
vom Fleck. Zwar gab es ernsthafte Probleme mit der Enteignung des
vorgesehenen Areals, doch kann dies kaum der Grund für die schlep-
penden Fortschritte bei der Behandlung des Geschäfts gewesen sein.
Man scheint es letztlich einfach nicht ausgesprochen eilig gehabt zu
haben. Erst 1957 konnten Landrat und Stimmbürger der Vorlage für
den Neubau von Spital, Personalgebäude, zentraler Wäscherei und
Fernheizwerk zustimmen.
Nach Baubeginn begann es aber plötzlich zu eilen, und gleichzeitig
merkte man, dass man immer noch zu bescheiden geplant hatte. Die
Bevölkerungszunahme im Kanton führte nun dazu, dass die Bedarfsprognosen von Jahr zu Jahr anwuchsen. Nach jahrelangem Eile-mit-
Weile-Spiel konnte in den ausgehenden 50er und beginnenden 60er
Jahren das Spital nicht schnell und nicht gross genug gebaut werden.
Nachdem das Spital bereits während der Projektierung immer grös-
ser geriet, wurde der Bettentrakt nun noch während der Bauarbeiten
um ein weiteres Stockwerk erhöht. Ende 1962 konnte das neue Spital
eröffnet werden, dessen 8-stöckiger Bettentrakt zum dominierenden
Gebäude der Gegend wurde. Über die Auslastung der 362 Betten
musste man sich keine Sorgen machen, dagegen stellte sich mit dem
Mangel an Pflegepersonal ein neues Problem.
Auch im Gesundheitswesen, das im Kanton Basel-Landschaft erst
seit 1947 einer eigenen Direktion unterstand, war also ein sehr
langsames Reagieren auf die Beschleunigung der Bevölkerungsentwicklung zu verzeichnen. Ausserdem wurde der Tatsache zuwenig
Rechnung getragen, dass dieses Wachstum in allererster Linie im
Unterbaselbiet stattfand. Hier kam allerdings die Wiedervereinigungsfrage ins Spiel, welche eine zwiespältige Wirkung ausübte.
Einerseits beklagte die vereinigungsfreundliche Bevölkerung im

84   BZ 15.5.1951.

Bezirk Arlesheim ihre Benachteiligung in der Infrastrukturversorgung, andererseits votierten gerade Verteter dieses Kantonsteils gegen ein eigenes Spital, da sie dadurch eine Präjudizierung der Kantonsfrage befürchteten.[85]

Spätes Bekenntnis zur Selbständigkeit in der Schulpolitik

Die Schulbaupolitik der 50er Jahre war grundsätzlich nach dem gleichen Muster gestrickt wie die Spitalpolitik, d.h. man liess sich sehr viel Zeit bei der Lösung an sich bekannter Probleme, um dann gegen Ende des Jahrzehntes in umso grösseren Handlungsdruck zu geraten. Im Bildungsbereich war die Abhängigkeit Basellands vom Stadtkanton allerdings noch viel grösser, da nicht nur viele Kinder aus den Vororten in Basel zur Schule gingen, sondern das ganze höhere Bildungswesen auf der Landschaft fehlte.

Bereits seit 1924 bestand ein Schulabkommen mit Basel-Stadt, das Basellaud zu einer finanziellen Abgeltung für die Aufnahme seiner Schülerinnen und Schüler in den höheren Schulen der Stadt verpflichtete.[86] Um die Höhe dieser «freiwilligen» Beiträge wurde in den frühen 50er Jahren hart gefeilscht. Unter anderem griff die Stadt 1951 zum Mittel einer vorübergehenden Sperrung ihrer Schulen für Baselbieter Schüler, um darauf hinzuweisen, sie seien schon mit den eigenen Schülern ausgelastet.[87] Die jährlichen pauschalen Zahlungen Basellands wurden in der Folge auf 400 000 Franken erhöht.[88]

Mit dem neuen Schulgesetz von 1946 wurde die Einrichtung von Mittelschulen durch Landratsbeschluss ermöglicht. Ob und wie dies geschehen sollte, war ums Jahr 1950 Gegenstand der Abklärungen verschiedener Kommissionen und Gutachten. Gemäss einer Umfrage schien 1951 das Bedürfnis für eine oder mehrere Mittelschulen gegeben, doch die Regierung beschloss im folgenden Jahr, auf ein Gymnasium vorläufig zu verzichten und dafür ein Lehrerseminar vorzuziehen.[89] «Nur nicht zuviel aufs Mal» schien die Devise des Regierungsrates zu sein. Dass die Einrichtung eines eigenen Baselbieter Seminars dringlich war, konnte kaum bestritten werden, da angesichts der rasch steigenden Schülerzahlen markant mehr Lehrer ausgebildet werden mussten. Bei der Lehrerausbildung hing Basel-

---

85   Dies betont Manz 1985, S. 324f.
86   LRB vom 29.9.1924.
87   BZ 6.2.1951.
88   AB 1951.
89   Bericht und Entwurf zum Gesetz RR betr. Errichtung und Führung kantonaler Maturitätsschulen (Gymnasien) mit Seminar sowie betreffend Schulabkommen für den Besuch von Maturitäts- und Mittelschulen anderer Kantone. Liestal 1960, S. 11.

land nicht in erster Linie von der Stadt, sondern von der Evangelischen Lehranstalt Schiers in Graubünden ab, das gegen Ende der 50er Jahre sogar besondere Klassen für die künftigen Baselbieter Lehrer bildete.

Der Landrat folgte der Regierung nicht und beharrte darauf, es sei ein Gymnasium mit Seminar einzurichten, und zwar in Liestal. Noch bevor es soweit kam, mussten aber 1958 in den Realschulen progymnasiale Klassen eingerichtet werden, da sich Baselstadt ausserstande erklärte, künftig in den unteren Gymnasialklassen Schüler aus der Landschaft aufzunehmen.[90] Gleichzeitig wurden nun die Bemühungen für den Aufbau eines eigenen Mittelschulwesens beschleunigt.

In der Schulpolitik hinkte der Kanton Basel-Landschaft noch viel mehr hinter der Entwicklung her, als in anderen Gebieten. Nur schrittweise wollte man die bequeme Lösung der Schulfrage durch Basel-Stadt aufgeben, und nur unter dem Druck von Aussen wurde eine schnellere Gangart angeschlagen. Dabei war gerade im Einwanderungskanton mit seiner jungen Bevölkerung ein besonders starkes Wachstum der Schülerzahlen voraussehbar. Auch hier ist neben einer gewissen Trägheit in der Reaktion wiederum die Wiedervereinigungsfrage zu erwähnen, welche die Versuche störte, zu einer klaren Richtung in der Schulpolitik zu kommen.[91] In den 50er Jahren wurde mit dem Bau der Mittelschulen noch nicht einmal begonnen, obwohl man seit Jahren über deren Notwendigkeit gesprochen hatte. Bei den Volksschulen in den Gemeinden sah die Situation anders aus, da sich der Bedarf hier viel unmittelbarer manifestierte und sich die rasche Realisierung vieler Bauten kaum umgehen liess. Trotzdem konnte man auch hier mit dem Bedarf nicht Schritt halten, da das künftige Wachstum immer wieder unterschätzt wurde.

Öffentliche Bauten als konjunkturpolitische Manövriermasse

Die Zurückhaltung bei der öffentlichen Bautätigkeit, welche in den verschiedenen Bereichen zu beobachten war, pflegte man in den 50er Jahren mit wissenschaftlichen Argumenten zu begründen. Man betrachtete die Steuerung der öffentlichen Bautätigkeit nämlich als eigentliches konjunktur- und beschäftigungspolitisches Wundermittel.

Der Staat sollte gemäss der gängigen Theorie seine Bauprojekte in den Phasen der Hochkonjunktur zurückstellen, jedoch fertig ausgearbeitet bereit halten, um sie im Notfall aus der Schublade ziehen

90   Vgl. Lejeune 1973, S. 91ff.
91   Manz 1985, S. 318.

und rasch realisieren zu können. Mit einer antizyklischen Baupolitik sollte erstens die allzukräftige Konjunktur dadurch gedämpft werden, dass der Staat nicht auch noch als Nachfrager auf dem Baumarkt auftrat. Zweitens könnte im Fall einer Rezession mit der raschen Auslösung der zurückgestellten Bauvorhaben die Entstehung von Arbeitslosigkeit verhindert und der Konjunkturverlauf insgesamt geglättet werden.

Die Forderung nach grosser Zurückhaltung bei Bauvorhaben der öffentlichen Hand gehörte zum wirtschaftspolitischen Standardrepertoire der 50er Jahre. Diese Forderungen finden sich regelmässig in den jährlichen «Bauerhebungen» des Arbeitsamtes,[92] in denen gleichzeitig die Enttäuschung darüber angetönt wurde, dass andere konjunkturpolitische Mittel nicht zur Verfügung standen: «So bleibt schliesslich, wie gesagt – angesicht der Aussichtslosigkeit aller Appelle zur Zurückhaltung – nur noch die Möglichkeit, dass sich die öffentliche Hand selber zurückhält in der Vergebung von Aufträgen, und zwar für alle jene Bereiche, in denen nicht zwingende ausserwirtschaftliche Gründe den weiteren Aufschub verbieten.»[93]

Die konjunkturpolitische Modellvorstellung hätte als Handlungsanleitung für die Politik durchaus sinnvoll sein können, wenn es zu stetig wechselnden Konjunkturlagen gekommen wäre und die staatliche Bautätigkeit lehrbuchgemäss zu ihrem Ausgleich hätte benutzt werden können. Doch in den 50er Jahren herrschte entgegen allen Erwartungen eine Dauerhochkonjunktur, und Beschäftigungsmassnahmen drängten sich nicht einmal in den kurzen rezessiven Phasen auf. Im Bericht des staatlichen Arbeitsnachweises wurde die Rezession von 1958 sogar ausdrücklich als «Normalisierung» gewertet und fast begrüsst: «Die Überkonjunktur hat begonnen, sich zur Hochkonjunktur zu wandeln – so wird man diese Erscheinungen wohl interpretieren können.»[94]

Somit liess sich mit dieser Politik weder die Konjunktur wirksam dämpfen, noch konnten die öffentlichen Bauten unbeschränkt lange zurückgestellt werden.[95] Allerdings dauerte es lange, bis man sich auf die veränderte Lage einstellte. Gegen Ende der 50er Jahre liess sich aber immer weniger übersehen, dass sich die Verzögerung der öffentlichen Bautätigkeit nicht mehr lange aufrechterhalten lassen würde, da der Bedarf an staatlichen Infrastrukturen rasch anwuchs. 1957

---

92 Die Durchführung solcher Bauerhebungen wurde den Kantonen vom Bund vorgeschrieben und sollte dazu dienen, im Krisenfall eine Liste von baureifen Projekten zur Verfügung zu haben.
93 Bauerhebung 1954/1955 vom 16.5.1955, (Vorlagen).
94 AB 1958, S. 437.
95 Vgl. Prader S. 198.

legte der Regierungsrat einen «Bericht zur Finanzierung staatlicher
Bauvorhaben» vor und bemerkte dazu:

> «Masshalten kann jedoch nicht bedeuten, dass gegenwärtig alle öffentli-
> chen Bauvorhaben zurückgestellt werden. Sowohl die verkehrspolitische
> Lage unseres Kantons an zwei Landesgrenzen und die eigene hohe Quote
> der Industrialisierung und Bevölkerungsvermehrung, hauptsächlich auch
> durch Zuwanderung, sowie die damit zwangsläufig verbundenen sied-
> lungspolitischen Aufgaben erfordern heute Massnahmen und Investitio-
> nen, die nicht auf später verschoben werden können. Dazu kommt ein
> erheblicher Nachholbedarf aus früherer Zeit.»[96]

Fehlende Planung der Baupolitik

Die öffentlichen Infrastrukturinvestitionen erfolgten in den 50er Jahren nicht nur langsam und zögerlich, sondern auch weitgehend
unkoordiniert und planlos. Die Verwaltungsbauten folgten wenigstens, wie gezeigt worden ist, einer hochtrabend «Generalplan»
genannten Liste, andere Bereiche wurden nicht einmal soweit
geplant. Dies war vor allem beim Strassenbau der Fall, der einen
nicht unbeträchtlichen Teil der öffentlichen Investitionen bean-
spruchte. Eine gesamthafte Planung der öffentlichen Bautätigkeit –
also einen langfristigen Finanzplan – gab es nicht, auch wenn bereits
1953 eine solche gefordert worden war.[97]
In der ganzen Schweiz war die Wirtschafts- und Finanzpolitik in den
50er Jahren ausgesprochen kurzfristig ausgerichtet und vernachlässigte längerfristige wachstumspolitische Aspekte weitgehend. Die
Erstellung öffentlicher Infrastrukturen hinkte weit hinter dem wirtschaftlichen und bevölkerungsmässigen Wachstum und dem sich
daraus ergebenden Bedarf her. In Basel-Landschaft, dem ausgesprochenen Wachstumskanton, wirkte sich diese Verzögerung noch stärker aus, weil man von einem bescheidenen Niveau aus startete. Da
der Kanton seine Bautätigkeit schon in den 30er Jahren stark gedros-
selt hatte, bestand ein beträchtlicher Nachholbedarf.[98] In vielen
Bereichen verliess man sich zu lange auf die baselstädtischen Infrastrukturen. Es ist ausserdem schon mehrfach darauf hingewiesen
worden, dass die hängige Frage der Wiedervereinigung sich in den
50er Jahren oftmals blockierend auswirkte.
Wenn die traditionelle «Knausrigkeit» die grosse Ablehnung und die
Verzögerungen bei den Bauten für die ungeliebte Verwaltung erklärt,

---

96   Bericht RR zur Finanzierung staatlicher Bauvorhaben vom 14.6.1957, (Vorlagen).
97   AB 1953, S. 23f.
98   Vgl. Auer 1964, S. 371ff.

so versagt diese Erklärung bei der auffallenden Langsamkeit, mit der die benötigten Investitionen im Gesundheits- und Bildungswesen getätigt wurden, beides Bereiche, in denen offensichtliche Leistungen für die Bevölkerung erbracht wurden. Sowohl beim Spitalbau wie auch bei der Gründung eigener kantonaler Maturitätsschulen war der Bedarf bereits in den 40er Jahren bekannt, die Notwendigkeit an sich unbestritten, und dennoch dauerte es bis in die 60er Jahre, bis die dringend benötigten neuen Bauten bereitstanden. Dass das unerwartet hohe Bevölkerungswachstum die Dringlichkeit der Realisierung dieser Projekte noch verstärkte, hat man offensichtlich nicht zur Kenntnis genommen.

Gegen Ende des Jahrzehntes kam es zu einem deutlichen Wechsel in der Baupolitik. Man sah plötzlich eine Häufung öffentlicher Bauprojekte auf den Kanton zukommen und stellte gleichzeitig fest, dass diese nur mittels Verschuldung finanziert werden konnten. In dieser Situation begann die Regierung erstmals eine Art Bauplanung zu betreiben, d.h. sie erstellte eine Liste mit den anstehenden Projekten. Der Grund für diese Aktivität des Regierungsrates war, dass er beim Landrat die Erlaubnis für die Kreditaufnahme im Umfang der Deckungslücke von 100 Millionen Franken einholen musste.

Kapitel 4
Baustelle Baselland

Die 60er Jahre wurden durch keine deutliche Zäsur vom vorhergehenden Jahrzehnt getrennt, denn die wirtschaftliche Hochkonjunktur hielt unvermindert an. Wenn auch das Wachstum von Wirtschaft
und Bevölkerung weiterhin alle Rekorde brach, so zeigten sich bei
der Wahrnehmung und Bewältigung dieses Wachstums doch zunehmend Veränderungen. Überall machten sich Folgeprobleme der
raschen Entwicklung geltend, welche nach einer verstärkten planenden und koordinierenden Politik verlangten.

4.1 Überbordendes Bevölkerungswachstum

Im zweiten grossen Wachstumsjahrzehnt zwischen 1960 und 1970
nahm die Wohnbevölkerung des Kantons Basel-Landschaft um fast
40 Prozent zu und wuchs damit noch stärker als in den 50er Jahren.
Die Kantonsbevölkerung überschritt erstmals knapp die Schwelle
von 200 000. Mit diesem Wachstum lag Baselland weit über dem
schweizerischen Durchschnitt und wiederum an der Spitze der Kantone. Basel-Stadt verzeichnete in diesem Jahrzehnt bereits nur noch
ein sehr geringes Wachstum, zählte aber 1970 immer noch eine etwas
grössere Einwohnerzahl als der Landkanton.
Ungefähr zwei Drittel des Bevölkerungswachstums in den 60er Jahren waren auf die Einwanderung in den Kanton zurückzuführen, der
Rest auf die «natürliche» Vermehrung. Der Geburtenüberschuss
wies eine gleichmässige Entwicklung auf, er begann aber nach einem
Höhepunkt im Jahr 1964 langsam zu sinken. Dies war v.a. auf eine
starke Abnahme der Geburtenrate zurückzuführen, die ebenfalls mit
dem Jahr 1964 einsetzte – der vielbeschworene Pillenknick, der
sicher nicht nur auf die Verfügbarkeit dieses Empfängnisverhütungs-
mittels zurückzuführen war. Die Wanderungsbewegung dagegen
wies recht grosse Unterschiede von Jahr zu Jahr auf. Zu Beginn des
Jahrzehntes war die Zuwanderung am grössten, nahm dann aber
rasch ab und erreichte am Ende der Periode nochmals Spitzenwerte.
Auch in den 60er Jahren wuchs die ausländische Bevölkerung noch
rascher als die schweizerische. Ihre Zahl verdoppelte sich von knapp

Geburten und Todesfälle BL

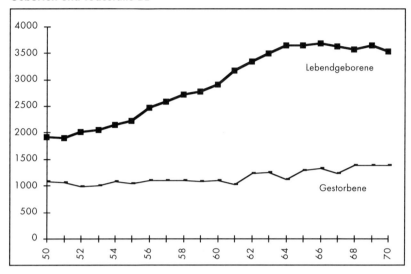

Graphik 5: Die Zahl der Geburten begann in den 50er Jahren stark zu steigen. Nach einem Höhepunkt 1964 nahm der Geburtenüberschuss im Kanton Basel-Landschaft aber wieder leicht ab.

20 000 auf 40 000, wodurch sich ihr Anteil an der Gesamtbevölkerung des Kantons von 13 auf fast 20 Prozent erhöhte. Dieser Anstieg war zwar auch auf eine höhere Geburtenrate der ausländischen Bevölkerung zurückzuführen – diese lag zu Beginn etwa doppelt so hoch wie diejenige der schweizerischen Bevölkerung, aber auch sie nahm nach 1965 ab.[99] Zur Hauptsache ging das Wachstum aber auf die Einwanderung zurück, die trotz verschiedener Bremsversuche – auf diese wird später eingetreten – pausenlos weiterging.

Regionale Unterschiede

Bei einer regionalen Betrachtung der Bevölkerungsentwicklung fällt auf, dass das Wachstum im Unterbaselbiet gegenüber dem Vorjahrzehnt leicht abnahm, während es im oberen Kantonsteil kräftig zulegte. Trotz dieser Angleichung war der Unterschied im Wachstumstempo zwischen den beiden Kantonsteilen immer noch gross. Bei einer genaueren Betrachtung der Entwicklung der Einwohnerzahlen der einzelnen Gemeinden lässt sich das Muster aber noch weiter differenzieren.

99 Statistisches Amt BL 1976, S. 6.

Im unteren Kantonsteil (Bezirk Arlesheim und Pratteln) legten sämtliche Gemeinden stark zu, dennoch war das Ausmass des Bevölkerungswachstums recht unterschiedlich. Die stadtnahen Vororte, welche in den 50er Jahren am meisten angewachsen waren, vermochten immer noch mehr Leute aufzunehmen, aber ihre Wachstumsraten waren eher unterdurchschnittlich. Der Schwerpunkt des Wachstums hatte sich deutlich in die weiter von der Stadt Basel entfernteren Agglomerationsgemeinden verschoben, die bisher weniger stark davon erfasst worden waren. Den grössten Bevölkerungszuwachs verzeichnete Reinach, dessen Einwohnerschaft innert zehn Jahren von 6152 auf 13 419 emporschnellte, und das während der 60er Jahre viermal ein jährliches Wachstum von mehr als 10 Prozent verzeichnete (Spitzenwert 1961: 17 Prozent!).[100] Das grösste relative Wachstum wies Therwil auf, dessen Bevölkerung sich in einem Jahrzehnt fast verdreifachte.

Im oberen Baselbiet fiel das Wachstum der regionalen Zentren eher schwächer aus, während die um sie herum gelegenen Dörfer stark zulegten. Als Beispiel dafür kann das starke Wachstum von Thürnen und Zunzgen als Vororte des industriellen Zentrums Sissach erwähnt werden. Nach einem Bevölkerungsrückgang im Jahrzehnt zuvor wurde Diegten in den 60er Jahren von einem starken Wachstumsschub erfasst; hier begann sich offensichtlich die Autobahn schon vor ihrer Fertigstellung auf die Besiedlung auszuwirken. Im Waldenburgertal, das keine dominierende Ortschaft kennt, wuchsen alle industriell geprägten Orte im Haupttal stark an. Die abgelegeneren Dörfer im Oberbaselbiet stagnierten in den 60er Jahren bevölkerungsmässig weiterhin, nicht wenige verloren sogar Einwohner.

4.2 Wirtschaftliche und politische Überhitzung

In den frühen 60er Jahren trat eine ganze Reihe von Wachstumsfolgeproblemen erstmals in grösserem Ausmass in Erscheinung. Die Probleme der Bodenspekulation, der Konjunkturdämpfung und der Ausländerpolitik lösten heftige Debatten aus, und radikale Lösungsvorschläge provozierten ebenso energische Reaktionen. Trotz anhaltender Hochkonjunktur wurde die grosse politische Stabilität der 50er Jahre erstmals erschüttert. Allerdings bildeten sich die Symptome einer schleichenden sozialen Krise im Verlauf der 60er Jahre wieder zurück, denn das anhaltend hohe Wirtschaftswachstum brachte neben Problemen weiterhin grosse Wohlstandsgewinne für alle mit sich.

---

100   Windler 1975, S. 266.

Wirtschaftliche Wachstumshektik

Das Wirtschaftswachstum bewegte sich in den 60er Jahren in ähnlichen Dimensionen wie im Jahrzehnt zuvor, und auch die Entwicklung der Industrie und vor allem der Bauwirtschaft zeigte die gleichen Merkmale einer ungebremsten Expansion. «Eine Beanspruchung der produktiven Kräfte bis aufs äusserste und konjunkturelle Überhitzung waren auch im Kanton Basel-Landschaft zu beobachten.»[101] So kommentierte die Basellandschaftliche Kantonalbank die Wirtschaftsentwicklung im Jahre 1963, und ähnlich tönte es in anderen Jahren. Die realen Wachstumsraten des Sozialproduktes waren durchschnittlich etwa gleich hoch wie im Jahrzehnt zuvor und bewegten sich zwischen 8,4% (1961) und 2,4% (1966). Zu Beginn des Jahrzehntes setzte sich der in den späten 50er Jahren begonnene Aufschwung fort, um sich erst ab 1965 etwas abzuschwächen. Nach dieser etwas entspannteren Phase setzten am Ende des Jahrzehntes erneut starke Auftriebskräfte ein. Der Konjunkturverlauf war also weiterhin spürbar, doch hatte er an praktischer Bedeutung, etwa für den Arbeitsmarkt, viel eingebüsst.

Ganz anders als in den 50er Jahren hingegen verhielt sich die Preisentwicklung. Die Teuerungsraten bewegten sich zwischen drei und vier Prozent und fielen auch bei schwächerem Wachstum nicht unter die Zwei-Prozent-Marke. Die Inflationsbekämpfung wurde deshalb zu einem wichtigen Thema der wirtschaftspolitischen Diskussion der 60er Jahre.

Fortgesetzte industrielle Expansion

Die Ursachen der enormen wirtschaftlichen Expansion können primär in einem «Nachfragesog»[102] ausgemacht werden, wovon die Exportindustrie profitierte. Diese grosse Nachfrage wurde nicht nur durch die gute Konjunktur bei allen wichtigen Handelspartnern aufrechterhalten, sondern auch durch die jahrelange Unterbewertung des Schweizer Frankens. Eine Aufwertung zur Dämpfung der Auftriebskräfte wurde zwar immer wieder empfohlen, doch scheiterte sie am Widerstand der betroffenen Branchen, welche sich an diese bequeme Situation gewöhnt hatten. Im System der festen Wechselkurse konnten solche «falschen» Währungsrelationen jahrelang aufrechterhalten werden, wobei der Preis dafür im fehlenden Schutz gegen die importierte Inflation und in nachhaltigen strukturellen Verzerrungen bestand.

101   KB BL 1963, S. 4.
102   Expertengruppe Wirtschaftslage, S. 59.

Zunahme des realen BIP

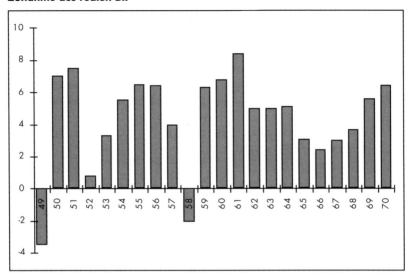

Graphik 6: In den 60er Jahren war das reale Wachstum des Sozialproduktes nie kleiner als zwei Prozent. Spitzenwerte wurden zu Beginn des Jahrzehntes mit über acht Prozent verzeichnet.

Die durch den Exportboom ausgelöste Binnennachfrage führte dazu, dass praktisch alle Branchen von der Hochkonjunktur profitieren konnten, wenn auch in unterschiedlichem Ausmass. Die erwähnten Zusammenhänge trugen dazu bei, dass es in der Schweiz zu einer ausgesprochenen «Überindustrialisierung» kam, d.h. der zweite Sektor hatte ein sehr viel höheres Gewicht als in fortgeschritteneren Volkswirtschaften. Dabei spielte auch der durch die Beschäftigung billiger ausländischer Arbeitskräfte verzögerte Strukturwandel eine Rolle, wie heute allgemein anerkannt wird.[103]
Dieses übergrosse Gewicht des Industriesektors war im Kanton Basel-Landschaft besonders stark zu spüren. Bei der Betriebszählung von 1965 erreichte der zweite Sektor einen Anteil von drei Vierteln aller Arbeitsplätze im Kanton, womit ein Rekordwert erreicht war. Den restlichen Viertel teilten sich die rasch an Bedeutung verlierende Landwirtschaft und die noch wenig entwickelten Dienstleistungen. Trotz dieser starken Ausrichtung auf die Industrie war die Baselbieter Wirtschaft zu dieser Zeit sehr dynamisch, da die im Kanton dominierenden Branchen (v.a. Metall-, Maschinen- und Chemieindustrie)

103   Vgl. Kleinewefers et al. 1993, S. 29ff.

zu den ausgesprochenen Wachstumsgewinnern jener Jahre gehörten. Bei der Betrachtung der Wirtschaftsstruktur darf auch nicht vergessen werden, dass ein grosser Teil der nach Basel pendelnden Baselbieter in den dort vorherrschenden Dienstleistungsbetrieben arbeitete. Der industriellen Expansion entsprach eine gewaltige Steigerung der Güterverkehrsströme. Die Rheinhäfen erlebten ihre höchste Blüte als «Goldküste» des Baselbietes. Der in der Zwischenkriegszeit erbaute Rangierbahnhof Muttenz wurde grosszügig ausgebaut, denn noch wickelte sich ein grosser Teil des Güterfernverkehrs auf der Schiene ab.

Boomende Bauwirtschaft

Die Bautätigkeit erreichte in den 60er Jahren in der ganzen Schweiz mit einem Anteil von fast 20 Prozent am Sozialprodukt (BIP) internationale Spitzenwerte, und im Wachstumskanton Basel-Landschaft dürfte der Anteil noch einiges höher gelegen haben. Die graphische Darstellung zeigt ein nur von geringen Schwankungen unterbrochenes Wachstum der Bautätigkeit, welches in den Jahren nach 1958 die höchste Steigerung erreichte.

Die private Bautätigkeit profitierte weiterhin von günstigen Bedingungen auf der Angebots- wie auch der Nachfrageseite. Der Arbeitsmarkt war zwar dauernd angespannt, doch eine weitere Expansion wurde durch die zunehmende Ausländerbeschäftigung immer wieder ermöglicht. Die rasch steigenden Löhne führten in der – trotz der Bemühungen um eine Rationalisierung des Bauens – arbeitsintensiven Branche zu ebenso rasch steigenden Preisen. Die Hypothekarzinsen lagen zwar nominell etwas höher als in den 50er Jahren, waren real aber angesicht der gestiegenen Teuerung sehr tief. In den frühen 60er Jahren war sogar einmal ein negativer realer Hypothekarzins zu verzeichnen. Dass diese Bedingungen auch dazu führten, dass viele anlagesuchende Gelder in die Bauwirtschaft flossen – ob zu spekulativen Zwecken oder nicht –, liegt auf der Hand.

Die Nachfrage nach Bauleistungen stieg in allen Sparten stark an, wobei der Wohnbau weiter dominierte. Angesichts der enormen Bevölkerungszunahme bestanden kaum Probleme die Neubauten zu vermieten, auch wenn sich deren Mietpreise von den politisch geregelten der Altbauten immer weiter abhoben. Nur selten standen zu teuer gebaute Einfamilienhäuser eine Weile leer.[104] Die grösste relative Zunahme verzeichnete aber die öffentliche Bautätigkeit, die allerdings von einem tiefen Niveau aus startete. Vor allem in der

104   KB BL 1965, S. 6.

Bautätigkeit BL in den 60er Jahren

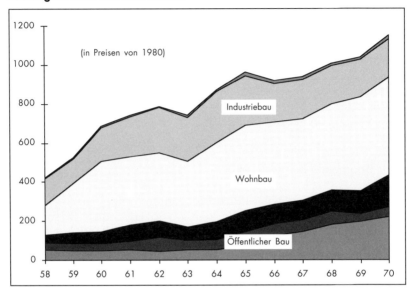

Graphik 7: Der in den späten 50er Jahren einsetzende Aufschwung der Bautätigkeit setzte sich mit geringen Unterbrechungen die ganzen 60er Jahre fort.

zweiten Hälfte der sechziger Jahre stieg der Anteil des öffentlichen Baues rasch von gut 20 auf gegen 40 Prozent an. Dominiert wurde die staatliche Bautätigkeit vom Strassenbau, wozu die Überlagerung der kantonalen Bautätigkeit mit der Erstellung der Nationalstrassen beitrug.

Umstrittene Konjunkturdämpfung

In den frühen 60er Jahren kam es zu einer abrupten Kehrtwendung der schweizerischen Konjunkturpolitik, deren Auswirkungen gerade im Wachstumskanton Basel-Landschaft viel zu reden gaben. Nachdem es lange Jahre eine eigentliche Konjunkturpolitik in der Schweiz gar nicht gegeben hatte, griff die Landesregierung überraschend zu einschneidenden Interventionen, um ein in ihren Augen gefährdetes Gleichgewicht wieder herzustellen. Die Konjunkturdämpfungsmassnahmen stellten während einiger Jahre ein heftig diskutiertes Thema der schweizerischen Politik dar, was in einem auffallenden Gegensatz zur relativen Wirkungslosigkeit dieser Massnahmen stand.

Wirtschaftspolitische Kehrtwendung

In den 50er Jahren hatte man in der Schweiz auf das «Instrumentarium» von freiwilligen Übereinkünften der Wirtschaftsverbände vertraut. In diesen sogenannte «Gentleman's Agreements» verpflichteten sich die Banken beispielsweise, eine Zurückhaltung bei der Vergabe von Baukrediten zu üben. Falls solche Übereinkommen je eine Wirkung hatten, so jedenfalls nicht mehr, als die konjunkturellen Probleme ernsthafter wurden. Dies war in den frühen 60er Jahren der Fall, als man überall von der konjunkturellen Überhitzung zu sprechen begann, als deren Anzeichen die wachsende Teuerung, die Überforderung der Bauwirtschaft, die Überfremdung und die Bodenspekulation bezeichnet wurden. Ob die konjunkturelle Überhitzung tatsächlich so bedrohlich war, wie die Kehrtwendung der Bundespolitik dies nahelegt, ist eine andere Frage.

Mit dramatischen Worten kündete der Bundesrat im Jahr 1963 an, dass er sich aufgrund der konjunkturellen Überhitzung zu neuartigen Massnahmen veranlasst sehe. Es wurde allgemein begrüsst, dass die Regierung überhaupt zu handeln begann, auch wenn die Massnahmen im Einzelnen nicht unbestritten blieben. Mit zwei dringlichen Bundesbeschlüssen sollte nach dem Willen des Bundesrates eine Dämpfung der überbordenden Konjunktur erreicht werden. Mit dem sogenannten Kreditbeschluss sollte der Zustrom ausländischen Geldes beschränkt und die Kreditvergabe im Inland begrenzt werden. Dieser Teil der Massnahmen stiess auf wenig Widerstand und wurde im allgemeinen als zweckmässig und politisch zulässig betrachtet.

Der Baubeschluss sah dagegen direktere und spürbarere Eingriffe vor. Der Bundesrat legte die gesamte zulässige Bauleistung eines Jahres so fest, dass sie der angenommenen Kapazität der Bauwirtschaft entsprechen sollte, und mittels Kontingenten wurden den Kantonen ihre Anteile daran zugeteilt. Die Kantonsverwaltungen sollten ihrerseits die Baubewilligungen gemäss einer Prioritätenliste unter die Antragsteller verteilen, wobei dem Wohnbau erste Priorität zuerkannt wurde. Es handelte sich also um ein eigentliches staatliches Rationierungsprogramm, welches an die kriegswirtschaftlichen Massnahmen erinnert.

Die Notwendigkeit des Baubeschlusses wurde damit begründet, dass er schneller wirke als die Kreditbeschränkung, und dass er durch die direkte Verteilung der Anteile gerechter sei.[105] Es ging dabei um die Angst, dass die Kreditbegrenzung den Wohnbau hart treffen könnte,

105   Vgl. Diserens 1988.

während die Industrie durch Selbstfinanzierung weiter nach Belieben
bauen könnte. Die Sozialdemokraten hatten ausserdem dem Baubeschluss nur unter der Bedingung zugestimmt, dass sich der Bund verstärkt für die Wohnbauförderung engagiere.[106]
Die beiden dringlichen Bundesbeschlüsse wurden von den erst seit
kurzem in der «Zauberformel» vereinten vier Bundesratsparteien
problemlos durchs Parlament gebracht. Da für sie aber keine Verfas-
sungsgrundlage bestand, mussten sie auch dem Volk vorgelegt werden, und hier waren die Verhältnisse weniger klar. Gegen den Baubeschluss opponierten neben verschiedenen kleinen Parteien vor allem
die betroffene Bauwirtschaft und in ihrem Gefolge der Gewerbever-
band. Er wurde schliesslich trotzdem von einer komfortablen Mehrheit gutgeheissen, wenn auch knapper als der Kreditbeschluss. Das
Baselbiet gehörte zu jenen Kantonen, welche den Baubeschluss in
der Volksabstimmung vom 28. Februar 1965 verwarfen, was angesicht der sonst eher bundesratstreuen Haltung der kantonalen
Stimmbürgerschaft auffällt.[107]

Baselland lehnt ab

> «Es erstaunt, dass der Regierungsrat allen vorgeschlagenen Möglichkeiten
> offenbar vorbehaltlos zustimmt, denn in ihrer Gesamtheit widersprechen
> diese Massnahmen unserer Verfassung. Sie bedingen eine Fülle von
> zusätzlichen bürokratischen Massnahmen, über deren Ausmass und
> Funktionieren man sich schon heute nach dem bisherigen Verfahren für
> die Erteilung von Baubewilligungen ein Bild machen kann.»[108]

Mit diesen Worten kritisierte der Interpellant Jauslin im Januar 1964
die Gutheissung der bundesrätlichen Konjunkturdämpfungsmassnahmen durch die basellandschaftliche Regierung. Auch in anderen
Vorstössen wurde mit Kritik nicht zurückgehalten, und es wurde insbesondere behauptet, «die in Aussicht genommenen Massnahmen
stossen aber in weiten Kreisen auf Ablehnung».[109]
Die heftige Kritik an den Massnahmen erstaunt nicht, denn sie
bedeuteten einen ebenso plötzlichen wie unerwarteten Bruch mit der
bisherigen Wirtschaftspolitik und einen drastischen behördlichen
Eingriff in den Baumarkt. Nicht nur die Bauwirtschaft selbst, sondern auch die Bauherren sahen ihre Projekte der Begutachtung durch
eine kantonale Verwaltungsstelle ausgesetzt und dadurch möglicherweise in Frage gestellt. «Nun soll also die Regierung die Möglichkeit

---

106   Vgl. Lutz 1967.
107   BZ 1.3.1965. BL-Resultat: 12 741 Ja gegen 14 106 Nein.
108   Interpellation Jauslin vom 17.1.1964, (Vorlagen).
109   Interpellation Zürcher vom 23.1.1964, (Vorlagen).

haben, ab 1. Februar Hunderte von fertig vorbereiteten Bauvorhaben zu untersagen oder auszustellen.»[110] Als Wachstumskanton war Basel-Landschaft von der Kontingentierung der Bautätigkeit besonders betroffen, so dass es kaum erstaunt, dass auch der Widerstand gegen diesen Eingriff grösser ausfiel.

Ausgeführt werden mussten die Massnahmen dennoch, und halbjährlich hatte der Kanton dem Bund über die Durchführung Bericht zu erstatten. Im ersten Bericht vom Oktober 1964 stellte der Regierungsrat fest, dass die Wirkung der Massnahmen zweifelhaft sei:

> «Die Beschäftigungslage unseres Baugewerbes scheint uns nach wie vor recht gut zu sein, und zwar sowohl im Hoch- als auch im Tiefbau. Von einer wirklichen Abschwächung ist nichts zu spüren. Dass daran die besondere Situation unseres Entwicklungskantons par excellence wesentlich mit Schuld ist, bedarf kaum der Erwähnung. [...] Einen Einfluss der Auswirkungen des Bundesbeschlusses auf die bauwirtschaftliche Preisbildung haben wir bisher ebenfalls noch nicht feststellen können, jedenfalls nicht einen mässigenden. [...] Wer möchte schon unter die Propheten gehen und sich über die künftigen Auswirkungen des Bundesbeschlusses äussern?»[111]

Als einzige eindeutige und positive Wirkung der Dämpfungsmassnahmen nannte der Regierungsrat in seinem Bericht, dass auf Kredit angewiesene Bodenspekulanten in Schwierigkeiten gerieten, dies aber als Folge des Kredit- und nicht des Baubeschlusses. Weitere Berichte der Regierung fielen ähnlich unbestimmt und zweifelnd aus, und man kann davon ausgehen, dass die Einschätzung der Kantonalbank im wesentlichen richtig war. Diese war der Ansicht, angesicht der übergrossen Nachfrage könne dem Baubeschluss kaum eine Wirkung zukommen.[112] Die Steuerung der Bautätigkeit mittels direkten Eingriffen war denn auch keineswegs so einfach, wie man meinen könnte, denn zwischen den angemeldeten Bauvorhaben und den tatsächlich ausgeführten bestand ohnehin eine grosse Diskrepanz.

Eine Wirkung hatte der Baubeschluss vielleicht eher auf die Art der ausgeführten Bauten als auf die Menge. Der im Baubeschluss privilegierte Wohnbau konnte seinen hohen Anteil am Bauvolumen jedenfalls halten, während die industriellen Bauten zurückgingen. Anteilsmässiger Gewinner war in den Jahren ab 1964 eindeutig der öffentliche Bau. Ob dies eine Folge einer Begünstigung der eigenen Bautätigkeit durch die Bewilligungsbehörde war, wie geargwöhnt wurde, oder auf den «gewaltigen Nachholbedarf unseres Kantons

110 Ebda.
111 Bericht RR über den Vollzug des Bundesbeschlusses über die Bekämpfung der Teuerung durch Massnahmen auf dem Gebiete der Bauwirtschaft vom 6.10.1964, (Vorlagen).
112 KB BL 1964, S. 19.

und mancher seiner Gemeinden» zurückzuführen ist, bleibt offen.[113]
Jedenfalls sah sich die staatliche Bautätigkeit einer erheblichen
öffentlichen Kritik ausgesetzt.[114] Die alte Konjunkturphilosophie aus
den 50er Jahren wurde wieder aufgewärmt, wonach sich die öffentliche Hand zwecks Konjunkturdämpfung besonderer Zurückhaltung
befleissigen müsse. Diese Forderung weckte aber auch scharfe Ent-
gegnungen. So argumentierte die Kantonalbank: «Es lässt sich nicht
vereinbaren, den sicher notwendigen Wohnungsbau mit allen Mitteln
zu forcieren, gleichzeitig aber von der öffentlichen Hand schärfste
Zurückhaltung zu fordern. Gerade aus der Produktion neuer Wohnungen erwachsen dem Gemeinwesen zunehmende Lasten für den
Ausbau der sogenannten Infrastruktur.»[115]

Eine Inszenierung von Handlungswillen

Die Zeit des sorgenlosen Laisser-faire in der schweizerischen Wirtschaftspolitik der Nachkriegszeit ging in den frühen 60er Jahren fast
schlagartig zu Ende. In einer dramatisch wirkenden Inszenierung
wurden dringliche und nicht verfassungsmässige Beschlüsse getroffen. Weshalb griff man 1963 plötzlich zu Massnahmen, welche aus
dem Repertoire der Kriegswirtschaft zu stammen schienen und
jedenfalls nicht als systemkonform zu den Regeln einer liberalen
Marktwirtschaft gelten können?
Der wichtigste Effekt der Massnahmen bestand wohl darin, dass
Handlungswille demonstriert werden konnte.[116] Inmitten einer
zunehmend als krisenträchtig empfundenen Entwicklung gab der
Bundesrat klar zu verstehen, dass er den Dingen nicht einfach ihren
Lauf lassen, sondern wenn nötig auch hart eingreifen würde. Man
befand sich in den frühen 60er Jahren in der Hochphase der schweizerischen Konkordanzdemokratie, und die vier Bundesratsparteien
konnten ihre gemeinsame Handlungsfähigkeit unter Beweis stellen.
Die Botschaft, welche die «classe politique» dem Volk vermittelte,
war: Wir haben die Entwicklung unter Kontrolle.
Man ist im Rückblick allgemein der Auffassung, dass der Baubeschluss kaum eine grosse Wirkung gehabt hat.[117] Auffallend ist, dass
weniger einschneidend wirkende, dafür aber systemkonforme und

---

113   Interpellation Schneider betr. öffentlicher Bau und Baubeschluss vom 28.1.1965, (Vor-
      lagen).
114   Vgl. Interpellation Matter vom 1.3.1965 betreffend die Konjunkturbeschlüsse, (Vor-
      lagen).
115   KB BL 1965, S. 6.
116   Diese Interpretation lehnt sich an jene an, die von Hansjörg Siegenthaler in seinen Vorle-
      sungen vertreten wurde.
117   Sowohl Christian Lutz als auch Wasserfallen gehen von einer bescheidenen Wirkung aus.

vielleicht sogar wirksame konjunkturpolitische Massnahmen kaum diskutiert wurden. Diese wären im Bereich der Finanzpolitik zu finden gewesen. Eine erhöhte steuerliche Abschöpfung der Kaufkraft hätte die erwünschte Wirkung erzielt, indem sie die Nachfrage reduziert und ausserdem die dringliche Ausweitung der öffentlichen Investitionen um ihre prozyklische Wirkung gebracht hätte. Eine solche Massnahme hätte durchaus dem Stand der wissenschaftlichen Diskussion entsprochen.[118]

Dass solche Massnahmen kaum ernsthaft erwogen wurden, hatte den einfachen Grund, dass ein politischer Konsens darüber von vornherein chancenlos war. Über die Höhe der Staatsausgaben hat unter den Bundesratsparteien nie auch nur annähernd Einigkeit bestanden, und dieser grundlegende Konflikt blockierte jede antizyklische Einnahmenpolitik. Zudem hätte eine solche Strategie eine finanzpolitische Abstimmung zwischen dem Bund und den Kantonen nötig gemacht. Auch im Kanton Basel-Landschaft bestand, wie gezeigt wird, auf dem Gebiete der Finanzpolitik kein politischer Konsens, welcher ein zielgerichtetes Handeln ermöglicht hätte. In den frühen 60er Jahren wurden sowohl auf Bundesebene wie auch im Kanton Basel-Landschaft erneut die Steuern gesenkt, was den konjunkturpolitischen Intentionen diametral entgegenlief. Daraus kann der Schluss gezogen werden, dass die Konjunkturpolitik der frühen 60er Jahre sich einseitig an der politischen Machbarkeit und viel weniger an der sachlichen Wirksamkeit orientierte. Dies legt aber auch die Vermutung nahe, dass die konjunkturelle Situation keineswegs so ernst war, wie man zu glauben schien.

Die plötzliche Brisanz der Bodenfrage

«Die Bodenspekulation und die damit verbundene Steigerung der Bodenpreise nimmt verheerende Ausmasse an. Die Preistendenz nach oben hält unvermindert an, umsomehr als für die nächste Zeit eine gezielte Grossinvasion auf Grund und Boden bereits eingeleitet wurde.»[119] Mit diesen dramatischen Worten leitete der sozialdemokratische Landrat Ryser eine am 3. Mai 1962 eingereichte Motion ein, womit er nach dringlichen Massnahmen gegen die Bodenspekulation verlangte. Sein Vorstoss erfolgte in einem Augenblick, in dem diese zum politischen Thema Nummer eins geworden war. Wie kam es zur plötzlichen sozialpolitischen Brisanz dieser Frage und wie bewältigte man die allgemein als «staatspolitisch ungesund» bezeichnete Erscheinung?

118 Prader S. 316ff.
119 Motion Ryser vom 3.5.1962, (Vorlagen).

Bodenfrage – Schicksalsfrage?

In den frühen 60er Jahren wurde die Bodenspekulation plötzlich zu einem heftig diskutierten Thema. Die «Basellandschaftliche Zeitung» öffnete im Winter 1961/62 ihre Spalten für eine sich über Monate hinziehende Diskussion über die Bodenfrage, und die Beiträge von Lesern und Redaktoren vermitteln ein anschauliches Bild von der Brisanz, welche diese Frage nun zu haben schien. Der Autor der folgenden Zeilen bemühte sich noch um ein zurückhaltendes Urteil, doch auch dieses fiel drastisch aus:

> «Bodenfrage – Schicksalsfrage? Wer etwas im Land herumhorcht, wer Gesprächen über Landkäufe und Bodenpreise folgt, wird geneigt sein, diese Gleichung zu bejahen, das Frage- durch ein Ausrufezeichen zu ersetzen! Immerhin: man darf bei all dem nicht vergessen, dass auf dem Grundstückmarkt gegenwärtig all jene hässlichen Nebenerscheinungen besonders deutlich zum Durchbruch kommen, die leider unvermeidlich mit dem Institut einer freiheitlichen Wirtschaftsordnung, wie wir sie haben, verbunden sind, nämlich: kaltblütige, rücksichtslose Ausnützung von Monopolstellungen unter Berufung auf wohlerworbene, unantastbare Rechte, völlige Ausrichtung des Handelns auf das Materielle, rein egoistisches Denken unter Missachtung aller moralischen und sozialen Bedenken.»[120]

Neben den Klagen über die massiven Bodenpreissteigerungen und deren Folgen für die zukünftigen Mieter und die verhinderten Eigentümer von Einfamilienhäusern und neben der Empörung über die ungerechtfertigten Riesengewinne der Spekulanten fällt an der Diskussion vor allem der allgegenwärtige Hinweis auf, dass es sich um ein sozialpolitisch brisantes und staatspolitisch bedeutendes Thema handle. Ein gefährliches Umsturzpotential schien sich plötzlich im bisher friedlich daherwirtschaftenden Land aufzubauen. Da wurde versichert, ohne Gegenmassnahmen «laufen wir Gefahr, dass auf illegalem Weg nicht bloss die erkannten Mängel, sondern unsere ganze Ordnung hinweggefegt wird, dass nicht nur das Krebsübel herausoperiert, sondern der ganze, sonst gesunde Körper vernichtet wird.»[121] Oder es wurde vom «Explosionsstoff» in den Herzen der Opfer der Spekulation geschrieben und gewarnt: «Und die Entladung könnte mehr erschüttern, als man leichthin denkt.»[122] Auch die Geschäftsleitung der Kantonalbank beurteilte 1961 die Lage auf dem Bodenmarkt als kritisch: «Der heutige Zustand bildet eine Gefahr für den Bestand unserer Wirtschaftsordnung; er muss dringend verbessert werden.»[123]

120   BZ 27.12.1961.
121   BZ 27.12.1961.
122   BZ 11.1.1962.
123   KB BL 1961, S. 5.

«Ein Schritt dem Kommunismus entgegen»

Die Diskussion um die Bodenspekulation war heftig im Gang, als Landrat Ryser seine einleitend zitierte Motion einreichte, worin er den Regierungsrat aufforderte, unverzüglich eine Revision der kantonalen Verfassung einzuleiten, um den Erlass von Notgesetzen gegen die Bodenspekulation zu ermöglichen. Ausserdem sollte er sich um eine «Legalisierung» dieser Notgesetzgebung durch den Bund bemühen. Die Regierung vertrat in der Diskussion die Auffassung, alle Kompetenzen in dieser Angelegenheit lägen beim Bund, und es sei deshalb in Bern eine Standesinitiative mit der Forderung nach entsprechenden Massnahmen einzureichen.

Der Landrat beauftragte daraufhin in der Sitzung vom 4. Juni 1962 die Exekutive mit der Ausarbeitung eines solchen kantonalen Vorstosses an die Bundesversammlung. Kurz darauf legte die Regierung den Vorschlag für zwei neue Artikel der Bundesverfassung vor. Der erste sollte nach der Anregung der Regierung lauten: «Der Handel mit und der Aufkauf von Grundstücken können durch die Gesetzgebung eingeschränkt werden, um volkswirtschaftlich und sozial schädliche Auswirkungen zu verhindern. Der Gesetzgeber ist dabei nicht an den Grundsatz der Handels- und Gewerbefreiheit gebunden.»[124]

Dass die Infragestellung der Handels- und Gewerbefreiheit nicht unwidersprochen bleiben würde, konnte angenommen werden. Die «Basler Nachrichten» holten wenige Tage nach der Veröffentlichung des Vorschlages zu einem Rundumschlag gegen die Baselbieter Regierung aus, welche «von einer sozialdemokratischen Motion in Trab gesetzt» dem «populären Slogan von der Spekulationsbekämpfung» verfallen sei.[125] «Von selber wäre auch die Regierung in Liestal bestimmt nicht auf die gloriose Idee dieser Standesinitiative gekommen.» Bei der «Basellandschaftlichen Zeitung», wo kurz zuvor noch lautstark die Bodenfrage diskutiert worden war, scheint man nun von der Kühnheit der eigenen Regierung erschreckt und machte die Leserschaft eindringlich auf die Radikalität der Vorschläge aus dem Regierungsgebäude aufmerksam: «Der Kanton Basel-Landschaft soll Schrittmacher für die Beugung eines der ältesten Freiheitsrechte werden und sei es auch vorerst nur auf dem Gebiete des Grundstückhandels. Ein Schritt dem Kommunismus entgegen […].»[126]

Immerhin hatte die landrätliche Kommission am Tag zuvor einstimmig beschlossen, dem Vorschlag der Regierung zu folgen, was davon

124   Bericht RR vom 23.6.1962 zur Motion Ryser betr. Bodenspekulation, (Vorlagen).
125   BN 30.6.1962.
126   BZ 31.8.1962.

zeugt, dass im bürgerlichen Lager die Meinung keineswegs einhellig war, ob nun mit oder ohne radikale Massnahmen die Gefahr des Kommunismus drohe. Die Kommission argumentierte in bezug auf den umstrittenen Artikel: «Die Handels- und Gewerbefreiheit sind gewiss hoch zu schätzende Bestimmungen unserer Bundesverfassung. Hätten die damaligen Gesetzgeber die heute zu Tage tretenden Auswüchse gekannt, so hätten sie bestimmt damals schon die entsprechenden Sicherungen eingebaut.»[127]
Allerdings wurde der Brei dann doch nicht so heiss gegessen, wie ihn Regierung und Kommission gekocht hatten. Im Landratsplenum wurde die Beratung zunächst verschoben, da die Standesinitiative nicht seriös genug sei. Bis zur nächsten Sitzung brachte die freisinnige Fraktion einen neuen Vorschlag ein, der von den übrigen bürgerlichen Fraktionen unterstützt wurde, und der eine Entspannung der heiklen Angelegenheit brachte. Es sollte nunmehr lediglich eine nichtformulierte Standesinitiative nach Bern gesandt werden. Die Anregung an das Bundesparlament lautete nun, es solle «eine Revision der Bundesverfassung einleiten, wonach dem Bund die Befugnis erteilt wird, durch Gesetz die sozial und volkswirtschaftlich schädlichen Auswirkungen der Bodenspekulation zu bekämpfen.»[128] War auch die konkrete Forderung an den Bund weniger radikal, so wurde im Text der Standesinitiative nicht weniger dramatisch auf die Lage im Kanton Basel-Landschaft und die möglichen Folgen einer unbeeinflussten Entwicklung hingewiesen:

> «Die Bodenfrage stellt sich heute mit einer Dringlichkeit, wie sie vor noch nicht allzu langer Zeit kaum für möglich gehalten worden ist. Ihre wirtschaftlichen und sozialen Aspekte stempeln sie zu einem staatspolitischen Problem ersten Ranges, für dessen Lösung die Behörden dem Volke verantwortlich sind. Die zunehmende Landverknappung führt zu einer Entwicklung, die volkswirtschaftlich als ungesund bezeichnet werden muss und schwerste soziale Erschütterungen befürchten lässt.»[129]

Zur Entwicklung des Immobilienmarktes

Im Zusammenhang mit der überraschend ausgebrochenen bodenpolitischen Hektik der frühen 60er Jahre stellt sich die Frage, ob diese in einem nachweisbaren drastischen Preisanstieg ihre Begründung hatte, oder ob sie nur einer neuen Wahrnehmung einer seit längerem im Gang befindlichen Entwicklung entsprach. Ein Blick auf die ver-

127   Bericht der LR-Kommission vom 30.8.1962 zur Motion Ryser betr. Bodenspekulation, (Vorlagen).
128   LR Standesinitiative des Kantons-Basel-Landschaft vom 27.9.1962, (Vorlagen).
129   Ebda.

fügbaren Daten vermittelt ein fast unerwartet eindeutiges Bild: In den frühen 60er Jahren kam es tatsächlich zu einer explosionsartigen Steigerung der Bodenpreise im ganzen Kantonsgebiet, welche mit der relativ kontinuierlichen Preisentwicklung der 50er Jahre kontrastiert.[130] Ein steiler Anstieg der Kurve findet sich in der Statistik der Handänderungen sowohl bei den bezahlten Quadratmeterpreisen als auch bei der Zahl der Handänderungsfälle. Ausserdem scheint gerade in diesen Jahren der Anteil der Privatpersonen unter den Landkäufern rapide zurückgegangen zu sein, während die Käufe durch private Gesellschaften und die öffentliche Hand stark zunahmen. Die durchschnittlichen Quadratmeterpreise, die wichtigste Grösse in diesem Zusammenhang, ist in diesen Jahren in allen vier Bezirken des Kantons enorm angestiegen, wenn auch von ganz unterschiedlichen Niveaux ausgehend.

Die rapide Steigerung der Bodenpreise in den Jahrzehnten nach dem Zweiten Weltkrieg kann primär mit der Zunahme der Nachfrage nach Land erklärt werden. Die wachsende Bevölkerung, die steigenden realen Einkommen und die daraus resultierenden Wünsche nach mehr Wohnfläche, der grosse Flächenbedarf der ungehemmt expandierenden Industrie und schliesslich auch noch der Landbedarf der öffentlichen Hand für Infrastrukturen aller Art führte zu einer permanenten Nachfragesteigerung nach Bauland. Dies ist aber nur die eine Seite des Problems. Der Steigerung der Nachfrage hätte schliesslich eine ebenso grosse Zunahme des Angebots entgegenstehen können. Land war auch in der kleinen und dicht bevölkerten Schweiz und im Baselbiet nicht an sich knapp, auch wenn dies immer wieder behauptet wurde. Die Bauzonen waren schliesslich gross genug und wurden bei Bedarf rasch erweitert. Die Frage ist generell, ob das Bauland bei solchen Nachfragesteigerungen auch auf den Markt kommt. Damit stellt sich die Frage, ob die Spekulation die Ursache rascher Preisschübe und welcher Art diese Spekulation sei.

Was häufig als Spekulation bezeichnet wird, ist in den meisten Fällen lediglich normales rationales Handeln im Sinne einer Gewinnmaximierung. Der Hauptgrund dafür, dass sich auf dem Bodenmarkt kein stabileres Gleichgewicht einstellte, dürfte darin gelegen haben, dass angesichts der rasch steigenden Preise der Anreiz klein war, Land überhaupt zu verkaufen. Sobald jemand trotzdem bereit war, Land zu verkaufen, war schnell jemand da, der es kaufte, nur um es seinerseits in Erwartung höherer Preise zu horten. Dabei sind die Grenzen zwischen «ehrlicher» Kapitalanlage und verrufener Spekulation keineswegs deutlich. Die dadurch künstlich erzeugte Landknappheit ist

130   Die folgenden Ausführungen basieren auf: Statistisches Amt BL 1981.

zwar weniger für das langfristige Ansteigen der Bodenpreise verantwortlich, doch vermag es die explosionsartigen Erhöhungen in
bestimmten Phasen erklären. Dabei spielt eine Rolle, dass diese Phasen – es handelt sich neben den frühen 60er Jahren vor allem um die
frühen 70er Jahre – nicht nur konjunkturelle Aufschwungphasen
darstellten, sondern dass in diesen Jahren wegen der starken Teuerung die realen Zinssätze ausgesprochen niedrig waren. Im Jahr der
grössten bodenpolitischen Hektik, 1962, war der reale Hypothekarzins sogar negativ,[131] was die «Flucht in die Sachwerte» zu einem
rationalen ökonomischen Verhalten machte. Ein Verhalten übrigens,
an dem sich gerade in jenen Jahren viele Kleinsparer in Form von
Beteiligungen an Immobilien-Anlagefonds zu beteiligen begannen.[132]
In diesem Sinne wäre denjenigen zuzustimmen, die damals die
Ansicht vertraten, der Bodenspekulation sei am ehesten mit einer
stärkeren Inflationsbekämpfung beizukommen.[133]

Die politische Lösung einer Krise

Aufgrund der Entwicklungen auf dem Bodenmarkt kann gesagt werden, dass in den frühen 60er Jahren tatsächlich eine aussergewöhnliche Welle von Preissteigerungen zu verzeichnen war. Die politische
Thematisierung dieses Phänomens ist somit verständlich und hatte
sachliche Gründe. Auffallend an der bodenpolitischen Erregung in
den frühen 60er Jahren ist aber, dass nicht nur das Thema selbst eine
hohe Brisanz erhielt, sondern dass man es darüber hinaus als
grundsätzliche Gefahr für die sozialpolitische und staatspolitische
Ordnung interpretierte. Dies ist angesichts der Bedeutung der
Bodenpreise für die soziale Lage weiter Kreise der Bevölkerung zwar
durchaus verständlich, doch kann nicht übersehen werden, dass den
Bodenpreisen und der als ihre Ursache bezeichneten Spekulation so
etwas wie eine symptomatische Bedeutung für die gesamte wirtschaftliche und soziale Entwicklung zugeordnet wurde, und erst dies
erklärt die Heftigkeit der politischen Erregung.
Die sozialpolitische Bedrohung wurde als so akut beurteilt, dass auch
viele bürgerliche Politiker an radikale Gegenmassnahmen dachten.
Mit der kantonalen Standesinitiative wurde ein Mittel ergriffen, das
zwar formal den adäquaten Rechtsweg beschritt, aber gleichzeitig
materiell eine Delegation des Problems darstellte. Die politische Lei-
stung bestand in der Simulation einer Problemlösungsstrategie. Diese
scheint gerade für bürgerliche Politiker die Lösung aus einem

---

131   Expertengruppe Wirtschaftslage, S. 74.
132   VR 25.10.1962.
133   Vgl. Sieber 1965.

Dilemma dargestellt zu haben, in das sie geraten waren, weil sie einerseits glaubten, energische Massnahmen fordern zu müssen, andererseits aus den eigenen Reihen beschuldigt wurden, damit geheiligte Prinzipen zu verletzen.

Die politische Linke auf der anderen Seite sah sich wiederholt dem Vorwurf ausgesetzt, unter dem Banner der populären Antispekulationspolitik ihre eigenen politischen Ziele zu verfolgen. Die Einführung eines Vorkaufsrechtes der öffentlichen Hand bei Landverkäufen stellte eines der wichtigsten bodenrechtlichen Ziele der Linken dar, das in der basellandschaftlichen Diskussion immer wieder auftauchte, und das auch mit einer im Jahre 1962 lancierten eidgenössischen Volksinitiative verfolgt wurde.[134] Allerdings war auch sehr fraglich, ob damit das Problem der Bodenpreissteigerungen hätte gelöst werden können, das letztlich viel tiefer liegende Ursachen hatte.

Trotz der grossen politischen Erregung und den radikalen Vorschlägen hat man also in den frühen 60er Jahren keine bodenpolitischen Massnahmen ergriffen. Dennoch beruhigte sich die Diskussion um die Bodenspekulation im Verlauf der 60er Jahre wieder. Im Jahre 1968 wurde die Baselbieter Standesinitiative vom Nationalrat ohne grosse Diskussion als erledigt abgeschrieben,[135] und auch im Kanton Basel-Landschaft kümmerte dies nur noch wenig. Ist also der ganze bodenpolitische Aktivismus der frühen 60er Jahre im Rückblick lediglich als politisches Theater zu betrachten? Vielleicht, doch es darf dabei nicht übersehen werden, dass die Politik damit auf eine Stimmungslage in der Gesellschaft reagierte, die ernstzunehmen war. Der Konzentration der Debatte auf die Behauptung, «die Hauptschuld tragen die üblen Spekulanten»[136] kann die Funktion zugesprochen werden, eine grundsätzliche Entwicklung wie diejenige der steigenden Bodenpreise auf eine Frage moralisch besonders verpönten individuellen Handelns zu reduzieren.

Es ist darauf zu verweisen, dass bodenpolitische Themen im Baselbiet eine längere Tradition haben und beispielsweise zu Beginn des Jahrhunderts beim Arbeiter- und Bauernbund eine grosse Rolle spielten.[137] Die sozialpolitische Bedeutung dieser Frage war zwar in der Wachstumsgesellschaft der frühen 60er Jahre eine ganz andere als in der ländlichen Gesellschaft der Jahrhundertwende, dennoch lassen sich auch Gemeinsamkeiten finden. Die Brisanz bestand darin, dass die Gewinne des ununterbrochenen Booms höchst ungleich verteilt

---

134 Vgl. Tschudi S. 204ff.
135 AZB 5.10.1968.
136 Titel im BVb 28.11.1961.
137 Vgl. die Arbeiten von Ruedi Epple im Rahmen der Forschungsstelle BL-Geschichte.

wurden, und dass gerade nicht diejenigen belohnt wurden, welche lediglich ihre Arbeit verrichteten, sondern die anderen, welche in der Lage waren, aus der Entwicklung besondere Profite herauszuschlagen. Diese in jeder Marktwirtschaft normale Entwicklung wurde durch die explosionsartige Erhöhung der Bodenpreise zu Beginn der 60er Jahre besonders sichtbar, und gleichzeitig wurde deutlich, dass die Gewinne der einen auf Kosten der anderen gingen. Dies widersprach der Vorstellung sozialer Gerechtigkeit, wie sie in der noch stark traditionell geprägten Bevölkerung des Baselbiets der frühen 60er Jahre bestanden.

Wirkungslose Bremsversuche in der Ausländerpolitik

Die Zeit der Sorglosigkeit ging in den frühen 60er Jahren auch in der Ausländerpolitik schnell zu Ende. Sie wurde von einer fremdenfeindlichen Opposition aus der Bevölkerung in Frage gestellt, die sich rasch in neuen politischen Organisationen jenseits des dominierenden Wachstumskonsenses sammelte. Gleichzeitig wuchs auch innerhalb der etablierten Parteien das Unbehagen über die Auswirkungen der immer grösser werdenden Ausländerbeschäftigung, und das Ziel einer Stabilisierung des Ausländerbestandes wurde offiziell deklariert.

Das Entstehen einer fremdenfeindlichen Opposition

In den frühen 60er Jahren begann die Rekrutierung italienischer Arbeitskräfte zunehmend schwieriger zu werden. Die italienische Regierung begann selbstbewusster aufzutreten und von der Schweiz vermehrt sozialpolitische Rechte für ihre ausgewanderten Staatsbürger als Bedingung für die Zulassung weiterer Rekrutierungen zu fordern. So musste die Schweiz 1962 mit Italien ein Sozialversicherungsabkommen abschliessen, ohne dass die Verhandlungen über ein damit verknüpftes Einwanderungsabkommen vorangekommen wären.

Das harte Auftreten der italienischen Verhandlungsdelegationen löste in der schweizerischen Bevölkerung zunächst Überraschung und dann immer stärker Empörung aus. Man hatte sich schliesslich daran gewöhnt, in den ausländischen Arbeitskräften politisch rechtlose Menschen zu sehen, die froh sein sollten, dass sie überhaupt beschäftigt wurden. «Die Italiener erpressen weiter!» lautete beispielsweise 1961 der ebenso reisserische wie falsche Titel eines Berichtes der «Basellandschaftlichen Zeitung» über die Verhandlungen mit Italien. Beim Abschluss des Einwanderungsabkommens im

Jahre 1964 wandelte sich das Misstrauen der schweizerischen Bevölkerung gegenüber der als zu konzessionsbereit angesehenen eigenen Regierung in offene Ablehnung. Dieses als Kniefall interpretierte Abkommen löste in der Schweiz eine «emotionale Grundwelle»[138] der Empörung und eine eigentliche Vertrauenskrise aus.[139]

Während der Verhandlungen mit Italien in den frühen 60er Jahren entstanden überall im Land Ansätze fremdenfeindlicher Bewegungen. Dabei handelte es sich zumeist um «Stammtischparteien und Eintagsfliegen»,[140] doch aus diesen erwuchs mit der 1961 im Kanton Zürich gegründeten «Nationale Aktion gegen die Überfremdung von Volk und Heimat» bald eine schlagkräftige Organisation. Dass sich die Unzufriedenheit und das Misstrauen breiter Kreise nun im Hass auf die Italiener zu manifestieren begann, hängt wohl auch damit zusammen, dass deren Anwesenheit immer weniger als eine vorübergehende wahrgenommen wurde. Im Zusammenhang der Verhandlungen mit Italien wurde nicht mehr von «Rotation», sondern von «Assimilation» und Integration gesprochen, d.h. es wurde anerkannt, dass es sich um eine bleibende Einwanderung handelte.

Eigentlich hätte man meinen können, die schweizerische Bevölkerung hätte zu dieser Zeit wenig Grund gehabt, sich von den Ausländern bedroht zu fühlen. Angst um Arbeitsplätze konnte unter den Bedingungen der Hochkonjunktur kein Grund sein. Im Gegenteil: Gerade die schweizerischen Arbeiter erfuhren durch die massive «Unterschichtung» zumeist einen sozialen Aufstieg, wie er sonst nicht möglich gewesen wäre. Eine Konkurrenz auf dem Wohnungsmarkt spielte dagegen angesichts dessen Anspannung eine Rolle, vor allem im Bereich der billigen Altwohnungen. So wurde 1964 in einer Motion im Landrat darauf verwiesen, dass häufig die Mieter von Abbruchliegenschaften ihre Wohnung verlassen müssten, um Platz für Ausländer zu machen.[141] Auch wenn es hier um Schweizer Unternehmen ging, welche aus der Unterbringung ihrer Arbeitskräfte Extraprofite schlugen, so richtete sich der Volkszorn doch schnell gegen die Ausländer. Viele ausländische Arbeitskräfte waren ausserdem in so miserablen Unterkünften untergebracht, dass im Kanton Basel-Landschaft 1962 ein «Amt für Wohnhygiene und Desinfektion» geschaffen wurde, um wenigstens die Einhaltung minimaler Wohnbedingungen sicherzustellen.[142]

---

138 Braun 1970, S. 18.
139 Niederberger, S. 68.
140 Simmen/Sutter, S. 22.
141 Motion Waldner vom 16.4.1964, (Vorlagen).
142 BZ 18.1.1962.

Neue Einschätzung der wirtschaftlichen Auswirkungen

Parallel zur erzwungenen Anerkennung der Tatsache einer bleiben-
den Einwanderung setzte sich in der Wissenschaft und in der Politik
eine andere Einschätzung der wirtschaftlichen Auswirkungen der
Einwanderung durch.[143] Hatte sich während der ganzen 50er Jahre
trotz einiger Zweifel die Vorstellung gehalten, dass die Ausländerbeschäftigung eine konjunktur- und inflationsdämpfende Wirkung
habe, so wurde dieser Wirkungszusammenhang nun umgekehrt
gesehen. Erstens wurde erkannt, dass gerade in den Konjunktur-
phasen die Einwanderung stark zunahm und ihrerseits zu deren Ver-
stärkung beitrug. Zweitens wurde man sich jetzt bewusst, dass die
längerfristigen Nachfragewirkungen der Ausländerpräsenz ihre all-
fälligen kurzfristigen Vorteile in ihr Gegenteil verkehrten.[144] Dies
hing wiederum damit zusammen, dass den schon länger im Land
lebenden Italienern aufgrund der neuen Verträge der Familiennach-
zug nicht mehr verwehrt werden konnte. Damit wurde offensichtlich, dass die Nachfrage nach Wohnraum und nach öffentlichen
Infrastrukturen etwa des Bildungswesens weiter gesteigert wurde.
Ausserdem wurden die strukturpolitischen Wirkungen der Ausländerbeschäftigung zunehmend als unerwünscht interpretiert. Es
wurde erkannt, dass die Schweizer Industrie dank der Verfügbarkeit
und relativen Billigkeit zusätzlicher Arbeitskräfte ungehemmt in
die Breite expandierte und dabei nötige Rationalisierungen vernachlässigte.
Den Startschuss zu den Versuchen, den Zustrom ausländischer
Arbeitskräfte zu bremsen, gab der Bundesrat im Zusammenhang mit
den Konjunkturdämpfungsmassnahmen 1963, nachdem die üblichen
Versuche, mit Masshalteappellen und freiwilligen Übereinkommen
keine Wirkung gezeigt hatten. Er verfügte eine betriebsweise Plafonierung des Bestandes an kontrollpflichtigen ausländischen Arbeitskräften, d.h. der Gesamtbestand jedes Betriebes wurde auf das Ausmass Ende Dezember 1962 beschränkt.[145] Da ein Erfolg dieser
Massnahme völlig ausblieb, wurden verschiedene Korrekturen an
diesem Rezept ausprobiert. Einmal wurde ein Abbau der Plafonds
verfügt, das nächste Mal wurde der Gesamtpersonalbestand (Schweizer und Ausländer) plafoniert, dann wieder diese Personalkategorien
einzeln beschränkt.
Die Regelungen wurden zwar im Verlauf der 60er Jahre immer
restriktiver, aber kaum wirkungsvoller. Immer mehr ausländische

143   Vgl. Niederberger, S. 103f; Prader S. 262ff und Braun, S. 15f.
144   Vgl. Expertengruppe Wirtschaftslage, S. 63.
145   AS 1963, S. 190f.

Arbeitskräfte erhielten die Niederlassungsbewilligung und wurden damit «entplafoniert». Die Regelungen wurden ausserdem von den kantonalen Behörden nicht sehr strikt umgesetzt, da die Bewilligungsbehörden immer dem Druck der Unternehmen ausgesetzt waren und auch eine Konkurrenz zwischen den Kantonen um die Ausländer zu spielen begann. Unterstützt wurde das Modell der weitgehenden Mobilitätsbeschränkung der kontrollpflichtigen Ausländer insbesondere von den Landkantonen, da diese eine Abwanderung «ihrer» Ausländer in die attraktiveren Ballungszentren fürchteten. Diese Haltung, wie auch diejenige einer betrieblichen Strukturerhaltung, wurde auch im Kanton Basel-Landschaft stark vertreten, obwohl dieser eine verstärkte Konkurrenz kaum zu fürchten gehabt hätte.

Das basellandschaftliche Arbeitsamt beklagte sich wiederholt, dass aufgrund des «bundesrechtlichem Interventionismus» der Arbeitsmarkt so verfälscht werde, dass kleine und «schmutzige» Betriebe immer mehr Mühe hätten, zu ihrem Personal zu kommen.[146] In diesem Amt wurde offensichtlich eine Politik der Strukturerhaltung betrieben, wobei man sich gleichzeitig unter einem freien Arbeitsmarkt vorstellte, dass die Ausländer ohne Wahlmöglichkeit für unbeliebte Arbeiten bestimmt werden sollten. Mit solchen Argumenten wandte sich der Kanton Basel-Landschaft 1969 auch entschieden gegen das vom BIGA vorgeschlagene neue Modell der Globalplafonierung des Ausländerbestandes, welches eine völlige Abkehr von der betriebsweisen Betrachtung der Bestände und den Ausländern eine erhöhte Freizügigkeit gebracht hätte. Eine solche Lösung war schon lange von der Wirtschaftswissenschaft und von den Gewerkschaften gefordert, aber von den Arbeitgeberverbänden verhindert worden, welche eine Politik der Strukturerhaltung bevorzugten.[147]

Im Endeffekt stellte die im Verlauf der 60er Jahre in verschiedenen Versionen durchgespielten Methode einer betriebsweisen Beschränkung eine der schlechtestmöglichen Lösungen dar: restriktiv für die betroffenen Ausländerinnen und Ausländer, behindernd für die meisten Unternehmen, bürokratisch und dennoch erfolglos. Aufgrund dieser Bilanz ist deutlich, dass es sich nur um Zwischenlösungen handeln konnte, sozusagen um Versuche, eine klare Entscheidung zu vermeiden oder hinauszuzögern. Unabhängig vom Erfolg dieser halbherzigen Eindämmungsversuche wurde in den 60er Jahren unübersehbar, dass die schweizerische Wachstumsgesellschaft auch eine Einwanderungsgesellschaft geworden war, und dass eine verstärkte

146   AB 1969, S. 217.
147   Niederberger, S. 74.

Integration der Immigrantinnen und Immigranten nicht zu umgehen war.

Ansteigen und Abklingen der Fieberkurve

Den angeführten Entwicklungen in der Konjunktur-, Boden- und Ausländerpolitik in den frühen 60er Jahren ist gemeinsam, dass sie als Vorboten einer Krise betrachtet wurden, einer Krise, die allerdings nicht eintraf. Die sozialpolitische Erregung legte sich wieder, ohne dass in einem der erwähnten Bereiche wirksame Massnahmen ergriffen worden wären.

Zunächst soll festgehalten werden, dass die Krisensymptome in dieser Zeit zwar verschiedenartig waren, aber dennoch von einer inneren Einheit ausgegangen werden kann. Dies wurde auch zur Zeit so wahrgenommen. So führten viele der in den frühen 60er Jahren kurzfristig entstandenen fremdenfeindlichen Bewegungen auch den Kampf gegen die Bodenspekulation und gegen die Teuerung in ihrem Programm.[148] Das zeitliche Zusammenfallen der Entwicklung in den verschiedenen Bereichen kann unschwer mit der ungewöhnlichen, den Zeitgenossen geradezu unheimlichen wirtschaftlichen Konjunktur jener Jahre in Zusammenhang gebracht werden. Letztere war sicher nicht ausschliessliche Ursache des manifesten Unbehagens, aber sie hat dazu beigetragen, dass das Malaise zum Ausdruck kam. Neben den Vorteilen des wirtschaftlichen Wachstums und der permanenten Hochkonjunktur wurden nun deren Schattenseiten sichtbar und für einige Zeit sogar dominierend.

Es schien, als drohe eine soziale Destabilisierung. Nach langen Jahren des wirtschaftlichen Wachstums machte sich plötzlich Skepsis darüber breit, ob die Gewinne dieser Entwicklung so fair verteilt wurden, wie man dies erwartet hatte. So verwies der neue Präsident des Landrates, Leo Bürgisser, in seiner Antrittsrede 1962 auf die von der Teuerung aufgezehrten Renten und die enorm gestiegenen Mieten, die teilweise bis zu 40 Prozent der Einkommen beanspruchten. Er führte aus:

> «Wir leben in einer Zeit der Hoch- und gar Überkonjunktur. So erfreulich und bestechend diese Feststellung auf den ersten Blick auch sein mag und so dankbar wir sein müssen, dass die Zeiten der Vorkriegs-Krisenjahre überwunden sind, so muss doch festgehalten werden, dass eine grosse Zahl von Mitbürgern von dieser Wirtschaftslage nur wenig oder nur scheinbar profitieren, wenn sie nicht gar das Opfer derselber sind.»[149]

148   Simmen/Sutter, S. 22.
149   Protokoll LR vom 28.6.1962.

Auch das Aufkommen fremdenfeindlicher Bewegungen muss im Zusammenhang mit den manifest werdenden sozialen Spannungen und nicht als direkte Reaktion auf die Anwesenheit von Fremden verstanden werden. Diese Bewegungen breiteten sich in erster Linie in sozial benachteiligten Schichten aus, unter Leuten also, die durch die rasche Entwicklung verunsichert waren und nach Sündenböcken suchten. Die fremdenfeindlichen Bewegungen stellten traditionalistische Bewegungen dar, welche sich zumeist an der Vorstellung einer guten alten Zeit orientierten. Einer Zeit, die häufig mit derjenigen des Zweiten Weltkriegs gleichgesetzt wurde, als sozialer Friede herrschte und im Rahmen des Vollmachtenregimes die Spekulation energisch bekämpft wurde. Während des Krieges, der ja noch nicht so weit zurücklag, waren die bedrohlichen Ausländer noch «draussen» gewesen.

Eine latente Ausländerfeindlichkeit kann darüber hinaus als Grundmerkmal der schweizerischen Gesellschaft des ganzen 20. Jahrhunderts betrachtet werden, die aber erst durch das Auftreten offen fremdenfeindlicher Bewegungen manifest wurde und aggressiv an die Öffentlichkeit trat. So war es auch kein Zufall, dass das einzige griffige bodenpolitische Element, das in der Schweiz in den frühen 60er Jahren eingeführt wurde, die Beschränkung des Grundstückverkaufs an Ausländer war. Im Baselbiet spielte diese allerdings, anders als in gewissen Fremdenverkehrsorten, eine völlig untergeordnete Rolle. Wie der Regierungsrat auf eine entsprechende Anfrage erklärte, entfielen im Jahr 1958 weniger als ein Prozent der Bodenkäufe im Kanton auf Ausländer.[150]

Überbewertete Symptome – erfolgreiche Therapie?

Die soziale Krise, vor der in den frühen 60er Jahren immer wieder gewarnt wurde, ist nicht ausgebrochen. Vielmehr hat sich im Verlauf der 60er Jahre wieder ein allgemeiner Optimismus breitgemacht, und zwar ohne dass in den kritischen Bereichen wirksame Massnahmen ergriffen worden sind. Wie ist dies zu erklären?

Die zweifellos vorhandenen Krisensymptome wurden in den frühen 60er Jahren offensichtlich überbewertet. Dies ist angesichts des grossen und langanhaltenden sozialpolitischen Konsenses und der allgemeinen Zufriedenheit in den Jahren zuvor nicht erstaunlich. Man hatte sich nach den 50er Jahren zuerst wieder daran zu gewöhnen, dass manifeste soziale Unzufriedenheit noch nicht notwendigerweise

150   BN 9.9.1960.

eine Gefahr für die politische und gesellschaftliche Stabilität bedeuten musste.

Auch wenn man in den frühen 60er Jahren die Krisensymptome sehr ernst nahm, so hat man dennoch kaum wirksame Massnahmen gegen die diesen zugrundeliegenden Probleme ergriffen. Die Konjunkturdämpfungsmassnahmen müssen mehr als Inszenierung von Handlungswillen denn als wirtschaftspolitisches Instrumentarium bezeichnet werden. Die Baselbieter Standesinitiative gegen die Bodenspekulation stellte wohl eher ein politisches Spektakel als eine zielgerichtete Massnahme dar. Doch vielleicht, so lässt sich vermuten, haben diese öffentlichkeitswirksamen Massnahmen zum Abklingen einiger Krisensymptome beigetragen. Vielleicht hatte aber auch ganz einfach der Mitte des Jahrzehntes rückläufige Konjunkturzyklus die Wirkung einer «heilsamen Atempause in dem seit Jahren andauernden Wachstumsprozess».[151] So war in den mittleren 60er Jahren nicht nur eine Abschwächung der allgemeinen Teuerung, sondern nach dem enormen vorangegangen Anstieg auch eine Stabilisierung der Bodenpreise zu verzeichnen.[152]

Weniger erfolgreich war die bundesrätliche Ausländerpolitik, kam es doch in den ausgehenden 60er Jahren erneut zu einem starken Anschwellen der fremdenfeindlichen Bewegung, die nicht ohne Folgen bleiben sollte.

Steigender Wohlstand und soziale Sicherheit

Im Zuge der 60er Jahre wurden nicht nur die Schattenseiten des Wachstums manifest. Es konnten auch Gewinne verteilt werden, und die Vorteile dieser Entwicklung verdrängten die negativen Aspekte bald wieder. Mit den real steigenden Einkommen blieb die wichtigste Grundlage des Wachstumskonsenses intakt. Die Verteilungswirkungen der Teuerung, die insgesamt nicht sehr hoch war, sind wohl zeitweise überschätzt worden und haben vermutlich nur begrenzte Gruppen wirklich hart getroffen. Im heiklen Bereich der Mietpreise sorgte die nur sehr langsame Lockerung der Preiskontrollen bei den Altbauen dafür, dass ein beträchtlicher Teil der Bevölkerung von den Teuerungsschüben verschont blieb.

Das wichtigste Element war, dass die Reallohngewinne auch in den frühen 60er Jahren hoch blieben und das ganze Jahrzehnt hindurch zwischen drei und vier Prozent jährlich betrugen. Diese stetigen Einkommensgewinne ermöglichten in den 60er Jahren die Entfaltung

151   KB BL 1968, S. 3.
152   Vgl. Statistisches Amt BL 1981, S. 13.

dessen, was man bald – halb kritisch, halb bewundernd – Konsumgesellschaft nennen sollte.[153] In breiten Kreisen der Bevölkerung machte die noch in den 50er Jahren vorherrschende Sparhaltung einer auf den raschen Konsum ausgerichteten Haltung Platz. In der Gewissheit einer andauernden Steigerung der Löhne getrauten sich immer mehr Leute, ihre künftigen Einkommen mit Konsumkrediten vorwegzunehmen. Die Basellandschaftliche Kantonalbank begann in den frühen 60er Jahren, ihren Kunden die Möglichkeit des Abzahlungsgeschäftes bereitzustellen, nicht ohne gleichzeitig über die «angeschlagene Zahlungsmoral namentlich in den Kreisen chronischer Teilzahlungskäufer» zu klagen.[154] Das wichtigste Konsumobjekt stellte in dieser Zeit zweifellos der Personenwagen dar, und in diesem Bereich rückte Basel-Landschaft bald in Spitzenpositionen auf. So konnte die Kantonalbank 1969 mit Stolz vermerken, dass in Baselland die Autodichte mit 220 Personenwagen pro 1000 Einwohnern in der Deutschschweiz am höchsten sei.[155]

Steigende materielle Sicherheit ist aber nicht nur den Beschäftigten zugute gekommen, sondern der Staat verstärkte seine Bemühungen, für sozial benachteiligte Gruppen die Härten der Marktgesellschaft auszugleichen. In den 60er Jahren wurde beim Ausbau der schweizerischen Sozialwerke nach der Stagnation der 50er Jahre ein neues Tempo angeschlagen, das wohl auch mit den zutage getretenen Anzeichen sozialer Unrast erklärt werden kann. Insbesondere der Ausbau der AHV und die Einführung von Ergänzungsleistungen für Bedürftige trugen dazu bei, der wachsenden Zahl älterer Leute die materiellen Zukunftsängste zu nehmen. Obwohl der Schwerpunkt der sozialstaatlichen Entwicklung auf der Bundesebene lag, war diese auch im Kanton Basel-Landschaft ein stetes Thema. Auffallend ist, dass in den 60er Jahren sämtliche kantonalen Vorlagen mit sozialpolitischer Stossrichtung gutgeheissen wurden, meist mit komfortabler Mehrheit.

4.3   Aufholjagd im Wachstumskanton

In den 50er Jahren hatte man sich im Kanton Basel-Landschaft noch am Bild einer vorwiegend ländlichen Bevölkerung und eines Staates orientiert, der nur die allernötigsten Aufgaben zu erfüllen hatte. Im Gefolge des ununterbrochenen wirtschaftlichen und demographischen Wachstums sah man sich vor die Notwendigkeit eines umfassenden Ausbaus und einer Modernisierung des Staatsapparates

153   Vgl. Tanner 1994, S. 28ff.
154   KB BL 1962, S. 12.
155   KB BL 1969, S. 12.

gestellt. Dieser musste das enge Korsett sprengen, in das man ihn zu zwängen versucht hatte. Vor allem im Bereich der Infrastruktur kam es zu einer eigentlichen Aufholjagd des Kantons, der ja immer noch «auf Abruf» bestand. Allerdings erforderte dieses ehrgeizige Programm immer grössere finanzielle Mittel.

Der Weg in die Verschuldung

In den 60er Jahren wurde im Kanton Basel-Landschaft eine ganz andere Finanzpolitik betrieben als im Jahrzehnt davor. Sparsamkeit war nicht mehr das oberste Gebot bei allen staatlichen Tätigkeiten. Eine Steuersenkung wurde zwar auch in der Mitte der 60er Jahre beschlossen, doch bereuten die Politiker diese Handlung, kaum war sie vollzogen. Die zweite Hälfte des Jahrzehnts bemühten sie sich vergebens, den Bürgern wieder höhere Steuern schmackhaft zu machen.

Ausweitung der öffentlichen Leistungen

«Der Staatsvoranschlag [...] ist das Spiegelbild der lawinenartigen Entwicklung in unserem Kanton. Entsprechend der Bevölkerungszunahme wachsen die Ausgaben des Staates beinahe im Quadrat. [...] Die Wirtschaft blüht, der Staatshaushalt auch, aber die Aufgaben, die dem Kanton durch diesen Aufstieg erwachsen, nehmen von Jahr zu Jahr groteskere Ausmasse an. [...] Voraussichtlich wird diese Entwicklung weiterhin anhalten.»[156] Mit diesen Worten kommentierte die Finanzkommission des Landrates den Voranschlag für das Jahr 1961. Die Entwicklung sollte tatsächlich anhalten.
Es waren weniger neue Einsichten, welche die Dämme gegen einen Ausbau der Staatstätigkeit nun bersten liessen, als vielmehr ein sich überall manifestierender Problem- und Handlungsdruck als Folge der sich überstürzenden Entwicklung des Kantons. Im wesentlichen überlagerten sich zwei verschiedene Wachstumsprozesse: Das Bevölkerungswachstum führte zu einer quantitativen Ausweitung der Nachfrage nach staatlichen Leistungen; das Wirtschaftswachstum und der damit zusammenhängende soziale Wandel zog eine Ausweitung der vom Staat zu erledigenden Aufgaben mit sich.
Um diese Anforderungen überhaupt erfüllen zu können, war zunächst eine rasche Steigerung öffentlicher Bauten nötig, was wiederum zu einem sprunghaften Anstieg der Beanspruchung der finan-

---

156 Bericht der Finanzkommission zum Staatsvoranschlag pro 1961 vom 18.11.1960, (Vorlagen).

ziellen Ressourcen des Staates führte. Doch nicht nur die Erstellung der neuen Infrastrukturen (Schulen, Spitäler) war teuer, ihr Betrieb war es nicht weniger. Der Staatshaushalt des Kantons Basel-Landschaft wuchs so in kurzer Zeit in ganz neue Dimensionen. Dieser Prozess weckte zwar nicht wenige Ängste, man suchte ihn zu verlangsamen, aber im grundsätzlich war er nicht bestritten und wurde als notwendige Begleiterscheinung der gesellschaftlichen und wirtschaftlichen Modernisierung verstanden. Der Regierungsrat kommentierte die Entwicklung 1965 mit den folgenden Worten:

> «Die letzten Jahrzehnte und besonders die letzten Jahre haben diese Situation der Genügsamkeit radikal geändert. Die rasch wachsenden Gemeinden, die fast überstürzte Wandlung vom landwirtschaftlichen und kleingewerblichen zum Industriekanton, die Notwendigkeit, für diese neue Volksgemeinschaft die Infrastruktur des Bildungs-, Verkehrs-, Wasser- und Abwasserwesens und der Bautätigkeit zu schaffen, die Notwendigkeit auch Schul- und Spitalprobleme mehr als früher selbst zu lösen, und schliesslich der soziale Ausbau des Kantons und der Gemeinden haben Aufgaben und Lasten fast im Übermass gebracht.»[157]

Betrachtet man die Liste der kantonalen Abstimmungen, so lässt sich feststellen, dass auch die Stimmbürger eine neue Ausgabenmentalität entwickelt hatten. Während der 50er Jahre hatten sie in übergrosser Sparsamkeit jedem auch nur ein bisschen grosszügigen Projekt die Zustimmung verweigert, jetzt stimmten sie neuen Ausgaben mit wenigen Ausnahmen zu. Die grossen Bauprojekte kamen mangels Referenden schon gar nicht zur Abstimmung, und neue soziale Leistungen der öffentlichen Hand wurden in den 60er Jahren stets gutgeheissen. Weniger problemlos verlief dagegen die unumgängliche Anpassung der Einnahmen des Staates an die wachsende Last der Aufgaben.

Kurzsichtige Steuerpolitik zu Beginn des Jahrzehnts

In finanzpolitischer Hinsicht lassen sich die 60er Jahre in zwei sehr verschiedene Phasen unterteilen. In einer ersten Phase stiegen die Ausgaben stark an, doch die Rechnungsergebnisse blieben günstig. Zwar wurde zu Beginn des Jahrzehntes mit wachsenden Problem gerechnet, diese blieben aber vorerst aus. So glaubte die Finanzkommission des Landrates 1960 angesicht der vielen Bauprojekte: «Die Entwicklung in unserem Kanton überstürzt sich derart, dass eine

---

157 Bericht RR über die Finanzlage des Kantons BL, ihre voraussichtliche Entwicklung und die notwendigen Massnahmen (2. Finanzbericht für die Jahre 1966–1968) vom 30.11. 1965, (Vorlagen).

Generaldebatte über den Finanzhaushalt unerlässlich ist.»[158] Zwar
wurde im Finanzbericht der Regierung von 1961 auf die kommenden
Belastungen des Staatshaushaltes aufmerksam gemacht,[159] doch es
herrschte in der Finanzpolitik weiterhin eine grosse Sorglosigkeit, da
in diesen Jahren auch die Einnahmen sehr stark wuchsen. Man fuhr
sogar mit der in den 50er Jahren begonnenen Politik der Steuersenkungen fort, denn 1965 hiessen die Stimmbürger mit grosser Mehrheit eine Steuergesetzrevision gut, die substantiell höhere Abzüge
mit sich brachte.

Diese Politik der Steuersenkungen widersprach nicht nur den konjunkturpolitischen Erfordernissen gerade der frühen 60er Jahre, sie
war auch ausgesprochen kurzsichtig, denn die laufende Rechnung
war bereits seit 1964 defizitär, und es war absehbar, dass dies weiter
der Fall sein würde. Doch bereits vorher war die Verschuldung als
Folge der höheren Investitionen kräftig angestiegen. Der 1961 vom
Landrat auf 120 Millionen Franken festgesetze Verschuldungspla-
fond wurde schon nach kurzer Zeit überschritten.[160] Basel-Landschaft kannte zu dieser Zeit noch keine Sonderrechnung für Bauprojekte, so dass die Bauinvestitionen direkt der Vermögensrechnung
verbucht wurden und nur ihre Folgekosten mit einer gewissen Verzögerung in der Verwaltungsrechnung auftauchten.[161] Dafür kumu-
lierten sie sich dort im Verlauf der Jahre und bildeten einen stets
wachsenden Ausgabenblock. Im Rückblick unterzog die Finanzko-
mission die Politik jener Jahre einer scharfen Kritik: «Für die Beurteilung der Finanzlage galt offensichtlich nicht diese Vermögensent-
wicklung, sondern in erster Linie das Ergebnis der eigentlichen
Verwaltungsrechnung als Angelpunkt. Ohne Zweifel trug diese zur
Täuschung führende Betrachtungsweise auch dazu bei, dass in
den vergangenen Jahren mit unaufhörlich steigendem Staatsauf-
wand wiederholt Steuererleichterungen verschiedener Art gewährt
wurden.»[162]

Das Ringen um höhere Steuererträge

Kaum war die erwähnte Steuersenkung 1965 beschlossen, kehrte die
finanzpolitische Stimmung grundsätzlich – und für lange Zeit. Die
Folgekosten der gesteigerten Investitionstätigkeit machten sich nun

---

158   Bericht der Finanzkommission zum Staatsvoranschlag pro 1961 vom 18.11.1960, (Vor-
      lagen).
159   Bericht RR über die Finanzlage des Kantons BL, ihre voraussichtliche Entwicklung und
      die notwendigen Massnahmen (Finanzbericht) vom 9.5.1961, (Vorlagen).
160   Ebda.
161   NZZ 27.6.1961.
162   Bericht der Finanzkommission betr. Voranschlag für 1968 vom 8.12.1967, (Vorlagen).

zunehmend bemerkbar. Zudem führte die konjunkturelle Abkühlung zu einem verlangsamten Wachstum der Einnahmen, während
die Ausgaben unvermindert weiter wuchsen. So entwickelten sich die
bisher immer überproportional angestiegenen Grundstückgewinn-
steuern, welche einen nicht unbeträchtlichen Teil der Staatseinnahmen darstellten, erstmals rückläufig.

Die Finanzkommission kommentierte den Voranschlag für 1965, der
erstmals einen grösseren Fehlbetrag enthielt, mit den Worten: «Wir
sehen uns vor die brutale Tatsache gestellt, dass trotz Hochkonjunktur und nach wie vor florierender Wirtschaft der Staatshaushalt aus
dem Gleichgewicht zu fallen droht. Die Ausgaben laufen den Einnahmen in einem Ausmasse davon, wie es noch vor kurzem selbst die
eingefleischtesten Pessimisten nicht befürchtet haben.»[163] Die Kommission zeigte sich zwar überzeugt, dass ohne Steuererhöhungen
kein besseres Ergebnis zu erzielen sei, doch sie war auch der Meinung, «dass es psychologisch falsch wäre, einer Steuerreduktion
postwendend eine Steuererhöhung folgen zu lassen»[164] Diese Hem-
mung erstaunt nicht, denn die erwähnte Abstimmung über die Steuergesetzrevision lag noch keine zwei Wochen zurück!

Im zweiten Finanzbericht des Regierungsrates von 1965 stellte auch
die Regierung klar, dass sich der Kanton zur Finanzierung seiner
wachsenden Ausgaben Mehreinnahmen beschaffen müsse.[165] Im folgenden Jahr wurde eine Steuererhöhung angestrebt, doch kam die
erwünschte Mehrheit im Landrat nicht zustande, weil ihr ausgerechnet die Sozialdemokraten die Unterstützung versagten. Laut geltendem Steuergesetz konnte der Landrat in eigener Kompetenz bis 10
Prozent höhere Steuern (bezogen auf den Normaltarif 100 Prozent)
beschliessen, und genau dies beantragte die Regierung. Die SP
brachte diese lineare Erhöhung aber zu Fall und reichte als Alternative ein Volksbegehren ein, mit dem sie eine Zuschlagsteuer mit
höherer Progression forderte.

Da einerseits anerkannt wurde, dass in Basel-Landschaft im gesamtschweizerischen Vergleich die höheren Einkommen nur wenig
besteuert wurden, andererseits die SP-Initiative kaum zu Mehrerträ-
gen geführt hätte, weil die unteren Schichten sogar in den Genuss
von Steuererleichterungen gekommen wären, wurde eine Kompromisslösung ausgearbeitet. Die SP zog darauf ihr Begehren zurück,
und die BZ konnte vermelden, «in seltener Einmütigkeit empfehlen
alle Parteien von links bis rechts und inbegriffen alle Gruppen mit

---

163   Bericht der Finanzkommission zum Staatsvoranschlag 1965 vom 12.2.1965, (Vorlagen).
164   Ebda.
165   Siehe Anm. 157.

Sonderinteressen Zustimmung».[166] Allein die Stimmbürger liessen
sich von diesem konkordanzdemokratischen Lehrbuchexempel nicht
überzeugen, betrachteten es vielleicht gerade wegen der grossen
Einigkeit als faulen Kompromiss und lehnten die ihnen unterbreitete
Vorlage im November 1966 klar ab.

In der Folge schöpfte der Landrat seinen Spielraum für die Festlegung des Steuertarifs auf 110 Prozent aus. Dabei blieb es für einige
Zeit, denn auch bei einer erneuten Abstimmung 1968 liessen sich die
Stimmberechtigten von den politischen Parteien nicht von der Notwendigkeit höherer Steuern überzeugen. Die Finanzkommission
sprach in der Folge von «Vertrauensverlust» und von einer «tiefen
Kluft» zwischen Behörden und Volk.[167] Für einen solchen Vertrauensverlust gibt es für diese Zeit im übrigen kaum Hinweise, so dass
ganz einfach zu konstatieren ist, dass trotz hoher Reallohngewinne
und regelmässig ausgeglichener kalter Progression eine Mehrheit der
Stimmbürger nicht bereit war, eine mässige Steuererhöhung zu
akzeptieren, deren sachliche Dringlichkeit kaum bestritten war. So
kommentierte selbst die in dieser Frage wohl unverdächtige NZZ im
Jahr 1967: «Ohne zusätzliche Leistungen der Steuerpflichtigen, die
bisher von den niedrigsten Steuern des ganzen Landes profitierten,
wird also der moderne Ausbau des Kantons und seiner Gemeinden
nicht möglich sein.»[168]

Widersprüchliche finanzpolitische Gesinnung

Die naheliegendste und auch immer wieder beschworene Reaktion
auf die Verschlechterung der Staatsfinanzen bestand in einer Sparpolitik. Sparversuche wurden in allen Ausgabenbereichen unternommen, wenn auch mit unterschiedlichem Erfolg. So wurde immer wieder nach Rationalisierungen in der Verwaltung gerufen und zu
diesem Zweck beispielsweise erste Versuche mit der elektronischen
Datenverwaltung unternommen. Den Beizug externer Berater lehnte
die Finanzkommission dagegen als «moderne betriebswirtschaftliche
Allerweltstherapie» ab, der sie ihr Vertrauen auf die Erkenntnisse der
Praktiker entgegenstellte.[169]

Doch all diese Versuche änderten wenig daran, dass die Erfüllung der
wachsenden Zahl öffentlicher Aufgaben auch mehr Mittel bean-
spruchte. Am grössten war das Sparpotential zweifellos bei den

---

166   BZ 26.11.1966.
167   Bericht der Finanzkommision zum Staatsvoranschlag 1967 vom 6.1.1967, (Vorlagen).
168   NZZ 8.3.1967.
169   Bericht der Finanzkommission zum Staatsvoranschlag 1966 vom 4.2.1966, (Vorlagen).

Bauvorhaben, doch war die Qual der Auswahl hier angesichts der bestehenden Lücken auch am grössten. Eine Subkommission «Objektkredite» der landrätlichen Finanzkommission widmete sich in den folgenden Jahren der kritischen Begutachtung und dem Zusammenstreichen der Wunschlisten aus den einzelnen Bereichsplanungen.[170]

Trotz ihrer tendenziellen Verschlechterung war die Lage der Staatsfinanzen in den 60er Jahren noch nicht dramatisch. Die Defizite der Verwaltungsrechnung hielten sich in Grenzen, nur die Verschuldung nahm stetig zu. Es herrschte eine gewisse Unsicherheit, welches Mass an Verschuldung noch als vertretbar zu gelten habe. Die Argumentation lautete, die besondere Situation des Wachstumskantons Basel-Landschaft führe zu einer vorübergehenden hohen Belastung durch öffentliche Bauten, und die Last dürfe auf eine längere Zeit verteilt werden. «Man kann sich fragen, ob es Aufgabe der gegenwärtig lebenden Generation ist, den Gürtel enger zu schnallen, um den Nachkommen eine möglichst moderne und umfangreiche volkswirtschaftliche Kapitalausstattung zu hinterlassen.»[171] Die finanzpolitische Argumentation einer Verteilung von vorübergehend besonders hohen Kosten auf mehrere Generationen stand in Konflikt mit den konjunkturpolitischen Notwendigkeiten, die in Zeiten der Hochkonjunktur eine vollständige Finanzierung aus den laufenden Einnahmen erfordert hätten. Entscheidend war aber letztlich, dass die Finanzierung der Bauprojekte über den Kapitalmarkt am bequemsten war.

Eine andere Lösung hätte einzig der Verzicht auf einen wesentlichen Teil der Investitionen dargestellt. Da diese aber als dringlich angesehen wurden, wurde er nie ernsthaft erwogen. Nach der zweiten Ablehnung des Versuchs einer Steuererhöhung entschied die Regierung, weiter den Weg einer noch stärkeren Finanzierung der Investitionen über Anleihen zu beschreiten: «Der Regierungsrat entschloss sich, die dringend notwendigen Investitionen in die Infrastruktur durch diesen negativen Entscheid des Volkes nicht aufzuschieben, sondern die bestehenden Möglichkeiten einer höheren Kreditfinanzierung auszuschöpfen.»[172]

In den 50er Jahren hatten die Stimmbürger dem Staat nicht nur ungern Steuern bezahlt, sondern ihm auch eine strenge Sparpolitik verordnet, wo immer dies möglich war. In den 60er Jahren dagegen

---

170 Schlussbericht der Subkommission Objektkredite an die Finanzkommission 1966–1975 vom 7.2.1967, (Vorlagen).
171 Zappa et al. 1968, Vorwort von Prof. J. Stohler.
172 Bericht RR über den Erlass eines Gesetzes betr. befristete steuerliche Massnahmen vom 28.9.1971, (Vorlagen).

zeigten die Stimmberechtigten ein zunehmend grosszügiges Ausga-
bengebaren, von zusätzlichen Steuern wollten sie aber gar nichts wissen. An dieser widersprüchlichen Haltung waren allerdings viele
Politiker mitschuldig, da sie zu lange die Ansicht verbreitet hatten,
die wachsenden Ausgaben des Staates liessen sich dank Wirtschaftswachstum trotz Steuersenkungen finanzieren. Tatsächlich fielen die
Einnahmen des Kantons denn auch Jahr für Jahr höher aus als bud-
getiert – die Ausgaben allerdings auch. Diese Haltung entsprach aber
auch einer neuen Mentalität, die sich unter dem Eindruck der andauernden Hochkonjunktur breitmachte und sich unter anderem in der
zunehmenden Akzeptanz von Konsumkrediten zeigte.

Vorangetriebener Infrastrukturausbau

Um das Jahr 1960 herum wurde in der staatlichen Infrastrukturpolitik des Kantons Basel-Landschaft eine neue Gangart eingeschlagen.
Galt in der öffentlichen Baupolitik bisher die Devise, nur das Nötig-
ste sei zu erstellen, so verbreitete sich nun die Meinung, dass angesichts des anhaltenden Wachstums bei der Planung neuer Bauten
auch die zukünftige Entwicklung zu berücksichtigen sei. Zudem ging
man jetzt davon aus, dass sich bei den öffentlichen Infrastrukturen
ein grosser Nachholbedarf aufgestaut habe, den es in kurzer Zeit zu
befriedigen gelte.

Wachsende Raumnot der Verwaltung

Anfangs der 60er Jahre war die räumliche Situation der kantonalen
Verwaltung in Liestal nach wie vor höchst unbefriedigend. Die
bescheidenen Verwaltungsgebäude, die man in den 50er Jahren
errichtet hatte, reichten nirgends hin. Die Verwaltung musste sich in
der ganzen Stadt verteilt einmieten, um ihre sich rasch vermehrenden
Aufgaben erfüllen zu können. In der Mitte der 60er Jahre konnte nur
gerade die Hälfte der Büros der Kantonsverwaltung in Liestal in
staatseigenen Gebäuden untergebracht werden.[173] Die Situation war
nicht nur unübersichtlich und machte organisatorische Anpassungen
schwierig, sondern sie erschwerte auch die Kommunikation unter
den verstreuten Ämtern und den Kontakt mit dem Publikum.[174]
Ausserdem führten die beengenden Platzverhältnisse dazu, dass die
Attraktivität des öffentlichen Dienstes weiter sank und die Personal-
rekrutierung noch schwieriger wurde.

173 Bericht RR betr. Erweiterungsgebäude Baudirektion vom 30.3.1965, (Vorlagen).
174 Unter der Überschrift «Wo befinden sich die staatlichen Büros im Kantonshauptort
     Liestal?» publizierte die BZ am 3.3.1962 einen Stadtplan mit 23 verschiedenen Stellen.

Zum Ärger über diese Lage gesellte sich die Einsicht, dass sie sich durch rechtzeitiges Handeln hätte vermeiden lassen. So hielt die Finanzkommission des Landrates 1962 fest: «Hätte der Kanton um 1950 für genügend Verwaltungsneubauten gesorgt, so hätten bis heute rund 400 Umdispositionen von Arbeitsplätzen vermieden werden können! Der für kurzfristige Improvisationen und Provisorien errechenbare Verlust beträgt für 10 Jahre rund 900 000 Franken.»[175] Nachdem sich in gut zehn Jahren der Bürobedarf verdoppelt hatte,[176] rechnete man mit einem weiteren starken Wachstum:

> «Der Raumbedarf der Zentralverwaltung wird in den nächsten Jahren weiterhin rapid ansteigen. Die überdurchschnittliche Bevölkerungszunahme in unserem Kanton wirkt sich auch in dieser Hinsicht aus. Die Zentralverwaltung kennt Abteilungen, deren Raumbedarf seit dem Zweiten Weltkrieg auf das Dreifache gewachsen sind. Ferner kommt hinzu, dass der Gesetzgeber der Verwaltung ständig neue Aufgaben stellen musste, was die Schaffung neuer Amtsstellen auslöste. In den letzten 20 Jahren sind über 20 neue Ämter, Abteilungen oder Dienstzweige geschaffen worden.»[177]

In den frühen 60er Jahren war nicht zu verkennen, dass neue Anstrengungen nötig waren, um die Lage der Staatsverwaltung zu verbessern. In einem neuen «Generalplan» wurde 1961 das Konzept einer räumlichen Expansion der Verwaltung entworfen, das eine Konzentration auf drei Standorte vorsah: die traditionellen Gebäude im Stadtkern; die mit neuen Bauten zu ergänzende Gutsmatte als eigentlicher Schwerpunkt; sowie das Areal Schauenburgerstrasse, wo das alte Gefängnis abzubrechen war. Als vordringlich wurden neue Bauten im Gebiet der Gutsmatte angesehen, die in erster Linie der Finanz- und Baudirektion reserviert bleiben sollten.[178]
Bevor man aber konkrete Projekte ausarbeiten konnte, mussten zwei Grundfragen geklärt sein, welche bisher die ganze Angelegenheit blockiert hatten. Zum einen musste über die Bedeutung der Wiedervereinigungsfrage für den Ausbau der Verwaltung entschieden werden. Hier kam man in den frühen 60er Jahren überein, die beiden Fragen zu entkoppeln, nachdem auch die meisten Anhänger der Wiedervereinigung eingesehen hatten, dass eine weitere Verzögerung zu schwerwiegenden Problemen führen würde, und dass der Bau von weiteren Verwaltungsgebäuden kein Präjudiz darstellen musste.

175 Bericht Finanzkommission betr. Erweiterungsgebäude Baudirektion vom 22.2.1962, (Vorlagen).
176 Siehe Anm. 173.
177 Siehe Anm. 173.
178 Siehe Anm. 173.

Anlässlich der Projektierung des neuen Gebäudes für die Baudirektion wurde diese Argumentation ausgeführt:

> «Die Finanzkommission war einhellig der Meinung, dass die Bekämpfung der Raumnot unserer Verwaltungen in Liestal nicht mit der Wiedervereinigungsfrage verquickt werden könne, dass sie mit derselben in keinem direkten Zusammenhang stehe. Sollte die Wiedervereinigung kommen und Basel-Stadt eventuell Kantonshauptort werden, so wird es unmöglich sein, die ganze derzeitige basellandschaftliche Kantonalverwaltung nach Basel-Stadt zu verlegen. Dem neuen Kantonshauptort würden einerseits die notwendigen Räumlichkeiten fehlen, anderseits aber auch der Boden, um eventuell neue Gebäulichkeit in diesem Ausmass zu erstellen. Der Gang der Dinge zeigt auch, dass wenn der Verfassungsrat relativ speditiv arbeiten wird, weit mehr Zeit bis zur Vollziehung der Wiedervereinigung verstreichen wird, als dies allgemein angenommen wurde. Die derzeitige Raumknappheit beim Staat ist aber derart prekär, dass ein weiteres Zuwarten mit der Erstellung von Gebäulichkeiten für Verwaltungszwecke nicht mehr verantwortet werden kann.»[179]

Neben der Wiedervereinigung hatte auch die mit dieser Frage zusammenhängende einer Dezentralisierung der Verwaltung zur Verzögerung beigetragen. Sollte ein Teil der Verwaltung in den bevölkerungsreichen Bezirk Arlesheim verlagert werden, wie das von Politikern aus dem Unterbaselbiet vehement gefordert wurde? Die Frage wurde 1962 von der Finanzkommission mit Mehrheitsbeschluss abschlägig entschieden, wobei organisatorische Gründe den Ausschlag gaben. Man glaubte: «Eine Dezentralisation bringe einen grossen Leerlauf mit sich, der kaum verantwortet werden könnte.»[180]

Ein grosser Neubau für die Baudirektion

Der Landrat bewilligte 1962 den Projektierungskredit für ein neues Gebäude der Baudirektion, wo das grösste Wachstum des Personalbestandes der Verwaltung erwartet wurde. Mit dem neuen Verwaltungsbau sollte die Zahl der in kantonseigenen Gebäuden untergebrachten Arbeitsplätze einen grossen Sprung nach vorne machen. Der geplante sechseinhalbstöckige Bau illustriert durch seine Grösse den neuen, grosszügigeren Geist der 60er Jahre. Mit Flachdach und Rohbetonfassaden entsprach das Gebäude auch architektonisch der sich nun voll entfaltenden Moderne. Um die Raumeinteilung den sich wandelnden Bedürfnissen anpassen zu können, wurden flexible Zwischenwände vorgesehen. Bereits vor der neuen Baudirektion war auf demselben Areal mit dem Bau einer unterirdischen Autoeinstell-

---

179   Siehe Anm. 175.
180   Siehe Anm. 175.

Mit dem Gebäude der Baudirektion vergrösserte sich der «Verwaltungsbezirk» auf der Gutsmatte in den 60er Jahren schlagartig. Im Vordergrund der Aufnahme von 1994 sieht man einen weiteren Ausbauschritt der kantonalen Verwaltung.

halle begonnen worden, welche nun mit dem neuen Projekt verbunden wurde.

Der Bau des neuen Gebäudes entsprach einer anerkannten Notwendigkeit, besonders beliebt war der Ausbau der Verwaltung aber auch in den 60er Jahren nicht. Die BZ berichtete über das Projekt mit dem Titel «Beängstigendes Wachstum der Staatsverwaltung», und sie machte insbesondere auf die Konjunkturdämpfungsmassnahmen aufmerksam, die den Bau eigentlich verhindern sollten.[181] Ganz problemlos sollte sich die Realisierung des Baus auch nicht gestalten. Nachdem das Projekt im Landrat zunächst auf scharfe Kritik gestossen war, wurde eine spezielle Baukommission eingesetzt, die vor allem auf Sparmöglichkeiten zu achten hatte, und offenbar auch solche fand.[182] Anschliessend konnte mit den Arbeiten begonnen werden, und ab Sommer 1968 wurde das Gebäude etappenweise bezogen.

181 BZ 15.4.1965.
182 BZ 25.4.1969.

Ausbau des Schulwesens

Der Aufschwung des öffentlichen Hochbauwesens wurde in den
60er Jahren ohne jeden Zweifel dominiert von der explosionsartigen
Entwicklung beim Bau neuer Schulhäuser. In diesem Bereich führte
nicht nur die wachsende Bevölkerung zu einer raschen Bedarfssteige-
rung, sondern auch der spezifische Altersaufbau im Einwanderungskanton sorgte dafür, dass die Zahl der Schulkinder überproportional
anstieg. So wurde 1960 in einem Bericht zur Schulraumplanung festgestellt: «Zusammenfassend kann gesagt werden, dass die schulische
Entwicklung noch stürmischer vor sich gegangen ist als die demographische. [...] Kaum ist ein Schulbau auf Grund der Gemeindestati-
stik für die weitere Zukunft geplant und im heutigen Zeitpunkt
bezugsbereit, ist er auch schon gefüllt bis zum letzten Reservezim-
mer, und die Planung muss erneut beginnen.»[183]
In noch stärkerem Ausmass trafen diese Aussagen im Bereich der
Mittelschulen zu. Zu den erwähnten beiden Faktoren, die zur
Bedarfsausweitung führten, gesellten sich hier noch zwei weitere.
Erstens musste sich Baselland in kurzer Zeit von der bisherigen
Abhängigkeit von den Gymnasien des Stadtkantons lösen und
selbständig werden. Zweitens kam es in den sechziger Jahren zu einer
eigentlichen «Bildungsexplosion», und der Anteil der Maturanden
(an den Schülern eines Jahrganges) stieg rasch an. Dies entsprach
nicht nur einer gesellschaftlichen Entwicklung, sondern auch der
erklärten politischen Absicht, die sich ihrerseits wiederum aus zwei
verschiedenen Motiven nährte. Einerseits erkannte man in den ausgehenden 50er Jahren, dass der wachsende Bedarf der Wirtschaft an gut
ausgebildeten Arbeitskräften eine Überwindung der traditionellen
Vorstellung der Akademiker als einer schmalen Elite nötig machte,
dass es also galt, die «Begabtenreserven» aller sozialen Schichten auszuschöpfen. Andererseits wirkte auch das emanzipatorische Anliegen einer «Chancengleichheit» in die gleiche Richtung.[184] Sozial- und
wirtschaftspolitische Überlegungen widersprachen sich also für einmal nicht.[185]
1961 hiessen die Stimmbürger das Gesetz betreffend Errichtung und
Führung kantonaler Maturitätsschulen mit grosser Mehrheit gut,
und die Phase des Aufbaus kantonaler Gymnasien konnte beginnen.
Die sechziger Jahre waren aber zunächst einmal die Zeit der Provisorien, denn die neuen Mittelschulen wurden eröffnet, bevor ihre defi-

183   Zitiert in: Bericht RR Grundlagen für eine Schulbauplanung im Kanton Basellandschaft
      von 1965, (Vorlagen).
184   Vgl. Hafen, S. 23ff.
185   Vgl. Deppeler 1971.

nitiven Räumlichkeiten erstellt waren. Schon bei der 1963 und 1964 erfolgten Eröffnung der Gymnasien Liestal und Münchenstein zeigte es sich, dass nicht nur die knappen Räume ein Problem darstellten, sondern dass es auch schwierig war, Lehrer zu finden. Als der Landrat aber in Muttenz drei Einfamilienhäuser kaufen wollte, um sie Lehrern des Gymnasiums Münchenstein zur Verfügung zu stellen, erhob sich dagegen eine vehemente Opposition. Das Referendum wurde ergriffen und die Vorlage am 16. Mai 1965 haushoch bachab geschickt. Trotz allgemeiner Zustimmung zum Ausbau des Schulwesens traf diese Massnahme zugunsten der ohnehin als privilegiert angesehenen Mittelschullehrer einen heiklen Nerv, denn die Leserbriefspalten im Vorfeld der Abstimmung und ihr Resultat zeugen von einer grossen Erregung. Hier zeigte sich eine Überlagerung verschiedener gesellschaftlicher Strömungen: Der Bau neuer Schulhäuser wurde im Zeichen des Modernisierungswillens problemlos gebilligt, der damit zusammenhängende Bau der Lehrerhäuser mobilisierte hingegen die traditionelle Knausrigkeit.

Insgesamt verlief der Auf- und Ausbau des Mittelschulwesens im Kanton Basel-Landschaft trotz aller Schwierigkeiten und Improvisationen erfolgreich und schnell. Nach der Eröffnung der ersten beiden Gymnasien folgten in den frühen 70er Jahren jene von Oberwil und Muttenz. Dort wurde ausserdem 1971 das neue Gebäude des Technikums seiner Bestimmung übergeben.[186]

Bauten des Gesundheitswesens

Im Bereich des Gesundheitswesens verlief die Entwicklung etwas weniger hektisch als bei den Schulen, da es hier nicht zur gleichen kumulativen Ausweitung des Bedarfs kam. Allerdings musste man nach der Eröffnung des Kantonsspitals in Liestal bald zur Kenntnis nehmen, dass damit das Problem keineswegs gelöst war, wie man gemeint hatte.[187] Die Lage im unteren Kantonsteil spitzte sich zu, nachdem sich Basel-Stadt 1966 ausserstande erklärte, weiterhin alle Baselbieter Patienten aufnehmen zu können und gleichzeitig das Spitalabkommen auf 1972 aufkündigte.

Das Problem des Personalmangels, das in den 60er Jahren im ganzen Bereich der staatlichen Verwaltung bestand, stellte sich im Spitalbereich noch weitaus stärker. Insbesondere der schnell wachsende Bedarf an Pflegepersonal konnte kaum mehr gedeckt werden. Im Vergleich zu anderen Beschäftigungsmöglichkeiten waren die

186 Vgl. Lejeune 1973.
187 Vgl. Loelinger 1973.

Arbeits- und Entlöhnungsverhältnisse der Krankenschwestern zu unattraktiv, um Frauen in der benötigten Anzahl in die Spitäler zu locken. Bezeichnend für die 60er Jahre ist, dass man auch dieses Problem zuallererst mit baulichen Massnahmen zu lösen suchte, indem man die Erstellung mehrerer Schwesternwohnhäuser an die Hand nahm.[188] Die entsprechenden Bauten in Liestal wurden insbesondere im Hinblick auf die zu dieser Zeit spruchreif werdende grosszügige Erweiterung der Psychiatrischen Klinik erbaut.[189]

Der Bau eines zweiten Kantonsspitals auf dem Bruderholz, das schon seit den 50er Jahren vorgesehen war und wofür schon ein Vorprojekt bestand, wurde nun stark beschleunigt. Die Planung des Bruderholzspitals baute auf den sehr grosszügigen Bevölkerungsprognosen auf, wie sie im Verlauf der 60er Jahre üblich wurden. Erstmals wurde damit ein Projekt zu gross dimensioniert, da sich die Annahmen als übertrieben erwiesen. Die Prognose für den Bezirk Arlesheim lag für 1980 mit 163 000 Einwohnern bereits um 30 000 zu hoch. Das sollte sich allerdings erst später weisen, doch es erklärt, weshalb ein sehr grosses Spital geplant wurde, und weshalb später Überkapazitäten zu beklagen waren – etwas, das man sich in den 60er Jahren noch kaum vorstellen konnte. Anfang 1969 hiess der Landrat den Kredit für eine erste Bauetappe mit 550 Betten gut, das waren immerhin fast 200 mehr, als im Kantonsspital Liestal Platz fanden.

Ende der 60er Jahre ahnte man allerdings noch nichts von kommenden Überkapazitäten, sondern man ging davon aus, dass der Infrastruktur-Nachholbedarf noch bei weitem nicht gedeckt sei. In einem Gutachten zum künftigen Infrastrukturbedarf wurde die Grundüberzeugung dieser Phase formuliert: «Die Ansprüche, die Wirtschaft und Bevölkerung an die Infrastuktur stellen, wachsen, bezogen auf die gesamte Wirtschaftskraft einer Region, überproportional.»[190]

Der Glaube an die Planbarkeit der Entwicklung

In den 50er Jahren hatte man die Entwicklung des Kantons weitgehend sich selbst überlassen und auch nicht versucht, sie statistisch zu erfassen. Jetzt verbreitete sich die gegenteilige Haltung: Dank neuer Prognoseinstrumente glaubte man die Entwicklung im Detail analysieren zu können, und mit politischer Planung versuchte man das

---

188   Bericht RR betr. Neubau eines zweiten Schwesternhauses an der Schauenburgerstrasse in Liestal vom 3.12.1968, (Vorlagen).
189   Bericht RR betr. Erweiterung der Psychiatrischen Klinik Hasenbühl in Liestal vom 30.9.1969, (Vorlagen).
190   Zappa et al. 1968, S.1.

staatliche Handeln darauf abzustimmen. Mit Überraschungen rechneten Planer und Politiker kaum mehr.

Neues Bedürfnis nach statistischer Information

Das Ergebnis der Volkszählung 1960 scheint im Kanton Basel-Landschaft einen Erkenntnis-Schock bewirkt zu haben, denn angesichts der Zunahme der Kantonsbevölkerung um 38 Prozent seit der letzten Zählung wurde man sich erst der rasanten Entwicklung bewusst, in welcher sich der Kanton befand. Plötzlich rückte die bisher missachtete Dynamik des Entwicklungsprozesses ins Blickfeld, und man begann von Basel-Landschaft als «Entwicklungskanton» oder als «Sonderfall Baselland» zu sprechen.[191] Auch die Finanzkommission des Landrates schrieb 1960 noch erstaunt: «Kein Kanton verzeichnet eine derart stürmische Entwicklung wie Baselland. Der Bevölkerungszuwachs rekrutiert sich aus der ganzen Schweiz. Im Kanton sind über 17 000 ausländische Arbeitskräfte beschäftigt.»[192]
Während Tempo und Dynamik der regionalen Entwicklung unübersehbar geworden waren, machte sich das Fehlen statistischer Grundlagen umso schmerzlicher bemerkbar. Dieses Defizit manifestierte sich in den verschiedensten Politikbereichen, so auch in der nun an Bedeutung gewinnenden Sozialpolitik. Am gravierendsten waren die Folgen allerdings im Bereich der Infrastrukturplanung. Im Zusammenhang mit der Schulhausplanung bemerkte der Regierungsrat 1960: «Das Fehlen eines statistischen Amtes in unserem Kanton führte dazu, dass viele statistische Unterlagen in monatelanger Arbeit zusammengetragen werden mussten»[193] Ohne langwieriges politisches Verfahren entschloss sich die Regierung im gleichen Jahr, das Problem durch die Schaffung einer «Unterabteilung Statistik» im Amt für Gewerbe, Handel und Industrie zu lösen. Mit der erstmaligen Herausgabe eines statistischen Jahrbuches für das Jahr 1963 wurde die immer ärgerlichere «statistische Lücke» geschlossen, und fortan waren die wichtigsten Daten zur kantonalen Entwicklung in diesem Werk öffentlich verfügbar. Anlässlich der Veröffentlichung des ersten Statistischen Jahrbuches gab die BZ der nun verbreiteten scharfen Kritik an der seinerzeitigen Ablehnung eines Statistischen Amtes Ausdruck: «Das einzige Werkzeug, mit welchem sich die künftige, gewaltige Entwicklung des Kantons einigermassen zuver-

---

191   KB BL 1960, S. 4.
192   Bericht der Finanzkommission zum Staatsvoranschlag pro 1961 vom 18.11.1960, (Vorlagen).
193   AB 1960, S. 140.

lässig vorausberechnen liess, wurde ‹ins Schöpfli› geschoben und ver-
rostete dort.»[194]

Der Blick in die Zukunft des Kantons: das Leitbild 1968

Bis zum Ende der 60er Jahre war die Verfügbarkeit statistischer
Daten zur selbstverständlichen Grundlage der vielen Planungen
geworden, mit denen man die zukünftige Entwicklung zu steuern
versuchte. Diese gipfelten 1968 im sogenannten Leitbild Baselland.
Damit unternahm der Regierungsrat den Versuch, ein kohärentes
Bild der Entwicklung des Kantons in den verschiedensten Bereichen
zu entwerfen. Der Blick in die Zukunft beruhte grundsätzlich auf
einer Extrapolation der bisherigen Entwicklungstrends, doch ver-
mischten sich darin Elemente von Prognose, normativer Planung
und Evalution möglicher Alternativen zu einer eindrücklichen
Gesamtschau. Das Leitbild legte Zeugnis davon ab, dass man sich in
den späten 60er Jahren bemühte, die laufende Bewältigung der
unmittelbar sich stellenden Probleme vor dem Hintergrund eines
längeren Zeithorizontes einzuordnen. Hatte in den 50er Jahren trotz
vieler neuer Entwicklungen noch die Orientierung an der Vergangenheit vorgeherrscht, so richtete sich der Blick jetzt immer stärker
nach vorne in die Zukunft.
Der Wunsch nach einer Gesamtschau der zukünftigen Entwicklung
und insbesondere jener der Staatsausgaben enstand im Zusammenhang mit den Arbeiten für eine mittelfristige Finanzplanung. Die
Probleme der wachsenden Staatsverschuldung führte zu Bemühungen um eine zeitliche Staffelung der öffentlichen Investitionen nach
Dringlichkeitskriterien und nach einer regionalen Planung aller vorgesehenen Bauten der jeweiligen Bereiche. Bei diesen Bereichsplanungen konnte man aber nicht stehenbleiben, da sich das Bedürfnis
nach einer Gesamtübersicht geltend machte. Der in seiner Mehrheit
neu gewählte Regierungsrat beschloss 1967, die verschiedenen
Ansätze einer Planung der staatlichen Aufgaben und Leistungen zu
koordinieren und in einem Gesamtwerk, eben dem Leitbild, zu vereinigen, wobei Bauplan und Finanzplan 1969–1973 als unabhängiger
Bericht erschien, welcher der Genehmigung durch den Landrat
unterlag. Vom Leitbild selbst hatte das Parlament lediglich Kenntnis
zu nehmen, da es keine bindenden Vorschriften enthielt.
Das Grundgerüst des Leitbildes stellte eine staatliche Ausgabenpla-
nung dar. Über den Ausbau bisheriger öffentlicher Dienste hinaus
beschäftigte sich das Leitbild mit der Ausdehnung des staatlichen

194   BZ 11.12.1964.

Sektors in immer neue Bereiche, wie sie sich in den vergangenen Jahren ergeben hatte. Aus heutiger Sicht bemerkenswert ist, dass diese Tendenz grundsätzlich positiv gewertet wurde – dies von einer klar bürgerlich dominierten Regierung. Nicht dass nach einem unkontrollierten Wachstum des öffentlichen Sektors verlangt wurde, aber die Vermehrung der staatlichen Aufgaben wurde als notwendiger Teil einer Gesamtentwicklung von Wirtschaft und Gesellschaft gesehen. Auffallend ist dabei insbesondere die starke Betonung der volkswirtschaftlichen Auswirkungen der staatlichen Fiskal- und Finanzpolitik, wobei neben der Umverteilung von Einkommen die konjunkturelle Stabilisierung erwähnt wurde.[195]

Das Leitbild beschäftigte sich auch mit der Frage, welches Mass an Staatsverschuldung als vertretbar zu betrachten sei. Es wurde ein Wachstum von 12 auf 18 Prozent des kantonalen Volkseinkommens prognostiziert und dieser Anteil als tragbar bezeichnet. «Eine vorübergehend zunehmende Verschuldung kann deshalb als nicht beunruhigend angesehen werden, weil die mit diesem Kapital getätigten Investitionen dazu beitragen, unserem Kanton – und damit uns allen – die Zukunft in Ruhe, Ordnung, Sicherheit im umfassendsten Sinne, und Wohlstand zu sichern.»[196] Allerdings wurden die dem Leitbild zugrundeliegenden Annahmen einnahmenseitig schon nach kurzer Zeit hinfällig, weil das Volk die vorgesehene Steuererhöhung verweigerte.

Dem Leitbild Baselland lag die selbstverständliche Annahme weiterer wirtschaftlicher Prosperität zugrunde. Mit grösseren wirtschaftlichen Einbrüchen wurde nun, anders als noch in den 50er Jahren, kaum mehr gerechnet, u.a. weil man glaubte, notfalls mit staatlicher Konjunkturpolitik im Sinne einer Globalsteuerung eingreifen zu können. Aber nicht nur im Bereich der Wirtschaft wurde die vergangene Entwicklung als Prognose in die Zukunft verlängert, Trendextrapolationen dominierten vielmehr alle Vorhersagen. Die ungeheuer grosse Kontinuität der vergangenen zwei Jahrzehnte war Grund genug, zu erwarten, dass sich die Entwicklung auf absehbare Zeit weiter linear fortsetzen würde. Diese Prognoseannahmen lagen wiederum den planerischen Massnahme zugrunde, so dass die Fortsetzung der Trends gleichzeitig zur normativen Richtschnur wurde.

Trotz dieser grossen Präferenz für die Kontituität als Entwicklungsprinzip wurden im Leitbild in einigen Bereichen auch alternative Möglichkeiten aufgeführt. Dies war insbesondere in bezug auf die weitere Siedlungsentwicklung der Fall, wo man auf die Ergebnisse des ersten Berichtes zur Regionalplanung zurückgreifen konnte. Mit

195   RR: Leitbild Baselland. Liestal 1968, S. 29.
196   Ebda., S. 122.

planerischen Massnahmen sollte das bisherige Muster der Besiedlung verändert werden, denn: «Ziel jeder Siedlungspolitik muss sein, eine sich abzeichnende starke Zunahme der Besiedlung eines Raumes in Bahnen zu lenken, die einerseits für das Individuum möglichst viel Annehmlichkeiten bieten, andererseits aber der Gemeinschaft den kleinstmöglichen Aufwand für die Lösung aller Gemeinschaftsaufgaben überbindet.»[197]

Planung für eine lineare Entwicklung

Das Leitbild Baselland fand dank seinem umfassenden Charakter im schweizerischen Umfeld eine besondere Beachtung. Die «Basler Nachrichten» urteilten: «Mit dem Leitbild ist ein neuer Regierungsstil eingeleitet worden, der vor allem darin besteht, dass nunmehr die einzelnen staatlichen Aufgaben einer voraussehbaren Zukunft frühzeitig erkannt und der Öffentlichkeit signalisiert sowie in den Rahmen der gesamten staatlichen Tätigkeit hineingestellt werden.»[198] Die NZZ meinte: «Der Wert liegt namentlich in dem in dieser Gründlichkeit und Geschlossenheit erstmaligen Gesamtüberblick.»[199] Allerdings muss das basellandschaftliche Leitbild nicht als isoliertes Pionierwerk, sondern als ein besonders ausgeprägtes Beispiel der Bemühungen um politische Planung gesehen werden, wie sie in den ausgehenden 60er Jahren in der Schweiz verstärkt wurden.[200] Beispielsweise erliess der Bundesrat 1968 erstmals Richtlinien für seine Regierungstätigkeit, und einige Kantone begannen, Regierungsprogramme zu veröffentlichen. Solche Programme wurden in den frühen 70er Jahren, im Anschluss an das Leitbild, auch im Kanton Basel-Landschaft eingeführt.

Mit der politischen Planung reagierte man in jenen Jahren auf die wachsende Komplexität der Staatstätigkeit und die Zunahme der Probleme in allen Bereichen. Dem Geist der Zeit entsprechend wurde aber keinesweges eine reaktive Problembewältigung angestrebt, sondern man hegte die Hoffnung, mit systematischer Planung der staatlichen Tätigkeit die ganze Entwicklung unter Kontrolle zu bekommen und einen neuen politischen Führungsstil zu entwickeln. Die politische Planung stellte aber ihrerseits nur ein Teil jener Vision von umfassender Entwicklungsplanung dar, wie sie sich gegen das Ende des Jahrzehntes verbreitete. Mit der politischen Planung wollte man die künftige Tätigkeit des Staates selbst organisieren. Mit der

197   Ebda., S. 8.
198   BN 26.9.1968.
199   NZZ 27.9.1968.
200   Vgl. dazu: Hotz 1979 und Werder 1977.

Globalplanung der Wirtschaft glaubte man im Zeichen des nun stark etablierten Keynesianismus die konjunkturellen Schwankungen in Zukunft weitgehend ausgleichen und ein kontinuierliches Wirtschaftswachstums sichern zu können. Mit der Raumplanung als dritten Bereich glaubte man die Probleme von Zersiedelung und Baulandverknappung langfristig lösen und die Siedlungsentwicklung steuern zu können.

All diese Planungen beruhten auf Prognosen, und die Prognosen beruhten ihrerseits auf den Planungen. Die Erweiterung der Bauzonen in den Ortsplanungen wurde jeweils auch mit den Bevölkerungsprognosen begründet, diese wiederum stützten sich auf die Grösse der Bauzonen, da man davon ausging, sie würden kontinuierlich aufgefüllt – bis zu einer Kantonsbevölkerung von 650 000 Personen.[201] Sollten also die Trendextrapolationen die Planung ermöglichen, oder sollte die Planung sicherstellen, dass die Trendextrapolationen stimmten? Sicher ist, dass die Zukunft als lineare Verlängerung des Wachstumstrends der Gegenwart nach vorn projiziert wurde, und dass mit der Abstimmung allen Handelns auf diese Perspektive das Wachstum weiterhin eine hohe Eintretenswahrscheinlichkeit besass.

201   Planungsamt BL 1968, S. 52.

Kapitel 5
Wendezeiten der 70er Jahre

Vom Ende des Zweiten Weltkrieges bis gegen Ende der 60er Jahre war das Wachstum das beherrschende Thema, in den 70er Jahren zeigten sich dagegen die Grenzen des Wachstums in verschiedenster Form. Die 70er Jahre stellen deshalb eine ausgeprägte Wendezeit dar, in der die Entwicklungsmuster der vorangegangenen Jahrzehnte in Frage gestellt und die Entwicklung durch abrupte Trendbrüche geprägt wurde. Eine Einheit bildeten die 70er Jahre viel weniger als andere Jahrzehnte, weshalb bei der Darstellung mit Ausnahme der Bevölkerungsentwicklung zunächst auf die erste und nachher auf die zweite Hälfte dieser Periode eingegangen wird.

5.1   Demographische Trendwende

Bei der Bevölkerungsentwicklung zeigen sich in den 70er Jahren drei mehr oder weniger scharf ausgeprägte Wendepunkte. Der erste, um das Jahr 1970 anzusetzende, markierte noch eher einen sanften Übergang zu einem anderen Wachstumstempo als eine radikale Umkehr. In der Mitte des Jahrzehntes erfolgt dann während dreier Jahre ein abrupter Rückgang der Kantonsbevölkerung, bevor 1978 wieder ein leichtes Bevölkerungswachstum einsetzt. Hier soll zunächst die demographische Wende der frühen 70er Jahre dargestellt und ihren Ursachen nachgegangen werden.
Die Bevölkerungsentwicklung im Kanton Basel-Landschaft wurde in der ersten Hälfte der 70er Jahre durch abnehmende Wachstumsraten geprägt, was nach über zwei Jahrzehnten anhaltend hohem Wachstum bemerkenswert ist. Die kantonale Wachstumsrate lag immer noch höher als die schweizerische, näherte sich dieser aber langsam an. Zwei Ursachen lagen dieser Entwicklung zugrunde. Zum einen beschleunigte sich der schon in den 60er Jahren einsetzende Rückgang der Geburtenrate, was zu einer starken Verringerung des Geburtenüberschusses führte, zum anderen ging die Einwanderung in den Kanton stark zurück.
Die Ursache der abnehmenden Einwanderung lag in erster Linie bei der neuen Ausländerpolitik, welche der Bundesrat in diesem Jahr

einschlug. Das seit Jahren erwogene System einer Globalplafonierung der Ausländerbestände, das bisher stets am Widerstand der
Wirtschaftsverbände gescheitert war, wurde nun unter dem Druck
der drohenden «Schwarzenbach-Initiative» rasch eingeführt. Mit
diesem Volksbegehren strebte die fremdenfeindliche Bewegung einen
radikalen Abbau der ausländischen Wohnbevölkerung in der
Schweiz an, und es musste mit einer Annahme der Initiative gerechnet werden, die schliesslich auch nur knapp scheiterte. Im Kanton
Basel-Landschaft stimmten mit knapp 40 Prozent deutlich weniger
Leute dem Begehren zu als im Landesdurchschnitt.

Mit der neuen Regelung, welche der Bundesrat am 16. März 1970 in
Kraft setzte, wurde erstmals eine verbindliche obere Grenze der ausländischen Wohnbevölkerung festgelegt, und gleichzeitig wurden die
Einschränkungen der zwischenbetrieblichen Freizügigkeit weitgehend aufgehoben. In den Jahren nach 1970 ging die ausländische
Einwanderung in den Kanton Basel-Landschaft deutlich zurück,
während die schweizerische Binnenwanderung vorderhand noch
hoch blieb.

Die demographische Wende von 1970 fällt allerdings wesentlich markanter aus, wenn das Blickfeld erweitert und die ganze regionale Entwicklung betrachtet wird. Bisher war die Bevölkerung der beiden
Halbkantone Basel stets gleichzeitig gewachsen, wenn auch unterschiedlich rasch. In den frühen 70er Jahren kehrte dieser Trend im
Stadtkanton aber überraschend schnell, und eine lange Zeit abnehmender Bevölkerungszahlen setzte ein. Die gegenläufige Entwicklung der beiden Basel in den frühen 70er Jahren lässt den Schluss zu,
dass Basel-Landschaft zu dieser Zeit vorwiegend auf Kosten des
Nachbarkantons wuchs. Diese Entwicklung führte gleichzeitig zu
einem verstärkten Wachstum der Pendlerströme zwischen Stadt und
Land.

Erstmaliger Rückgang der kantonalen Wohnbevölkerung

Die sanfte Wende in der demographischen Entwicklung, die sich ab
1970 abzeichnete, beschleunigte sich in der zweiten Hälfte der 70er
Jahre dramatisch. Als Folge der Wirtschaftskrise kam es zu einem
raschen Abbau der ausländischen Wohnbevölkerung, welche nun
erstmals die ihr ursprünglich zugedachte Rolle als Konjunkturpuffer
zu spielen hatte. Im Jahre 1974 wies der Ausländeranteil mit über
19 Prozent einen Spitzenwert aus, sank aber in den folgenden fünf
Jahren auf 14,4 Prozent ab. Im Jahre 1979 wohnten fast 11 000 Ausländerinnen und Ausländer weniger im Kanton Basel-Landschaft als
vor Beginn der Rezession.

Wachstumsraten Bevölkerung CH und BL

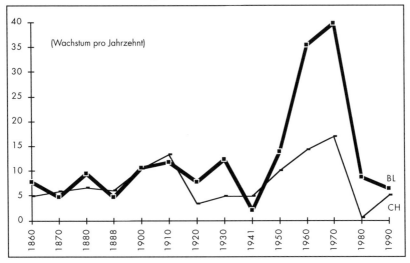

Graphik 8: Vom Ende des Zweiten Weltkrieges bis 1970 lagen das Bevökerungs-
wachstum im Kanton Basel-Landschaft weit über jenem der gesamten Schweiz. Seit den
70er Jahren haben sich die Wachstumraten wieder angenähert – bei ähnlichen Werten
wie vor dem Ersten Weltkrieg.

Da die schweizerische Bevölkerung weiter anwuchs, führte der
Rückgang der ausländischen Bewohnerinnen und Bewohner des
Kantons zu einem geringeren Rückgang der Gesamtbevölkerung.
Trotzdem ist bemerkenswert, dass nach langen Jahrzehnten ununterbrochenen Wachstums die Kantonsbevölkerung erstmals während
dreier Jahre abnahm. Bereits 1978 begann sie allerdings wieder leicht
zu wachsen.
Insgesamt war in den 70er Jahren immer noch ein Wachstum von
18 000 Personen zu verzeichnen. Mit 221 266 Einwohnern im Jahre
1980 lag die Kantonsbevölkerung aber weit unter den Prognosen der
ausgehenden 60er Jahre.[202] Auch die bereits vorsichtigere offizielle
Bevölkerungsprognose von 1973 wurde von den Ereignissen überrollt und musste rasch revidiert werden.[203] Es war klar: Das aussergewöhnlich stürmische Bevölkerungswachstum der zwei Nachkriegs-
jahrzehnte war zu Ende, wie auch immer die Entwicklung
weitergehen würde. Erwähnenswert ist ausserdem, dass in der zweiten Hälfte der 70er Jahre die (meist negativen) Wachstumsraten der

202   Bei Zappa et al. war von 259 000 im Jahr 1980 die Rede.
203   Dort hatte man noch mit 240 000 im Jahr 1980 gerechnet.

Bevölkerung des Kantons Basel-Landschaft ziemlich genau mit jenen der gesamten Schweiz übereinstimmten, nachdem sie vorher immer sehr viel höher gelegen hatten. Der Wachstumskanton Basel-Landschaft hatte sich also gewissermassen normalisiert.

Grössere Verschiebungen ergaben sich dagegen bei der regionalen und lokalen Verteilung der Bevölkerungsentwicklung. Die stadtnahen Vororte, welche lange eine aussergewöhnlich starke Bevölkerungszunahme erlebt hatten, stagnierten jetzt, oder mussten sogar einen Rückgang der Bevölkerungszahl hinnehmen (Binningen, Münchenstein und vor allem Birsfelden). Die weiter von Basel entfernten Vororte (Aesch, Ettingen, Reinach, Therwil) setzten ihr Bevölkerungswachstum weiter fort. Eine ähnliche Entwicklung fand im Oberbaselbiet statt, wo die Regionalzentren Liestal, Sissach, Gelterkinden und Waldenburg Einwohner verloren, ebenso wie auch einige im Umfeld dieser Orte gelegenen Gemeinden. Umgekehrt begannen in dieser Zeit ausgesprochen bäuerlich geprägte Dörfer wieder zu wachsen. Insgesamt wies das obere Baselbiet in den 70er Jahren ein sehr kleines Wachstum auf, v.a. der Bezirk Sissach stagnierte praktisch. Das stärkste Wachstum wies immer noch der Bezirk Arlesheim auf, gefolgt von Liestal.

5.2   Probleme der konjunkturellen Spätblütezeit

Die wirtschaftliche Entwicklung war in den 70er Jahren, ganz im Gegensatz zu den Jahrzehnten zuvor, durch heftige Ausschläge nach oben und unten geprägt. Die ersten Jahre des Jahrzehntes standen noch im Zeichen einer ausgesprochenen Hochkonjunktur, wobei allerdings die Wachstumsraten nach dem Höhepunkt 1970 bereits rückläufig waren. In dieser konjunkturellen Spätblütezeit war immer mehr von wirtschaftlichen Zukunftsproblemen die Rede, und gleichzeitig war eine starke sozialpolitische Erregung zu spüren. Bezeichnend für die Stimmungslage dieser Jahre dürfte die folgende Aussage aus dem Amtsbericht 1971 sein: «Der wachsenden Unsicherheit über das wirtschaftliche Wohin und Warum zum Trotz sind 1971 gegenüber 1970 kaum Wachstumsverluste eingetreten.»[204]

Arbeitskräftemangel und Inflationsrekorde

In den frühen 70er Jahren waren einerseits noch die Vorteile der Hochkonjunktur zu geniessen, andererseits wurde die überbordende Konjunktur und die rasch in die Höhe schnellende Inflation immer

204   AB 1971, S. 216.

mehr als ungesunde Entwickung empfunden. Im Rückblick zeigt sich, dass auch der ausgesprochene Arbeitskräftemangel jener Jahre nicht mehr das Zeichen einer kräftigen Entwicklung war, sondern vielmehr eine vorübergehende Verknappung darstellte. Mit der neuen Geldpolitik der Nationalbank sollten sich nämlich die wirtschaftlichen Rahmenbedingungen bald radikal verändern.

Ausländische Arbeitskräfte werden knapp

Die frühen 70er Jahre unterschieden sich in der Schweiz in einem wesentlichen Punkt von den darauf folgenden Zeiten: Es herrschte – vielleicht zum letzten Mal überhaupt – Vollbeschäftigung. Der Höhe- und Wendepunkt dieser Entwicklung dürfte im Jahr 1973 erreicht worden sein, zu dem die Kantonalbank bemerkte: «Das Arbeitsamt stellte im November und Dezember eine allgemeine Zurückhaltung der Arbeitgeber bei der Anstellung neuer Arbeitskräfte fest. Am Dezember-Stichtag gab es aber wie schon im Vorjahr keinen einzigen Arbeitslosen.»[205]
Die ausgesprochene Überbeschäftigung in diesen Jahren hatte ihre Ursache aber nicht nur in der konjunkturellen Überhitzung, sondern sie wurde auch durch die neue Ausländerpolitik des Bundes mitverursacht. Die Beschränkung der Neueinwanderung führte zu einer generellen Verknappung unqualifizierter Arbeitskräfte, nachdem sich die Wirtschaft auf eine stetige Angebotsausweitung in diesem Bereich eingestellt hatte. Die Liberalisierung der Aufenthaltsbedingungen führte dagegen zu einem verstärkten Wettbewerb zwischen den Betrieben, was einen allgemeinen Lohnauftrieb zur Folge hatte. Die kantonalen Anteile am Ausländerbestand wurden in Kontingenten festgelegt, wobei sich wohl sämtliche Kantone aus dem einen oder anderen Grund benachteiligt fühlten. Im Amtsbericht 1971 führte der basellandschaftliche Regierungsrat heftig Klage über die «politisch erzwungene und bundesrechtlich festgelegten Stabilisierung der Ausländerzahl» und hielt gleichzeitig fest: «Unser Kanton, der in den letzten 25 Jahren von allen Kantonen relativ die stärkste Industrialisierung und die grösste Bevölkerungszunahme zu verkraften hatte, ist bei der Verteilung des Ausnahme-Kontingents bei weitem zu kurz gekommen.»[206]
Diejenigen Kategorien von Ausländerinnen und Ausländern, die bisher zwangsweise in bestimmten Branchen oder Betrieben hatten arbeiten müssen, machten von ihrer neuen Freizügigkeit bald regen Gebrauch, wodurch unattraktive und strukturschwache Industrien

---

205   KB BL 1973, S. 13.
206   AB 1971, S. 217.

und Gewerbe unter Druck kamen. Dies entsprach zwar der seit längerem geltenden Empfehlung der meisten Ökonomen, welche einen verstärkten Wettbewerb und eine strukturelle Bereinigung im Bereich wenig konkurrenzfähiger Betriebe forderten, doch es widersprach den Vorstellungen des kantonalen Arbeitsamtes, das 1973 kritisierte: «Unbeliebte, schmutzige, unfallgefährliche, sozial abgeschätzte industrielle und gewerbliche Berufe und Tätigkeiten und mit Sonntagsarbeit oder langen Präsenzzeiten verbundene werden bereits auch von den meisten Ausländern gemieden, und zwar auch dann, wenn vergleichsweise höhere Löhne geboten werden.»[207] Die neue Ausländerpolitik stellt sich im Rückblick als längst überfällige Massnahme dar. Gleichzeitig ist klar, dass die dadurch ausgelöste Personalverknappung nur vorübergehender Natur sein konnte, da sie zusammen mit den steigenden Löhnen einen starken Rationalisierungsdruck bewirkte.

Die Inflation als Symptom einer ungesunden Entwicklung

Die gesamte Nachkriegsentwicklung der Schweiz war durch eine stetige, stufenweise Zunahme der Inflation geprägt. Diese Entwicklung erreichte in den frühen 70er Jahren ihren Höhepunkt. Die Inflationsrate lag 1970 noch unter der 4-Prozent-Marke, um aber bereits im folgenden Jahr auf über sechs Prozent anzusteigen. Ein Jahr darauf geriet die Teuerung ausser Rand und Band, und erreichte Werte von zeitweilig über 10 Prozent. Allerdings war die Teuerungsspitze auch auf den Ölpreisschock vom Herbst 1973 zurückzuführen.
Die Inflation entwickelte sich von einer lästigen Nebenerscheinung zu einer den Alltag von Bevölkerung und Wirtschaft prägenden Erfahrung. Auf die Ursachen der inflationären Entwicklung kann hier nicht eingegangen werden. Es soll aber darauf verwiesen werden, dass die Inflation unbestrittenermassen ein hohes Mass an Eigendynamik entwickelt hatte, indem Inflationserwartungen eine wichtige Ursache der hohen Teuerung darstellten.[208]
Auffallend ist, dass die Inflation allgemein als grosses Problem und darüber hinaus als Symptom einer gesamthaft «ungesunden Entwicklung» betrachtet wurde.[209] Der basellandschaftliche Regierungsrat gab 1973 einer weitverbreiteten Ansicht Ausdruck, als er festhielt: «Die Teuerung [...] ist das politisch bedeutsamste Gegenwartsproblem unseres Landes.»[210]

---

207 AB 1973, S. 106.
208 Prader, S. 324.
209 KB BL 1971, S. 8.
210 RR, Regierungsprogramm 1974–1978, S. 15.

Die inflationäre Entwicklung der frühen 70er Jahre weckte vielerlei
Besorgnisse und Ängste, sowohl ökonomisch begründete als auch
viel allgemeinere, welche die Inflation in den Zusammenhang mit
sozialer Destabilisierung und einem allgemeinen «Wertezerfall» stellten.[211] So wurde im Geschäftsbericht der Kantonalbank 1972 festgehalten: «Der Geldwert und das Vertrauen in die Wertbeständigkeit
des Geldes sind grundlegende Elemente der Wirtschaftsordnung.
Ihre Zersetzung rührt an die Fundamente unserer sozialen Ordnung
und stellt somit eine weit über das Wirtschaftliche hinausgreifende
Problematik dar.»[212] Im folgenden Jahr sah die Bank in der Teuerung
ein «Krisensymptom, in dem sich eine ganze Reihe von Fehlentwicklungen manifestieren und das möglicherweise auch als Vorzeichen
für kommende schlechtere Zeiten zu gelten hat.»[213]
Die unmittelbare Sorge der Kantonalbank war, dass die Teuerung
den Leuten die Lust am Sparen vergällen würde, da die Zinsen nicht
nur der Sparhefte während einiger Jahre weit unter der Inflationsrate
lagen. Da die Kantonalbank aber 1972 mit einigem Erstaunen feststellte, dass die Spareinlagen entgegen allen Erwartungen nicht
zurückgegangen waren,[214] muss die traditionelle Sparmentalität vieler Baselbieterinnen und Baselbieter trotz allem noch intakt gewesen
sein. Es kann dies eine Folge davon gewesen sein, dass die Inflation
trotz aller Besorgnis die Bevölkerung nicht schwer traf, denn noch
war der Teuerungsausgleich unangefochten und die Reallöhne stiegen weiter.
Die Besorgnis über die steigende Inflation wurde aber auch durch
die Entwicklung in anderen Ländern Nordamerikas und Europas
genährt, wo in den frühen 70er Jahren ein neues Phänomen auftauchte: «Kennzeichnend für die heutige Lage in vielen Ländern ist
die neue Wortschöpfung ‹Stagflation›, mit der das Phänomen einer
stagnierenden Wirtschaft bei gleichzeitig munter fortschreitender
Inflation anschaulich bezeichnet wird.»[215] Diese Erscheinung widersprach der bisher geltenden Faustregel, man könne in der Wirtschaftspolitik zwischen den beiden Übeln Arbeitslosigkeit und Inflation wählen. Man hatte deshalb die Inflation lange als Preis für die
wirtschaftliche Wohlfahrt betrachtet, welchen man angesichts der
Vorteile gerne bezahlte. Diese Überzeugung wurde durch das Auf-

---

211   Der in der Schweiz einflussreiche neoliberale Ökonom Wilhelm Röpke hatte schon
      früher die Ansicht geäussert: «Sie [die Inflation] ist keine blosse Unordnung des Geld-
      wesens, [...] sondern eine moralische Krankheit, eine Unordnung der Gesellschaft.»
      Röpke, S. 160.
212   KB BL 1972, S. 7.
213   KB BL 1973, S. 7.
214   KB BL 1972, S. 7.
215   KB BL 1970, S. 3.

Inflationsraten in Prozent

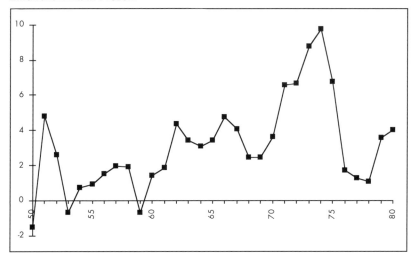

Graphik 9: Die Inflationsraten erreichten seit den 50er Jahren mit jedem Konjunkturaufschwung höhere Werte. Erst die neue Geldpolitik und die Rezession führten Mitte
der 70er Jahre zu einem scharfen Rückgang der Teuerung.

tauchen der Stagflation erschüttert. Wenn auch die Schweiz, im
Gegensatz etwa zu den Vereinigten Staaten, zu dieser Zeit weder
Arbeitslosigkeit noch Wachstumsschwäche kannte, so verbreitete
sich doch zunehmend die Befürchtung, dass der fortschreitende
Preiszerfall auch zu einem Verlust wirtschaftlicher Dynamik führen
könnte.

Die Nationalbank gibt Gegensteuer

Im Jahr 1973 leitete die Nationalbank eine Kehrtwende in ihrer
Geldpolitik ein, welche allerdings in der Öffentlichkeit nur beschränkt wahrgenommen wurde, da sie im Zusammenhang mit der
gleichzeitigen Wende in der Währungspolitik erfolgte. Das System
fester Wechselkurse, worauf die gesamte Entwicklung der Weltwirt-
schaft in der Nachkriegszeit beruht hatte, befand sich seit einigen
Jahren in der Krise. Anfang 1973 sagte sich die Schweizerische
Nationalbank von diesem zusammenbrechenden System los und
ging zu einer Politik des freien Floating über. Diese Massnahme, welche zunächst als provisorischer Schritt verstanden wurde,[216] öffnete
erst den Spielraum für eine eigenständige schweizerische Geldpolitik.

216   KB BL 1973, S. 4.

Die Führung der Nationalbank machte von den neuen Handlungs-
möglichkeiten sogleich Gebrauch, indem sie eine restriktive Geldpolitik einleitete und der Inflationsbekämpfung oberste Priorität
zuwies.
Mit diesem Schritt vollzog die schweizerische Wirtschaftspolitik in
den frühen 70er Jahren «eine schroffe Kehrtwendung, einen eigentlichen Paradigmenwechsel gegenüber den Orientierungen der Hochkonjunktur».[217] Während es rasch zu einer Aufwertung des Schweizer Frankens kam, wurden die Auswirkungen der neuen Politik auf
die Teuerung erst mit einer gewissen Verzögerung sichtbar, denn die
Inflationsraten erreichten im Gefolge des Ölpreisschocks noch einmal Höchstwerte, während die geldpolitische Bremsaktion bereits
eingeleitet war. Die Akzeptanz, auf welche die neue Geldpolitik
stiess, obwohl sie zu grossen Opfern führte, kann nur vor dem Hintergrund der Ängste erklärt werden, welche die inflationäre Entwicklung vorgängig geweckt hatte.

Wohnungsmarkt ausser Rand und Band

Im Bereich des Wohnbaus und der Wohnpolitik herrschte in den
frühen 70er Jahren eine aussergewöhnliche Hektik. Einerseits war
die Nachfrage nach neuem Wohnraum grösser als je, andererseits
wurde gerade jetzt die bisherige Regulierung des Wohnungsmarktes
aufgehoben, allerdings nicht für lange. Gleichzeitig lief der Wohnungsbau auf Hochtouren, da die stets wachsende Wohnungsnachfrage eine sichere Kapitalanlage versprach. Von den erneuten Konjunkturdämpfungsmassnahmen wurde der Wohnbau wiederum ausgenommen.

Hektische Wohn- und Mietpolitik

Im Jahre 1970 wurde in der schweizerischen Wohnungs- und Miet-
politik die Rückkehr zum freien Markt ausprobiert. Dies war keine
spontane Eingebung, sondern das Resultat eines jahrelangen Rück-
zugskampfes, wobei die Verteidiger einer Aufrechterhaltung der
kriegswirtschaftlichen Regulierungen im Mietwesen Stück um Stück
hatten nachgeben müssen. In immer mehr Gegenden waren die Mietpreise während der 60er Jahre freigegeben worden, nur in den städtischen Agglomerationen hatte man mit diesem Schritt noch zugewar-
tet. Ein letztes Mal wurde die staatliche Mietpreiskontrolle 1969 mit
einem dringlichen Bundesbeschluss um ein Jahr verlängert, dann
folgte die völlige Freigabe.

217   Bernegger, S 1.

Ein ungeeigneterer Zeitpunkt hätte für dieses sozial- und wirtschaftspolitische Experiment allerdings kaum gefunden werden können. Die im Gefolge der Inflationsrate anziehenden Hypothekarzinsen sorgten ohnehin für stark steigende Mietzinsen, und nach ihrer Freigabe explodierten die Preise für die Wohnungsmieten förmlich. Trotz Hochkonjunktur und steigendem Lohnniveau konnten sich viele Leute das Wohnen kaum mehr leisten. So meldete das kantonale Fürsorgeamt, dass es immer höhere Aufwendungen für die Mietbeihilfen benötige.[218] Das Wohnungsproblem wurde im Jahre 1971 als der «sozialpolitische Zündstoff Nummer 1» in der Schweiz bezeichnet,[219] was sich auch in der nur knappen Ablehnung der Volksinitiative «Recht auf Wohnung» im Herbst des Vorjahres gezeigt hatte.[220] Der Hauseigentümerverband appellierte jedenfalls schon Ende 1971 an seine Mitglieder, sich mit Mietzinsaufschlägen zurückzuhalten, da er andernfalls eine Rückkehr zum Notrecht befürchtete.[221]
Der Traum vom freien Markt im Wohnungswesen war in der Tat bald ausgeträumt. Bereits im Frühling 1972 legte der Bundesrat einen dringlichen Bundesbeschluss gegen Missbräuche im Mietwesen vor, mit dem er die Höhe der Mietzinsen wieder einer gewissen staatlichen Regulierung unterstellte. Dieser beruhte auf dem neuen Verfassungsartikel über den Mieterschutz, dem eine grosse Mehrheit am 5. März 1972 zugestimmt hatte, im Kanton Basel-Landschaft mit über 80 Prozent Ja-Stimmen. Den Schutz der Mieter vor missbräuchlichen Kündigungen hatte man schon vorher ins Obligationenrecht aufgenommen. Die soziale Unruhe und der politische Druck aus der Bevölkerung namentlich in der Westschweiz waren so stark angewachsen, dass auch die Mehrheit der bürgerlichen Parteien diese neuen Regulierungen akzeptierte. Im Kanton Basel-Landschaft richtete man eine kantonale Schlichtungsstelle für Mietangelegenheiten ein, die in Streitfällen zwischen Mietern und Vermietern vermitteln sollte.[222]

Spekulativ aufgeblähter Wohnbau

«Der Wohnungsbau läuft auf vollen Touren» meldete die «Basellandschaftliche Zeitung» 1971, und im folgenden Jahr hiess die Schlagzeile: «Wohnungsbaurekord im Kanton Basel-Landschaft».[223]

218   AB 1971, S. 44.
219   TA 14.8.1971.
220   In Baselland wurde die Initiative knapp angenommen. BZ 28.9.1970.
221   NZZ 20.12.1971.
222   NZ 7.8.1973.
223   BZ 24.2.1971 und 24.6.1972.

Tatsächlich erreichte die gesamte Bautätigkeit, insbesondere aber der Wohnbau, in den frühen 70er Jahren die höchsten Werte, die er je erreichen sollte. Auffallend ist, dass die enorme Bautätigkeit immer weniger als Zeichen wirtschaftlicher Prosperität begrüsst und vom Wohnbau kaum mehr eine Verbesserung der Situation am Wohnungsmarkt erwartet wurde. So wurde im erwähnten Artikel von 1972 kommentiert:

> «Der Bauboom hat eine Bauteuerung und einen grösseren Bedarf an Fremdarbeitern zur Folge. Er lässt die Landpreise in die Höhe schnellen und vermehrt die Baulandnot. Von einer Sättigung des Wohnungsmarktes aber ist keine Rede; die stete Zuwanderung lässt vielmehr die Wohnungsnachfrage unbefriedigt. Es ist, wie wenn man den Durst mit Salzwasser stillen will: Je mehr man trinkt, desto grösser wird der Durst.»[224]

Dieses Spiel konnte allerdings nicht sehr lange gespielt werden, denn seine wichtigste Grundlage bestand nicht mehr: die stetige Ausweitung der Nachfrage. Bemerkenswert ist, dass die zahlreichen kleinen und grossen Investoren im Wohnbau die Abnahme des Bevölkerungswachstums nicht in Rechnung stellten, die seit 1970 zu beobachten war.

Die überbordende Bautätigkeit wurde zunehmend als Folge der Inflation, d.h. als Flucht in Sachwerte interpretiert.[225] Im Rückblick erweist sich diese Interpretation nicht nur als zutreffend, sondern sie erklärt auch, warum es zu einer riesigen Überproduktion kommen konnte. Nachdem die Nachfrage nach Wohnraum seit Jahrzehnten immer gewachsen war und immer das Angebot überstiegen hatte, rechnete niemand mehr damit, dass dies jemals anders sein könnte. Die Investoren orientierten sich weniger am künftigen Bedarf an Wohnraum, der angesichts des rückläufigen Bevölkerungswachstums nicht mehr gross sein konnte, als vielmehr an den Erwartungen über die Preisentwicklung. Die Investoren rechneten mit steigenden Bodenpreisen und höheren Erträgen aus Wohnbauten und waren deshalb bereit, für diese Güter hohe Preise zu bezahlen, und bestätigten damit gleichzeitig die Erwartungen aller anderen Marktteilnehmer.[226] Die Rechnung von Investoren und Spekulanten ging also vorderhand auf. In den frühen 70er Jahren wurden deshalb trotz rasch steigender Kosten (Bodenpreise, Hypothekarzinsen) mehr Wohnungen gebaut, als je zuvor.

---

224   BZ 24.6.1972.
225   AB 1972, S. 219.
226   Siegenthaler hat diese Situation treffend umschrieben: Man orientiere sich in solchen Situationen «an den Erwartungen über die Erwartungen der anderen». Siegenthaler 1994, S. 114.

Wohnbau BL

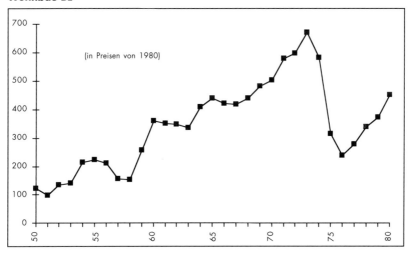

Graphik 10: Die Steigerung der Wohnbautätigkeit erreichte 1973 ihren Höhepunkt,
um nachher in einem radikalen Schrumpfungsprozess umzuschlagen.

Um die überbordende Baukonjunktur und die Inflation zu dämpfen
wurden wiederum, wie schon in den frühen 60er Jahren, dringliche
Konjunkturmassnahmen ergriffen. Eine erste Runde derartiger
Massnahmen, welche die Bautätigkeit nur in gewissen Gegenden ein-
schränkten – betroffen waren die Region Basel und Liestal – blieben
weitgehend wirkungslos. Der Bundesrat verschärfte deshalb die
Massnahmen und griff 1972 zu einem Bündel von fünf dringlichen
Bundesbeschlüssen, denen Parlament und Volk trotz heftigem
Widerstand vor allem aus den Randregionen zustimmten. Auch das
Baselbiet stimmte diesmal allen Konjunkturbeschlüssen mit grosser
Mehrheit zu.[227] Der Baubeschluss, der uns hier als einziger interessiert, fiel sehr restriktiv aus. Er enthielt neben einem Abbruchverbot
für Wohnbauten eine Ausführungssperre für Bauten geringerer
Dringlichkeit, worunter recht viel verstanden wurde. Ausgenommen
von diesen Restriktionen war der Wohnbau, womit, wie man aber
erst später merkte, die Überproduktion in diesem Bereich noch verstärkt wurde.[228]
Für die Bewertung der Konjunkturdämpfungsmassnahmen kann
weitgehend das gleiche gelten, was schon über diejenigen der frühen
60er Jahre gesagt worden ist – es handle sich in erster Linie um eine

227   BZ 3.12.1973.
228   AB 1974, S. 54f.

Symptomtherapie. Im Unterschied zu den frühen 60er Jahren war allerdings der Höhepunkt des allgemeinen Konjunkturzyklus schon überschritten, als die Dämpfungsmassnahmen einsetzten, denn die spekulativ angeheizte Baukonjunktur lief dieser hinterher.

5.3 Das Ende einer Aufholjagd

Die Baselbieter Finanzpolitik sah sich zu Beginn der 70er Jahre mit dem Erbe des Vorjahrzehntes in Form eines wachsenden Schuldenberges konfrontiert. Noch mitten in der Hochkonjunktur verschärften sich die finanziellen Probleme und als Reaktion darauf kam es schon in den frühen 70er Jahren zu einer finanzpolitischen Kehrtwende. Man wurde sich klar darüber, dass man in verschiedenen Politikbereichen an finanzielle Grenzen zu stossen begann und eine Abkehr vom bisherigen Expansionskurs unumgänglich wurde. Nach der unaufhaltsamen Ausweitung in den 60er Jahren reduzierte man nun das staatliche Bauprogramm drastisch.

Finanzpolitik im Wechselbad der direkten Demokratie

Seit den frühen 60er Jahren hatte sich eine wachsende Lücke zwischen den Einnahmen und den Ausgaben des Kantons eröffnet, die Regierung und Landrat wiederholt über höhere Einnahmen zu schliessen suchten. Jetzt warf die Regierung das Steuer herum und leitete eine Sparpolitik ein. Obwohl kurz darauf auch einnahmeseitig mit dem neuen Steuergesetz ein Durchbruch geschafft wurde, verdüsterten sich die finanziellen Perspektiven des Baselbieter Staatshaushaltes aber weiter.

Einleitung einer Sparpolitik

Nach der wiederholten Ablehnung von Steuererhöhungen hatte der Regierungsrat 1969 beschlossen, die als unumgänglich erachteten Infrastrukturbauten noch vermehrt mit Krediten zu finanzieren. Bereits 1971 wurde aber deutlich, dass man diesen Weg nicht mehr weiter beschreiten konnte. Der Fehlbetrag der Gesamtrechnung verdreifachte sich in kurzer Zeit, so dass sich der Kanton jetzt jährlich um 90 Millionen Franken neu verschulden musste. Da gleichzeitig klar wurde, dass das Defizite noch weiter anwachsen würde, und die Kreditaufnahme zunehmend schwieriger wurde, herrschte «Alarm im Baselbieter Finanzhaushalt».[229]

---

229   Titel der NZZ vom 8.11.1971.

Zunächst wurde der zwar naheliegende, bisher aber immer erfolglose Weg erneut eingeschlagen. Die Regierung trat noch einmal mit einer Vorlage für eine sofort wirksame Steuererhöhung vors Volk, um die Zeit bis zur Gesamtrevision des Steuergesetzes zu überbrücken. «Eine Steuererhöhung schon für das Jahr 1972 ist unumgänglich», mahnte sie die Stimmberechtigten.[230] Die Vorlage für ein «Zuschlagsteuergesetz» hatte allerdings wenig Chancen auf Erfolg, nachdem neben den üblichen Gegnern jeglicher Steuererhöhungen auch die Sozialdemokraten und die Gewerkschaften Stellung gegen sie bezogen, da sie ihnen sozial zu wenig ausgewogen erschien.[231] Die Regierung erlitt «eine wohl in diesem katastrophalen Ausmass von niemandem erwartete Abfuhr.»[232]

Die Ablehnung blieb diesmal nicht ohne Folgen. Der Regierungsrat riss nach der Abstimmung vom März 1972 das Steuer herum, und begann die Investitionen in einem «Notprogramm» zusammenzustreichen. Das ursprünglich budgetierte Rekorddefizit der Gesamtrechnung von 180 Millionen Franken reduzierte sich so auf 80 Millionen, eine Höhe, welche die Regierung gleichzeitig als Grenze der jährlichen Neuverschuldung definierte.[233] Sie machte deutlich, dass sie eine höhere Kreditaufnahme nicht nur als unverantwortlich erachtete, sondern dass auch der Kapitalmarkt diese gar nicht zuliesse, da schon die letzte Anleihe nicht voll gezeichnet worden war.

Unerwartete Durchbrüche an der Steuerfront

Nachdem die Wähler – und seit 1967 auch die Wählerinnen – seit Jahren jede Steuererhöhung abgelehnt hatten, bestand an sich wenig Hoffnung, dass sie einer solchen in Form eines neuen Steuergesetzes zustimmen würden. Doch im Dezember 1972 wurde mit der überraschenden Annahme der Reichtumssteuerinitiative der SP eine neue Entwicklung eingeleitet. Nach der Abstimmung hatte noch die Furcht vor den «schwer abschätzbaren Konsequenzen» dieser Annahme geherrscht und die BZ vertrat die Meinung: «Das nun wirklich revisionsbedürftige Steuergesetz wird unseres Erachtens deshalb kaum plangemäss zur Abstimmung gelangen können.»[234] Auch über die Folgen für die Staatskasse gingen die Meinungen aus-

230 Bericht RR über den Erlass eines Gesetzes betr. befristete steuerliche Massnahmen (Zuschlagsteuergesetz) vom 28.9.1971.
231 NZZ 24.2.1972.
232 BZ 6.3.1972.
233 BZ 8.11.1972.
234 BZ 2.12.1972.

einander – überwogen die Mehreinnahmen oder führte die Abwanderung von guten Steuerzahlern gar zu einem Rückgang?[235] Doch auch für die schärfsten Kritiker der Reichtumssteuer war eines klar: «Kein Zweifel: Der Volksentscheid ist ein deutlicher Fingerzeig für das neue Steuergesetz: Wir werden die Besteuerung der grossen Einkommen anheben müssen.»[236]
Unter dem Druck der Reichtumssteuer, die bis zum Inkrafttreten eines neuen Steuergesetzes befristet war, kam dessen Revision nun rasch vorwärts. Nachdem die Forderungen der Reichtumssteuer-Initiative zu einem guten Teil ins neue Steuergesetz integriert worden waren, nahm auch dieses am 9. Juni 1974 die Hürde der Volksabstimmung mit dem erstaunlich und unerwartet guten Resultat von zwei Dritteln Ja-Stimmen.
Damit war auf der Einnahmenseite ein Durchbruch geschafft, der sich mittelfristig positiv auswirken konnte. Durch den positiven Volksentscheid wurde aber auch das steuerpolitische Malaise behoben, zu welchem die drei aufeinanderfolgenden Niederlagen von Regierung und Parteien geführt hatten. Offensichtlich trug die «sozialere» Ausgestaltung des Gesetzes erheblich zu dessen Akzeptanz bei. Ausserdem hatte die Regierung mit ihrem «Notprogramm» erstmals klar dokumentiert, dass sie gewillt war, ihre Mittel haushälterisch einzusetzen.
Kurz zuvor hatte ein anderes finanzpolitisches Dauerproblem im Kanton Basel-Landschaft endlich gelöst werden können: das Verbot der Gemeindesteuerprogression. Im März 1974 hiessen die Stimmberechtigten eine Vorlage gut, mit der für die Gemeinden des Kantons Basel-Landschaft ein progressiver Steuertarif eingeführt wurde. Um die unterschiedlichen Auswirkungen des neuen Systems zu mildern, etablierte man gleichzeitig einen neuen Finanzausgleich zwischen den Gemeinden. Damit milderte man die bisherige finanzielle Abhängigkeit der Gemeinden vom Kanton und ermöglichte eine Diskussion über eine sinnvolle Aufgabenteilung zwischen diesen beiden staatlichen Ebenen.

Zuspitzung der finanziellen Entwicklung

Als Resultat der 1972 eingeleiteten Sparpolitik konnte der Fehlbetrag in der Gesamtrechnung in den Jahren 1973 und 1974 drastisch reduziert werden. Im Ende 1973 entworfenen Regierungsprogramm gab sich der Regierungsrat deshalb verhalten optimistisch in bezug auf

235   Vgl. Antwort des RR auf die Anfrage Paul Wagner vom 18.12.1973, (Vorlagen).
236   Auer 1973, S. 24.

die mittelfristigen finanziellen Aussichten des Kantons. Dies allerdings unter einer Annahme: «Wir gehen davon aus, dass die wirtschaftliche Entwicklung – wenn auch abgeschwächt – weiter nach oben verlaufen wird.»[237]

Bereits ein Jahr später sah sich die Regierung aber gezwungen, einen überarbeiteten Finanzplan für die folgenden vier Jahre vorzulegen, da sie nun der Meinung war, der im Regierungsprogramm enthaltene Finanzplan entspräche «nicht mehr der Wirklichkeit».[238] Zu den Rahmenbedingungen, welche sich verändert hatten, gehörte die noch stärker gewachsene Inflation, steigende Zinssätze und rückläufige Einnahmen der Grundstückgewinnsteuer. Es war also eine Überlagerung von Hochkonjunkturphänomenen mit ersten Auswirkungen der einsetzenden Rezession festzustellen.

Zu den – finanzpolitisch gesehen – positiven Auswirkungen des Konjunkturrückgangs zählte die erstmals seit langem rückläufige Bauteuerung. Dennoch erachtete die Regierung eine noch weitergehende Plafonierung der Investitionen als nötig, zusätzlich zu einer Reduktion der laufenden Ausgaben. Für besondere Probleme sorgte, dass neu auch noch ein vertraglich vereinbarter Beitrag an die Universität Basel im Budget unterzubringen war. Mit diesem Beitrag sollte die vom Landrat gewünschte «partnerschaftliche Mitbeteiligung» an der Hochschule möglich gemacht werden.[239] Angesichts der Anspannung im Budget fragte sich die Regierung allerdings, «ob unser Kanton überhaupt die reale Möglichkeit hat, diese zusätzlichen Kosten sowohl kurzfristig als auch längerfristig aufzubringen.»[240]

Finanzielle Grenzen der Bildungs- und Gesundheitspolitik

Seit Beginn der 60er Jahre hatte man im Kanton Basel-Landschaft der Bildungs- und Gesundheitspolitik eine grosse Bedeutung zugemessen. Mit enormen Investitionen wurde der Nachholbedarf des einst armen Landkantons in diesen Bereichen gedeckt und die bauliche Infrastruktur dafür bereitgestellt. Die starke Ausrichtung auf die Baupolitik war in diesen Jahren keine Besonderheit des Baselbietes, doch hier war sie aufgrund des grossen Nachholbedarfes noch ausgeprägter als anderswo. In den frühen 70er Jahren machten sich aber in den beiden erwähnten Bereichen die finanziellen Grenzen der bisherigen Politik bemerkbar.

237   RR: Regierungsprogramm 1974–1978, S. 90.
238   Bericht RR betr. den überarbeiteten Finanzplan 1975/1978 vom 23.12.1974, (Vorlagen).
239   Vgl. BZ 18.5.1973.
240   Siehe Anm. 238.

Unbezahlbares Gesundheitswesen?

In den 70er Jahren tauchte erstmals ein Thema auf, das später immer wieder aktuell sein sollte: die Kostenexplosion im Gesundheitswesen. Noch im Jahre 1972 war im Hinblick auf die baldige Eröffnung des Bruderholzspitals die Hauptsorge gewesen, dass das Pflegepersonal zu dessen Betrieb nicht rekrutiert werden könnte.[241] Zwei Jahre später sah die Lage anders aus: «Das dominierende Thema in den Massenmedien ‹Personalnot in den Spitälern› wurde durch Berichte über die Kostenexplosion im Gesundheitswesen abgelöst.»[242] Anlässlich der Eröffnung des Bruderholzspitals war überall von der Kostenexplosion im Gesundheitswesen die Rede. Die dabei diskutierten Zukunftsperspektiven können damit illustriert werden, dass bei diesem Anlass wiederholt auf Berechnungen hingewiesen wurde, wonach bei einer Extrapolation der Entwicklung «in ungefähr 30 Jahren das gesamte Volkseinkommen durch die Kosten des Gesundheitssektors aufgefressen wird.»[243]
Die Ausrichtung der Gesundheitspolitik auf den Bau und Betrieb von Spitälern kam aber nicht nur aus finanziellen Gründen unter Beschuss. In einem freisinnigen Vorstoss im Landrat wurde 1973 kritisiert: «Der Eindruck lässt sich nicht verwehren, dass der Spitalbetrieb einem komplizierten Räderwerk gleicht, das dem Patienten fast keine Individualität und erst recht keine Freiheiten mehr lässt.»[244] Die freisinnigen Landräte forderten eine Neuorientierung in der Gesundheitspolitik und insbesondere die vermehrte Förderung der extra-muralen Krankenpflege. Sie hielten dazu fest: «Vor allem um dieses humanistischen Postulates willen und erst in zweiter Linie der Spitalentlastung wegen soll die Pflege von Kranken, wo immer möglich, wieder zuhause in seiner gewohnten Umgebung stattfinden.»
Eine verstärkte Hinwendung zur spitalexternen Krankenpflege fand in den nächsten Jahren tatsächlich statt. Zuerst musste man sich dazu einen Überblick über den Status quo verschaffen, da dieser Bereich in der kantonalen Gesundheitspolitik bisher nicht beachtet worden war. Das Ergebnis war nicht gerade erhebend: «Zum Beispiel sind in den 73 Gemeinden des Kantons Basel-Landschaft nur 38 Gemeindeschwestern mit einem Durchschnittsalter von 58 Jahren tätig.»[245] Schon nach wenigen Jahren schien sich die Situation verbessert zu

---

241   AB 1972, S. 235f.
242   AB 1974, S. 121.
243   Kennel, Karl: Zukunftsaspekte des Gesundheitswesens, in: Sanitätsdirektion BL 1973.
244   Motion der Freisinnig-Demokratischen Landratsfraktion zur Überarbeitung des Leitbildes «Gesundheit» und zur Förderung der extra-muralen Krankenpflege vom 1.10.1974, (Vorlagen).
245   AB 1974, S 121.

haben. Jedenfalls rapportierte die Sanitätsdirektion 1976, «dass die Bedeutung der spitalexternen Krankenpflege in weiten Kreisen erkannt und bereits ein erfreulicher Stand erreicht wurde.»[246] Auch im Alterspflege-Leitbild, das die Sanitätsdirektion 1975 veröffentlichte, nahm die extramurale Pflege einen wichtigen Platz ein.[247] Diese Neuorientierung in einem Teilbereich war selbstverständlich nur von einer beschränkten Wirkung. Sie illustriert aber das in dieser Zeit zu beobachtende Zusammenwirkungen gesellschaftspolitisch und finanziell motivierter Impulse auch im Bereich des Gesundheitswesens. Die Kostenproblematik des Spitalwesens konnte damit kurzfristig nicht verändert werden – schliesslich waren die grossen Spitäler schon gebaut, und die hohen Fixkosten aus ihrem Betrieb nicht mehr wegzusparen. Doch kurz nachdem der Kanton Basel-Landschaft das Prestigeprojekt Bruderholzspital fertiggestellt hatte, begann man die Ausrichtung auf den Spitalbau in Frage zu stellen. So bemerkte der Regierungsrat: «Seit Jahrzehnten dominieren im Gesundheitswesen die Akutspitäler. Da die Akutspitäler in der Krankenpflege und Betreuung der Betagten nur einen Teil der gesamten Krankenpflege darstellen, musste die Prioriätsstellung zu falschen Schlussfolgerungen führen.» Der Bedarf an Spitalplätzen war zwar nun langfristig gedeckt,[248] doch die daraus folgende Belastung für den Staatshaushalt geriet immer mehr zum Problem, was den Regierungsrat 1974 zur Bemerkung bewog: «Das Gesundheitswesen droht den gesamten öffentlichen Haushalt zu gefährden.»[249]

Das Ende des Schulhausbooms

Auch der in den 60er Jahren mit allen Kräften vorangetriebene Bau von Schulhäusern aller Stufen stellte mit seinen finanziellen Folgen eine schwere Last für den Staatshaushalt des Kantons dar. Gleichzeitig ergaben sich aus der Abschwächung des Bevölkerungswachstums neue Perspektiven für den längerfristigen Bedarf. Der Bau eines fünften kantonalen Gymnasiums in Sissach, der noch 1972 vorgesehen war,[250] wurde in dieser neuen Situation stillschweigend vergessen. Im Herbst 1974, als die finanziellen Perspektiven des Kantons sich nochmals verdüsterten, wurde in einem Postulat im Landrat eine «strikte Koordination der Errichtung und der Umbauten von Schul-

246   AB 1976, S. 129.
247   Sanitätsdirektion BL 1975.
248   Planungsteam Kantonsspital Liestal 1976.
249   RR, Regierungsprogramm 1974–1978, S. 50.
250   Baudirektion BL 1972.

häusern aufgrund der neuen Bevölkerungsstatistik» verlangt.[251] Zu
den zu ergreifenden Massnahmen sollte beispielsweise «ein Baustop
für bereits projektierte und bewilligte Schulbauten» gehören. In der
Folge unterzog die Verwaltung die Schulhausbaupolitik einer einge-
henden Analyse und legte 1976 und 1977 in zwei Berichten Vorschläge für eine Neuausrichtung vor. Der «Abzug der ausländischen
Arbeitskräfte mit ihren Familien»[252] und die vorübergehend rückläufige Bevölkerungsentwicklung führten zu einer weiteren Anpassung
der Bedarfsprognosen.
Die Situation machte eine differenzierte Analyse nötig: «In einzelnen
Bereichen des öffentlichen Dienstleistungsangebotes zeichnet sich
die Gefahr von grossen Überkapazitäten ab, während auf anderen
Gebieten das Angebot nach wie vor der Nachfrage nachhinkt.»[253]
Überkapazitäten ergaben sich bei den Schulen aus demographischen
Gründen zuerst im Bereich der unteren Stufen. Der Bau von Primar-
schulhäusern war somit nicht mehr angesagt. Ausserdem wurde eine
strenge Bewirtschaftung der bestehenden Gebäude gefordert: «Alle
neuen Raumansprüche kantonaler Institutionen sind daraufhin zu
überprüfen, ob sie mit leerstehenden Klassenzimmern gedeckt werden können.»[254]
Bei den Mittelschulen war die Situation schwieriger, da die Schülerzahlen hier – mit der üblichen Verzögerung – noch stark am Wachsen
waren. Da aber nur für wenige Jahre mit hohen Schülerzahlen und ab
1981 wieder mit deren Absinken zu rechnen war, wurde beschlossen,
dass man sich für die Übergangzeit mit verschiedenen provisorischen Lösungen behelfen solle, um einen Überausbau zu vermeiden
und die finanzielle Belastung zu vermindern.[255]

Ende des Wachstums der öffentlichen Bautätigkeit

Die finanziellen Probleme des Kantons erzwangen in den frühen
70er Jahren eine Kurskorrektur, welche in den verschiedensten Bereichen staatlicher Tätigkeit drastische Folgen zeigte. Bemerkenswerterweise setzte dieser Prozess noch mitten in der Hochkonjunktur
ein, um sich mit dem Auftauchen der ersten Rezessionserscheinun-
gen zu verstärken. Die Finanzkrise stellte in dieser ersten Phase also
keine Folge der Wirtschaftskrise dar, sondern sie resultierte vielmehr
aus einem seit Jahren immer stärker angewachsenen Ungleichgewicht

251   Postulat Erhardt vom 22.8.1974, (Vorlagen).
252   Baudirektion/Erziehungsdirektion BL 1976, Vorwort.
253   Ebda.
254   Ebda., S. 194.
255   Baudirektion/Erziehungsdirektion BL 1977.

zwischen dem Wachstum der staatlichen Aufgaben und der dafür zur Verfügung stehenden Mittel. Die allzugrosse finanzielle Zurückhaltung der 50er Jahre und das grenzenlose Vertrauen der 60er Jahre in die Früchte künftigen Wachstums zeigten nun ihre Folgen – noch bevor das Wirtschaftswachstum zu Ende war.

Von der neuen Sparpolitik wurde insbesondere das öffentliche Bauprogramm betroffen, worauf ein beträchtlicher Teil der finanziellen Probleme zurückzuführen war. Die aussergewöhnlich hohen Investitionen, mit denen der Kanton seit den frühen 60er Jahren seinen Infrastrukturnachholbedarf gedeckt hatte, wurden nun kräftig reduziert. Die Bruttoinvestitionen sowohl des Kantons wie auch der Gemeinden erreichten 1971 ihren Höhepunkt, um dann zuerst leicht, ab 1973 massiv zu sinken. Besonders betroffen davon waren mit dem Schul- und Spitalbau die beiden bisherigen Schwerpunkte der staatlichen Investitionstätigkeit, wozu der Regierungsrat nun bemerkte: «Das Bildungs- und Gesundheitswesen bieten von ihrer Grösse her wesentliche Ansatzpunkte zu Ausgabeneinschränkungen.»[256]

Im Rückblick scheint klar zu sein, dass sich auch aus demographischen Gründen eine Dämpfung des bisherigen Wachstums in diesen Bereichen aufgedrängt hätte. Die Finanzkrise verhinderte somit wohl auch, dass es im Gesundheits- und Bildungswesen zu ähnlichen Überinvestitionen kam wie etwa im privaten Wohnbau.

Basel-Landschaft befand sich in den frühen 70er Jahren am Ende einer zwar kurzen, aber umso heftigeren Aufholjagd im Bereich des Infrastrukturbaues. Die Graphik zeigt die ausserordentliche Steigerung der gesamten öffentlichen Bautätigkeit im Kanton Basel-Landschaft bis in die frühen 70er Jahre – und den ebenso steilen Abfall in den Jahren danach. Die Entwicklung im öffentlichen Hochbau kumulierte sich dabei mit jener im Strassenbau, der unter anderem durch das Ende des Nationalstrassenbaues gekennzeichnet wurde.

Neben den finanzpolitischen Aspekten wiesen auch andere, v.a. gesellschaftspolitische Impulse in die gleiche Richtung einer Neuorientierung. So mehrte sich die Kritik an der einseitig auf die Spitalbehandlung und die schulmässige Spitzenmedizin ausgerichtete Gesundheitspolitik. Dass sich in der finanzpolitischen Neuausrichtung ganz verschiedene ideologische Strömungen bündelten, zeigt auch die 1975 geäusserte Forderung des basellandschaftlichen Finanzministers Theo Meier nach einer Reduktion der Ansprüche an staatliche Leistungen: «Vom Einzelnen muss mehr gefordert werden, nämlich mehr Opferbereitschaft, mehr Risikobereitschaft, mehr Solidarität, mehr Selbstverantwortung, weniger Ansprüche in einer

256   Siehe Anm. 238.

Öffentliche Bautätigkeit BL

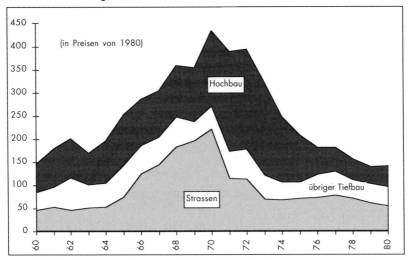

Graphik 11: Die öffentliche Bautätigkeit erreicht ihren Höhepunkt 1970. Dann begann
zunächst der Strassenbau zu schrumpfen, während der Hochbau noch Spitzenwerte
auswies. Nach 1972 nahm die gesamte öffentliche Bautätigkeit dramatisch ab und
stabilisierte sich erst auf tiefem Niveau.

überschulten und überarzteten Gesellschaft, mehr Resistenz gegen
Schicksalsschläge.»[257]

Regierungsrätliche Absage an den Wachstumsfetisch

Über die reine Sparpolitik hinaus wurde eine Absage an das Wachs-
tum im bisherigen Stil in Basel-Landschaft zum offiziellen Ziel der
Kantonsregierung, das im Regierungsprogramm für die Jahre 1974
bis 1978 festgehalten wurde. Anlass zur erstmaligen Erarbeitung und
Veröffentlichung eines Regierungsprogramms gab die im Sommer
1972 eingeleitete Sparpolitik. Da zur gleichen Zeit ein landrätliches
Postulat Auskunft über die zukünftige Tätigkeit von Regierung und
Verwaltung verlangte, entschloss man sich, statt Finanzplan und
Bauprogramm gleich ein umfassendes Regierungsprogramm zu erar-
beiten. Ähnlich wie das «Leitbild» von 1968 hatte also auch das
Regierungsprogramm seine Ursprünge in der Finanzplanung.
Festgehalten wurde in diesem Programm etwa die folgende regie-
rungsrätliche Diagnose: «Der öffentliche Haushalt wird von uns
allen mit Aufgaben überladen. Aufgaben, die noch vor kurzer Zeit

257   Meier 1977, S. 124.

von jedem Einzelnen gelöst wurden.»[258] Die im Regierungsprogramm formulierte Absage an das Wachstum beschränkten sich aber keineswegs aufs Finanzielle. «Das während langer Zeit als Zeichen des Forschrittes gepriesene Wachstum droht den Fortschritt selber zunichte zu machen,»[259] erkannte die Regierung, und zog daraus den Schluss: «Der Regierungsrat erteilt dem Wachstumsfetisch eine klare Absage. Dem Wachstum um jeden Preis ist mit geeigneten raumplanerischen Massnahmen entgegenzusteuern.»[260]

5.4 Der Einbruch der Krise

Nach langen Jahrzehnten eines fast ununterbrochenen wirtschaftlichen Wachstums überraschte die Krise von 1975 in ihrem Ausmass. Konjunkturelle und strukturelle Probleme entluden sich mit der Heftigkeit eines Gewitters über der wohlstandsverwöhnten Schweiz. Mit einem Mal war die Arbeitslosigkeit wieder da, welche man nach den traumatischen Erfahrungen der 30er Jahre für endgültig überwunden gehalten hatte.

Verlauf und Ursachen des wirtschaftlichen Einbruchs

Der wirtschaftliche Einbruch in der Mitte der 70er Jahre kam nicht aus heiterem Himmel. Nur wurden die ersten Anzeichen einer wirtschaftlichen Abkühlung in den Jahren 1973 und 1974 im allgemeinen nicht als Vorboten einer Krise gewertet. Zwar erwarteten die von der Kantonalbank befragten Unternehmen schon im Frühling 1973 eine «tendenzielle Verschlechterung des Geschäftsverlaufs»,[261] doch weckte dies in der an jahre- und jahrzehntelange Hochkonjunktur gewöhnten Gesellschaft der frühen 70er Jahre noch kaum Befürchtungen. Die Abkühlung wurde anfangs im Gegenteil sogar begrüsst. «Die Abkehr von den teilweise extrem hohen Zuwachsraten der Vorjahre wird jedoch nicht als Unglück empfunden, sondern eher mit Genugtuung begrüsst.»[262]
Ende 1974 waren die rezessiven Anzeichen unübersehbar geworden, doch konnte immer noch vermerkt werden, «dass wir bisher wohl besser als die meisten andern Länder mit der weltweiten Rezession fertig geworden sind.»[263] Obwohl die strukturellen Ursachen der fol-

258   RR, Regierungsprogramm 1974–1978, S. 7.
259   Ebda., S. 11.
260   Ebda., S. 58.
261   Titel in den Basler Nachrichten am 10.4.1973.
262   KB BL 1973, S. 13.
263   KB BL 1974, S.8.

genden Wirtschaftskrise im Rückblick recht offensichtlich erscheinen, wurden Tiefe und Tempo des Einbruchs weder von der Politik noch von der Wissenschaft erwartet.[264] Zu lange hatte man sich allgemein an das Denken in Trendextrapolationen gewöhnt, um noch mit der Möglichkeit einer völlig anderen Entwicklung zu rechnen.

Im Jahre 1975 kehrte der Konjunkturtrend mit einer Heftigkeit und Plötzlichkeit, die niemand erwartet hatte. Das Bruttoinlandprodukt schrumpfte um 6,7 Prozent und damit weit mehr als je zuvor seit der Einführung der nationalen Buchhaltung. Mit der raschen Verschlechterung der Wirtschaftslage in den ersten Monaten des Jahres 1975 drängte sich eine Neuinterpretation der Lage auf. «Es sind Schrumpfungsprozesse in Gang gekommen – eine für unsere an das wirtschaftliche Wachstum jahrzentelang gewöhnte Gesellschaft völlig neue Situation. [...] Allgemein wurde man sich bewusst, wie relativ nahe Prosperität und Depression auch in unserer Zeit beieinander liegen können,» bemerkte die Kantonalbank im Frühling 1975.[265]

Gegen Ende des Krisenjahres 1975 verbesserte sich die konjunkturelle Lage leicht, und es kam wieder ein gewisser Optimismus auf. Man glaubte, «Anzeichen einer leichten Morgenröte» zu erkennen.[266] Doch der Aufschwung blieb im Jahr 1976 aus, es musste sogar erneut ein leichter Rückgang des Sozialproduktes um 0,8 Prozent verzeichnet werden, so dass bestenfalls von einer Stabilisierung auf tiefem Niveau gesprochen werden konnte. Ende 1976 beurteilte das kantonale Amt für Gewerbe, Handel und Industrie die Lage als nur noch «sehr gedämpft optimistisch».[267] Auch wenn sich die Lage stabilisiert hatte, war nun die Hoffnung auf einen raschen Wiederaufschwung verschwunden, und allgemein glaubte man, «dass die Jahre der Hochkonjunktur auf lange Zeit hinaus der Vergangenheit angehören».[268]

Ab dem Jahr 1977 fand die Schweizer Wirtschaft wieder auf einen Wachstumspfad zurück, wobei die Zuwachsraten deutlich tiefer lagen als vor der Rezession. Trotz eher schwacher Konjunktur zog die Teuerung in den ausgehenden 70er Jahren wieder an, wobei der jährliche Zuwachs vorerst lediglich 4 Prozent erreichte. Der unerwartete Anstieg der Teuerung führte dazu, dass es 1979 sogar erstmals zu einem leichten Rückgang der Reallöhne kam. In den übrigen Jahren war die Reallohnentwicklung positiv, wenn auch – verglichen

264   Prader, S. 564.
265   KB BL 1974, S 3.
266   KB BL 1975, S. 20.
267   Amt für Gewerbe, Handel und Industrie 1977.
268   AB 1976, S. 27.

Reale Wachstumsraten

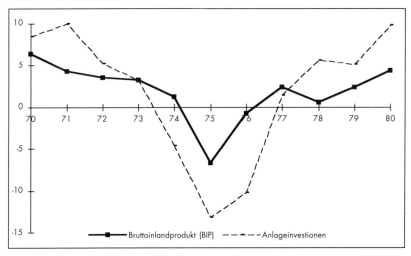

Graphik 12: Der Einbruch des schweizerischen Sozialproduktes folgte jenem der Investitionen. Die Anlageinvestitionen, und darunter v. a. die Ausrüstungsinvestitionen, nahmen nach 1977 wieder rasch zu.

mit früher – mit bescheidenen Werten. Nach einer Phase konjunktureller Überhitzung und einer tiefen Rezession vermittelte die wirtschaftliche Entwicklung in den ausgehenden 70er Jahren somit insgesamt den Eindruck einer gedämpften, aber kontinuierlichen Erholung. Allerdings sorgte der immer höher bewertete Schweizer Franken für Probleme bei der bisherigen Konjunkturlokomotive Exportwirtschaft, unter deren Druck die Nationalbank 1978 ihre restriktive Haltung aufgeben musste.

Der Wechsel von Krise und Erholung verstärkt sich bei einer Betrachtung der Investitionen. Bereits in den Jahren 1973 und 1974 hatte in der Schweiz ein Rückgang der gesamten Anlageinvestitionen eingesetzt. Bei den industriellen Ausrüstungsinvestitionen begann ab 1977 wieder ein kräftiges Wachstum, während die Bauinvestitionen als Folge der bestehenden Überkapazitäten noch gedämpft blieben.

Strukturkrise des Industriesektors

Weshalb kam es in der Schweiz zu dieser aussergewöhnlich starken und heftigen Rezession? Der Krisenmechanismus kann nach den Ausführungen der Expertengruppe Wirtschaftslage von 1977 als das Zusammenwirken primärer Ursachen und der durch sie ausgelösten

kumulativen Prozesse beschrieben werden.[269] Auf zwei der primären
Ursachen ist in diesem Kapitel bereits eingegangen worden, nämlich
auf die neue Ausländerpolitik und auf den Umschwung in der Geld-
und Wechselkurspolitik, welcher zu einer starken Aufwertung des
Schweizer Frankens führte. Auf eine weitere Ursache, nämlich das
prozyklische Verhalten der öffentlichen Haushalte, wird später näher
eingegangen. Daneben ist selbstverständlich die Wirkung des internationalen Konjunkturzusammenhangs zu erwähnen sowie der
Preisschock beim Erdöl von 1973, welcher in der Öffentlichkeit
zunächst für die ganze Rezession verantwortlich gemacht wurde.
Diese primären krisenauslösenden Ursachen führten zu «induzierten
Zusammenbrüchen einer Reihe seit längerem strukturell gefährdeter
Branchen, insbesondere jener, die sich in den vorangegangenen
Boomjahren auf Grund falscher Erwartungen oder falscher Preissig-
nale übermässig entwickelt hatten».[270] Es handelte sich dabei vor
allem um den Zusammenbruch der Bauwirtschaft und die Probleme
in Teilen der Exportwirtschaft. Der Ausbruch dieser Strukturkrisen
löste seinerseits in kurzer Zeit einen kumulativen Schrumpfungsprozess in der Binnenwirtschaft aus. Zu letzterem trug auch der durch
die Ausländerrückwanderung ausgelöste Rückgang der Binnennachfrage bei.
Abgesehen von den konjunkturellen Aspekten lag der Rezession von
1975 eine Strukturkrise des Industriesektors zugrunde. Jahrzehntelange Fehlentwicklungen wurden in kurzer Zeit korrigiert und der
Industriesektor als Ganzes drastisch redimensioniert. Waren bisher
die Beschäftigtenzahlen bei Industriesektor und Dienstleistungen
gemeinsam auf Kosten der Landwirtschaft gewachsen, so kehrte sich
dieser Trend jetzt um.
Im Industriesektor, der im Kanton Basel-Landschaft seinen Anteil an
den Arbeitsplätzen in den 60er Jahren sogar noch hatte steigern können, nahm die Zahl der Arbeitsplätze in den 70er Jahren andauernd
ab. Die Zahl der Stellen im sekundären Sektor nahm von 46 328 im
Jahre 1965 auf 41 935 zehn Jahre später ab und reduzierte sich bis
1985 um weitere gut 3000. Während dieser 20 Jahre kam es dagegen
im Bereich der Dienstleistungen zu mehr als einer Verdoppelung der
Stellen im Kanton Basel-Landschaft. Die industrielle Krise von 1975
führte somit zu einer Beschleunigung der Verschiebung vom Indu-
strie- zum Dienstleistungssektor.[271]

269   Expertengruppe Wirtschaftslage, S. 100ff.
270   Ebda., S. 101.
271   Es ist anzunehmen, dass die Trendwende nicht 1965 einsetzte, wie die Graphik nahelegt,
      die auf den 10jährlich durchgeführten Betriebszählungen beruht. Vermutlich wurde der
      Höhepunkt bei den industriellen Arbeitsplätzen in den frühen 70er Jahren erreicht.

BL: Beschäftigte nach Sektoren

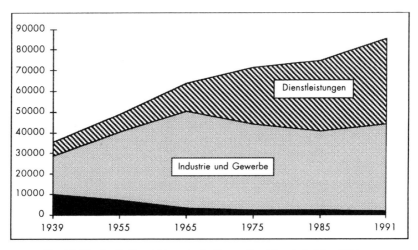

Graphik 13 zeigt die Entwicklung der im Kanton Basel-Landschaft beschäftigten
Personen nach Sektoren aufgrund der 10jährlichen Betriebszählungen. In den 50er und
60er Jahren dominierte das Wachstum des Industriesektors, nachher begann der
Tertiärsektor schneller zu wachsen.

Der Zusammenbruch der Bauwirtschaft

Die Bauwirtschaft war, wie in den vorangehenden Kapiteln gezeigt
worden ist, diejenige Branche, welche in den langen Jahren der
Hochkonjunktur immer das stärkste Wachstum aufgewiesen hatte.
Der Anteil des Baugewerbes an der Gesamtwirtschaft erreichte in der
Schweiz im internationalen Vergleich Höchstwerte, was im Kanton
Basel-Landschaft noch ausgeprägter der Fall gewesen sein dürfte. In
den frühen 70er Jahren hatte die Bauwirtschaft nochmals eine spekulative Aufblähung erlebt, welche alles bisherige in den Schatten
stellte. Vor allem beim Wohnbau fand dabei angesichts der infla-
tionären Entwicklung eine weitgehende Abkoppelung der spekulati-
ven Dynamik von der Nachfrage statt. Der Baubeschluss mit seiner
Privilegierung des Wohnbaus begünstigte diese Tendenz einer Überproduktion von Wohnungen zusätzlich.[272]
Der Absturz der Bauwirtschaft erfolgte nicht ohne Vorwarnung. Der
Rückgang setzte eigentlich bereits 1973 ein, doch erst 1975 ging diese
Bewegung in einen rasanten Schrumpfungsprozess über, der im Kan-

272   AB 1974, S. 54.

ton Basel-Landschaft noch viel ausgeprägter ausfiel als im Rest der Schweiz. Auf dem Tiefpunkt der Krise fehlte jegliches Potential an neuen Aufträgen und die Arbeit an vielen baureifen Projekten wurde eingestellt. «Erstmals in dieser Häufigkeit wurden wir auch mit den Problemen von nachträglichem Rückzug von Baugesuchen konfrontiert», klagte die Bewilligungsbehörde.[273]

Die graphische Darstellung zeigt die Entwicklung der einzelnen Nachfragekomponenten der Bauwirtschaft. Der industrielle und gewerbliche Bau hatte seinen Höhepunkt bereits 1972 erreicht und bildete sich in den folgenden vier Jahren stark zurück, wenn auch nicht im gleichen Ausmass wie der Wohnbau. Dieser hatte nach dem Höchststand 1973 zuerst ein Jahr relativen Rückgangs erlebt, um dann 1975 und 1976 richtiggehend in sich zusammenzufallen. Hier wirkte sich aus, dass nicht nur eine erhebliche Überproduktion vor allem teurer Wohnungen bestand, sondern infolge des erzwungenen Auszugs Tausender von Ausländerfamilien noch eine zusätzliche Nachfragelücke entstand. Auch der Rückgang der öffentlichen Bautätigkeit hatte schon 1973 als Folge der Sparprogramme begonnen und setzte sich weiter fort.

Der Zusammenbruch der Bauwirtschaft stellte die bei weitem spürbarste Entwicklung der ganzen Rezession dar. Auch wenn der Versuch gemacht wurde, den Absturz des Baugewerbes durch öffentliche Investitionen zu mildern, so war doch klar, dass der Rückgang insgesamt als «Gesundschrumpfung» einer aufgeblähten Branche und damit als unausweichlich gewertet wurde.[274]

Abkehr von der «Betonarchitektur»

Auffallend ist, dass der Einbruch der Baukonjunktur zeitlich weitgehend zusammenfiel mit einem grundlegenden Wandel der Einstellungen gegenüber der modernen Architektur. Der Soziologe Lucius Burckhard beschrieb diesen Prozess am Beispiel des am meisten verwendeten und sichtbarsten Baustoffes: «Noch vor kurzem war die Demonstration von Beton gewissermassen die Visitenkarte guter Architektur, heute ist Beton zum öffentlichen Schimpfwort geworden.»[275] Abwendung von der «Betonarchitektur» traf insbesondere die in den 60er Jahren gepriesenen Siedlungen des Massenwohnungsbaus, die nun häufig mit negativen Prädikaten bedacht wurde: «bru-

---

273   AB 1976, S. 69.
274   Vgl. Bericht RR betr. Bekämpfung der rezessiven Erscheinungen vom 10.6.1975, (Vorlagen).
275   Burckhardt 1985, S. 372.

Bautätigkeit BL in den 70er Jahren

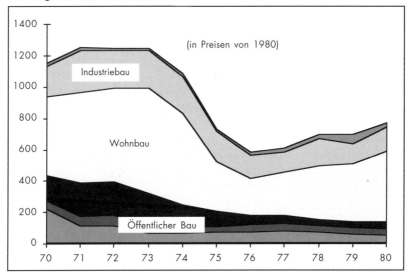

Graphik 14: Der Einbruch der Bauwirtschaft nach 1974 verlief dramatisch. Die Talsohle wurde 1976 mit etwa der Hälfte der Produktion von 1973 erreicht. Dann begann wieder ein leichter Anstieg.

tal, monoton, langweilig, grau, lieblos, Kistenarchitektur, Käfighaltung, Niemandsländer».[276]

Die Verunsicherung über die Qualitäten dieser Bauten erfasste auch jene, welche für ihre Erstellung die Verantwortung zu tragen hatten. So führte die kantonale Kommission für Arealüberbauungen im Herbst 1974 eine ganztägige «Besichtigungsfahrt verschiedener ganz oder teilweise realisierter Überbauungen – vorwiegend im unteren Kantonsteil – durch»,[277] um sich einen kritischen Überblick über die bisher im Baselbiet gebauten Grosssiedlungen zu verschaffen. Die Kommission gelangte zum Schluss: «Die Erkenntnisse aus den realisierten Überbauungen [...] müssen nun den Ausgangspunkt bilden für eine Neuordnung der Beurteilungskriterien solcher Planungen.»[278] Die kantonalen Planer, welche die Siedlungen lange gefördert hatten, hielten 1977 fest: «Die Abkehr von den früheren Grossüberbauungen und der Trend nach menschlicheren, bescheideneren Wohnbauformen haben sich noch verstärkt.»

276   Zitiert nach Schilling 1991, S. 135.
277   AB 1974, S. 70.
278   AB 1975, S. 55.

Die Baukrise von 1975 kam der verbreiteten Ablehnung dieser Grosssiedlungen entgegen, indem sie zu einem raschen Rückzug der Investoren aus diesen Projekten sorgte.[279] Bemerkenswert ist, dass die Rezession nicht nur zu einem vorübergehenden Stop der Erstellung solcher Bauten führte, sondern dass die Epoche des Grosssiedlungsbaues damit weitgehend abgeschlossen wurde. Die Wohnungen in diesen Siedlungen waren wesentlich schwieriger zu vermieten, nachdem viele Mieter nun wieder eine gewisse Auswahl hatten. Dies lag natürlich nicht nur an einer neuen Beurteilung des Images dieser Siedlungen, sondern auch an den im allgemein geringen Qualitätsanforderungen, denen sie genügten.[280] Durch den Auszug «besserer» Mieter wurde die soziale Segregation vorangetrieben und die Stigmatisierung dieser Siedlungen verstärkt.[281]

Zögernde Erholung des Wohnbaus

Nach den beiden Krisenjahren 1975 und 1976 kam es zu einer Stabilisierung und zu einer gewissen Erholung der Bauwirtschaft. Insbesondere der Wohnbau begann ab 1977 wieder recht stark zu wachsen, wobei sich aber grundsätzliche Veränderungen gegenüber den vorangehenden Jahrzehnten zeigten. Seit dem Ende des Weltkrieges war ein immer grösserer Anteil des Wohnbaus durch die Erstellung von Mehrfamilienhäusern erfolgt, wobei seit den 60er Jahren immer mehr eigentliche Grossbauten erstellt worden waren. In den ausgehenden 70er Jahren gewann einerseits die Renovation und der Umbau bestehender Wohnhäuser eine viel grössere Bedeutung,[282] andererseits brach ein eigentlicher Einfamilienhaus-Boom aus.

Während der kommerzielle Wohnbau angesichts der Überbestände auf tiefem Niveau stagnierte, herrschten für private Bauherren günstige Bedingungen. Die Preise für Bauland entwickelten sich erstmals wieder rückläufig,[283] im Baugewerbe herrschte ein unerbittlicher Preiskampf, und auch die Hypothekarzinsen waren stark gesunken. Während die meisten der in den frühen 70er Jahren erstellten Wohnungen der oberen Preisklasse leer standen, konnten sich viele ihrer potentiellen Mieter unter den veränderten Bedingungen den Traum vom eigenen Haus verwirklichen.

Doch auch die Mieterschaft profitierte von dieser Entwicklung, wenn auch in bescheidenerem Ausmass. Zum einen wurde die starke

279   AB 1976, S. 56.
280   AB 1979, S. 64 .
281   Ausführlich beschrieben wurde dieser Prozess für Beispiele in Deutschland. Vgl. Sieverts/Irion, S. 9.
282   AB 1978, S. 61.
283   Statistisches Amt BL 1981, S. 13.

Steigerung der Mietpreise gestoppt, und 1977 kam es zum ersten Mal seit 35 Jahren zu einem Rückgang des Mietpreisindexes.[284] Zum anderen bestand nun überhaupt wieder ein Markt, der auch den Mieterinnen und Mietern eine Auswahl ermöglichte.

Die Bauwirtschaft lebte in den späten 70er Jahren vorwiegend vom Aufschwung des privaten Wohnungsbaus. Die öffentliche Bautätigkeit stabilisierte sich angesichts der andauernden Sparpolitik auf tiefem Niveau, wobei insbesondere eine erneute Umschichtung vom Hochbau zum Strassenbau stattfand. Der industrielle und gewerbliche Bau erholte sich ebenfalls nur leicht, da auch in diesem Bereich noch grosse Überkapazitäten bestanden.

Das Ende der Vollbeschäftigung

Wenig erstaunlich ist, dass die rasante konjunkturelle Talfahrt zu einem raschen Ende der jahrzehntelangen Vollbeschäftigung führte. Im Verlauf des Jahres 1975 stieg die Zahl der Arbeitslosen im Kanton Basel-Landschaft rasch an, um Anfang 1976 mit 1126 Personen einen vorläufigen Höchststand zu erreichen. Nachher nahm die Zahl der Arbeitslosen zwar wieder ab, doch auch während des Aufschwungs der späten 70er Jahre blieb ein Sockel von 300 bis 500 Arbeitssuchenden im Kanton Basel-Landschaft bestehen.

Allerdings entsprachen diese statistischen Werte keineswegs dem Ausmass des Stellenabbaus und der wirklichen Arbeitslosigkeit. Mit einer maximalen Arbeitslosenrate von knapp über einem Prozent lag die Schweiz im internationalen Vergleich immer noch sehr tief, was mit der Tatsache kontrastierte, dass der Konjunktureinbruch in der Schweiz wesentlich stärker war als in allen anderen Industrieländer. Die auch aus heutiger Sicht tiefe Arbeitslosenrate war nicht auf eine besonders zurückhaltende Beschäftigungspolitik der Schweizer Unternehmen zurückzuführen, sondern in erster Linie darauf, dass die arbeitslos gewordenen Ausländerinnen und Ausländer rasch abgeschoben wurden. Ohne diese bequeme Möglichkeit wäre die Schweiz viel härter von den Auswirkungen der Krise getroffen worden, was wohl auch für das politische Klima nicht ohne Folgen gewesen wäre. So entschärfte die Rezession aber gleichzeitig das brisanteste innenpolitische Problem der Schweiz, die Ausländerfrage.[285]

Aber auch abgesehen vom Abbau ausländischer Arbeitskräfte entsprach das statistische Bild nicht der gesellschaftlichen Wirklichkeit, da sich auch viele einheimische Beschäftigte – in erster Linie Frauen –

284   KB BL 1977, S. 16.
285   Vgl. Prader, S. 567.

vom Arbeitsmarkt zurückzogen, ohne sich beim Arbeitsamt zu melden. Für die ganze Schweiz wurde geschätzt, dass in kürzester Zeit etwa 350 000 Arbeitsplätze verlorengingen, was ein Mehrfaches der Arbeitslosigkeit in der grossen Krise der 30er Jahre darstellte.[286] Für die Mehrheit der Arbeitnehmerinnen und Arbeitnehmer, die ihre Stelle behalten konnten, verlief der wirtschaftliche Einbruch ohne allzu grosse Folgen. Die Zunahme der Reallöhne sank zwar in den beiden Krisenjahren unter die Einprozent-Marke, sie blieb aber positiv. Auch dies stellt einen bemerkenswerten Unterschied zur Entwicklung in den frühen 90er Jahren dar. Der Teuerungsausgleich wurde offensichtlich auch in der Rezession nicht ernsthaft in Frage gestellt. Dies wurde zweifellos durch den raschen Rückgang der Teuerung erleichtert, denn erwartungsgemäss liessen mit dem konjunkturellen Rückschlag auch die inflationären Kräfte nach. Bis 1976 sank die Inflationsrate unter zwei Prozent, «und die Schweiz setzte sich punkto Preisstabilität wieder an die Spitze der Weltrangliste».[287]

Rasches Handeln bei der Arbeitslosenversicherung

Der grosse Umfang der versteckten Arbeitslosigkeit war auch eine Folge davon, dass viele Beschäftigte gar nicht dagegen versichert waren und sich deshalb auch nicht beim Arbeitsamt meldeten. Seit der Depression der 30er Jahre hatte lediglich ein Teilobligatorium für die Versicherung für Beschäftigte mit bescheideneren Einkommen gegolten. Die Obergrenze war zwar periodisch den veränderten Verhältnissen angepasst worden, trotzdem wurden laufend weniger Beschäftigte vom Obligatorium der Arbeitslosenversicherung erfasst. Für einen freiwilligen Beitritt zur Arbeitslosenversicherung fehlte während der scheinbar endlosen Hochkonjunkturjahre der Anlass. Die Regierung wehrte sich deshalb in der neuen Situation nicht zu Unrecht gegen Vorwürfe, dass sie an der ungenügenden Vorsorge schuld sei. Sie führte aus, dass noch kurz zuvor entsprechende Bemühungen auf den Widerstand der Sozialpartner gestossen waren und wohl auch die Bevölkerung kaum für ein Obligatorium zu überzeugen gewesen wäre.[288] Zu Beginn der Krise im Jahr 1975 galt die Regelung, dass erst sechs Monate nach Beitritt zur Versicherung eine Bezugsberechtigung erwuchs. Allerdings stieg angesichts der Probleme der politische Druck für eine grosszügigere Lösung und die Einführung eines Ver-

286   Expertengruppe Wirtschaftslage, S. 118.
287   KB BL 1975, S. 11.
288   Bericht RR betr. Entwurf zu einer Verordnung zum Einführungsgesetz zum Bundesgesetz über die Arbeitslosenversicherung vom 1.4.1975, (Vorlagen).

sicherungsobligatoriums rasch an.[289] Dieser Forderung sollte zwar in der kantonalen Politik entsprochen werden, doch erübrigte sich dies, da die Inititative bald von der kantonalen auf die eidgenössische Ebene überging. Schon 1976 wurde ein Versicherungsobligatorium für alle Arbeitnehmerinnen und Arbeitnehmer in einem rasch ausgearbeiteten und gutgeheissenen Artikel in der Bundesverfassung verankert und eine Übergangsordnung zur schnellen Umsetzung dieses Auftrags erlassen. Diese trat im Kanton Basel-Landschaft im April 1977 in Kraft, gleichzeitig wurden die Bemühungen um eine neues kantonales Arbeitslosengesetz eingestellt, da sie gegenstandslos geworden waren.[290]
Trotz diesem verhältnismässig raschen politischen Reagieren auf die neue Lage bleibt festzuhalten, dass auf dem Höhepunkt der Krise viele neu arbeitslos gewordene Personen ohne jede Absicherung dastanden und nicht wenige davon auf die Fürsorge zurückgreifen mussten. Diese Behörde beklagte denn auch die Überbeanspruchung, der sie sich unversehens ausgesetzt sah. Den plötzlichen Ansturm auf die Fürsorge erklärte man sich damit, «dass beim Abklingen der Hochkonjunktur in erster Linie geistig und körperlich Behinderte, sozial Unangepasste und Leute mit mangelndem Arbeitswillen zu den ersten Opfern eines nachlassenden Auftragsbestandes gehören.»[291]

5.5 Unter dem Primat der Finanzpolitik

Jahrzehntelang hatte man Beschäftigungspolitik für den «Ernstfall» geprobt, jetzt war die Krise da. Konnten jetzt die Listen öffentlicher Bauprojekte aus der Schublade gezogen werden, um mit antizyklischen Massnahmen den Konjunkturmotor wieder anzuwerfen, wie man es sich vorgestellt hatte? Oder wurde nun zumindest die Sparpolitik auf die Seite geschoben, mit welcher der Kanton vor wenigen Jahren die öffentlichen Bauprogramme zusammengestrichen hatte? Der Versuch wurde unternommen, doch bald wurden die Prioritäten wieder anders gesetzt.

Eine finanzpolitische Gratwanderung

Die rasche Verschlechterung der Wirtschafts- und vor allem der Beschäftigungslage führte im Frühling 1975 überall zu Forderungen

289 Motion Ott betr. Neugestaltung der Arbeitslosenversicherung mit Obligatorium vom 6.2.1975, (Vorlagen).
290 Bericht der Spezialkommission zur Änderung des Einführungsgesetzes zum Bundesgesetz über die Arbeitslosenversicherung (Abschreibung) vom 16.5.1977, (Vorlagen).
291 AB 1975, S. 42.

nach einem Eingreifen des Staates. Aus allen Fraktionen des Landrates erfolgten Vorstösse, die aktive Konjunkturpolitik und Beschäftigungsmassnahmen forderten. Meist wurde das Vorziehen von öffentlichen Bauten verlangt, um auf den besonders starken Einbruch der Bauindustrie zu reagieren. Im allgemeinen verwiesen die Interpellanten zwar vor allem auf die Lage der Arbeitnehmer, doch kann angenommen werden, dass auch die Beziehungen zum betroffenen Gewerbe bei diesen Vorstössen eine Rolle spielte. So wurde beispielsweise argumentiert: «Die Möglichkeiten wirksamer Konjunkturhilfe seitens des Kantons sind naturgemäss beschränkter als diejenigen des Bundes. Dennoch könnte auch der Kanton und die Gemeinden sektorell antizyklische Konjunkturpolitik betreiben. Insbesondere auf dem Bausektor könnten gewisse Investitionen vorzeitig zur Ausführung gebracht werden. Eine vorübergehend grössere Verschuldung müsste im Interesse der Erhaltung von Arbeitsplätzen und für unsere gesamte Volkswirtschaft wichtigste Industriezweige in Kauf genommen werden.»[292]
Es kann aber auch davon ausgegangen werden, dass die Forderungen nach staatlichen Massnahmen zu diesem Zeitpunkt noch der vorherrschenden Meinung entsprachen. Sie lagen ganz auf der Linie der Vorstellungen der 40er und 50er Jahre, wo man eine aktive staatliche Konjunktur- und Arbeitsbeschaffungspolitik im Falle einer Krise vorgesehen hatte. Seit den 60er Jahren hatte diese mögliche Krisenpolitik kaum mehr ein öffentliches Thema dargestellt, weil man nicht mehr mit der Möglichkeit ernsthafter wirtschaftlicher Einbrüche rechnete und sich die Konjunkturpolitik ausschliesslich mit Dämpfungsmassnahmen zu beschäftigen hatte.
In seinem Bericht an den Landrat vom 10. Juni 1975 analysierte der Regierungsrat zunächst die wirtschaftliche Entwicklung und fragte, ob ohne Eingriffe mit einer raschen Verbesserung der Lage zu rechnen sei. Er kam dabei zu einer eher pessimistischen Beurteilung, wenn er auch einräumte, dass in dieser Beziehung keine Klarheit herrsche. Aufgrund dieser Einschätzung legte die Regierung ein Bekenntnis zu einer aktiven kantonalen Krisenpolitik ab:

«Während Massnahmen auf dem Währungssektor und auf dem Arbeitsmarkt dem Bund vorbehalten bleiben, kommt auf dem Investitionssektor den Kantonen eine Schlüsselrolle zu. [...] Durch gezielte Massnahmen auf dem Investitionssektor können gerade in regionaler Hinsicht die erwünschten Beschäftigungseinwirkungen erzielt werden. [...] Der Regierungsrat erachtet es deshalb als unumgänglich, die Voraussetzungen dafür zu schaffen, dass im gegebenen Zeitpunkt zur Bekämpfung der

292 Interpellation Feigenwinter betr. Konjunkturförderungsmassnahmen vom 13.3.1975, (Vorlagen).

Arbeitslosigkeit ein massvolles, den Umständen angepasstes, über das normale Budget hinausgehendes Investitionsprogramm in Kraft gesetzt werden könnte. Auch wenn es sich dabei nur um einen Tropfen auf einen heissen Stein handelt, ist dies eine absolut notwendige, im allgemeinen Interesse stehende Massnahme.»[293]

Aus 20 in Betracht gezogenen Projekten öffentlicher Bauvorhaben wurden schliesslich deren 12 in ein «Eventualbudget» aufgenommen, d.h. diese Projekte sollten zusätzlich zu den budgetierten ausgeführt werden. Sie waren nach den Kriterien Ausführungsreife, Arbeitsintensität, Dringlichkeit und Nützlichkeit ausgesucht.[294] Den grössten Brocken unter diesen 12 Projekten stellte der vorgezogene Bau der kantonalen Schnellstrasse T 2 im Abschnitt Lausen–Liestal dar, der auf 12 Millionen veranschlagt wurde.[295] Alle Projekte zusammen repräsentierten eine Auftragssumme von 50 Millionen Franken, wovon aber die Hälfte erst nach 1976 wirksam werden sollte. Klar war, dass diese antizyklisch intendierten Investitionen zu einer zusätzlichen Verschuldung führen würden, was aber in Kauf genommen wurde. Gleichwohl stellte sich die Finanzierung angesichts der zu diesem Zeitpunkt noch sehr angespannten Lage am Kapitalmarkt als problematisch dar.[296]

Ihren Willen, die Auswirkungen der Rezession mit den Mitteln der staatlichen Ausgabenpolitik zu mildern, dokumentierte die Regierung erneut im Herbst 1975 bei der Bekanntgabe des Voranschlags für das folgende Jahr. Sie präsentierte das Budget vor der Presse als «leicht expansiv und daher antizyklisch».[297] Tatsächlich hatte sich Finanzdirektor Theo Meier bemüht, den sehr eng gewordenen Spielraum auszunützen, um die Investitionen gegenüber den Konsumausgaben zu bevorzugen. Allerdings zeigte sich dabei bereits deutlich, dass die Regierung dadurch mit dem Ziel der Haushaltsanierung in Konflikt kam. Sie befand sich immer stärker auf einer «Gratwanderung zwischen konjunkturpolitisch richtigem Verhalten und sparsamem Haushalten».[298]

Priorität für die Haushaltsanierung

Wenig Freude an dieser Gratwanderung der Regierung zeigte die Finanzkommission des Landrates. Sie beharrte darauf, «dass auch

293   Siehe Anm. 275.
294   Ebda.
295   KB BL 1975, S. 16.
296   NZ 17.6.1975.
297   BZ 4.11.1975.
298   BZ 4.11.1975.

das finanzielle Gleichgewicht des Staatshaushaltes wiederum beschleunigt gefunden werden muss.»[299] Ausserdem war sie der Ansicht: «Die momentane Rezession darf nicht als Alibifunktion für
eine Ausgabenpolitik benützt werden, die unverantwortbar ist
gegenüber der kommenden Generation.»[300]
Im folgenden Jahr wurde die Regierung von den finanziellen Realitä-
ten in einem Ausmass eingeholt, welches ihr die Lust auf die Fortsetzung der Gratwanderung endgültig nahm. Ende 1975 zeigte sich
nämlich, dass nicht nur die Ausgaben als Folge des «Eventualbud-
gets» anstiegen, sondern dass auch die Annahmen der Finanzplanung
über die Einnahmen infolge der Rezession über den Haufen geworfen wurden. Erstmals seit langem lagen die Staatseinnahmen unter
den budgetierten Werten und waren insgesamt real rückläufig. Insbesondere die Grundstückgewinnsteuer brachte 1976 nominal nur
noch gerade ein Viertel des Ertrages von 1973 ein.
Bereits im Januar 1976 leitete der Regierungsrat aufgrund der beun-
ruhigenden finanziellen Perspektiven eine neue Sparrunde ein. Im
Herbst desselben Jahres trat er mit den ausgearbeiteten Sparvorschlä-
gen an die Öffentlichkeit. Die neue Erkenntnis des Regierungsrates
hiess: «Steigende Investitionen bewirken, dass die Gesamtausgaben
trotz stagnierenden Einnahmen zu explodieren scheinen. So dürfte es
unmöglich sein, alle für die nächsten Jahre notwendig erscheinenden
Investitionen durchzuführen; nur das Allernotwendigste kann realisiert werden.»[301] Mit anderen Worten: Der vorsichtige Versuch einer
antizyklischen Investitionspolitik wurde als gescheitert betrachtet,
und fortan sollte das Ziel einer Haushaltsanierung erste Priorität
haben. Die landrätliche Finanzkommission war im übrigen auch mit
dieser Politik noch nicht zufrieden, sondern monierte: «Auf jeden
Fall verdient der vom Regierungsrat ausgearbeitete Sparvorschlag
von ca. Fr. 14,0 Mio. den Namen ‹Sanierung› in keiner Art und
Weise, denn für die Sanierung benötigt der Staat Fr. 100 Mio.»[302]
Die Finanzpolitik avancierte für einige Jahre zum dominierenden
politischen Thema und die Haushaltsanierung zum wichtigsten Ziel
kantonaler Politik. Von einer antizyklischen staatlichen Ausgabenpolitik konnte schon bald nicht mehr gesprochen werden, und eine
solche wurde nur noch von einer (vorwiegend linken) Minderheit
gefordert. Der Spielraum für die Finanzpolitik war auf jeden Fall

---

299   Bericht Finanzkommission betr. den Voranschlag des Kantons für das Jahr 1976 vom
      6.1.1976, (Vorlagen).
300   Ebda.
301   Bericht RR betr. Sanierung des Haushaltes vom 21.9.1976, (Vorlagen).
302   Bericht Finanzkommission betr. den Voranschlag des Kantons für das Jahr 1977 vom
      30.11.1976, (Vorlagen).

äusserst klein, wobei sich nun die Ausgaben der Vergangenheit in Form einer bereits bei Krisenbeginn bestehenden Schuldenlast und deren Folgekosten bemerkbar machten.

Ein Blick auf die zahlenmässige Entwicklung der öffentlichen Investitionen zeigt, dass sich diese insgesamt stark prozyklisch auswirkten. Von einem Höhepunkt mit 115,7 Mio. Franken im Jahr 1973 sanken die kantonalen Bruttoinvestitionen in fünf Jahren auf nur mehr 58,2 Millionen. Einzig in den Jahren 1976 und 1977 war gegenüber 1975 eine gewisse Steigerung zu verzeichnen, welche auf den antizyklischen Anlauf zu Beginn der Krise zurückzuführen sein könnte. In den folgenden Jahren einer eisernen Sparpolitik verharrten die Investitionen auf tiefem Niveau.

Der Befund der prozyklischen Politik relativiert sich etwas, wenn die gesamten kantonalen Ausgaben betrachtet werden, welche sich aufgrund der inhärenten Trägheit einer plötzlichen Sparpolitik entzogen und dadurch im Sinne eines automatischen Stabilisators wirken konnte. Allerdings wird den Investitionen eine höhere Konjunkturwirksamkeit zuerkannt als den Konsumausgaben des Staates, da sie direkt in den Wirtschaftskreislauf eingehen. Die Gesamtausgaben des Kantons blieben real während der zweiten Hälfte der 70er Jahre etwa gleich hoch.

Mit der eingeleiteten Sparpolitik konnte in Basel-Landschaft in den ausgehenden 70er Jahren zwar der Haushalt nicht saniert werden, doch liessen sich die Defizite in engen Grenzen halten. Zudem sorgten die sinkenden Zinsen und die Entspannung am Kapitalmarkt dafür, dass die Finanzierung der Fehlbeträge kein Problem mehr darstellte.[303] Während die Bilanz aus der Sicht der ursprünglich anvisierten aktiven Konjunkturpolitik negativ ausfällt, ist die Politik jener Jahre aus der Sicht der Staatsfinanzen als durchaus erfolgreich zu betrachten.

Abkehr von den keynesianischen Vorstellungen

Die Baselbieter Finanzpolitik unterschied sich in der grundsätzlichen Entwicklung nicht sehr von jener des Bundes oder anderer Kantone. Die Haushaltsanierung wurde in der Schweiz generell das dominierende Ziel der Finanzpolitik. Der weitgehende Verzicht auf eine bewusst antizyklische Politik erfolgte aber nicht nur aus finanziellen Gründen, sondern auch, weil eine grundsätzliche Neubewertung der wirtschaftspolitischen Rolle des Staates eingesetzt hatte. Die jahrzehntelang vorherrschenden «keynesianischen» Vorstellungen wur-

303 AB 1977.

den genau in dieser Zeit von den Überzeugungen der «Monetaristen»
verdrängt. Diese wollten von einer konjunkturpolitisch eingesetzten
Ausgabenpolitik nichts mehr wissen und sahen die wirtschaftspolitische Aufgabe des Staates einzig in der Steuerung der Geldmenge.[304]
Dieser Wechsel bei den handlungsanleitenden Wirtschaftstheorien
kann als eigentlicher wirtschaftspolitischer Paradigmawechsel von
grosser historischer Bedeutung betrachtet werden. Man begann
gewissermassen zu dem Zeitpunkt, als das Feuer ausbrach und man
mit löschen hätte anfangen sollen, an der Wirksamkeit der Feuerwehr
zu zweifeln. Man begann auch, um beim Bild zu bleiben, zu überle-
gen, ob das Feuer nicht auch eine erwünschte Arbeit verrichte, da es
die Abbruchkosten sparen helfe. Mit anderen Worten: Eine wirtschaftliche Strukturbereinigung erschien plötzlich gar nicht mehr so
unerwünscht, nachdem man sie vorher über Jahrzehnte zu vermeiden gesucht hatte.[305]
Nachdem die Nationalbank schon 1973 als erste Notenbank eine
«monetaristische» Politik eingeleitet hatte, wurde in den folgenden
Krisenjahren in der ganzen Schweiz im wesentlichen eine Wirtschaftspolitik nach dem Rezeptbuch der Monetaristen durchgeführt.[306] Sie unterschied sich darin wesentlich von den meisten
anderen europäischen Ländern, was wohl auch damit zusammen-
hing, dass die interne Arbeitslosigkeit in der Schweiz verhältnismässig gering blieb, und sich deshalb auch die Opposition gegen diese
harte Politik in Grenzen hielt.
Neben dem Problem der wirtschaftstheoretischen Begründung stand
hinter der finanzpolitischen Auseinandersetzungen der späten 70er
Jahre die Frage des generellen staatlichen Ausgabenniveaus. Nachdem die Aufgaben des Staates in den vergangenen Jahrzehnten massiv ausgedehnt worden waren, machte sich nun eine starke Bewegung
bemerkbar, welche den Staat wieder zurückzubinden suchte. In jenen
Jahren wurde der eingängige freisinnige Wahlkampfslogan «Mehr
Freiheit – weniger Staat» geboren. Die finanzpolitische Krisenlage
bot einen geeigneten Hintergrund für eine grundsätzliche Auseinandersetzung um den Anteil staatlicher Einnahmen und Ausgaben am
Sozialprodukt. Als Resultat dieser Auseinandersetzung war eines
klar: Die Zeit der stetigen Ausweitung staatlicher Aufgaben und
Ausgaben war zu Ende. Die gesamtschweizerische Staatsquote
(Anteil aller staatlichen Ausgaben am Bruttosozialprodukt) stabilisierte sich nach 1975, nachdem sie von 1960 an stark angestiegen

---

304   Die Gegenüberstellung der Rezepte von «Keynesianern» und «Monetaristen» findet sich
      beispielsweise in KB BL 1976, S. 23ff.
305   Vgl. Bernegger, S. 131.
306   Vgl. Prader, S. 575 und Bernegger, S. 3ff.

war.[307] Die kantonale Staatsquote von Basel-Landschaft, als Anteil der Bruttoausgaben von Kanton und Gemeinden am kantonalen Volkseinkommen definiert, bildete sich in diesen Jahren sogar von 19,8 (1975) auf 18,1 Prozent (1980) zurück.[308] Dies entsprach der von der landrätlichen Finanzkommission geäusserten Meinung, «dass nur über einen Leistungsabbau und gleichzeitiger Verminderung des Angebotes an Dienstleistungen wesentliche Einsparungen erzielt werden können.»[309]

Die kantonale Wirtschaftsförderung

Der allgemeine Eindruck einer zwar schwachen, aber doch andauernden wirtschaftlichen Erholung von der Krise wurde im Kanton Basel-Landschaft im Frühling 1978 durch einen unerwarteten Donnerschlag empfindlich gestört, als der amerikanische Konzern Firestone ankündigte, er wolle seine Pneufabrik in Pratteln schliessen und die dort beschäftigten 600 Personen entlassen. Alle Bemühungen von Regierung und Verwaltung, die Firma zu einer Änderung ihrer Absichten zu bewegen, erwiesen sich als fruchtlos. Die Gewerkschaften liessen sich zwar auf einen längeren Rechtsstreit ein,[310] doch blieb ihnen letztlich nur die Möglichkeit, zusammen mit den staatlichen Stellen den Entlassenen eine neue Stelle zu suchen. Dies wurde erschwert durch das hohe Durchschnittsalter der mehrheitlich ungelernten Arbeiter und das relativ hohe Lohnniveau, an das sich diese gewöhnt hatten.[311]

Der «Fall Firestone» löste in Baselland, und darüber hinaus in der ganzen Schweiz, heftige Reaktionen aus. Erstmals wurde bewusst, dass die internationalisierte Wirtschaft auch in der verwöhnten Schweiz zu unkontrollierbaren Entwicklungen führen konnte. Die amerikanische Firma entzog sich den bisher üblichen Verhandlungslösungen und setzte sich mit einem knallharten Stil durch, wie er seither auch hierzulande üblich geworden ist. Empörend wirkte nach der jahrzehntelangen Praktizierung einer «sozialen Marktwirtschaft», dass nicht wirtschaftliche Schwierigkeiten der betroffenen Produktionsstätte, sondern reine Rentabilitätsüberlegungen der Konzernzentrale zu einer solchen Massenentlassung Anlass gaben. Die im Fall Firestone vordemonstrierte Machtlosigkeit der lokalen Politik gegenüber den entfernten Wirtschaftsmächten führten zur

307   Schweizerische Bankgesellschaft 1987, S. 143.
308   Vgl. StJ BL 1992, S. 167.
309   Siehe Anm. 302.
310   Vgl. Urteile Firestone 1984.
311   AB 1978.

Suche nach politischen Gegenmassnahmen. Als Reaktion auf eine
Initiative von SP und Gewerkschaften wurde ein kantonales Wirt-
schaftsförderungsgesetz ausgearbeitet und 1980 trotz starkem
Widerstand der Industriellen gutgeheissen. Letztere wehrten sich aus
prinzipiellen Gründen gegen eine aktive Industriepolitik des Staates,
und weil sie befürchteten, das neue Instrument könnte für eine Politik der Strukturerhaltung eingesetzt werden.[312] Diese Befürchtung
war wohl ebenso unbegründet wie gewisse übertriebene Hoffnungen
in die Wirkung der neuen Institution.

Die Wirtschaftsförderung wurde bei ihrer Gründung mit einem mit
10 Mio. Franken dotierten Fonds ausgestattet, mit dem sie unter
bestimmten Bedingungen Innovations- und Diversifikationsprojekte
fördern sollte.[313] Die Einrichtung dieser neuen Institution war keineswegs eine Baselbieter Erfindung, sondern erfolgte in derselben
Zeit in verschiedensten Kantonen. Allerdings konnte damit der Verlust kantonalen Einflusses auf das Wirtschaftsgeschehen kaum kompensiert werden.[314] Im Grunde genommen wurde damit der Übergang von einer kantonalen Wirtschaftspolitik, wie sie früher noch
eher möglich war, zur Politik des Standortwettbewerbes markiert,
wie sie seither dominierend geworden ist.

312   BAZ 29.1.1979.
313   Vgl. Furrer 1991.
314   Vgl. Hotz 1979, S. 342.

Kapitel 6
Nochmals ein paar goldene Jahre

Nach den Einbrüchen der 70er wurden die 80er Jahre wieder durch ein fast kontinuierliches Wachstum von Wirtschaft und Bevölkerung geprägt. Die wirtschaftlichen und finanzpolitischen Probleme entschärften sich während dieses Jahrzehntes unerwartet schnell, wodurch andere Themen wieder in den Vordergrund treten konnten. Dennoch erscheinen die 80er Jahre als eine Übergangszeit, denn mit den wachsenden wirtschaftlichen und sozialen Problemen wechselten die Perspektiven in den frühen 90er Jahren erneut.

6.1   Erneutes Wachstum der Bevölkerung

Die Bevölkerungsentwicklung war während der ganzen 80er Jahre durch relativ konstante Wachstumsraten geprägt, die allerdings weit unter derjenigen früherer Jahre lagen. Insgesamt nahm die Bevölkerung des Kantons Basel-Landschaft von 1980 bis 1990 um über 14 000 Personen zu. Die durchschnittliche jährliche Wachstumsrate der kantonalen Wohnbevölkerung von 0,6 Prozent lag nur mehr unwesentlich über derjenigen der gesamten Schweiz. Der Spezialfall des Wachstumskantons Basel-Landschaft gehörte somit der Vergangenheit an, wie es sich schon seit 1975 abgezeichnet hatte.
Der Geburtenüberschuss trug jetzt zum Wachstum erheblich mehr bei als die Zuwanderung. Diese erfolgte ziemlich unregelmässig, nahm gegen Ende des Jahrzehntes wieder zu, in den frühen 90er Jahren wieder ab. Umgekehrt nahm der Geburtenüberschuss tendenziell leicht ab, wobei die Geburtenzahl ziemlich konstant blieb, während die Zahl der Gestorbenen von Jahr zu Jahr zunahm.
Die Zuwanderung gegen Ende des Jahrzehntes erfolgte wiederum zu einem grossen Teil von ausserhalb der Schweiz. Der Ausländeranteil der Bevölkerung sank in den frühen 80er Jahren, um nachher wieder stark zu steigen. In den frühen 90er Jahren war dann das Wachstum nur noch auf die ausländische Bevölkerung zurückzuführen, während die Zahl der Schweizerinnen und Schweizer leicht abnahm. Trotzdem lag der Ausländeranteil der Bevölkerung des Kantons

Herkunft des Bevölkerungswachstums BL

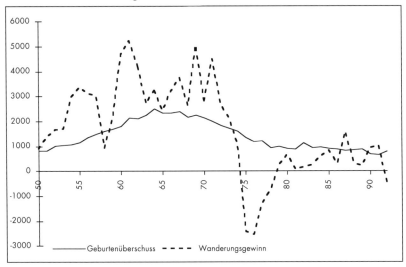

Graphik 15: Die beiden statistischen «Ursachen» des Bevölkerungswachstums zeigen
eine sehr unterschiedliche Entwicklung. Der Wanderungsgewinn unterliegt grossen
Schwankungen, während sich der Geburtenüberschuss nur langfristig verändert.

Basel-Landschaft 1995 mit 15,6 Prozent immer noch vier Prozent
unter dem Höchststand von 1973, und vor allem fast zehn Prozent
unter jenem von Basel-Stadt.
Eine auffällige Veränderung ergab sich in den 80er Jahre in der regionalen Verteilung des Bevölkerungswachstums, indem zum ersten
Mal der Bezirk Arlesheim das schwächste, die beiden ländlichen
Bezirke Sissach und Waldenburg dagegen das stärkste Wachstum
aufwiesen. Bei einer gemeindeweisen Betrachtung zeigt sich aber
rasch, dass kein Trendbruch vorliegt, sondern sich schon weiter
zurückreichende Entwicklungen fortgesetzt und verstärkt haben. Im
Bezirk Arlesheim wiesen Binningen und Birsfelden weiterhin eine
sinkende Bevölkerung auf, während die kleineren und weiter von
Basel entfernten Orte zulegten. Der bisherige Wachstumsleader im
Birstal, Reinach, vermochte nur noch wenig anzuwachsen, der Ort
scheint weitgehend «aufgefüllt» zu sein.
Im oberen Baselbiet nahm die Bevölkerung nur an ganz wenigen
Orten ab. Zulegen konnten alle grösseren Orte, die im Jahrzehnt
zuvor einen Bevölkerungsrückgang hatten hinnehmen müssen.
Einen eigentlichen Wachstumsschub wiesen aber kleine und mittel-
grosse ländliche Orte auf, von denen viele bereits in den 70er Jahren
einen Zuwachs erlebt hatten. Es handelt sich dabei um die «periur-

Wachstumsraten BL-Bevölkerung nach Bezirken

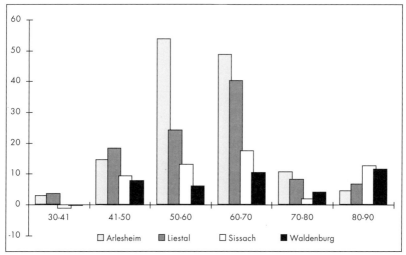

Graphik 16: Das Bevölkerungswachstum entwickelt sich in den vier kantonalen
Bezirken unterschiedlich. Der langjährige Wachstumsleader Arlesheim ist in den 80er
Jahren an letzter Stelle zu finden, während Waldenburg ein höheres Wachstum
verzeichnet als je zuvor.

bane» Neubesiedlung des ländlichen Raumes. Zahlreiche neuange-
legte Einfamilienhauskolonien zeugen von dieser Entwicklung, welche ein prägendes Charakteristikum der 80er Jahre gelten kann.[315]

6.2 Unerwarteter wirtschaftlicher Aufschwung

Nach den durch einen unerwarteten Kriseneinbruch geprägten 70er
Jahren war zu Beginn der 80er Jahre weitgehend offen, wie die wirt-
schaftliche Entwicklung weiter verlaufen würde. Die Erwartungen
waren insgesamt eher gedämpft, umso mehr liess man sich von der
guten Konjunktur in der zweiten Hälfte des Jahrzehnts blenden.
Allerdings dauerte diese neue Hochkonjunkturphase nur wenige
Jahre.
In den 80er Jahren bewegte sich die Schweizer Wirtschaft auf einem
mässig steilen Wachstumspfad. Das reale Sozialprodukt nahm im
Durchschnitt jährlich um 2,3 Prozent zu, was zwar gemessen an den
Werten der 50er und 60er Jahre eher bescheiden, verglichen mit den
frühen 90er Jahren dagegen ein anständiges Wachstum darstellte.

315   Vgl. Oberer 1987.

Eine kurze Rezession zu Beginn des Jahrzehntes führte einzig 1982 zu einer negativen Wachstumsrate von 0,9 Prozent des BIP. Das stabilste Wachstum war in den Jahren ab 1985 bei sehr geringer Teuerung zu verzeichnen, während gegen Ende des Jahrzehnts wiederum die Symptome eines inflationistisch angeheizten Booms zu beobachten waren. In dieser zweiten Hälfte des 80er Jahre sank die in der Rezession von 1982/83 erneut stark angestiegene Arbeitslosigkeit stetig ab. Die in diesen Jahren wieder in vielen Branchen zu verzeichnende Personalknappheit trug zu einer neuen Welle ausländischer Einwanderung bei. Dabei handelte es sich wiederum, wie in den 60er Jahren, zum grossen Teil um unqualifizierte Einwanderer, für welche in der Industrie und vor allem in der Bauwirtschaft für einige Jahre viele neue Arbeitsplätze entstanden.

Relativer Rückgang des Wohnbaus

Die Bautätigkeit im Kanton Basel-Landschaft wurde insgesamt durch ein ziemlich gleichmässiges Wachstum geprägt, welche sich von der hektischen Entwicklung im Jahrzehnt zuvor abhebt. Allerdings waren dafür die Verschiebungen zwischen den verschiedenen Kategorien beträchtlich. Die Rezession von 1982/83 begann zwar diesmal nicht im Baugewerbe, sie zeigte sich in diesem allerdings in Form eines härteren Preiswettbewerbes. Während zwei bis drei Jahren war praktisch keine Bauteuerung zu verzeichnen. Zu einem Einbruch der Bautätigkeit kam es allerdings nicht, und dies war unter anderem auf den Anstieg der öffentlichen Investitionen in diesen Jahren zurückzuführen. Der Staatshaushalt wirkte in diesem Fall für einmal antizyklisch.

Umgekehrt kam es angesicht der stark steigenden Nachfrage in den späten 80er Jahren zu ausgeprägten Preissteigerungen, welche offensichtlich zu einer starken Verdrängung des Wohnbaus aus dem Baumarkt führte, der für einige Jahre völlig vom industriellen und gewerblichen Bau beherrscht wurde. Hier zeigte sich ein markanter Unterschied zu den frühen 70er Jahren: Kam es damals zu einem inflationistischen Boom beim Wohnbau, so liessen diesmal viele Investoren die Finger von diesem Geschäft – obwohl zur gleichen Zeit eine starke Nachfrage nach Wohnungen und entsprechende Preissteigerungen zu verzeichnen war. Dass es sich dabei um eine Konsequenz aus den Erfahrungen der 70er Jahre mit dem Zusammenbruch des Wohnungsmarktes handelt, kann an dieser Stelle nur vermutet werden. Eine Rolle spielten auf jeden Fall die falschen Erwartungen in bezug auf die Bevölkerungsentwicklung. So wurde noch in der Mitte der 80er Jahre von einem Rückgang der regionalen

Bautätigkeit BL (zu Preisen von 1980)

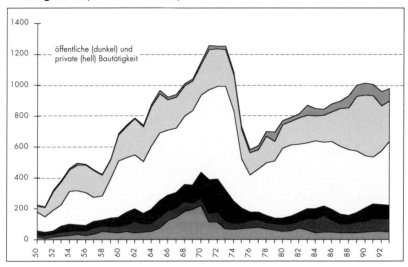

Graphik 17: Die Bauwirtschaft wies in den 80er Jahren wiederum ein kräftiges
Wachstum auf, allerdings ohne das Niveau der frühen 70er Jahre wieder zu erreichen.
In den frühen 90er Jahren kommt es erneut zu einem Rückgang.

Bevölkerung bis 1995 und als Konsequenz von einem Rückgang der
Wohnungsnachfrage ausgegangen.[316]
Die Baukonjunktur der späten 80er Jahre wies stark spekulative Züge
auf, und dass es dabei zu riesigen Fehlinvestitionen kam, hat sich seither gezeigt. Jedenfalls scheint die Nachfrage insbesondere nach
Bürobauten (welche statistisch unter die nicht ganz zutreffende
Kategorie des industriellen Baues fallen) in den 80er Jahren ebenso
stark überschätzt worden zu sein, wie diejenige nach Wohnraum
anderthalb Jahrzehnte früher. Nach 1991 bildete sich der industrielle
Bau rasch zurück, während der Wohnbau anteilmässig wieder
zulegte. Sowohl anteilmässig als auch absolut wuchs in den frühen
90er Jahren der öffentliche Bau, der sich somit erneut antizyklisch
bewegte.

Erneutes Breitenwachstum der Industrie

Geprägt wurden die 80er Jahre durch die technologischen Umwälzungen im Bereich der Elektronik. Der Regierungsrat bemerkte dazu
bereits 1982: «Die Mikroelektronik kennt keine Grenzen mehr. Eine

316   Vgl. Bundesamt für Wohnungswesen 1988.

neue technische Revolution ist in vollem Gange, sie geht wirklich unter die Haut.»[317] In den 80er Jahren herrschte in der Industrie allgemein eine sehr lebhafte Konjunktur, und gegen Ende des Jahrzehntes kam es erneut zu einem ausgesprochenen Breitenwachstum. Doch war das wirtschaftliche Klima dennoch nicht mehr mit jenem vor 1975 vergleichbar, denn in grossen Teilen vor allem der Exportwirtschaft herrschte jetzt ein harter Konkurrenzkampf, der ständige Anpassungen und Restrukturierungen nach sich zog. So hielt die Kantonalbank 1982 fest: «Umstrukturierungen und Sparprogramme, die teilweise mit Personalabbau verbunden waren, wurden verschiedentlich eingeleitet. Erneut konnte aber festgestellt werden, dass die Anpassung an härtere Zeiten in der Regel mit Besonnenheit und ohne Panik vor sich ging.»[318] Und sieben Jahre später, mitten im konjunkturellen Aufschwung, wurde an gleicher Stelle vermerkt:

> «Aber auch in diesen vergleichsweise stabilen Verhältnissen sind Wandlungen im Gange, die uns daran erinnern, dass Entwicklung und Erneuerung für eine dynamische Wirtschaft unerlässlich sind. Symptomatisch hiefür ist das plötzliche Verschwinden von Elementen, die lange Zeit als feste und tragende Bestandteile der einheimischen Wirtschaft galten. Das trifft etwa für so klangvolle Namen wie BBC (ABB) Münchenstein und Bally Gelterkinden zu. Dass sich solche unvermeidliche Entwicklungen in einem positiven konjunkturellen Umfeld weit besser verkraften lassen als in schwierigeren Zeiten, hat sich in diesen Fällen eindrücklich bestätigt.»[319]

Insgesamt boten also die 80er Jahre das Bild einer prosperierenden Wirtschaft, in der zwar grössere Anpassungsprobleme zu lösen waren, die sich aber dank günstiger Rahmenbedingungen weitgehend sozialverträglich abwickeln liessen. Die Einkommen der Lohnabhängigen stiegen real um durchschnittlich ein Prozent jährlich, was wesentlich bescheidener war als früher, aber dennoch ausreichte, um dem ganzen Jahrzehnt das Image einer konsumfreudigen Zeit zu verleihen.

Wirtschaftlicher Ausblick

Nach einem verhaltenden Anfang überraschten die 80er Jahre in ihrer zweiten Hälfte durch eine wirtschaftliche Blütezeit mit all ihren Vorteilen. Die wirtschafliche Krisen- und Umbruchphase der frühen

---

317 AB 1982, S. 25.
318 KB BL 1982, S. 13.
319 KB BL 1989, S. 12.

Arbeitslose BL im Jahresmittel

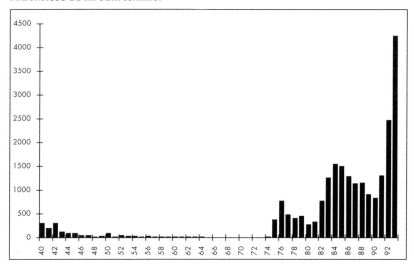

Graphik 18: Die Zahl der im Kanton Basel-Landschaft registrierten Arbeitslosen zeigt seit 1975 eine stufenweise Zunahme, nachdem in den Jahrzehnten zuvor die Arbeitslosigkeit fast inexistent gewesen war.

90er Jahre machte dann aber schnell deutlich, dass die guten Jahre mit allgemein steigenden Einkommen und weitgehender Vollbeschäftigung der Vergangenheit angehören, dass also der kurze Boom der 80er Jahre die tiefergehenden Entwicklungen lediglich übertüncht hatte. Ob und wann die schweizerische Wirtschaft wieder auf einen langfristigen Wachstumspfad zurückfindet, wie hoch die sogenannte Sockelarbeitslosigkeit bleiben wird und ob die Reallöhne steigen oder sinken werden, wird erst die zukünftige Entwicklung zeigen.

6.3 Überraschende Überschussjahre

Die Entwicklung der finanzielle Lage des Kantons wies in den 80er Jahren überraschende Wendungen auf, die im folgenden nachgezeichnet werden sollen. Trotz einer Reihe von Überschussjahren rückte die Frage zunehmend in den Vordergrund, welche Aufgaben der Staat zu lösen habe, und welche Mittel ihm dafür zur Verfügung gestellt werden.

Der Beginn der 80er Jahre stand im Kanton Basel-Landschaft ganz in der Kontinuität der seit den frühen 70er Jahren dominierenden Sparpolitik. Angesichts der eher düsteren und unsicheren wirtschaftlichen Aussichten ging man davon aus, dass auch bei den Staatsfinan-

zen nicht mit einer baldigen Verbesserung der Lage zu rechnen sei.
So schrieb der Regierungsrat 1980 von der defizitären Lage der
Staatsfinanzen, «die sich wohl trotz unablässiger Sparbemühungen
auf unabsehbare Zeit hinaus kaum wird korrigieren lassen».[320]
Die schlechte Lage der Staatsfinanzen stellte nach wie vor das dominierende politische Thema dar, und man fragte sich immer wieder:
«Kann das so weitergehen?»[321] Gleichzeitig wurde in diesem Zusam-
menhang immer häufiger die Frage gestellt: «Welche Aufgaben soll
der Staat übernehmen?»[322] In den Jahren 1981 und 1982 waren die
Defizite der laufenden Rechnung zwar kleiner als in den Jahren
zuvor, doch mochte man noch nicht an die Entwarnung glauben. Im
Mai 1982 trat die Regierung nochmals mit einem Massnahmenpaket
zur Sanierung des Staatshaushaltes an die Öffentlichkeit.[323] Weitere
Sparmassnahmen, aber auch Einnahmensteigerungen sollten eine
Wende herbeiführen und dem Kanton erlauben, seinen stark gewachsenen Schuldenberg etwas abzutragen. Die vom Regierungsrat vorgeschlagene befristete Sondersteuer fand allerdings kaum Unterstützung.
Im Amtsbericht des Jahres 1983 sprach die Regierung dann erstmals
von einer «Morgenröte am Finanzhorizont.» Zur allgemeinen Überraschung ergab sich für das Jahr 1983 nicht nur ein geringes Defizit,
sondern ein kräftiger Überschuss. «Der Kanton erhält wieder echten
politischen Spielraum,» frohlockte der Regierungsrat.[324] In der Tat
folgte, was nach einer zwanzigjährigen Defizitperiode kaum mehr
jemand erwartet hätte, eine Reihe von «goldenen Jahren» mit zum
Teil ansehnlichen Überschüssen. Bis ins Jahr 1990 konnte der Kanton
neben den laufenden Ausgaben auch seine Investitionen selber finanzieren und darüber hinaus seine Schulden kräftig abbauen. Der
finanzielle Höhepunkt wurde im Jahr 1988 mit einem positiven
Finanzierungssaldo von über 100 Millionen Franken erreicht.
Die in den 80er Jahren erreichte Sanierung der Staatsfinanzen
erfolgte in allererster Linie über eine Reduktion der Ausgaben. Die
kantonale Staatsquote, eine seit 1990 rückwirkend errechnete
Grösse, welche den Anteil der Bruttoausgaben von Kanton und
Gemeinden am kantonalen Volkseinkommen darstellt, sank von 1970
an von über 20 auf unter 17 Prozent ab.[325] Auf dieser Höhe verharrte
sie für den Rest des Jahrzehnts. Insbesondere die nach einem kurzen
Anstieg in den frühen 80er Jahren wieder rückläufigen Investitionen

320   AB 1980.
321   Titel der BAZ am 29.11.1980.
322   Titel der BAZ am 13.2.1982.
323   BAZ 5.5.1982.
324   AB 1983, S. 4.
325   StJ BL, 1992, S. 167.

waren es, welche für die niedrigen Gesamtausgaben verantwortlich waren. Bemerkenswerterweise lagen die Bruttoinvestitionen in der zweiten Hälfte der 80er Jahre real unter dem Niveau der Sparhaushalte zehn Jahre zuvor. In den frühen 80er Jahren gesellte sich zu dieser abnehmenden Ausgabentendenz eine leichte Steigerung der Einnahmen, die zusammen zu den überraschend hohen Überschüssen führten.

Während die Ausgaben in den mittleren 80er Jahren weitgehend unter Kontrolle blieben, begannen sie gegen Ende des Jahrzehntes wieder stärker zu wachsen. Es waren nun vor allem die Investitionen, welche ein fast sprunghaftes Wachstum verzeichneten. Noch im letzten Überschussjahr 1990 wurden die Weichen auch einnahmeseitig neu gestellt. Obwohl die Regierung vor den Einnahmeausfällen warnte, wurde eine namhafte Steuerreduktion beschlossen. «Vor dem Hintergrund der ausgezeichneten Rechnungsabschlüsse der vorangegangenen Jahre erwies es sich als aussserordentlich schwierig, einen politischen Konsens über Ziele und Massnahmen einer Steuergesetzrevision zu finden.»[326]

Der Haushalt war also bereits durch tendenziell steigende Ausgaben und verminderte Einnahmen aus dem Gleichgewicht geworfen, als die Rezession der frühen 90er Jahre für eine weitere Verschlechterung der Perspektiven sorgte. Die folgenden Jahre standen wieder ganz im Zeichen von Defiziten und wachsenden Schulden. Die Investitionen wiesen weiterhin eine steigende Tendenz auf, so dass von einer antizyklischen Ausgabenpolitik gesprochen werden kann. Diese war konjunkturpolitisch sicher sinnvoll, sie führte aber wieder zu einer wachsenden Verschuldung. Im Verhältnis zu anderen Kantonen stand der Baselbieter Finanzhaushalt allerdings noch recht gut da.

Ungeklärte finanzpolitische Grundfragen

Zwei grundsätzliche Fragen standen und stehen in der Finanzpolitik der letzten Jahre im Vordergrund und werden auch in Zukunft weiter zu reden geben. Zum einen steht Umfang und Gegenstand staatlicher Tätigkeit grundsätzlich zur Disposition, andererseits muss die Frage des regionalen Lastenausgleichs immer wieder neu entschieden werden.

In den späten 70er Jahren setzte, ausgehend von rechtsbürgerlichen Kreisen, eine Bewegung ein, welche die Aufgaben des Staates grundsätzlich zu reduzieren sucht, nachdem die Entwicklung

326 AB 1990, S. 3.

Ausgabensaldo und Investitionen BL

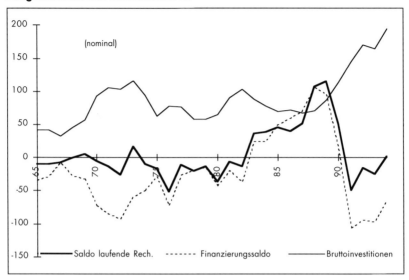

Graphik 19: Der Saldo der laufenden Rechnung des Kantons wies in den späten 80er Jahren hohe Überschüsse aus. Zu Beginn der 90er Jahre setzten wiederum Defizite ein, welche beim Finanierungssaldo noch höher ausfielen als bei der laufenden Rechnung. Eine Erklärung für diese Entwicklung ist die Zunahme der Investitionen.

während Jahrzehnten in die entgegengesetzte Richtung geführt hatte. Diese Diskussion ist in den 80er Jahren nicht mehr verstummt, wobei sie auch von ausländischen Vorbildern beeinflusst wurde. Sie hat dennoch in dieser Zeit verhältnismässig wenig bewegt, was wohl auch daran lag, dass sich die finanzielle Lage der öffentlichen Haushalte unerwartet positiv entwickelte.

Mit der finanziellen Krise der 90er Jahre hat die gemeinhin als neoliberal bezeichnete Bewegung deutlich an Einfluss gewonnen, welche die öffentlichen Haushalte über eine drastische Reduktion der Aufgaben des Staates sanieren möchte. Diese Frage stellt sich insbesondere auch im Zusammenhang mit der Sanierung der Bundesfinanzen, deren Lage sehr viel ernster ist als diejenige des Kantons Basel-Landschaft. Über die vorgesehene Neuordnung des Finanzausgleichs werden aber auch die Haushalte der Kantone von den Entscheidungen betroffen sein, welche in diesem Zusammenhang fallen.

Zu einem Dauerthema entwickelte sich in den 80er Jahren die Frage des «gerechten» Lastenausgleichs mit dem Stadtkanton. Neu war diese Auseinandersetzung zwar nicht, doch wurde sie nun deshalb immer schärfer geführt, weil sich das ursprüngliche Verhältnis zwi-

schen reichem Stadt- und armem Landkanton weitgehend umgekehrt hatte. Die Stadt stellte immer dringlicher die Forderung nach
Abgeltung ihrer Zentrumsleistungen im Bereich der Universität, der
medizinischen Versorgung und des Kulturbetriebes. So kam es
1986/87 zu einem publizistischen Schlagabtausch zwischen den
Finanzdirektoren beider Halbkantone. Der Baselbieter listete die
bereits geleisteten Millionenbeiträge und weitere Leistungen des
Landkantons für Basel-Stadt auf, um die Forderungen seines städtischen Kollegen zu kontern.[327] Dieser warf ihm im Gegenzug Einsei-
tigkeit und Unseriosität vor.[328]
Durch die verschiedene Kantonszugehörigkeit von Stadt und
Umland wurde damit eine politische Frage akzentuiert, die auch
andernorts zu streiten gab und gibt. Den Hintergrund der Debatte
bildet unter anderem die Tendenz zur sozialen Entmischung: Mit
dem Auszug vieler Wohlhabender in steuergünstige Agglomerationsgemeinden setzte auch in der Schweiz eine Entwicklung ein, welche in den Vereinigten Staaten schon lange zum finanziellen Kollaps
der überforderten Kernstädte geführt hat. In der Schweiz ist diese
Entwicklung zwar viel weniger ausgeprägt, aber in den 90er Jahre
zeigte es sich erneut, dass die städtischen Finanzhaushalte aufgrund
des hohen Anteils von Unternehmenssteuern einerseits, der hohen
Sozialleistungen andererseits viel rezessionsanfälliger sind.

327   Nyffeler 1986.
328   BAZ 29.1.1987.

Wachstumsbewältigung

Kapitel 7
Aufbruch im Windschatten des Krieges

In den 40er Jahren führte man im Kanton Basel-Landschaft neue Instrumente ein, um die weitere Entwicklung der Besiedlung ordnen und lenken zu können. Parallel dazu wurde in der ganzen Schweiz eine engagierte Grundsatzdiskussion über Siedlungsfragen und die Möglichkeiten staatlicher Planung geführt. Im folgenden soll gezeigt werden, welche Probleme zu diesem planerischen Aufbruch führten und welche Zielvorstellungen damit verbunden waren. Ergänzend wird auf das Problem der Gewässerverschmutzung eingegangen, dessen Bedeutung im Baselbiet im Verlauf der 40er Jahre zunahm.

7.1   Die Verankerung der Planung im neuen Baugesetz

Im Jahre 1942 trat im Kanton Basel-Landschaft ein neues Baugesetz in Kraft, das den Gemeinden erstmals die Möglichkeit gab, ihr Gebiet in verschiedene Zonen einzuteilen. Damit erhielten diese ein neues Instrument zur Lenkung der Bautätigkeit, das für die weitere Entwicklung der Ortschaften von grösster Bedeutung sein sollte. Hier soll zunächst die Entstehung des kantonalen Baugesetzes untersucht werden, wobei die Aufmerksamkeit der Frage gilt, wie und warum darin rechtliche Grundlagen für die Ortsplanung geschaffen wurden.

Ursprünge und Verlauf der Gesetzesrevision

Bereits während der regen wirtschaftlichen und baulichen Konjunktur der 20er Jahre hatte sich im Kanton Basel-Landschaft die Ansicht verbreitet, dass das Baugesetz von 1902 den veränderten Anforderungen nicht mehr genüge. Dieses erste derartige Gesetz im Kanton Basel-Landschaft war wenige Seiten stark und enthielt nur rudimentäre baurechtliche Bestimmungen. Der Kanton kümmerte sich weiterhin sehr wenig um das Bauwesen und stellte beispielsweise erst im Jahre 1928 einen Baupolizisten an, der für die Einhaltung der Vorschriften im Gesetz zu sorgen hatte.

Seit der Jahrhundertwende hatten sich aber die Verhältnisse in Teilen des Kanton so rapide verändert, dass man die Kontrolle über die Entwicklung zu verlieren begann. Es waren also in erster Linie baupolizeiliche Gründe, welche hinter dem Bedürfnis nach strengeren Bestimmungen im Bauwesen standen. Der kommerzielle Bau von Wohnhäusern, der zu dieser Zeit generell als «spekulatives Bauen» bezeichnet wurde, stellte die Baubehörden vor neue Probleme. In einem Schreiben an den Regierungsrat begründete die Baudirektion 1930 die Notwendigkeit eines neuen Baugesetzes mit folgenden Worten:

> «Seit dem Inkrafttreten des Baugesetzes im Jahre 1902 haben sich auf dem Gebiete des Bauwesens bedeutende Wandlungen vollzogen. Im untern Kantonsteil hat in einzelnen Gemeinden, wo vor 28 Jahren noch rein ländliche Verhältnisse überwogen, eine ausserordentlich starke bauliche Entwicklung eingesetzt. Dabei hat sich gezeigt, dass oft Bauten zu Spekulationszwecken erstellt worden sind, die inbezug auf Qualität der Materialien, Tragfähigkeit, Hygiene etc. hätten beanstandet werden sollen, und aber anderseits die Vorschriften fehlten, um gegen die Ausführung solcher Objekte einschreiten zu können durch Aufstellung von Bedingungen.»[1]

Die Notwendigkeit einer grundlegenden Gesetzesrevision wurde angesichts der Missstände in den Vororten nicht bestritten. Hingegen war es erstaunlich, dass in dieser Frage die Interessen der sich auseinanderentwickelnden Kantonsteile nicht stärker aufeinanderprallten. Vor dem Hintergrund der aufflammenden Wiedervereinigungsfrage erachtete man aber offensichtlich ein stärkeres Engagement des Kantons in den Vororten für nötig. Als konsensstiftend erwies sich das immer wieder betonte Ziel der Gesetzesarbeit, den traditionellen Baucharakter des Kantons zu wahren. Das neue Gesetz wurde als Mittel gesehen, die Verbreitung einer unerwünschten «städtischen» Bauweise zu verhindern, worunter man in erster Linie eine grössere Dichte und Höhe der Bebauung verstand.[2] Unbestritten war denn auch von Anfang an, dass die zulässige Höhe von Wohnbauten begrenzt werden sollte, und so beschränkte das Gesetz schliesslich die Zahl der Stockwerke auf drei.[3]
Trotz Einigkeit in vielen Punkten zog sich das Verfahren der Gesetzesrevision über zehn Jahre hin. Nachdem eine Expertenkommission den Entwurf des baselstädtischen Ingenieurs Gutzwiller 1933 disku-

---

1   Schreiben der Baudirektion an den RR vom 30.10.1930. StA BL, Bau A 6.2, Baugesetzrevision.
2   Zu dieser Zeit kam die geschlossene Bauweise auch in den Städten in Verruf und der Trend ging in Richtung einer lockereren und niedrigeren Bebauung.
3   Vgl. 2. Sitzung der Baugesetzkommission vom 4.11.1938. StA BL, Bau A 6.2, Baugesetzrevision.

tiert hatte, geschah während einiger Jahre nichts mehr. Die Wirtschaftskrise traf das Bauwesen mit ganzer Härte, und man hatte zu dieser Zeit andere Sorgen. Erst 1938 nahm die Regierung das Verfahren wieder auf, indem sie der landrätlichen Kommission einen neuen, aber auf der Grundlage des Entwurfs von Gutzwiller 1932 erarbeiteten Gesetzesentwurf zustellte. Die Kommission begann nun mit der aufwendigen und detailreichen Beratung des Gesetzestextes, welche sich über zwei Jahre erstreckte.

Das Baugesetz als Kompromiss

Auf Antrag der Sozialdemokraten wurde 1939 eine Vernehmlassung bei Gemeinden und interessierten Organisationen durchgeführt. Diese ergab in den wesentlichen Punkten eine breite Zustimmung. Am ausführlichsten war die Stellungnahme des vom Gesetz am meisten betroffenen Baumeisterverbandes. Auch dieser signalisierte weitgehende Zustimmung zum Gesetz an sich, stellte aber andere Forderungen. Insbesondere verlangte er die Einführung einer Baukommission, welche als letzte Instanz anstelle des Regierungsrates über Baubewilligungen zu entscheiden hätte. Diese Forderung stiess aber im Landrat auf Widerstand, da man in ihr ein Mittel sah, die Rolle der Verwaltung bei der Anwendung des Gesetzes zu schwächen. Als Entgegenkommen bot man den Baumeistern die Entsendung von zwei Vertretern in die bereits bestehende Heimatschutzkommission an; ein Kompromissangebot, das sein Ziel offensichtlich erreichte.[4] Im Herbst 1940 beriet der Landrat den überarbeiteten Entwurf in erster Lesung und verabschiedete im Mai des folgenden Jahres die Schlussversion.

Es lässt sich also deutlich erkennen, dass man versuchte, alle möglichen organisierten Widerstände frühzeitig in das Gesetzgebungsverfahren einzubinden, um schon im Ratsplenum, und erst recht in der Volksabstimmung eine breit abgestützte Vorlage präsentieren zu können. Trotz grossem Konsens hatte man offensichtlich Angst vor dem «Eigensinn des Volkes», dem mit Hinweis auf die Ablehnung eines ersten Entwurfes des damaligen Baugesetzes von 1901 immer wieder Respekt gezollt wurde. Sämtliche Parteien und Verbände warben im März 1942 vor der Abstimmung für das neue Gesetz, und dieses wurde auch von der Presse begrüsst. So kommentierte die «Basellandschaftliche Zeitung»:

---

4   Protokoll der 10. und 11. Sitzung der Baugesetzkommission. StA BL, Bau A 6.2, Baugesetzrevision.

«Wir betrachten es als beste Empfehlung des neuen Baugesetzes, dass es […] die tatsächlichen regionalen Verschiedenheiten so weit als möglich berücksichtigt hat, indem manche weitgehende Neuerungen nicht von vornherein als allgemein verbindlich erklärt, sondern in das Ermessen der Gemeinden gestellt worden sind […] Es wird in diesen Vorschriften nichts verlangt, was nicht jeder Bürger für sich selbst als nötig und wünschenswert erachten müsste und was auch bisher im allgemeinen üblich war.»[5]

Die Stimmbürger liessen sich überzeugen und hiessen das neue Gesetz am 8. März 1942 mit grosser Mehrheit gut. Bei der Ausarbeitung des Gesetzestextes war also in einer heiklen Materie ein tragfähiges Kompromisswerk zustande gekommen. Dies spricht für einen hohen Grad an Konkordanz in der Kantonspolitik zu einem Zeitpunkt, in dem dies auf Bundesebene noch keineswegs der Fall war. Andererseits zeigt sich darin auch der Wunsch, diese spezielle Materie nicht zum Gegenstand partei- oder verbandspolitischer Auseinandersetzungen werden zu lassen.

Aufnahme planerischer Bestimmungen in das Gesetz

Erstaunlich ist, dass weder in der frühen Phase der Revision noch in den späteren Beratungen in der Landratskommission das Thema Planung diskutiert wurde. Im Entwurf Gutzwiller von 1932 gab es noch keine im eigentlichen Sinne planerischen Bestimmungen. Lediglich einige vage Andeutungen wiesen in diese Richtung und zeugen davon, dass man gewisse Probleme sah, aber noch über kein Instrumentarium verfügte, um diese direkt anzugehen.

In einem Paragraphen dieses Entwurfs wurde festgehalten, dass es einer Mehrheit von Hausbesitzern in einem Wohngebiet möglich sein sollte, die Errichtung von Industriebetrieben zu verhindern.[6] Dieses Verbot hätte vom Regierungsrat auf Antrag von zwei Dritteln der betroffenen Grundeigentümer ausgesprochen werden müssen und wäre als Servitut im Grundbuch eingetragen worden. Umgekehrt hätte der Regierungsrat gemäss einem anderen Paragraphen für Industriegebiete erleichterte Bauvorschriften beschliessen können. Es zeigte sich in diesen Ansätzen also deutlich der Wunsch nach einer verstärkten Trennung von Industrie- und Wohngebieten, doch die Vorstellung von Zonen öffentlich-rechtlichen Charakters mit verbindlichen Vorschriften über die Nutzung findet sich zu dieser Zeit

---

5   BZ 28.2.1942.
6   Entwurf Baugesetz 1932, § 57. StA BL, Bau A 6.2, Baugesetzrevision.

noch nicht. Offensichtlich versuchte man, das Ziel über eine Art Eigentümer-Demokratie zu erzielen. Nicht der Staat, sondern die Grundeigentümer selbst wären dieser Vorstellung gemäss für die Restriktionen verantwortlich gewesen.

Auch im Gesetzesentwurf der Regierung von 1938 fanden sich noch keine neuen planerischen Bestimmungen. Erwähnt wurden neben den Baureglementen der Gemeinden nur die bekannten Baulinienpläne, bei denen es sich lediglich um Verkehrslinienpläne handelte, welche in erster Linie die Stellung der Gebäude zu den Strassen festlegten. Die Landratskommission, welche den Gesetzestext Paragraph für Paragraph diskutierte, zeigte gerade an diesen Bestimmungen ein völliges Desinteresse und verlor darüber in ihrem Protokoll kein Wort. In einem schon weit fortgeschrittenen Stadium der Gesetzgebung war also die Zonenplanung noch nicht einmal erwähnt worden. Dies sollte sich nun rasch ändern.

Im Gesetzesentwurf, der dem Landrat 1940 für die erste Lesung zugestellt wurde, tauchte im entsprechenden Paragraphen neben dem Bebauungs- und dem Baulinienplan plötzlich der völlig neue Begriff des Zonenplanes auf. Wer diese bedeutsame Änderung eingefügt hat, lässt sich aufgrund des verfügbaren Materiales nicht eruieren, doch erfolgte dieser Schritt vermutlich auf Initiative der Verwaltung und wurde von der Kommission stillschweigend akzeptiert.[7] Somit rutschten fast unbemerkt wichtige planerische Bestimmungen in das neue Gesetz hinein.

Vage Definition der «Zonen»

Die Bestimmungen über die Ortsplanung fanden sich im Gesetzestext in den Paragraphen 58 und 59 vereinigt. Der erstere ermächtigte die Gemeinden grundsätzlich, neben den herkömmlichen Baulinien- und Bebauungsplänen auch Zonenpläne aufzustellen. Gleichzeitig wurde darin festgelegt, dass diese Pläne vom Regierungsrat zu genehmigen seien. Ausserdem wurde dem Landrat auf Antrag der Regierung das Recht gewährt, «wenn das öffentliche Interesse es erfordert [...], eine in baulicher Entwicklung befindliche Gemeinde [zu] verhalten, innert angemessener Frist Bebauungs-, Zonen- und Baulinienpläne sowie ein Baureglement einzuführen».[8] Die Kompetenzen im Bereich der Zonenplanung waren also primär bei der Gemeinde angesiedelt, doch erhielt die Kantonsregierung eine gewisse Aufsichtsfunktion.

---

7   Das Material zum Thema Baugesetzrevision im Staatsarchiv ist unvollständig und unübersichtlich. Die verschiedenen Gesetzesentwürfe sind teilweise nicht datiert.
8   GS BL 18, S. 535.

Im Paragraph 59 wurde festgehalten, welche Vorschriften der Zonenplan enthalten durfte. Bei diesen Bestimmungen handelte es sich
erstens um «die Art der Bebauung einzelner Teile des Gemeindegebietes (Ausscheidung von Wohn-, Geschäfts- und Industriequartie-
ren)». Zweitens durften die Gemeinden gemäss dem Gesetz Bestimmungen über «die prozentuale Überbauung von Parzellenflächen,
Bauhöhe, Geschosszahl und Gebäudeprofil» erstellen.[9] Diese forma-
len Bestimmungen legte man also genau fest, während die funktiona-
len Bestimmungen mit der Formulierung «Art der Bebauung» nur
sehr vage umschrieben waren.
In allerletzter Minute erweiterte man die Bestimmungen über die
Zonenplanung noch um einen Absatz, der ihre Beschränkung auf
Gemeindeebene zumindest relativierte. Ende März 1941, also rund
zwei Monate vor der Schlussabstimmung im Landrat, traf bei der
Baugesetzkommission und bei der Baudirektion ein Schreiben mit
weitergehenden Vorschlägen ein. Der Vorsitzende der Regional-
gruppe Nordwestschweiz der Schweizerischen Landesplanungs-
kommission, der Architekt Hans Schmidt, regte mit diesem Brief
eine Ausweitung der planerischen Möglichkeiten über die Grenzen
der einzelnen Gemeinde hinaus an. Er schlug vor, im Gesetzestext
einen Absatz einzufügen, der lauten sollte: «In den Fällen, wo die
bauliche Entwicklung eine das Gebiet mehrerer Gemeinden zusam-
menfassende Gesamtplanung notwendig macht, ist der Kanton
befugt, diese Gemeinden zu einem Gesamtbebauungs- und Zonenplan zu vereinigen.»[10]
Dieser Vorschlag überzeugte den Baudirektor, wie er in der Antwort
an Schmidt ausführte, und er beantragte der Kommission umgehend
die Aufnahme einer entsprechenden Bestimmung ins Gesetz. Im
Gegensatz zu den übrigen planerischen Bestimmungen gab diese
Ergänzung sowohl in der Kommission wie im Plenum zu Diskussionen Anlass.[11] Dies erstaunt nicht, denn hier stellte man die mit der
Ortsplanung bisher kaum tangierte Gemeindeautonomie erstmals in
Frage. Im Landrat wurde erklärt: «Die Kommission hat die Auffassung vertreten, dass es nicht zweckmässig sei, weitergehende Bestimmungen aufzunehmen, da die ganze Materie noch nicht restlos abge-
klärt ist und auch noch der Entwicklung bedarf.» Man nahm den
neuen Absatz schliesslich dennoch ins Gesetz auf, regelte aber die
Kompetenzen derart, dass der Regierungsrat lediglich beim Landrat
eine solche Gesamtplanung beantragen konnte. Damit wurde einem

9   Ebda.
10   Schreiben vom 24.3.1941. StA BL, Bau A 6.2, Baugesetzrevision.
11   Protokoll 14. Sitzung vom 18.4.1941 der LR-Kommission. StA BL, Bau A 6.2, Bauge-
     setzrevision.

eigenmächtigen Vorgehen von Verwaltung und Regierung von Anfang an ein Riegel vorgeschoben.

Ein grosser Schritt – fast unbemerkt

Die neuen planerischen Möglichkeiten, die im Gesetz verankert wurden, stellten für diesen Bereich einen sehr grossen Schritt dar und sind im Rückblick die wohl folgenreichste Neuerung des gesamten Baugesetzes. Umso erstaunlicher ist, dass diese planerischen Bestimmungen während der ganzen Entstehungsgeschichte des Gesetzes kaum eine Rolle gespielt hatten und erst im letzten Jahr vor der Verabschiedung noch berücksichtigt wurden. Sie stiessen, mit Ausnahme der zuletzt erwähnten Bestimmung, auf geringes Interesse und keine Opposition.

Man nahm die Bestimmungen über die Zonenplanung offensichtlich auf Anregung aus Fachkreisen in das Gesetz auf, obwohl man sich über ihre Konsequenzen noch keineswegs im klaren war. Vermutlich hat man ihre Tragweite unterschätzt. Dieser Unterschätzung entsprach, dass die planerischen Bestimmungen auch im Vorfeld der Volksabstimmung kaum Beachtung fanden. In den «Erläuternden Bemerkungen» der Regierung zum Gesetz wurde die Zonenplanung nicht einmal erwähnt, was aber auch damit erklärt werden kann, dass man das Misstrauen der Bevölkerung neuen Bestimmungen gegenüber nicht wecken wollte.[12]

Dass die Zonenplanung nicht schon in einem früheren Stadium der Gesetzesrevision diskutiert wurde, ist sicher eine Folge davon, dass man dieses Instrument damals in der Schweiz noch gar nicht kannte. Auch in den im Bereich der Planung weiter fortgeschrittenen Städten gab es zu dieser Zeit noch keine funktional definierten Zonen.[13] Mit der frühen Aufnahme der planerischen Bestimmungen ins neue Gesetz reagierte man im Kanton Basel-Landschaft offensichtlich sehr rasch auf die Beschleunigung, welche die Diskussion über Planungsfragen in der ganzen Schweiz zu eben dieser Zeit erfuhr. Planungsfragen wurden in der Schweiz ums Jahr 1940 erstmals zu einem öffentlichen Thema von einiger Bedeutung, wie später ausgeführt werden soll.

---

12 In der Landratskommission wurde bei der Behandlung der Bestimmungen über überkommunale Planung warnend bemerkt: «Die Landesplanung wird im Volke nicht restlos verstanden, da sie oft auch viel zu theoretische Auffassungen vertritt.» Protokoll 14. Sitzung, 18.4.1941. StA BL, Bau A 6.2, Baugesetzrevision.
13 Vgl. Hornberger 1980.

7.2 Vom Vollmachtenrecht zur kantonalen Planungsstelle

Die kantonale Verwaltung machte von den ihr im Rahmen der Kriegswirtschaft zugewiesenen Kompetenzen im Bereich des Bodenhandels starken Gebrauch. Ausgehend vom Bestreben, den landwirtschaftlichen Boden gegen Spekulation und Zweckentfremdung zu schützen, wandte sich die zuständige Direktion des Innern immer stärker auch siedlungspolitischen Fragen zu. Schliesslich wurde in der kantonalen Verwaltung eine eigene Planungsstelle geschaffen, um sich mit diesen Problemen zu beschäftigen.

Regierungsrat Gschwind und das «neue Bodenrecht»

Im Rahmen der ihm vom Parlament eingeräumten Vollmachten hatte der Bundesrat zu Beginn des Krieges in verschiedenen Bereichen neue, zum Teil sehr weitgehende Regelungen eingeführt, die das wirtschaftliche Überleben des Landes sicherstellen sollten. Die Ausführung dieser notrechtlichen Beschlüsse war weitgehend den kantonalen Instanzen übertragen. Am 19. Januar 1940 erliess die Landesregierung einen Bundesratsbeschluss «über Massnahmen gegen die Bodenspekulation und die Überschuldung sowie zum Schutz der Pächter» (BMB), mit dem er den Handel mit landwirtschaftlichem Boden einer Bewilligungspflicht unterstellte und eine staatliche Festlegung der betreffenden Bodenpreise möglich machte. Im folgenden Jahr verschärfte er diesen Beschluss durch noch weitergehende Bestimmungen.
Wie viele andere im Zweiten Weltkrieg ergriffene Massnahmen erfolgten auch diese aufgrund der Erfahrungen während des Ersten Weltkrieges. Damals war es als Folge einer Flucht in Sachwerte zu einer starken Bodenspekulation und zu massiven Bodenpreissteigerungen gekommen. Erst in der sozialpolitischen Konfrontationsstimmung am Ende des Krieges hatte der Bundesrat zu regulierenden Massnahmen gegriffen.[14] Mit dem frühzeitigen Erlass griffiger Bestimmungen wollte die Landesregierung diesmal den sozialen Frieden sichern und gleichzeitig den für die Landesversorgung wichtigen Landwirtschaftsboden vor Zweckentfremdung schützen.
Bei der für die Umsetzung dieser Sondermassnahmen zuständigen kantonalen Direktion des Innern scheint zunächst eine gewisse Ratlosigkeit über das Vorgehen geherrscht zu haben. «Trotz umfangreicher, gewissenhafter Erhebungen ist es nicht möglich, auf dem vom Bundesratsbeschluss vorgezeigten Wege zu einer befriedigenden,

---

14   Für den Kanton Basel-Landschaft vgl. BZ 8.11.1918.

namentlich vernünftigen Lösung zu kommen, deshalb, weil das Problem Bau/Bauernland auf Grund der bisherigen Unterlagen von allen interessierten Teilen schwer zu beurteilen ist.»[15]
Bald entwickelten aber die Beamten der Direktion Kriterien, die eine erste Unterscheidung von Landwirtschaftsland und Bauland ermöglichten. So konnten für die einzelnen Gemeinden eine Art provisorischer Zonenpläne erstellt werden. Nach den ersten Anlaufschwierigkeiten stürzte sich der zuständige Regierungsrat Hugo Gschwind mit zunehmender Begeisterung auf diese Aufgabe. Der Vertreter der Katholischen Volkspartei erkannte, dass ihm der Bundesratsbeschluss neue Möglichkeiten für die Lösung alter Probleme in die Hand gab.
Diese Bewilligungspraxis beim Landverkauf wurde im Kanton Basel-Landschaft äusserst streng gehandhabt. Nach Gschwinds Worten handelte es sich dabei um eine «extensive Interpretation und eine intensive Anwendung des BRB».[16] Für dieses konsequente Handeln waren verschiedene Ziele massgebend. Es ging Gschwind um den Schutz des Landwirtschaftslandes vor der Spekulation, aber auch vor den verkaufswilligen Bauern. Dazu wurde eine Art Preisdiktat eingeführt. Für landwirtschaftlich genutzten Boden sollte nicht mehr der Verkehrswert, sondern der viel niedrigere Ertragswert gelten – ein altes Ziel der Landwirtschaftspolitik.
Zahlreiche Hinweise deuten darauf hin, dass Gschwind das «neue Bodenrecht», das er auf vollmachtenrechtlicher Basis durchsetzen konnte, nicht nur als vorübergehende Massnahme sah. So sprach er des öftern davon, dass der Bundesratsbeschluss einen «Bruch mit der Vergangenheit»[17] darstelle. Er wollte offensichtlich die Gunst der Stunde nutzen, um alten bäuerlichen Forderungen nach einem neuen Bodenrecht zum Durchbruch zu verhelfen. Diese Zuversicht lässt einige Fragen aufkommen. War dem Politiker Gschwind nicht klar, dass die notrechtlichen Massnahmen nach Kriegsende wieder entfallen würden? Oder hoffte er, für die neuen Regelungen so viel Akzeptanz schaffen zu können, dass sie nachher ins ordentliche Recht übernommen würden? Immerhin wurde auch von anderen Beobachtern die Ansicht geäussert: «Die bundesrätlichen Vorschriften sind nicht nur für die ausserordentlichen Kriegszeiten gedacht. Sie

15   AB 1940, S. 243.
16   Protokoll über die 1. Sitzung der Spezialkommission für Siedlungsfragen der VLP vom
       26.10.1944 in Zürich. Referat Dr. H. Gschwind: «Abgrenzung zwischen landwirtschaft-
       lich genutztem Boden und Siedlungsgebiet. Erfahrungen aus der Praxis.» StA BL, Bau A
       6, Regional- und Landesplanung.
17   Protokoll LR, Antwort Gschwinds auf die Interpellation Mann am 13.1.1941.

bezwecken den dauernden Schutz und die Festigung des bäuerlichen Grundbesitzes.»[18]

Widerstände der Grundbesitzer

Eine ganz andere Meinung vertrat die FDP-Fraktion, welche die Politik Gschwinds in einer Motion scharf kritisierte: «Nach unseren Begriffen geht der Standpunkt von Regierungsrat Dr. Gschwind über den Rahmen des Bundesratsbeschlusses hinaus. […] Mit dem Bundesratsbeschluss wird aber kein neues Bodenrecht geschaffen, da dieser nur Ausnahmebestimmungen enthält, die für einen Ausnahmefall aufgestellt worden sind, womit kein selbständiges Recht geschaffen werden kann.»[19] Für Opposition sorgte vor allem, dass viele Landbesitzer ihr Land aufgrund der Katasterschätzungen für den Verkehrswert zu versteuern hatten, bei einem Verkauf aber nur mehr den Ertragswert verlangen durften.[20]

Von der teilweise starken Opposition liess sich Regierungsrat Gschwind nicht beirren und führte seine Politik entschlossen weiter. Der Forderung nach einer Kontrolle der Bodenpolitik durch eine landrätliche Kommission gab er nicht nach, denn «dies hätte das Vorgehen entscheidend beeinträchtigen können».[21] Möglich war diese konsequente Politik aufgrund der im Krieg allgemein gestärkten Stellung der Exekutive und der Rückendeckung durch das Bundesgericht, das wiederholt Einsprachen gegen bodenpolitische Entscheide der Direktion des Innern abwies.[22]

Ausserdem fand Gschwind mit seiner Politik auch starke Unterstützung. Wenn auch die Massnahmen der neuen Bodenpolitik bei den Betroffenen sehr unterschiedliche Reaktionen hervorriefen, so genossen ihre sozial- und siedlungspolitischen Ziele viel Sympathie. Nach Gschwinds eigener Einschätzung war nach den ersten Jahren die Zustimmung zu seiner Politik stark angewachsen.[23] Wie die Umsetzung des Bundesratsbeschlusses in anderen Kantonen aussah, kann hier nicht beurteilt werden, doch wurde Gschwind über die Kantonsgrenzen hinaus als «der prononzierteste und einflussreichste Vertreter der neuen Baselbieter Bodenpolitik» bekannt.[24]

18   KB BL 1940, S. 5.
19   Begründung der Motion laut LR-Protokoll vom 21.7.1941.
20   Interpellation Leo Mann und Motion der Fraktion katholischer Landräte vom 21.4. 1941 im Landrat, (Vorlagen).
21   Siehe Anm. 17.
22   Gemäss AB 1941, S. 190 ff. und AB 1945, S. 440.
23   Siehe Anm. 17.
24   NZ 30.3.1944.

Gespanntes Verhältnis zu Basel-Stadt

Gschwinds Bodenpolitik enthielt über die bisher aufgezählten
Punkte noch eine weitere Spitze, die wohl ihre Akzeptanz eher
erhöhte. Wenn verhindert werden sollte, dass nichtbäuerliche Kreise
Landwirtschaftsland kauften, so wurden von solchen Massnahmen in
starkem Masse baselstädtische Interessen getroffen. Am 29. März
1944 unternahm es Gschwind in einem vielbeachteten Referat in
Basel, «die basellandschaftliche Boden- und Siedlungspolitik zu skiz-
zieren und die Verhältnisse klarzulegen, die daraus in den Beziehungen zu Basel-Stadt entstanden sind».[25] Zu diesen führte er laut dem
Zeitungsbericht aus: «Die grösste Reibungsfläche besteht darin, dass
wir der Einwohner- und Bürgergemeinde Basel verwehren, in der
rein landwirtschaftlichen Zone Land aufzukaufen. Die Bürgergemeinde ist ohnehin der grösste Grundbesitzer in Baselland. […] Die
grossen Pachthöfe der Bürgergemeinde sind keine Familienbetriebe
mehr. Es müssen Knechte eingestellt werden. Wir wollen aber im
Baselbiet kein Landarbeiter-Proletariat.»[26]
Neben der Abweisung des Erwerbs von Landwirtschaftsland zum
Zweck der Kapitalanlage[27] verwahrte sich Gschwind auch dagegen,
«dass wir auf unserem Boden kinderreiche Arbeiterfamilien ansiedeln lassen, damit sie billiger wohnen und einen Gemüsegarten
bebauen können».[28] Basel-Landschaft habe bereits genug der «wirtschaftlich schwächsten Existenzen» aus der Stadt aufgenommen,
auch wenn sich in den letzten Jahren eine gewisse Tendenzwende
ergeben habe. Doch wolle man keine weiteren Stadtrandsiedlungen
zulassen; wenn schon solle die steuertechnisch interessantere Industrie sich mit ansiedeln. Es ist offensichtlich, dass diese Auseinandersetzungen vor dem Hintergrund der ungelösten Wiedervereinigungsfrage zu sehen sind.

Hinwendung zu siedlungspolitischen Fragen

Mit seiner Bodenpolitik spurte Gschwind nicht nur einem neuen
bäuerlichen Bodenrecht vor, sondern er strebte damit immer stärker
auch siedlungspolitische Zielsetzungen an. Gschwinds zunehmendes
Engagement auch für planerische Fragen fand seinen Ausdruck unter
anderem darin, dass er sich in den Vorstand der neugegründeten

25   BZ 30.3.1944.
26   Ebda.
27   Zum Hintergrund dieser Auseinandersetzung vgl. Winkler Justin.
28   BZ 30.3.1944.

schweizerischen Vereinigung für Landesplanung wählen liess. Die siedlungspolitischen Ziele im Zusammenhang mit der Durchsetzung des Antispekulationsbeschlusses wurden im Amtsbericht 1942 mit folgenden Worten umschrieben:

«Der Bundesratsbeschluss über Massnahmen gegen die Bodenspekulation eröffnet die Möglichkeit, eine Politik im Sinne einer vernünftigen und den praktischen Verhältnissen Rechnung tragenden Landesplanung durchzuführen. Das Ziel dieser Politik besteht darin, die landwirtschaftlichen Zonen von den Bauzonen auszuscheiden, in der landwirtschaftlichen Zone das Ertragswertprinzip anzuwenden und dem Landwirt den landwirtschaftlichen Boden zu tragbaren Preisen zu sichern. Im Interesse eines gesunden Finanzhaushaltes der Gemeinden und der Erhaltung des Siedlungsbildes ist die Bauzone so zu bemessen, dass ein organisches Wachsen der Gemeinde möglich und die sprunghafte chaotische Bebauungsweise, wie sie seit 1920 zu verzeichnen war, abgebremst wird.»[29]

Die Verwicklung in siedlungspolitische Fragen kam daher, dass bei der Ausführung des Bundesratsbeschlusses eine Unterscheidung zwischen Landwirtschaftsboden und Siedlungsgebiet vorgenommen werden musste und sich dabei automatisch weitergehende siedlungspolitische Fragen stellten. So war es wohl kein Zufall, dass sich ausgerechnet der in Gschwinds Direktion für diese Fragen zuständige Grundbuchgeometer Walter Spiess im Jahre 1941 in die Diskussion um das neue Baugesetz einzuschalten versuchte. Er sandte dem Regierungsrat zuhanden der Baugesetzkommission einen 12-seitigen Brief, in dem er eine stärkere Berücksichtigung der Planung im neuen Gesetz forderte.[30] Er schlug vor, die Ortsplanung weitgehend beim Kanton zu zentralisieren.

Auch wenn diese Intervention zunächst wenig bewirkte,[31] so scheint sich später doch eine recht gute Zusammenarbeit zwischen der Direktion des Innern bei der Umsetzung des bundesrätlichen Vollmachtenrechtes und der Baudirektion bei der Realisierung erster planerischer Massnahmen gemäss dem neuen Baugesetz eingespielt zu haben. So forderte die Direktion des Innern die Schaffung einer kantonalen Planungsstelle, die bei Landverkaufsgesuchen als erste Rekursinstanz wirken konnte.[32] Diese Stelle sollte in der Baudirektion, also ausserhalb der kriegswirtschaftlichen Sonderorganisation angesiedelt werden.

---

29   AB 1942, S. 82.
30   Schreiben vom 20.2.1941. StA BL, Bau A 6.2, Baugesetzrevision.
31   Baudirektor Mosimann scheint etwas ratlos gewesen zu sein und bat den ihm bekannten Basler Stadtplaner Trüdinger um eine «konfidenzielle Begutachtung» der Vorschläge. Schreiben vom 11.3.1941. StA BL, Bau A 6.2, Baugesetzrevision.
32   Schreiben der Direktion des Innern an die Baudirektion vom 18.1.1943. StA BL, Bau A 7/A8 Zonenpläne.

Die Schaffung der Planungsstelle

In der Baudirektion selbst entstand das Bedürfnis nach einer solchen
Stelle im Zusammenhang mit der Ortsplanung von Pratteln, welcher
eine Art Pilotfunktion zuerkannt wurde.[33] Die Planungsstelle wurde
vom Regierungsrat erstmals im Amtsbericht 1943 erwähnt: «Die
Durchführung der Bau- und Zonenplanung gemäss neuem Baugesetz verlangt nach einer Organisation, die dafür Sorge trägt, dass die
Arbeiten koordiniert und nach einheitlichen Gesichtspunkten geleitet werden. Um diese Bestrebungen fruchtbringend zu gestalten,
muss eine Zusammenarbeit angestrebt werden. Wir haben zu diesem
Zwecke eine kantonale Planungsstelle [...] gewählt.»[34]
Nachdem die Planungsstelle zunächst lediglich eine Kommission
ohne eigenes Personal dargestellt hatte, wurde 1945 der Baupolizist
Wilhelm Arnold zum Technischen Leiter der Planungsstelle ernannt.
Arnold hatte sich durch sein grosses Engagement für die Planung
ausgezeichnet und stellt in der Geschichte der frühen Ortsplanung in
Basel-Landschaft zweifellos eine Schlüsselfigur dar. Auf Anfrage gab
die Regierung dem Landrat Rechenschaft über Aufgaben und Organisation der neuen Stelle und rechtfertigte deren Schaffung: «Der
Tragweite und der Bedeutung einer Planung bewusst, dürfte es den
Gemeinden zweckmässig erscheinen, wenn ihnen eine kantonale
vorbereitende und beratende Stelle zur Verfügung steht. Die Planung
ist Neuland, sehr weitschichtig und komplex. Sie soll von der zentralen Stelle aus in zielbewusster Weise in Gang gebracht, gelenkt und
von Zufälligkeiten frei gehalten werden.»[35]
Die Tätigkeit der Planungsstelle liess sich gemäss den Ausführungen
der Regierung in drei verschiedene Aufgaben einteilen: Die bisherige
Haupttätigkeit der Behandlung von Landverkaufsgesuchen (im Rahmen des Vollmachtenbeschlusses) würde von abnehmender Bedeutung sein. Immer wichtiger sollte dagegen die Aufgabe werden, die
von den Gemeinden ausgearbeiteten Bau- und Zonenpläne zu überprüfen und dem Regierungsrat darüber Bericht zu erstatten und
Antrag zu stellen. Drittens sollte sich die Stelle der Analyse der vorhandenen Grundlagen und Entwicklungslinien widmen, denn: «Eine
ernste Ortsplanung bedarf wissenschaftlicher und technischer
Grundlagen.»[36]

---

33   Exposé von Wilhelm Arnold: «Aufgaben der Baudirektion im Zusammenhang mit der
      Planung in Pratteln» vom 26.10.1943. StA BL Bau A 7.
34   AB 1943, S. 153.
35   Bericht RR betr. Aufgaben und Organisation der kantonalen Planungsstelle vom 20.4.
      1945, (Vorlagen).
36   Ebda.

7.3 Landesplanung – Regionalplanung

Während des Zweiten Weltkrieges fand in der Schweiz eine breite Diskussion um die Notwendigkeit von Landesplanung statt. Auch in der Region Basel wurden ähnliche Fragen intensiv diskutiert, und nach Kriegsende entwickelte sich daraus der Versuch einer gemeinsamen Regionalplanung der beiden Kantone.

Die Diskussion um Landesplanung während des Krieges

Bereits seit dem Ersten Weltkrieg war in der Schweiz immer wieder Unbehagen über die unkontrollierte Entwicklung der Besiedlung des Landes geäussert worden. Den Hintergrund dazu stellten die Umwälzungen dar, welche die räumliche Ordnung des Landes im Gefolge der Industrialisierung und des Eisenbahnbaues seit der Mitte des 19. Jahrhunderts erfahren hatte. Zwei komplementäre Erscheinungen erregten dabei vor allem in konservativen Kreisen Unwillen: die Entvölkerung ländlicher Randregionen und das starke Wachstum der Industriezentren. Allerdings bewegten sich beide Erscheinungen in der Schweiz, verglichen mit ausländischen Entwicklungen, in einem bescheidenen Rahmen.

In den 30er Jahren wurde von Architekten und Städtebauern erstmals eine entschiedene Raumpolitik des Bundes verlangt. Diese Forderung nach «Landesplanung»[37] ist eng mit dem Namen des Architekten Armin Meili verknüpft, der 1933 in einem Aufruf forderte, eine «systematische Landesplanung in Angriff» zu nehmen, und zu diesem Zweck ein neues eidgenössisches Amt zu schaffen.[38] Die weitgespannten Ideen Meilis, der sich einen gesamtschweizerischen Zonenplan vorstellte, stiessen auf einige Resonanz, und in der Folge wurden von Architekten weitere Vorstösse unternommen und Planungsstudien eingeleitet. Über diese Fachkreise hinaus weckte das Thema aber vorerst nur wenig Interesse, was in erster Linie daran gelegen haben dürfte, dass in der Krisenzeit der 30er Jahre soziale und wirtschaftliche Anliegen dominierten.

Zu Beginn des Zweiten Weltkrieges begann das Thema «Landesplanung» aber eine grössere Rolle in der schweizerischen Innenpolitik zu spielen.[39] Verantwortlich dafür war wiederum Armin Meili. Er

---

37 Der Begriff «Landesplanung» hatte einerseits die gleiche allgemeine Bedeutung wie heute «Raumplanung». Andererseits meinte Landesplanung im speziellen vor allem Planung auf Bundesebene, wobei der Begriff dann meist zusammen mit Orts- und Regionalplanung verwendet wurde. Zu dieser doppelten Bedeutung vgl. Handbuch der schweizerischen Volkswirtschaft, Bd. 2, S. 86f.

38 Meili 1933.

39 Vgl. Walter 1985.

benutzte als Direktor der Landesausstellung 1939 in Zürich die Möglichkeit, der an die «Landi» strömenden Bevölkerung aus allen Landesteilen die Idee der Planung mit einer eigenen Abteilung «Planen und Bauen» näherzubringen. In den folgenden Kriegsjahren blieb die Landesplanung in der Öffentlichkeit präsent. Ungezählte Zeitungsartikel erschienen zu diesem Thema, grosse Tagungen wurden veranstaltet, und in offiziellem Auftrag wurden erste Studien zu den Möglichkeiten der Planung in der Schweiz erarbeitet. Es kam zu einer gewissen Institutionalisierung der Landesplanung. 1943 wurde in Zürich die Vereinigung für Landesplanung (VLP) als breit abgestützte Dachorganisation gegründet, in deren Vorstand der Kanton Basel-Landschaft mit Regierungsrat Gschwind vertreten war. Im gleichen Jahr wurde am Geographischen Institut der ETH-Zürich eine Zentrale für Landesplanung eingerichtet.

Die Landesplanung entwickelte sich zu einem ausgesprochenen Konsensbegriff. Mit der Vorstellung von Landesplanung liessen sich die verschiedensten Interessen – heimatschützerische, städtebauliche, landwirtschaftliche und auch sozialpolitische – verknüpfen. Die Landesplanung konnte konservativ, als Bewahrung des Bestehenden, oder progressiv, als Mittel zukunftsgerechter Gestaltung verstanden werden. Sie entsprach aber auch dem in den verschiedensten politischen Lagern verbreiteten Ordnungsdenken und dem Hang zu autoritären Lösungen, wie er in der Kriegszeit vorherrschte.

Anders als die Ziele der Landesplanung waren die Mittel, die man ihr zur Verfügung zu stellen bereit war, äusserst umstritten. Auch wenn im Rahmen der «Geistigen Landesverteidigung» und der mit ihr verbundenen Vorstellung einer «Volksgemeinschaft» die öffentlichen Interessen über die privaten gesetzt wurden, waren die Verteidiger der grundsätzlichen Unantastbarkeit von Privateigentum auf der Hut. Auf der anderen Seite waren die Sozialdemokraten gerne bereit, Landesplanung auch im Sinne einer erweiterten Wirtschaftsplanung zu interpretieren. Neben den gesellschaftspolitischen Differenzen bestanden jene über den Stellenwert des föderalistischen Staatsaufbaus, wobei auch hier der Krieg die Vertreter einer vermehrten zentralstaatlichen Lenkung vorübergehend stärkte.

So kam es, dass während einiger Jahre zwar eifrig über Landesplanung diskutiert wurde und ein grosser Konsens über ihre Notwendigkeit zu herrschen schien, aber gleichzeitig die entscheidenden Fragen weitgehend ausgeklammert blieben. Es kann vermutet werden, dass die spezielle Situation während des Krieges für das eine wie das andere verantwortlich war. Zum einen zeigte man in der Schweiz während des Krieges eine ausgesprochene Neigung zur Erörterung von Grundsatzfragen über die Ziele gesellschaftlicher Entwicklung, wobei häufig eine reichlich pathetische Sprache verwendet wurde. Zum andern gehörte es zu den Charakteristiken jener Jahre, dass das Einende und nicht das Trennende gesucht wurde. Landesplanung erwies sich als äusserst konsensfähiger Begriff; die Klärung seiner konkreten Bedeutung verschob man lieber. Auf die Dauer befriedigte diese Situation aber auch Meili nicht, der 1946 beklagte: «Die Verbreitung der Landesplanungs-Ideen im Volke ist durchaus erfreulich. Die Landesplanung will aber nicht zur Dauerdiskussion werden, sondern sie will Wege aufzeigen und zur Tat drängen.»[40]

Die Landesplanungs-Diskussion in der Region Basel

Im Gefolge der Fachdiskussion auf nationaler Ebene kam es in den späten 30er Jahren in der Region Basel zur Gründung der Regionalplanungskommission Nordwestschweiz, von der in der Folge wesentliche Impulse ausgingen.[41] Die Vorstösse dieser Gruppe führten direkt oder indirekt zur Aufnahme der verschiedenen planerischen Bestimmungen ins Baugesetz. Im Verlauf des Krieges wurden zusätzlich zwei kantonale Kommissionen gegründet, die sich um Planungsfragen kümmerten, nämlich die Regionalplanungsgruppe Baselland unter dem Vorsitz von Architekt und Landrat Arnold Gürtler aus Allschwil, sowie die Siedlungskommission der Gemeinnützigen Gesellschaft. Die Mitglieder dieser Kommissionen standen untereinander und mit verschiedenen betroffenen Verwaltungsstellen in einem regen Kontakt,[42] was v.a. auch inbezug auf die Praxis der vollmachtenrechtlichen Möglichkeiten von Bedeutung war.
Während die Debatte über Landesplanung in der gesamten Schweiz zwar sehr rege war, aber noch wenige konkrete Resultate zeigte, war die planerische Diskussion im Raum Basel auf konkretere Ziele ausgerichtet. Die siedlungsplanerischen Probleme lagen für die Fachleute auf der Hand, und aufgrund der politischen Situation konnte die Hoffnung gehegt werden, dass auch gehandelt werden könnte. Dabei spielte auch eine Rolle, dass dem Staat durch das Vollmachtenrecht ausserordentliche Mittel zur Einflussnahme in die Hände gegeben waren.
Langfristig bedeutender war es aber, dass die Diskussion um Planungsfragen über den Kreis der interessierten Fachleute hinausgetra-

---

40   Protokoll der 3. Mitgliederversammlung des VLP in Zürich vom 20.8.1946, S. 3. StA BL Bau A 6.
41   Bei der Beantwortung einer landrätlichen Anfrage betreffend Ortsplanung erklärte der RR am 7.2.1939, er wolle zunächst die Arbeit der Regionalplanungskommission abwarten, welche sich um derartige Fragen kümmere, (Vorlagen).
42   Dieser Briefwechsel ist teilweise im StA BL Bau A 6 zu finden.

gen werden konnte und auch politische Organisationen sich zunehmend von der Notwendigkeit der Planung überzeugen liessen. So
wurde an einer FDP-Delegiertenversammlung 1943 ausgeführt: «Der
Landesplanung liegt eine Rangordnung der beteiligten Werte und
Interessen zu Grunde, die heute eine andere ist als früher. Sie stellt an
die Spitze das Landschaftsbild und lässt dann der Reihe nach folgen
die Wohnungsinteressen, Landwirtschaft und Forstwirtschaft, Industrie und schliesslich die beliebige Beanspruchung des Bodens durch
den Besitzer.»[43]
Konkrete Vorschläge, wie die planerische Gestaltung der Zukunft in
der engeren Region Basel aussehen könnte, wurden 1942 zuerst vom
Chef des Basler Stadtplanbureaus, Paul Trüdinger, in einem längeren
Artikel über «Planungsprobleme in der Region Basel» gemacht.[44] Er
verfolgte damit ausdrücklich das Ziel, die nationale Diskussion über
Landesplanung auf die regionale Ebene zu beziehen.[45] Trüdinger
führte aus: «Es liegt auf der Hand, dass in der Umgebung grösserer
Zentren, wo sich die verschiedenartigsten Interessen der Bodenaus-
nutzung auf engem Raum stossen, die Gefahr der räumlichen Anar-
chie und der damit zusammenhängenden Verluste unseres Volksver-
mögens am grössten ist. Also ist ordnendes Eingreifen dort auch am
dringlichsten.»[46] Dem Fall der Region Basel komme dabei, so Trüdinger, allerhöchste Dringlichkeit zu, da hier als Folge der Aufteilung
in verschiedene Kantone und Länder die Schwierigkeiten am grössten seien. Er machte in diesem Artikel Vorschläge, wie die Planung in
den vier Bereichen Verkehr, Arbeit, Wohnen und Erholung zu entwickeln wäre.

Anlauf für eine Regionalplanung

In den mittleren 40er Jahren wurde von den Leitern der jeweiligen
Planungsabteilungen der beiden Basel, Trüdinger und Arnold, ein
ernsthafter Versuch unternommen, eine gemeinsame Regionalplanung zu entwickeln. Unterdessen war in allen Vororten mit der
Arbeit an den Ortsplanungen begonnen worden, und es stellte sich
deshalb die Frage, ob rechtzeitig ein Regionalplan zur Verfügung stehen würde, in den die Pläne der einzelnen Gemeinden eingepasst
werden konnten. Das Problem stellte sich beispielsweise, wie man in
den dicht ineinander verzahnten Gemeinden des unteren Baselbietes

43   BZ 15.3.1943.
44   Trüdinger 1942.
45   Ebda., S. 2: «Die Absicht dieser Ausführungen ist es, ein Bindeglied zwischen das Thema
     ‹Planung Schweiz› und das Thema ‹Planung Basel› einzuschieben.»
46   Ebda., S. 2f.

die Planung von Industrie-, Wohn- und Grünzonen koordinieren könnte.

Im Gegensatz zu den praktisch ausgerichteten Ortsplanungen hatte der Anlauf zur Regionalplanung zunächst einmal programmatischen Charakter. In einem «Leitfaden» formulierten Trüdinger und Arnold im Jahre 1945 ihre hochgesteckten Ziele und forderten:

> «Die Gemeindeplanung muss auf einer weitblickenden Landes- und Regionalplanung aufbauen können, deren Aufgabe darin besteht, in umfassender Weise jeder Tätigkeit des menschlichen Lebens Platz da zuzuweisen, wo sie sich am besten entfalten kann. Auch in unserer Region hat das Fehlen einer regionalen Planung viele verhängnisvolle Fehlentwicklungen gebracht. Es ist deshalb sehr wichtig, dass noch, bevor die Nachkriegs-Bautätigkeit einsetzt, die regionale Planung in Fluss kommt.»[47]

Die beiden Planer wollten die kriegsbedingte Pause in der Bautätigkeit als Chance nutzen, um planerische Vorsorge tätigen zu können. Der regionalplanerische Versuch von Trüdinger und Arnold stellte den ersten und für lange Zeit auch einzigen Ansatz dar, die nähere Umgebung der Stadt Basel über die Kantonsgrenzen hinweg als ein zusammengehörendes Siedlungsgebiet zu verstehen und zu ordnen. Grundlegend, so betonten die beiden Autoren, sei in der ganzen Regionalplanung die Unterscheidung zwischen Baugebiet und Landwirtschaftszone, wobei es nicht mehr reiche, diese wie im Vollzug des Vollmachtenbeschlusses «von Fall zu Fall nach groben Erwägungen»[48] vorzunehmen. Ihr Ziel war, zu einem Nutzungsplan und einem Verkehrsplan zu gelangen. Was in der Broschüre allerdings nur knapp behandelt wurde, waren die gesetzlichen Grundlagen, auf denen die Regionalplanung beruhen sollte, wobei die beiden Autoren die Meinung vertraten, diese würden schon ausreichen, wenn der politische Wille vorhanden wäre.

Nach dem programmatischen Manifest der beiden Planer nahmen diese in den ersten Nachkriegsjahren die praktische Arbeit an einem Regionalplan auf. In Baselland war die Planungsstelle mit der unentbehrlichen Grundlagenarbeit beschäftigt, die jeder Planung vorausgeht: der Erhebung und Inventarisierung des Bestehenden. Dabei wurde es wegen der Überlastung der Stelle bald nötig, externe Aufträge zu vergeben, die aber nicht immer zur Zufriedenheit ausfielen.[49] Trüdinger erarbeitete zwar im Auftrag der basellandschaftlichen Pla-

---

47 Arnold/Trüdinger, S. 5.
48 Ebda., S. 56.
49 Vgl. den Briefwechsel der Planungsstelle 1947/48 mit einem beauftragten Architekten, der länger für die Arbeit benötigte als vorgesehen und doppelt soviel dafür verlangte, als vereinbar war. StA BL Bau A 6.

nungsstelle einen Entwurf, der dann 1947 vorlag. Dieser war allerdings sehr rudimentär ausgearbeitet und ausserdem ohne jede Rechtsverbindlichkeit.

Den Planern scheint mit den Jahren der Elan abhanden gekommen zu sein, und sie wussten offensichlich nicht mehr, in welche Richtung sie ihre Arbeit weiter vorantreiben sollten. Die politische Unterstützung für ihr Vorhaben, für das sie zunächst viel Lob erhalten hatten, blieb zunehmend aus. Formell abgebrochen wurde die Arbeit zwar nicht, doch die Berichte darüber wurden zunehmend spärlicher und nichtssagender, wie etwa die folgenden Aussagen im Amtsbericht 1948: «In Ergänzung der bisherigen Regionalplanungsarbeiten wurden verschiedene Erhebungen und Untersuchungen in Auftrag gegeben. Das Ergebnis, welches für die weitern Planungsarbeiten und für die Überprüfung der Ortsplanungen von grosser Wichtigkeit ist, liegt noch nicht vollständig vor.»[50]

7.4   Aufbruch bei den Ortsplanungen

Um die Mitte der 40er Jahre setzte im Kanton Basel-Landschaft ein ausgesprochener Aufbruch im Bereich der Ortsplanungen ein. Dieser erfolgte nicht spontan, sondern auf Initiative des Kantons, der eine Reihe von Gemeinden zum Handeln aufrief. Die Entwicklung wird in einigen exemplarischen Gemeinden dargestellt.

Druckversuche des Kantons

In den letzten Kriegsjahren forderte die kantonale Verwaltung verschiedentlich die Gemeinden zur Einleitung von Ortsplanungen auf und setzte sie im Zusammenhang mit Landverkaufsbewilligungen unter Druck. Die Informations- und Propagandatätigkeit der kantonalen Planungsstelle für die Einleitung von Ortsplanungen spielte in dieser frühen Phase ein wichtige Rolle. Die Aktivität von Wilhelm Arnold in den Jahren 1943 und 1944 lässt vermuten, dass er sich in dieser Zeit, in der er eigentlich noch für die Baupolizei zuständig war, hauptsächlich für planerische Belange einsetzte. Arnold schilderte seine Kampagne in den Gemeinden.

> «Vielerorts glaubte man mit den gewohnten Bau- und Strassenlinienplänen auszukommen. [...] Da half nur Aufklärung, Feststellung der Zustände und Feststellung der Ursachen der Entwicklung. Lichtbildapparat und Vortrag waren das geeignetste Mittel zur Herbeiführung der notwendigen Planungsbereitschaft. Dabei hat das Hervorheben der ökono-

---

mischen Vorteile der Planung Wunder gewirkt. Es liess sich nachweisen, dass eine der stadtnahen Gemeinden zufolge Fehlens einer Ortsplanung nahezu 1 Million Franken nutzlos ausgegeben hat für Strassen und Werkleitungen. Diese Tatsache hat Eindruck gemacht, so dass schliesslich in allen 30 Gemeinden die Durchführung der Ortsplanung beschlossen wurde.»[51]

Kurz vor Kriegsende sah sich der Regierungsrat veranlasst, die Politik zur Förderung der Ortsplanungen zu beschleunigen. Im Januar 1945 sandte er an rund 30 Gemeinden ein Schreiben, in dem er sie auf die zu erwartende Entwicklung hinwies: «Es ist anzunehmen, dass nach Kriegsende und Eintritt besserer wirtschaftlicher Verhältnisse in manchen Gemeinden neue Bauprojekte zur Ausführung gelangen werden. Auf alle Fälle ist in vielen Gemeinden zur Behebung der Wohnungsnot die Erstellung von Wohnbauten in die Wege zu leiten. Es scheint deshalb notwendig, dass in allen Gemeinden Baureglemente erlassen werden. Nur auf diese Weise kann im ganzen Kantonsgebiet eine einheitliche Durchführung der kantonalen Vorschriften erreicht werden.»[52]
Bei den rund 30 Gemeinden, «denen eine stärkere bauliche Entwicklung bevorsteht»,[53] handelte es sich im wesentlichen um die Wachstumsgemeinden in den Vororten und die regionalen Zentren des Oberbaselbietes. Nach anfänglicher Skepsis war die grundsätzliche Akzeptanz von Ortsplanungen stark gewachsen. Man war allgemein zur Überzeugung gekommen, dass zur Bewältigung der baulichen Entwicklungen der Zukunft ein gewisses Mass an Ordnung und staatlichem Einfluss nötig war. Der «Landschäftler» formulierte diese Grundhaltung 1946 mit folgenden Worten: «Man wird ja in nächster Zeit ohnehin da und dort in unseren Baselbieter Gemeinden vor die Alternative gestellt werden, einen weiteren Schritt in Richtung einer zweckmässigen Orts-, Regional- und Landesplanung zu tun, wenn uns nicht die Entwicklung über den Kopf wachsen und sich unsere schönen Dörfer zu einem Gemisch von Fabrikareal, Wohnort und verkümmerter Landwirtschaft ausgestalten sollen.»[54]
Im folgenden sollen die Anfänge der ortsplanerischen Tätigkeiten in einigen Gemeinden exemplarisch dargestellt werden. Die Auswahl soll zeigen, wie verschieden die Verhältnisse von Ort zu Ort waren, auch wenn sich gemeinsame Muster finden lassen.

51   Arnold 1952, S. 85.
52   Schreiben vom 3.1.1946, zitiert in: LR-Kommission über die Vorlage des RR vom 26.11.1963 betr. den Entwurf zu einem neuen Baugesetz. S. 5, (Vorlagen).
53   AB 1945, S. 61.
54   LS 24.8.1946.

Münchenstein: Das Erbe der Zersiedlung

Die bauliche Entwicklung der Gemeinde Münchenstein in der ersten
Jahrhunderthälfte kann als paradigmatischer Fall für alle Fehlentwicklungen angesehen werden, welche Planer und Politiker nun zu
vermeiden und zu korrigieren trachteten. Insbesondere in den weit
vom alten Ortskern auf der linken Seite der Birs gelegenen Gebieten
hatten die Nähe der Stadt und die guten Verkehrsverbindungen
schon früh zu einer fortschreitenden Zersiedlung geführt. Doch lassen wir den Planungspionier Arnold die Entwicklung beschreiben:

> «Man kann nicht sagen, dass die Bebauung planvoll vor sich gegangen ist.
> An allen Ecken und Enden wurde angefangen, ohne ortsgestaltendes
> Prinzip. Ein jeder baute, wie es ihm beliebte; die vorzüglichen Grund-
> stücke wurden zuerst überbaut. Wer nachher kam, musste nehmen, was
> übrig blieb. Es war aber nicht eines jeden Sache, mit einem weniger vor-
> züglichen Grundstück vorlieb zu nehmen; teureres Land mit weniger
> Qualitäten blieb oft unbegehrt. So zog er weiter hinaus ins landwirt-
> schaftliche Gebiet, wo er Ruhe und Erholung wähnte. Damit wurden
> andernorts ebenfalls die Bodenpreise hochgetrieben, und es lockte zudem
> weitere Bauinteressenten an, denn das Land galt nun als Bauland. Es ent-
> stand so eine sprunghafte Überbauung, was sich heute noch im Siedlungs-
> gebiet ablesen lässt. Betrachten wir den Übersichtsplan, so stellen wir
> mehrere Lücken innerhalb des Baugebietes fest.»[55]

Den Anlass, sich um die ortsplanerische Entwicklung Münchensteins
zu kümmern, bot ein 1943 vom Architekten Carl Gygax zusammen
mit einem Landverkaufsgesuch eingereichtes Bauprojekt für eine
Siedlung im Gebiet Heiligholz. Das Projekt stiess bei der Planungsstelle auf wenig Gegenliebe, da es ein weiteres, bisher nur landwirtschaftlich genutztes und von den übrigen Siedlungen abgelegenes
Areal betraf.
Der Architekt sah darin allerdings kein Problem: «Der Rückblick auf
die vergangene Zeitperiode der Entwicklung des linksufrigen
Gemeindegebietes, welches in gewissem Sinne auch den Wohnbedarf
der Stadt Basel zum Ausdruck bringt, lässt den sicheren Schluss zu,
dass keine Gefahr besteht, dass die Bauten im Heiligholz vereinzelt
stehen bleiben werden. Im Gegenteil, es ist m.E. noch die gegebenste
Zeit, für einfachere Verhältnisse noch Bauland von der Bodenspekulation freizuhalten.»[56] Das Problem sei, so Gygax, dass grosse unüberbaute Landstücke mitten im Siedlungsgebiet privaten Eigentümern gehörten, die diese nicht zu verkaufen gedachten. Insbesondere

---

55   Ortsplanung Münchenstein. Programmatischer Bericht von Architekt W. Arnold. 1944,
     S. 8. AOR Münchenstein.
56   Schreiben Carl Gygax an Gemeinderat Münchenstein vom 5.2.1944. AOR München-
     stein.

die Meriansche Stiftung wollte sich nicht von ihren Pachthöfen trennen.

Obwohl die Planungsstelle dieses Problem anerkannte, leistete sie gegen das Projekt Heiligholz weiterhin Widerstand. So schrieb Arnold: «Das zur Überbauung vorgesehene Gebiet stellt heute eine grosse, zusammenhängende landwirtschaftliche Fläche dar, die einen nicht geringen Betrag abzuwerfen vermag. Bevölkerungspolitische, staatspolitische und volkswirtschaftliche Erwägungen sowie Erwägungen des Heimatschutzes sprechen gegen eine Überbauung dieses Gebietes. Mit dem Erkennen der unzweckmässigen Entwicklung drängt sich das Bedürfnis der vorausblickenden Planung auf.»[57] Auch der kantonale Wasserwirtschaftsexperte Schmassmann wandte sich in einem Schreiben an Gygax und bemängelte, dass vorgesehen sei, dass «die Fäkalabwasser in einer abflusslosen Grube gesammelt und ausgeführt» werden sollten. Als Notlösung konnte er sich aber damit angesichts der Wohnungsnot einverstanden erklären.[58]

An einer gemeinsamen Konferenz einigten sich schliesslich die Mitglieder der Planungsstelle, Gemeindevertreter und der Projektverfasser Gygax anfangs 1944 darauf, dass die Gemeinde eine umfassende Ortsplanung in die Wege leiten sollte, um dieses und ähnliche Projekte nicht weiterhin von Fall zu Fall beurteilen zu müssen.[59]

Der Fall Heiligholz und die Besprechung in Münchenstein stellten für Arnold den Anlass dar, einen längeren, programmatischen Bericht zur Ortsplanung Münchenstein zu verfassen, in dem neben der Beurteilung der örtlichen Besonderheiten auch sein allgemeines planerisches Credo zum Ausdruck kam. Er konstatierte ein allgemeines «Durcheinander und eine Vielgestaltigkeit der Bauten» und sah in einer Änderung dieser Verhältnisse geradezu eine Berufung: «Es ist eine grosse und schwierige Aufgabe für den Planer, in dieses Chaos wieder eine Ordnung zu bringen.»[60] Als oberstes Ziel der Planung von Münchenstein führte Arnold an: «Es muss vermieden werden, dass die Gemeinde mit der Stadt oder mit Arlesheim oder Reinach baulich verwächst. Sie soll eine eigene Gemeinde mit eigenem Leben bleiben.»[61]

Der Entwurf eines Zonenplans, den die Architekten Gygax und Gürtler einige Jahre später vorlegten, überzeugte Arnold und die kantonale Planungskommission in Hinsicht auf die erwähnten

57   Siehe Anm. 55.
58   Schreiben des Wasserwirtschaftsexperten Schmassmann an Carl Gygax vom 29.12.1943. AOR Münchenstein.
59   Protokoll Konferenz betr. Zonen- und Bebau. Plan für Heiligholz vom 5.1.1944. AOR Münchenstein.
60   Siehe Anm. 55, S. 2.
61   Siehe Anm. 55, S. 12.

Probleme nicht. Sie argumentierten, vor der Erschliessung neuen Baulandes sollten zuerst die bestehenden Lücken in der Besiedlung überbaut werden, sowohl um der Landwirtschaft grössere zusammenhängende Flächen zu erhalten, als auch des Orts- und Landschaftsbildes wegen. Arnold legte deshalb einen Gegenentwurf vor, welcher die Baulücken zu schliessen versuchte, vermehrt der bestehenden Kanalisation folgte – und das umstrittene Heiligholz von der Bebauung freihielt.[62]

Ein rechtskräftiger Zonenplan war jedenfalls infolge dieser und anderer Schwierigkeiten nicht so rasch zu verwirklichen, und das Verfahren zog sich in die Länge. Die Ortsplanung Münchenstein war mit Schwierigkeiten konfrontiert, die auch später immer wieder auftauchen sollten. Ihr Ausgangspunkt, die Frage, ob über ein bestimmtes Areal aus planerischen Gründen ein Bauverbot verhängt werden dürfe, sollte noch sehr lange zu den ungelösten Problemen der Raumplanung gehören. Das Erbe einer unkontrollierten Zersiedlung stellte sich den Absichten der Planer immer wieder entgegen und sorgte auch innerhalb der Gemeinde für Auseinandersetzungen, die sich in erster Linie immer wieder um die Frage des Verhältnisses der verschiedenen Eigentümerinteressen zur Planung drehten. Dies wird im Zusammenhang mit dem ersten Zonenplan zu zeigen sein.

Langenbruck: Der Kanton stellt Bedingungen

Zu den Gemeinden, deren frühe Inangriffnahme einer Ortsplanung eher erstaunen mag, gehörte das abgelegene Langenbruck. Das Juradorf verzeichnete in den 40er Jahren ein beträchtliches Bevölkerungswachstum von 130 Personen, was etwa einem Sechstel der ursprünglichen Einwohnerschaft entsprach. Aufgrund dieser Entwicklung wurde wohl mit einem weiteren Wachstum gerechnet, zu unrecht, wie sich später herausstellen sollte. Für besondere Verhältnisse sorgte in Langenbruck der Fremdenverkehr, und die Direktion des Innern hatte sich während des Krieges verschiedentlich mit Verkaufsgesuchen für Ferienhäuser zu befassen.

Anlass für energische Forderungen der kantonalen Verwaltung nach der Einleitung einer Ortsplanung war aber ein Verkaufsgesuch für Bauland an eine Wohnbaugenossenschaft im Jahre 1944. Die Bewilligung wurde nur unter der Bedingung erteilt, dass der Bau innert zweier Jahre realisiert werde, ausserdem wurde in der Verfügung der Direktion des Innern festgehalten:

---

62 Bericht der kantonalen Planungskommission vom 12.1.1948 zur Ortsplanung Münchenstein. AOR Münchenstein.

«Sofern der Gemeinderat von Langenbruck im Sinne der Anregungen der kantonalen Planungsstelle Schritte unternimmt, wonach das fragliche Flurgebiet als Baulandreserve für die künftige Entwicklung von Langenbruck zu gelten hätte, wäre eine gute Ausnützung des zur Bauzone erklärten Landes gewährleistet. [...] Dagegen müssten künftige Kaufsbewilligungen eventuell von einer Bebauungsplanung und Weganlage abhängig gemacht werden, wenn das Land von Gemeinde wegen im Sinne der Anregungen der kantonalen Planungstelle noch nicht erschlossen sein sollte.»[63]

Die Gemeinde beschloss noch im gleichen Jahr die Einleitung einer Ortsplanung und ersuchte die kantonale Planungsstelle um Beratung. Gleichzeitig erkundigte sie sich nach den Möglichkeiten einer finanziellen Unterstützung der Planungsarbeit. Die Subventionierung von Planungsarbeiten war von Bund und Kanton als Mittel der Arbeitsbeschaffung für arbeitslose Architekten eingeführt worden und stellte für die Gemeinden einen weiteren Grund dar, ihre Ortsplanungen rasch einzuleiten. Im Fall Langenbruck zahlten der Bund 30 und der Kanton 15 Prozent der Honorarkosten für die Planung. Auf Anfrage empfahl die Planungsstelle der Gemeinde den Basler Architekten Lodewig als Ortsplaner, denn dieser hatte als Präsident der Regionalplanungsgruppe Nordwestschweiz eine reiche planerische Erfahrung.

Die Arbeit Lodewigs scheint 1948 abgeschlossen worden zu sein, dennoch dauerte es noch bis 1952, bis die Gemeinde – unter dem sanften Druck eines Entzugs der Subventionen durch den Kanton – dem Zonenplan auch formell zustimmte. Worauf die Verzögerungen zurückzuführen sind, lässt sich den vorliegenden Dokumenten nicht entnehmen, allerdings ist klar, dass die planerischen Verhältnisse auch in Langenbruck relativ kompliziert waren. Vor allem die Bezeichnung einer speziellen Hotelzone, einer lokalen Besonderheit, sollte auch in Zukunft immer wieder für Probleme sorgen.

Lausen: Expansion der Industrie planerisch sichern

Auch in Lausen begannen die Bemühungen um eine Ortsplanung im Jahre 1944. Aufgrund der speziellen Situation des Industriedorfes wurden klare Prioritäten gesetzt: «Am 19. Oktober 1944 hat die Gemeindeversammlung die Aufstellung von Zonenplänen für die Gemeinde beschlossen. In Anbetracht der Tatsache, dass die bauliche Entwicklung unserer Gemeinde zunächst die Umgrenzung des Indu-

---

63 Verfügung der Direktion des Innern vom 31.5.1944. AOR Langenbruck.

strie-Gebietes erfordert, hat unsere Behörde in Verbindung mit unserem Planer, der Firma Wilhelm Brodtbeck & Bohny, Architekten, Liestal, den Zonenplan für das Industrie-Gebiet aufgestellt.»[64]
Der Zonenplan für das Industriegebiet und das dazugehörige Reglement konnten bereits im April des folgenden Jahres vom Regierungsrat genehmigt werden. Im Falle von Lausen scheint also weniger der Druck des Kantons als die eigene Problemlage den Ausschlag zum raschen Start einer Ortsplanung gegeben zu haben. Zwischen der um das Bahnhofsgebiet expandierenden Industrie und den Wohngebieten für die rasch wachsende Bevölkerung musste im Interesse beider Seiten frühzeitig eine Abgrenzung gefunden werden. Nach der Genehmigung der Industriezone war es dann mit der Eile vorbei, denn ein rechtsgültiger Zonenplan für die ganze Gemeinde lag erst 1954 vor.
Erwähnenswert ist im Fall von Lausen ein privates Konzept einer Zukunftsplanung, welches ebenfalls auf die Industrie ausgerichtet war. Aus eigener Initiative legte Arnold Graf, Stationsvorstand in Lausen, einen weitreichenden Vorschlag für ein Industriegebiet Oberbaselbiet im Raum Sissach–Itingen–Liestal vor, dessen Planung mit einer kantonalen Ergänzungsstrasse Liestal–Sissach zu verbinden sein sollte.[65] Der Vorschlag wurde zwar diskutiert, aber die vorgesehene Industriezone als zu gross empfunden.[66] Die heutige Situation ist allerdings dem Plan des Bahnhofvorstandes gar nicht unähnlich.

Arlesheim: Industrieansiedlungen verhindern

Arlesheim stellt insofern ein Spezialfall dar, als nicht sogleich mit der Arbeit an der Ortsplanung begonnen wurde, sondern zunächst – zusammen mit dem benachbarten Dornach – ein Wettbewerb ausgeschrieben wurde, um Ideen für die weitere Entwicklung zu sammeln. Offenbar hatte man das Bedürfnis, sich über die zukünftige Entwicklung grundsätzliche Gedanken zu machen, nachdem die Zersiedlung bereits in der Zwischenkriegszeit auf Kritik gestossen war.[67] Mit dem Wettbewerb, dessen Ergebnisse im Herbst 1946 vorgestellt wurden, versuchte man die Entwicklung der Gemeinde in eine ganz bestimmte Richtung zu lenken. Im «Landschäftler» wurden die Ausführungen des Preisgerichtes mit den folgenden Worten wiedergegeben:

64   Schreiben der Gemeinde Lausen an die Baudirektion vom 22.1.1945. AOR Lausen.
65   Schreiben Arnold Graf an die kantonale Planungsstelle vom 19.9.1945. AOR Lausen.
66   Protokoll Sitzung der kantonalen Planungskommission betr. Ortsplanung Lausen vom 27.4.1949. AOR Lausen.
67   Studer, S. 114.

«Die Planung der Gemeinden Arlesheim/Dornach wird sich [...] anders zu gestalten haben als etwa jene einer stadtnahen oder einer ausgesprochenen industriell interessierten Gemeinde. Die Gemeinden Arlesheim und Dornach sind ausgesprochene Wohngemeinden, sie sollen ungefähr die Aufgaben übernehmen wie das bessere Zürichbergquartier für Zürich. Der Wohncharakter der beiden Gemeinden steht daher im Vordergrund aller Überlegungen, Neuansiedlungen von Industrie werden direkt als unerwünscht bezeichnet.»[68]

Für die weitere Entwicklung von Arlesheim, das bisher auch Industrieort war, sollten also die Weichen neu gestellt werden. Den industriellen Charakter suchte man nun so weit als möglich abzulegen und sich weiter zum «Nobelort» zu entwickeln. Den Hintergrund dieser Haltung stellte dar, dass Arlesheim schon in den 30er Jahren zum Wohnort von wohlhabenden Stadtflüchtigen avanciert war.[69] Diese Entwicklung wollte man aus steuerlichen und anderen Gründen weiter vorantreiben.

Ziefen: Ein Fabrikneubau weckt Hoffnungen

In der kleinen Gemeinde Ziefen wurde gegen Ende des Zweiten Weltkriegs von der Basler Firma Senn & Co. eine Seidenbandfabrik erstellt. Das Fabrikgebäude wurde in einer schweizerischen Architekturzeitschrift als vorbildliches Beispiel eines architektonisch gelungenen Holzbaus (wegen des kriegsbedingten Mangels an anderen Baustoffen!) beschrieben. Ausserdem wurde die Standortwahl gelobt: «Der Standort des Fabrikneubaus in Ziefen ist das Ergebnis praktischer Orts- und Regionalplanung. Dank dem grossen Verständnis der Gemeindebehörden und ihrem guten Einvernehmen mit der kantonalen Planungsstelle war es möglich, eine Lösung zu finden, die für die zukünftige Ortsentwicklung von Anfang an klare, weitsichtig geplante Verhältnisse schafft.»[70]
Der Bau der Fabrik gab in Ziefen das Signal zum Beginn einer Ortsplanung, da man damit rechnete, dass sich viele der Beschäftigten neu im Ort ansiedeln würden. Der Fabrikbau selbst konnte aber schon vor Abschluss der Zonenplanung (Genehmigung durch die Gemeinde 1948) mit dieser koordiniert und ausgeführt werden, wobei das Engagement der kantonalen Planungsstelle eine bedeutende Rolle spielte. Diese setzte sich nicht nur wegen der unmittelbaren ortsplanerischen Bedeutung für diese Angelegenheit ein, sondern

68 LS 27.8.1946
69 Vgl. Weisskopf, S. 300.
70 Werk 1945, S. 322.

weil sich damit auch das landesplanerische Ziel einer Dezentralisierung der Industrie verwirklichen liess. Der «Baselbieter» kommentierte die Schaffung von 100 Arbeitsplätzen im wirtschaftlich bedrohten Reigoldswilertal freudig: «Die Pessimisten begannen bereits von einem sterbenden Tal zu sprechen und schienen beinahe recht zu bekommen.»[71]
Mit der Zentralisierung in einer Fabrik versuchte man der traditionell als Heimindustrie betriebenen Baselbieter Seidenbandweberei eine neue Zukunft zu geben. Der Fabrikneubau in Ziefen war für alle Beteiligten eine erfolgreiche Angelegenheit, und die Einweihung der Fabrik Ende Dezember 1945 stellte ein «kleines Freudenfest in Ziefen» dar.[72]

7.5   Gewässerverschmutzung wird ein Problem

Die Gewässerverschmutzung war eines der ersten Probleme, an dem sich die Folgen der veränderten Wirtschafts- und Lebensweise und des Bevölkerungswachstums für die Umwelt zeigte. Aufgrund spezieller geographischer Bedingungen wurde dieses Problem im Kanton Basel-Landschaft schon relativ früh akut. Von Beginn an bestand ausserdem ein enger Zusammenhang zwischen den siedlungsplanerischen Bemühungen und den Anstrengungen zur Eindämmung der Gewässerverschmutzung.

Frühe Verschmutzung der Flüsse

Das schon länger bestehende Problem der Verschmutzung der basellandschaftlichen Flüsse verschärfte sich als Folge des Wachstumschubs der 20er Jahre beträchtlich. Jedenfalls wurde nach einer in den frühen 30er Jahren durchgeführten Untersuchung der Wasserverhältnisse der Ergolz festgehalten: «Während in den Jahren 1918 bis 1922 die Ergolz, besonders auch der untere Abschnitt, fischereilich noch sehr gut war, setzte mit dem Jahre 1923 und nachher eine ausserordentlich starke Verunreinigung ein. […] Heute ist die Ergolz als Fischereigewässer von Gelterkinden bis Augst weitgehend entwertet.»[73]
Die Fischer waren die ersten, die von den Auswirkungen der Verschmutzung betroffen waren, doch dies wurde – ausser von ihnen selbst – noch nicht als gravierend empfunden. Allenfalls mussten ihnen niedrigere Fischpachtzinsen gewährt werden, in anderen Fäl-

71   BB 24.12.1945.
72   BB 24.12.1945.
73   Schmassmann 1944, S. 95.

len kauften verschmutzende Industriebetriebe die Pachtrechte gleich selber auf, um sich der Klagen der Fischer zu entledigen.[74] Ein weiteres Problem bestand im Fall der Ergolz im vielen Unrat, den der Fluss ins Staubecken des Kraftwerks Augst-Wyhlen schwemmte, so dass dieses immer wieder ausgebaggert werden musste.

Das Problem der Gewässerverschmutzung wurde also in der Zwischenkriegszeit schon diskutiert, aber insgesamt noch als nebensächlich empfunden. Insbesondere während der Wirtschaftskrise der 30er Jahre hatte man grössere Sorgen als die Wasserqualität. Zwar wurden nun gelegentlich erste Massnahmen zum Schutz der Gewässer diskutiert, doch bewegten sich diese Vorschläge auf einem tiefen Niveau. So beklagte die Baudirektion in einem öffentlichen Aufruf gegen die wilde Abfallablagerung: «Es besteht vielerorts die Unsitte, Abfälle aus Garten und Haus, nicht mehr verwendbare Gebrauchsgegenstände oder auch Tierleichen in die öffentlichen Gewässer zu werfen.»[75] Mit diesem Appell dokumentierte die Behörde aber eher die Selbstverständlichkeit alltäglicher Verschmutzungen als den Willen, etwas dagegen zu unternehmen. Zwar bestanden, worauf die Baudirektion aufmerksam machte, seit längerem restriktive Bestimmungen im eidgenössischen Fischereigesetz, doch wurden diese kaum beachtet.[76] Auch die Gemeindebehörden, die ihre Kehrichtablagerungsplätze an den Flüssen anlegten, kümmerten sich nicht um den Gewässerschutz.[77]

Der Bau von Kanalisationen

Im Gegensatz zum Gewässerschutz stellte der Bau von Kanalisationen schon in der Zwischenkriegszeit ein wichtiges Anliegen der Gemeinde- und Kantonspolitik dar. Vor allem in den grösseren Gemeinden war diese Massnahme im Interesse der öffentlichen Hygiene schon seit längerem unumgänglich geworden. Ausserdem bedrohte die unkontrollierte Versenkung von Abwässern der Haushalte, aber auch der Industrie die für die Trinkwasserversorgung wichtigen Grundwasserströme.[78] Die in der Zwischenkriegszeit zunehmende Streubauweise in den Vororten Basels machte die Errichtung von Kanalisationen aber schwierig und kostspielig. Es erstaunt deshalb nicht, dass Ortsplaner und Abwasserfachleute gemeinsam gegen die Zersiedlung kämpften.

74   Ebda. S. 96.
75   ABl 11 II, 1942, S. 244.
76   Vgl. Bussmann 1981.
77   AB 1943, S. 81.
78   AB 1945, S. 85.

Vorerst fehlten aber die gesetzlichen Mittel, um den Anschluss der Häuser an die öffentlichen Kanalisationen zu erzwingen. Dieser Mangel wurde im neuen Baugesetz behoben. Bei den Gesetzesberatungen wurde die Anschlusspflicht nicht bestritten, hingegen wurde eifrig darüber diskutiert, wer für die Kosten der Kanalisation aufkommen solle, der Kanton oder die Gemeinden. Doch wenn auch die Bestimmung im Gesetz nun eindeutig waren,[79] an eine konsequente Umsetzung war noch in den 40er Jahren nicht zu denken. Dazu wurde im Amtsbericht 1946 vermerkt:

> «Der Rückstand in der Kanalisierung einiger Ortschaften einerseits, die Notwendigkeit der Behebung der Wohnungsnot anderseits bedingen leider, dass die Beachtung von § 115 des Baugesetzes, wonach Abwasser nicht in den Untergrund verbracht werden dürfen, wenn Quell- oder Grundwasser gefährdet wird, nicht erzwungen werden kann, obwohl vorauszusehen ist, dass diese Missachtung, besonders im untern Kantonsteil, einer fortschreitenden Verschlechterung des Grundwassers gleichkommt.»[80]

Wenn der fortschreitende Bau von Kanalisationen auch in mancher Hinsicht einen Fortschritt darstellte, so verschob er vorerst lediglich das Problem, indem er die Verschmutzung der Fliessgewässer beschleunigte, wie die Regierung später feststellte:

> «Wo zur Ableitung der Abwasser Kanalisationen erstellt worden sind, wird mit ihnen das Abwasser in der Regel einem Oberflächengewässer zugeführt. Dadurch sind unsere einst klaren Bäche schon zum grössten Teil zu grauverschlammten Abwasserrinnen geworden, welche ekelerregend aussehen, durch Ausdünstung die Anwohner belästigen, zu Mückenplagen Anlass geben und in welchen nur ein reduzierter Fischbestand sich zu halten vermag.»[81]

Entscheidend für einen neuen Umgang mit dem Problem der Gewässerverschmutzung war nun, dass die Flüsse durch die ihnen aus der Kanalisation zufliessenden Abwässer nicht nur «ekelerregend» wurden, sondern dass man befürchtete, die verschmutzten Flüsse könnten ihrerseits zu einer Gefahr für das Grundwasser werden. Insbesondere in Jahren mit wenig Niederschlägen spitzte sich dieses Problem jeweils rasch zu, da sich die basellandschaftlichen Flüsse mit Ausnahme des Rheines durch eine eher spärliche Wasserführung auszeichnen. Dass die Fliessgewässer in dieser Zeit für Probleme sorgten, stellte eher eine Ausnahme dar, da es in den meisten anderen Orten in der Schweiz die Verschmutzung der Seen als Quellen des

79   GS BL 18, S. 553.
80   AB 1946, S. 196.
81   Erläuternder Bericht zum Gesetz über die Abwasseranlagen vom 7.11.1952. StA BL Bau A 10.2.

Trinkwassers war, welche Sorgen bereitete. Die in der Schweiz im allgemeinen wasserreichen Fliessgewässer wurden dagegen im allgemeinen mit dem Abwasser aufgrund ihrer Selbstreinigungskraft noch fertig. Aufgrund der speziellen Problemlage wurde die Frage des Gewässerschutzes in den 40er Jahren im Kanton Basel-Landschaft schneller akut, als dies auf gesamtschweizerischer Ebene der Fall war. Um Abhilfe zu schaffen, wurden im Baselbiet zunächst die einfachsten und billigsten Möglichkeiten erwogen. So wurde ein Projekt entworfen, die Abwässer des gesamten Ergolztales in einem Sammelstrang von Gelterkinden bis nach Augst ungereinigt in den Rhein zu führen.[82] Es zeigte sich aber, dass die Ergolz in diesem Fall praktisch ausgetrocknet wäre, und das Projekt wurde fallengelassen. Den Rhein als bequemen und billigen Vorfluter zu benutzen, war demnach nur für die direkt am Strom gelegenen Gemeinden möglich, ausserdem indirekt für jene Vororte, die ihre Abwässer der Basler Kanalisation zuführten.[83] Für alle übrigen Gemeinden mussten andere Methoden erwogen werden.

Zuständig für diese Fragen war im Kanton Basel-Landschaft der Bezirkslehrer Walter Schmassmann. Er hatte seit 1924 im Nebenamt als kantonaler Fischereiexperte gearbeitet und sich zunehmend in die technischen Probleme der Abwasserfrage und des Gewässerschutzes vertieft. Im Jahre 1944 wurde er zum vollangestellten Wasserwirtschafts-Experten ernannt.

Zentrale Abwasserreinigungsanlagen

Während des Krieges arbeitete Schmassmann im Auftrag der Regierung ein Konzept aus, das den Bau von mehreren zentralen Abwasserreinigungsanlagen vorsah. Im Jahre 1942 hielt die Regierung im Amtsbericht ihre Absicht fest: «Die ungünstigen Abwasserverhältnisse werden sich erst wieder ändern, wenn die Reinigung der Abwasser, die gegenwärtig für das Ergolztal und das Birstal projektiert wird, verwirklicht worden ist. Bei der fortschreitenden vermehrten Anwendung der Spülclosets auch in Ortschaften, die bis vor kurzem noch vorwiegend landwirtschaftlichen Charakter hatten, muss der Frage der Abwasserreinigung in allen Talschaften volle Aufmerksamkeit geschenkt werden.»[84]

Abwasserreinigungsanlagen waren zwar an verschiedenen Orten in der Schweiz seit einigen Jahren in Betrieb, doch handelte es sich noch

82 Schmassmann 1944, S. 19.
83 Auch die Aufnahmefähigkeit des Rheines hatte Grenzen. Deshalb gelangte im Frühling 1946 die niederländische Regierung wegen seiner Verschmutzung an den Bundesrat.
84 AB 1942, S. 79.

keineswegs um eine ausgereifte Technologie. Während der ganzen
40er Jahre hatte Schmassmann zu klagen, dass die bei der Beratungs-
stelle der ETH für Abwasserreinigung bestellten Gutachten für den
Kanton Basel-Landschaft infolge der Überlastung dieser Stelle auf
sich warten liessen, und die Sache demzufolge nicht voran kam. Es
wurde gleichzeitig aber auch klar, dass die ganze Angelegenheit in
verschiedener Hinsicht grössere Dimensionen annehmen würde, als
man ursprünglich gedacht hatte. In der zweiten Hälfte der 40er Jahre
setzte sich im Kanton Basel-Landschaft die Ansicht durch, dass das
Problem der Gewässerverschmutzung energischer angepackt werden
musste, dass aber wegen der zu erwartenden Kosten der Leitungssy-
steme und Reinigungsanlagen ein eigenes Gesetz dazu vonnöten sei.
Die Arbeit an einem solchen wurde in den späten 40er Jahren aufgenommen.

Kapitel 8
Geordnetes, aber planloses Wachstum

Zu Beginn des grossen Wirtschaftsaufschwunges hätten planerische Konzepte bereitgestanden, um die beschleunigte Entwicklung der Besiedlung in geordnete Bahnen zu lenken. Tatsächlich wurde im Bereich der Ortsplanung die bisherige Entwicklung pragmatisch weitergeführt. Völlig vergessen gingen dagegen jene Grundsatzfragen, die man während des Krieges so engagiert diskutiert hatte. Die 50er Jahre stellen sich somit als eine Zeit dar, in der man keine Probleme der Entwicklung sehen wollte. Dies gilt auch für die Anfänge der Umweltpolitik, obwohl die Entwicklung im Bereich von Gewässerverschutzung und Abfallentsorgung den Experten zunehmend Sorge bereitete.

8.1   Pragmatische Entwicklung der Ortsplanungen

Mit der Einleitung von Ortsplanungen hatte man in den 40er Jahren Neuland betreten. Erst unter den Bedingungen anhaltenden Wachstums sollte sich zeigen, wie weit man gewillt war, dieses neue Instrument in die Praxis umzusetzen und weiterzuentwickeln. Gleichzeitig war man zunehmend vor die Frage gestellt, welche planerische und architektonische Entwicklung man in den einzelnen Gemeinden anstrebte.

Die Einführung der Ortsplanungen

Die Einführung einer eigentlichen Ortsplanung verlief in den verschiedenen Gemeinden sehr unterschiedlich. Am Beispiel von Münchenstein, einer Gemeinde mit einer besonders schwierigen planerischen Ausgangslage, werden verschiedene Konfliktlinien exemplarisch aufgezeigt, die dabei eine Rolle spielen konnten.
Die Ortsplanungen, die gegen Ende des Krieges eingeleitet wurden, kamen zumeist in den späten 40er oder frühen 50er Jahren zum Abschluss, in einigen Fällen dauerte es auch länger. Die Dauer der Verfahren war unter anderem darauf zurückzuführen, dass die

Architekten unter den veränderten konjunkturellen Bedingungen nur noch mässig an den Ortsplanungen interessiert waren.[85] Aber auch die kantonale Planungsstelle, welche die Zonenpläne zu prüfen hatte, war permanent überlastet, umso mehr, als ihr Leiter Arnold 1946 auch noch zum Hochbauinspektor ernannt wurde.[86]

Immerhin verfügten also jene 30 Gemeinden in den 50er Jahren über eine rechtskräftige oder zumindest provisorische Zonenplanung, die Mitte der 40er Jahre von der Regierung zur Einleitung einer Orts-planung aufgefordert worden waren. Dabei blieb es auch, erst gegen Ende des Jahrzehnts begann eine Reihe neuer Gemeinden zu planen. Gemeinsam war den 30 Gemeinden, dass sie bereits in der Vergan-genheit ein grösseres Wachstum erlebt hatten, und deshalb davon ausgingen, dies werde auch in Zukunft der Fall sein. Mit dieser Annahme sollten sie nicht schlecht fahren, denn die räumliche Ent-wicklung der 50er Jahre folgte weitgehend den bereits vorhandenen Mustern. Vereinfachend kann gesagt werden, dass in den 50er Jahren alle wichtigeren Vorortsgemeinden und alle grösseren und industriell geprägten Orte im oberen Baselbiet ihre bauliche Entwicklung mit den Instrumenten Zonenplan und -reglement zu lenken versuchten. Die politische Akzeptanz der ausgearbeiteten Ortsplanungen war von Ort zu Ort sehr unterschiedlich. An manchen Gemeinde-versammlungen wurden die Pläne problemlos, oft «nahezu ein-stimmig»[87] genehmigt. Im Grundsätzlichen bestand ein weitgehen-der Konsens über die Berechtigung und Notwendigkeit der planerischen Lenkung auf Gemeindeebene, und in der konkreten Ausgestaltung konnten viele Widerstände durch grosszügige Einzo-nungen umgangen werden. Die nicht zu knappe Bemessung der Bau-zonen war nicht nur politisch bequemer, sie entsprach auch der ver-breiteten Zielvorstellung, eine bevölkerungsmässig grosse Gemeinde zu werden.[88] In einigen Fällen kam es aber auch zu heftigen Konflik-ten, die am Beispiel Münchenstein, auf das schon früher eingegangen wurde, exemplarisch beschrieben werden.

Schwierige Ausgangslage in Münchenstein

Die besonders hohe Konfliktintensität der Ortsplanung in Mün-chenstein war eine Folge davon, dass das Gebiet dieser Gemeinde

---

85   AB 1946, S. 168
86   AB 1948, S. 104.
87   So die Annahme des Binninger Zonenplanes laut dem Bericht der Nationalzeitung vom 12.7.1950.
88   Vgl. Arnold 1952, S. 89. Diese Ziel war zu dieser Zeit unter den Vorortsgemeinden ver-breitet, aber kaum in den bäuerlich geprägten Dörfern.

bereits grossflächig zersiedelt war und die Planung dieser Tatsache Rechnung tragen musste. Gleichzeitig wollte man aber mit den planerischen Eingriffen verhindern, dass sich die Entwicklung noch stärker in die unerwünschte Richtung fortsetzte. In einem Zeitungsartikel wurde die Ausgangslage der Ortsplanung Münchenstein umschrieben:

> «Die Erkenntnis der baulichen Fehlentwicklungen hinkte hinter dieser nach. Die sporadische Bauweise hat Münchenstein eine ziemliche Schuldenlast, die Zerstörung des einst schönen Dorfbildes und des einheitlichen, harmonischen Baucharakters gebracht. Die durchgeführten Feldereregulierungen erschlossen wohl Baugebiet, schafften aber keine Bau- und Siedlungszusammenhänge und wenn man in die Zukunft blickt, lässt sich unschwer voraussehen, dass die Verhältnisse nur schwieriger werden, wenn nicht heute ordnend eingegriffen wird.»[89]

Anlässlich der ersten Zonenplanung kam es zu zahlreichen Einwänden aus der Wohnbevölkerung. Es lassen sich drei Gruppen von mit der Planung Unzufriedenen unterscheiden: Grundbesitzer, welche die Nichteinzonung ihres Landes nicht hinnehmen wollten; Anwohner, die gegen die in ihrer Nachbarschaft vorgesehene höhere Bebauung protestierten; die Anwohner des Freilagers auf dem Dreispitzareal, die sich gegen dessen Erweiterung zur Wehr setzten. Der Entwurf des Zonenplans lag 1951 vor, doch erst drei Jahre später konnte ihn der Regierungsrat nach Klärung aller strittigen Fragen genehmigen.[90]

Grundkonflikte um die Einzonung

Der Kampf um die Einzonung stellte – nicht nur in den 50er Jahren – der häufigste Konfliktpunkt von Ortsplanungen dar, gleichzeitig von der Interessenlage her auch der einfachste. Die Grundbesitzer waren generell daran interessiert, dass ihre Parzellen in die Bauzone zu liegen kamen, die Planung andererseits bestand gerade darin, nicht alles Land einzuzonen, sondern nach sachlichen Kriterien über die Einzonung zu entscheiden. In Münchenstein hatte ja, wie dargestellt worden ist, der Konflikt um die Überbauung des Heiligholzes den Ausgangspunkt der ganzen Ortsplanung gebildet. Im allgemeinen wurden diese Konflikte aber durch eine grosszügige Einzonungspraxis entschärft. Ausserdem ging man damals davon aus, dass die Zonenplanung nicht endgültig sei, sondern laufend dem Bedarf angepasst werden sollte, was zumeist auch zutraf, jedenfalls wenn es sich

89   NZ 7.2.1949.
90   RR-Protokoll 470 vom 12.2.1954, Genehmigung Zonenplan. AOR Münchenstein.

um Parzellen in der Nähe der Bauzone handelte. So wurde auch das
Heiligholz in Münchenstein als eine Art Reservefläche zur späteren
Einzonung vorgesehen.[91]
Eine ganz andere Situation bestand dort, wo Eigentümer weit von
den Siedlungen entfernter Parzellen, z.B. in Münchenstein auf dem
«Galgenbruderholz», sich das Bauen nicht verbieten lassen wollten.
Hier war von seiten der Planung kein Entgegenkommen möglich,
ohne die ganze Arbeit zu desavouieren, und diese Fälle wurden denn
auch häufig von den Gerichten entschieden. Auf diese Problematik
wird später im Zusammenhang mit der Landwirtschaftszone eingegangen. In Münchenstein existierten aber bei der ersten Zonenplanung als Spezialfälle noch die landwirtschaftlich genutzten Güter der
Christoph-Merian-Stiftung und der Familie Geigy, die über das
ganze Siedlungsgebiet verstreut lagen. Diese Besitzer waren vorläufig
nicht an einer Einzonung interessiert.

Der Kampf um die «Blockbauten»

Zwischen den Anwohnern einer vorgesehenen Zone für dreigeschossige Wohnbauten in Neumünchenstein und den Planungsbehörden
entbrannte ab 1949 ein mehrere Jahre dauernder Konflikt. Die
bereits im Loogquartier ansässigen Einfamilienhausbesitzer wollten
in ihrer Nähe keine «Blockbauten» akzeptieren, wobei es nicht etwa
um Hochhäuser, sondern um gewöhnliche dreigeschossige Reihen-
häuser ging. Die Einsprecher weigerten sich lange, auf ein Kompromissangebot der Planer eintreten, die unter anderem argumentierten,
mit dem knappen Boden müsse haushälterisch umgegangen und an
den Durchgangsstrassen sollten höher gebaute Geschäftshäuser
errichtet werden.[92] In einem Schreiben an den Gemeinderat hielten
die Anwohner an ihrer Ablehnung fest:

> «Unsere Wahrnehmungen werden immer aufs Neue bestätigt, dass die
> vielen Stadtbewohner, die in die Vorortsgemeinden ziehen, vorwiegend
> Einfamilienhäuser in ruhigen und sonnigen Wohnlagen in nächster Stadt-
> nähe besonders bevorzugen. Alle diese Neuansiedlungen bleiben in der
> Regel im neuen Heim sesshaft, und für die Gemeinde sind sie als gute
> Steuerzahler willkommen. [...] Wir müssten es sehr bedauern, wenn ent-
> gegen unsern Erwartungen die heute dominierenden Einfamilienhäuser
> mit höhern Reihenbauten eingerahmt und unsere Liegenschaften dadurch
> ideell und materiell an Wert einbüssen müssten.»[93]

91   Bauzonen Gemeinde Münchenstein 1951. AOR Münchenstein.
92   Protokoll einer Sitzung der Planer Gürtler und Gygax mit Gemeinderäten und verschie-
     denen Gruppierungen von Einsprechern am 2.12.1950. AOR Münchenstein.
93   Schreiben der Einsprecher «Schulacker» an den Gemeinderat Münchenstein vom
     4.3.1950. AOR Münchenstein.

Nachdem an vier Sitzungen erfolglos ein Kompromiss gesucht worden war, schuf der Regierungsrat neue Tatsachen, indem er im umstrittenen Gebiet Baubewilligungen für dreigeschossige Bauten erteilte. Er tat dies gestützt auf das Baugesetz, welches dreigeschossiges Bauen erlaubte, sofern keine einschränkenden Bestimmungen bestanden, was beim Fehlen eines rechtskräftigen Zonenplans der Fall war. Den Einsprechern musste dadurch klar geworden sein, dass es ihnen nichts nützte, gegen den Zonenplan zu kämpfen, da ohne einen solchen noch weniger Restriktionen für aus ihrer Sicht unerwünschtes Bauen bestand. Jedenfalls stimmten sie noch vor der Genehmigung des Planes durch den Regierungsrat 1954 einer Zonenordnung zu, die ihnen insgesamt nur wenig entgegenkam.[94]

In diesem Fall ging es offensichtlich um Leute, die ihre Hoffnungen enttäuscht sahen, in einem «besseren» Quartier zu leben, weil sich aufgrund der Ortsplanung in ihrer Nachbarschaft bauliche und wohl auch soziale Veränderungen abzeichneten. Es kann davon ausgegangen werden, dass die extreme Ablehnung der dreigeschossigen Bauten in erster Linie mit ihrem sozialen Zeichencharakter erklärt werden kann. Die reale Beeinträchtigung durch die ja relativ niedrigen Zeilenbauten, z.B. durch Schattenwurf, kann angesichts der insgesamt sehr lockeren Überbauung in diesem Fall weitgehend ausgeschlossen werden. Der Fall ist durchaus symptomatisch, auch wenn solche Konflikte nur selten so explizit und hartnäckig ausgetragen wurden. Allerdings hatten in vielen Fällen gerade die planenden Gemeinden wenig Interesse an einer sozialen Durchmischung, da sie mit der Zonenordnung im Sinne eines «fiscal planning» ihre Steuereinkünfte zu optimieren suchten.

Andauernde Konflikte um das Dreispitz-Areal

Ein anderer, ebenfalls lange anhaltender Konflikt, welcher die Ortsplanung Münchenstein belastete, betraf das Areal der innern langen Haid und des Ruchfeldes im Zusammenhang mit den Erweiterungsplänen der Dreispitz-Lagerverwaltung. Gegen den Bau des Freilagers hatte sich die umliegende Wohnbevölkerung schon in den 20er Jahren erfolglos zur Wehr gesetzt.[95] Der lokale Konflikt wurde durch das Interesse verschärft, welches die Kantonsbehörden beider Basel für die Zukunft dieses an der Kantonsgrenze gelegenen Gebietes aufbrachten. Dennoch ging es letztlich um einen typischen Zusammen-

94   RR-Protokoll 470 vom 12.2.1954, Genehmigung Zonenplan. AOR Münchenstein.
95   Winkler Justin, S. 119.

stoss zwischen einem expandierenden Industriegebiet und den
Bewohnern der naheliegenden Siedlungen.

Letztere schienen sich zunächst im Vorteil zu befinden, als sie 1948
einen Antrag des Gemeinderates für eine den Interessen der Lager-
verwaltung entsprechende Teilzonenplanung an einer Gemeindeversammlung mit grosser Mehrheit bachab schicken konnten, was der
«Landschäftler» folgendermassen charakterisierte: «Ein oberflächli-
cher Beobachter fände wohl, wie bei allen ähnlichen in offener Versammlung gefassten Beschlüssen, die einfache Erklärung: die direkt-
interessierten Kreise sind vollzählig aufmarschiert, die übrigen
Bürger sind zum grossen Teil aus Lauheit zu Hause geblieben, so ist
das Allgemeininteresse nur schlecht vertreten worden und musste
einer Gelegenheitsmehrheit weichen.»[96] Doch wie die Zeitung in
ihrem Bericht feststellte, ging es noch um mehr als nur um die direkten Interessen der Anwohner. Der Konflikt drehte sich aus der Sicht
der Gemeinde auch um die Frage, ob die Nutzung als Industrieland
aus fiskalischen Überlegungen heraus überhaupt so ertragreich sei,
wie der Gemeinderat dies darstelle. Dabei wurde auch auf die grosse
Konjunkturabhängigkeit der Industrie verwiesen.

Der Sieg an der Gemeindeversammlung nützte den Anwohnern
allerdings nicht viel, denn mit der Unterstützung der kantonalen
Baudirektion nahm die Erweiterung der Lagereinrichtungen in den
folgenden Jahren trotzdem ihren Lauf,[97] und am Schluss wurde 1952
ein für die Dreispitzverwaltung vorteilhafter Kompromiss geschlossen, der auf einer Teilung des fraglichen Areals beruhte.[98]

Zonenplanung als Problemlösung und Ordnungsvorstellung

Die erstmalige Erstellung eines Zonenplanes, dem Kernstück jeder
Ortsplanung, stellte eine Neuerung dar, die in ihrem Ausmass nicht
zu unterschätzen ist. Immerhin wurde damit die aus dem 19. Jahrhundert stammende Idee der Baufreiheit ganz wesentlich eingeschränkt. Der Vorgang ist bedeutungsvoll genug, dass auf seine
Ursprünge und seine Ziele kurz eingegangen werden muss.

Mit der Aufteilung des Siedlungsraumes in funktional definierte
Zonen wurde getrennt, was früher zusammengehörte. Zwar waren
bestimmte räumliche Ordnungen auch in früheren Jahrhunderten
verbindlich vorgegeben. So war im Gebiet der Dreizelgenwirtschaft
die Trennung zwischen dem Dorf («Baugebiet») und dem Anbauge-

---

96   LS 13.10.1948.
97   Münchensteiner Anzeiger 17.2.1950.
98   Winkler Justin, S. 120.

biet («Landwirtschaftszone») von grundlegender Bedeutung. Gerade das Baselbiet wurde traditionell durch geschlossene Dorfsiedlungen geprägt, deren Überreste in den heutigen Ortskernen zu besichtigen sind. Diese Ordnung wurde ganz von den Bedürfnissen der landwirtschaftlichen Produktion bestimmt, doch ihr verbindlicher Charakter ging im Gefolge der Umwälzungen des 19. Jahrhunderts ganz oder teilweise verloren.[99]
Innerhalb der Siedlungen kannte man eine räumliche Trennung der verschiedenen Tätigkeiten wie Wohnen und Arbeiten nicht. Nicht die Trennung, sondern die Durchmischung der verschiedensten Lebensbereiche war das Grundprinzip. Dieses hat sich erstaunlich lange erhalten, auch wenn es insbesondere in den Städten bereits im letzten Jahrhundert zu verschiedenen Prozessen räumlicher Segregation gekommen ist, vor allem zu einer Differenzierung spezifischer Wohngegenden für die verschiedenen sozialen Schichten, aber auch zur Bildung eigentlicher Industriequartiere.
Erst in der Zwischenkriegszeit wurde von den städtebaulichen Reformern das Prinzip der Trennung der Siedlungen in die Funktionen Arbeiten, Wohnen, Verkehr und Erholung zugeordnete Räume analytisch entwickelt und anschliessend planerisch umzusetzen versucht.[100] Es ist im vorhergehenden Kapitel gezeigt worden, dass dieses neue Verfahren im Baselbiet rasch eingeführt wurde und deshalb auf eine grosse Akzeptanz stiess, weil es eine Lösung für die praktischen Probleme versprach, die sich in den schnell wachsenden Gemeinden im vorstädtischen Raum stellten.

Räumliche Trennung der Funktionen

Grundlegend bei der Einführung der Zonenplanung war die räumliche Trennung der Funktionen Wohnen und Arbeiten, also eine Unterteilung des Baugebietes in Wohnquartiere einerseits, Industrie- und Gewerbezonen andererseits. Bei dieser Unterteilung stand die praktische Problemlösung im Vordergrund. Dies ist vor dem Hintergrund zu sehen, dass industrielle Tätigkeit zu dieser Zeit noch sehr viel immissionsträchtiger war als heute, was bei der häufig vorhandenen Mischlage zu dauernden Problemen führte. Mit der Trennung sollten also auf der einen Seite die Wohnquartiere vor den Immissionen der Industrie geschützt, auf der andern Seite aber auch die Industrie von Beschränkungen befreit werden. Dort wo nach der Ein-

99   Vgl. Suter 1969.
100   Huber 1979, S. 146.

führung der Zonenplanung neue Industrien angesiedelt wurden, wie in grossen Teilen von Muttenz und Pratteln, wurden die mit der Planung angestrebten Ziele weitgehend erreicht.

Bereits vorhandene Industrie- und Gewerbebetriebe verhinderten aber an vielen Orten eine klare Trennung der Zonen und führten zu dauernden Problemen. Die Luftverschmutzung durch die Industrie, aber auch Lärmprobleme führten immer wieder zu Konflikten, wo nach Einführung der Ortsplanung noch alte Industrie- und Gewerbebetriebe in den Wohnzonen verblieben. Streitereien um Lärm- und Luftimmissionen waren ausserdem auch sehr schwer zu schlichten, weil noch jegliche objektivierbare Messverfahren fehlten.[101]

Über diese grundlegende funktionale Unterscheidung hinaus wurden mit der Zonenplanung den verschiedenen Typen von Wohnquartieren unterschiedliche Räume zugewiesen. Den locker überbauten Einfamilienhaus-Quartieren standen die zumeist grossflächigen Mehrfamilienhaus-Siedlungen mit ihrer Aufreihung der typischen dreigeschossigen Zeilenbauten gegenüber. Wie wir am Beispiel Münchenstein gesehen haben, entsprach diese soziale Segregation durchaus dem Wunsch der Bewohner, zumindest jener der «besseren» Quartiere. Hinter der Trennung von verschiedenen Wohnquartieren stand jedenfalls weniger ein konkreter Problemlösungsbedarf als vielmehr eine gesellschaftspolitische und ästhetische Ordnungsvorstellung. Das Wohnen im Mehrfamilienhaus wurde grundsätzlich als Notlösung betrachtet, allerdings als eine, die aufgrund der steigenden Bodenpreise immer mehr zum Normalfall wurde, was vielfach beklagt wurde: «Arbeiterfamilien, denen es bis in letzter Zeit möglich war, Einfamilienhäuser mit zugehörigem Garten in Reihenhaus-Siedlungen zu erwerben, werden aus finanziellen Gründen immer mehr gezwungen, in mehrgeschossigen Mietwohnungsbauten zu leben.»[102] Auffällig ist, dass die Trennung nach Bautypen in den frühen Zonenplänen sehr sorgfältig durchgeführt wurde, während andere Zonen nur sehr rudimentär ausgebildet wurden. So fehlten in den meisten Fällen insbesondere Zonen für öffentliche Anlagen, manchmal wurden für solche Zwecke einfach die Grünzonen oder die «Freiflächen» vorgesehen. Allerdings wichen die Verhältnisse in den verschiedenen Gemeinden beträchtlich voneinander ab, denn im geltenden Bauge-

---

101   Im Protokoll der Baudirektion von 1954 (Nr. 177) ist ein Fall beschrieben, wo ein Dorf-
      polizist in Gelterkinden den Auftrag erhielt, zweimal täglich mit dem Velo bei einer
      Fabrik vorbeizufahren und zu hören, wie laut der Lärm sei. Auch nach dreiwöchiger
      Beobachtung liess sich allerdings keine Einigung darüber erzielen, ob der Lärm für die
      Nachbarn zumutbar sei, so dass sich ein Chefbeamter aus Liestal herbemühte.
102   AB 1952, S. 133.

setz wurden die zulässigen Zonentypen nicht näher umschrieben,
sondern es war nur vage von «Wohn-, Geschäfts- und Industriequar-
tieren» die Rede. Zwar hatte die Planungsstelle in den 40er Jahren
versucht, gemeinsame Normalien zu entwickeln, doch waren diese
zu wenig beachtet worden.

Vom «Vorortsproblem» zu den ersten Hochhäusern

Obwohl das neue Baugesetz in erster Linie eine Antwort auf die Probleme der Vorortsgemeinden darstellte, reichten seine Bestimmungen
gerade dort schon bald nicht mehr aus, um den durch das überstürzte
Wachstum geschaffenen Problemen beizukommen. Bald wurde eine
Revision des Gesetzes verlangt, um das «Vorortsproblem» lösen zu
können. Eine solche liess zwar auf sich warten, doch mit dem zunehmenden Bau von Hochhaussiedlungen wurde eine Entwicklung eingeleitet, die im Gesetz eigentlich nur als Ausnahme vorgesehen war.

«Übelste Hinterhöfe, künftige Slums»

Der bauliche Wildwuchs in den Vororten hatte einen wesentlichen
Grund dafür dargestellt, dass im Baugesetz von 1941 überhaupt die
Möglichkeit der Zonenplanung verankert wurde. Dennoch wurde
dieses Baugesetz den Verhältnissen in den nach dem Krieg immer
schneller wachsenden Vororten bald nicht mehr gerecht, und es verbreitete sich dort um die Mitte der 50er Jahre ein Malaise, das als
«Vorortsproblem» diskutiert wurde – ein Begriff, der schon in der
Zwischenkriegszeit verwendet worden war. Darunter wurde allerdings recht Verschiedenes verstanden, immer ging es dabei aber um
die rasche bauliche Expansion und ihre Folgen.
Mit der Vorortskonferenz hatten die Gemeinden ein Forum gefunden, das ihnen zwar keine Entscheidungsgewalt gab, ihren Forderungen aber in der Öffentlichkeit ein gewisses Gewicht verlieh. So richtete die Vorortskonferenz vom 21. Dezember 1954 einen dringlichen
Aufruf an Regierungs- und Landrat des Kantons, sofort eine teilweise Änderung des Baugesetzes an die Hand zu nehmen. Folgende
Übel wurden in dem Schreiben beklagt:

> «Der Mangel einer genügenden Regelung erlaubt eine spekulativ starke
> Ausnützung des Baulandes; diese Möglichkeit treibt den Landpreis in die
> Höhe […]. Die weit übersetzten Bodenpreise ihrerseits führen wieder
> zum Versuch einer maximalen, unschönen und unhygienischen Boden-
> ausnützung. […] Es entstehen so übelste Hinterhöfe, künftige Slums, die
> wir überwunden glaubten. […] Hohe Gebäude können viel zu nahe
> aneinander und an die Nachbargrenze gestellt werden. Das Hinterland

der Parzelle kann so intensiv wie der Streifen an der Strasse überbaut werden, so dass hohe Hinterhäuser reihenweise hintereinander aufgestellt
werden können, mit knappstem Abstand, was in der City angehen mag,
aber nicht in Wohnquartieren. Unser Baugesetz hat eine eher hablich-
ländliche Bauentwicklung vorgesehen und wird durch die fast grosstädti-
sche Entwicklung heute überrundet.»[103]

Das Problem wurde also in den Lücken im Baugesetz gesehen, die
von Trägern des «spekulativen» Wohnbaus, Privaten und Immobi-
liengesellschaften, ausgenützt wurden. Es bestanden zudem grosse
Meinungsverschiedenheiten zwischen den Gemeinden und der kantonalen Baudirektion in bezug auf die Interpretation einzelner
Bestimmungen des Gesetzes, z.B. bei der Bewilligung von Dachauf-
bauten. Immer mehr wurden nämlich die an sich dreigeschossigen
Bauten durch Mansardenwohnungen oder durch Sockelgeschosse
praktisch in viergeschossige umgewandelt,[104] was von der Baube-
willigungsbehörde in Liestal lange toleriert wurde. Das Problem
bestand weiter in einem ungenügenden baurechtlichen Instrumentarium. Die Bebauungsziffer, die das Verhältnis zwischen der überbauten Fläche und der Gesamtfläche einer Parzelle festlegte, erwies sich
als völlig ungenügend für eine angemessene Steuerung der Bautätigkeit.

Bodenspekulation und Preissteigerungen

Während und nach dem Zweiten Weltkrieg hatte das bundesrätliche
Vollmachtenrecht ein wirkungsvolles Mittel gegen die Spekulation
mit Landwirtschaftsland dargestellt. Der entsprechende Bundesratsbeschluss blieb formell bis Ende 1952 in Kraft, doch bereits im Jahre
1950 musste die restriktive Praxis im Kanton Basel-Landschaft aufgrund eines Bundesgerichtsurteils stark gelockert werden, was von
der Direktion des Innern heftig kritisiert wurde.[105] Der Übergang
vom hochregulierten zum fast völlig freien Grundstückhandel spielte
sich unter den Bedingungen einer schnell wachsenden Nachfrage
nach Bauland ab und führte zu starken Preissteigerungen, die vermutlich zunächst auch auf einen preislichen Rückstau zurückzuführen waren.[106]

---

103   Schreiben der Konferenz der Vorortsgemeinden vom 21.12.1954, (Vorlagen).
104   Vgl. Interpellation Tschopp vom 7.7.1952, (Vorlagen).
105   AB 1951, S. 119.
106   Im AB 1951, S. 119 wurde von Preissteigerungen bis zu 100 Prozent innert Jahresfrist
       nach der Freigabe der Preise gesprochen.

Der Anstieg der Bodenpreise und die Grundstückspekulation wurden zwar in den 50er Jahren immer wieder kritisiert ohne aber zu politisch brisanten Themen zu werden. Dies mag daran gelegen haben, dass die stärksten Preissteigerungen auf die Wachstumsgemeinden um die Stadt Basel beschränkt blieben. Entsprechend wurden von der Vorortskonferenz zwar verschiedentlich Alarmrufe in Sachen Bodenspekulation ausgestossen,[107] aber offensichtlich ohne damit auf grössere Resonanz zu stossen. Die politische Thematisierung der Bodenspekulation war ausserdem eng mit der Entwicklung der Baukonjunktur verknüpft, und das Thema büsste nach einem ersten Höhepunkt mit der Rezession von 1958 an Bedeutung ein.

Einen originellen Vorschlag, wie den Spekulanten das Leben erschwert werden sollte, machte im Jahre 1958 Landrat Graf. Die Diskussion um die Linienführung der Autobahn sollte mit einem Ideenwettbewerb angeregt werden, was unter anderem zur Folge haben würde, dass die im Zusammenhang mit dem Strassenbau immer auftauchende Bodenspekulation bis zum endgültigen Entscheid erschwert würde.[108] Derselbe Arnold Graf, ein Freiwirtschafter, hatte schon ein Jahr zuvor vorgeschlagen, der Kanton Basel-Landschaft solle in Bern mit einer Standesinitiative auf rasche Massnahmen gegen die Bodenspekulation drängen, damit als Sofortmassnahme der vollmachtenrechtliche Bundesratsbeschluss über Massnahmen gegen die Bodenspekulation aus dem Jahre 1940 wieder in Kraft gesetzt werde.[109] Der Vorschlag fand zu diesem Zeitpunkt noch keine Beachtung.

Als Mittel gegen die Bodenspekulation betrachtete man in den 50er Jahren die Grundstückgewinnsteuer, deren enormes Ansteigen als Indikator für das Volumen des Bodenhandels dienen kann. 1958 wurden die Steuersätze für kurzfristige Wiederverkäufe erhöht, um die Spekulation vermehrt zu treffen.[110] Allerdings wurden immer wieder Zweifel laut, ob die Belastung des Landverkaufs mit dieser Steuer nicht sogar die Preise noch mehr in die Höhe treibe, anstatt eine abschreckende Wirkung auf die Spekulation auszuüben. Verschiedentlich wurden Vorstösse unternommen, den Ertrag der Grundstückgewinnsteuer für die Behebung ihrer Schäden, z.B. in Form der Wohnbauförderung, zu verwenden.[111]

107   BZ 23.4.1956.
108   Interpellation Graf vom 24.3.1958, (Vorlagen). Es handelte sich um denselben Graf, der in den 40er Jahren einen Vorschlag für die Ortsplanung Lausen eingebracht hatte.
109   Motion Graf Nr. 2 vom 9.9.1957, (Vorlagen). Graf hatte am gleichen Tag drei Motionen mit umfassenden Massnahmenpaketen gegen die Teuerung und zum Bodenrecht eingereicht.
110   RRB vom 10.1.1958. GS BL 21, S. 270.
111   Z.B. Motion Lejeune vom 4.7.1955 und Motion Burg vom 4.6.1962, (Vorlagen).

Zunehmender Bau von Hochhäusern

Es herrschte in den Vororten weitgehend Einigkeit, dass das Über-
handnehmen einer zu engen Überbauung nicht toleriert werden
durfte. Weniger klar war man sich in bezug auf die nötige Abhilfe.
Das Grundproblem bestand darin, dass man am liebsten eine aufgelockerte, «ländliche» Bebauung erhalten hätte, gleichzeitig aber
erkannte, dass dieses Ziel angesichts der starken Zuwanderung und
der dadurch ausgelösten enormen Nachfrage nach Wohnraum und
der rasch steigenden Bodenpreise nicht zu erreichen war. Bald sah
man nur noch eine Lösung, wie sich eine höhere Dichte der Bebauung mit einer befriedigenden baulichen Ordnung und vor allem
einem angemessenen Anteil an Grünflächen verbinden liesse: mit
dem Bau von Hochhäusern. Dazu der Gemeindepräsident von Birsfelden an der Vorortskonferenz:

> «Mit Kriegsende hat im Bauwesen eine stürmische Entwicklung einge-
> setzt. Es ist nicht mehr möglich, den ländlichen Charakter dem ganzen
> Kanton zu bewahren, wie dies die gutgemeinte Idee des jetzigen Gesetzes
> war, und wir müssen daher uns bemühen, städtische Probleme zu lösen.
> In den Vororten findet der Arbeiter praktisch zu einem tragbaren Preis
> kein Land mehr, auf dem er ein Einfamilienhaus erstellen könnte. Er ist
> gezwungen, im Mehrfamilienhaus Unterkunft zu suchen, und das Miss-
> verhältnis von Bodenpreis und Baukosten zwingt zur Ausnützung des
> Luftraums. Anderseits aber ist der Hochbau auch nötig zur Erhaltung
> von Grünflächen.»[112]

Zu Beginn der 50er Jahre wurden in den Städten Zürich und Basel die
ersten Siedlungen mit Hochhäusern gebaut. Diese blieben vorerst
Einzelfälle, die aber in Architektenkreises auf ein grosses Interesse
stiessen.[113] Während diese Berufsgruppe in den Hochhäusern schon
bald die Bauform der Zukunft erblickte und darin häufig von Bauinteressenten unterstützt wurde, stiessen Hochhäuser in der Bevölkerung noch weitgehend auf Ablehnung. So lehnte es die Gemeindeversammlung Bottmingen 1956 mit grosser Mehrheit ab, auf der
Batterie den Bau von Hochhäusern zuzulassen, wie es der Gemeinderat vorgeschlagen hatte. «Wir haben genug am eisernen, soll nun
auch noch ein Betonvorhang entstehen?» fragte ein Votant die
Anwesenden.[114]
Ein erstes Hochhausprojekt im Kanton Basel-Landschaft wurde im
Jahre 1952 in Birsfelden präsentiert. Am Birsufer sollte ein zwölf-
stöckiger Wohnbau einen städtebaulichen Akzent setzen und gleich-

112   Protokoll der Sitzung der Vorortskonferenz vom 24.4.1954. StA BL Bau A 6.2, Bauge-
      setzrevision.
113   Vgl. dazu die entsprechenden Jahrgänge der Fachzeitschrift «Werk».
114   BZ 3.3.1956.

zeitig die Erhaltung von genügend Grünfläche sicherstellen. Das Projekt stiess auf ein sehr unterschiedliches Echo,[115] wurde aber nicht ausgeführt. Dennoch bot sich das schon weitgehend städtische Birsfelden als Experimentierfeld für die neue Bauform an. 1956 entstanden auf kantonalem Land in Birsfelden die ersten drei Wohnhochhäuser des Kantons, und in den folgenden Jahren begannen sich die Baugesuche für Hochhäuser zu häufen.

In den ausgehenden 50er Jahren bestand ein starker Druck von Bauherren und Architekten in Richtung der Erstellung von Hochhäusern. Zwar konnte mit dem Bau von Hochhäusern kaum eine höhere Ausnutzung erzielt werden, doch liessen sich damit jene Grünflächen schaffen, die in den Ortsplanungen zumeist vergessen worden waren. Neben solchen praktischen Argumenten spielte bei der Propagierung der Hochhäuser aber von Anfang an immer auch die Demonstration einer «modernen» Gesinnung eine nicht zu unterschätzende Rolle.

Aufgrund der sich häufenden Baugesuche sahen sich drei Chefbeamte des Hochbauamtes im Jahre 1957 veranlasst, die Internationale Bauausstellung in Berlin zu besuchen.[116] Dort führte die erste Garde international bekannter Architekten am Beispiel des Hansaviertels vor, was künftig die Standards im westlichen Wohnbau sein sollten: eine gemischte Bebauung mit Hochhäusern und flacheren Bauten in parkähnlichen Grünflächen. Diese Musterbebauung hob sich wohltuend ab von jenen eintönigen, aber zonenkonformen Zeilenbauten, die unterdessen im Baselbiet überall aus dem Boden schossen. Die Berliner Lektion sollte ihre Wirkung nicht verfehlen. Bald gehörte die kantonale Baudirektion und insbesondere das Planungsamt zu den eifrigen Verfechtern eines neuen Baustiles im Rahmen von «Gesamtüberbauungen».

Immerhin stellte die Hochhausfrage wohl das einzige städtebauliche Thema dar, über das in den 50er Jahren eine breitere öffentliche Diskussion stattfand, wenn auch auffallend wenig über die Wünsche und den Nutzen der künftigen Bewohnerinnen und Bewohner gesprochen wurde. Bemerkenswert ist immerhin, mit welcher Selbstverständlichkeit man Wohnhochhäuser baute, obwohl deren Wünschbarkeit in Fachkreisen mindestens umstritten war. So schrieb etwa die Vereinigung für Landesplanung 1956 in ihren Richtlinien: «Hochhäuser eignen sich für Geschäftszwecke und Bureaulokalitäten, ferner für Wohnungen für Alleinstehende und kleine Familien.

115   Vgl. BN 30.10.1952, NZ 5.11.1952, BN 10.11.1952, BZ 22.1.1953.
116   AB 1957, S. 144.

Familien mit Kindern, das heisst grössere Wohnungen (Drei- und Mehrzimmerwohnungen) sollten im allgemeinen nicht in Hochhäusern untergebracht werden.»[117]
In der Schweiz entwickelte sich das Hochhaus aber gerade nicht zum neuen Symbol von Geschäftszentren, sondern zur typischen Bauform der neuen vorstädtischen Wohnsiedlungen. Am Beispiel des Kantons Basel-Landschaft ist dies nicht überraschend, denn hier bestand kaum eine grosse Nachfrage nach zusätzlichen Geschäftshäusern, hingegen ein riesiger Mangel an Wohnungen. Erstaunlich ist, wie schnell sich die neue Bauform schliesslich durchsetzte. Am Ende des Jahrzehntes befanden sich im unteren Kantonsteil fast überall Hochhaussiedlungen in Planung oder im Bau.

Landwirtschaftszone und Eigentumsgarantie

Die bisherigen Ausführungen widmeten sich ausschliesslich der Frage, wie man die Überbauung mit Hilfe der Zonenpläne regelte. Weitgehend ausgespart blieb dagegen das Problem, ob und wie zwischen Baugebiet und Nichtbaugebiet unterschieden wurde. Mit anderen Worten: Welche rechtlichen und faktischen Verhältnisse herrschten bezüglich des lange als «übriges Gemeindegebiet» bezeichneten Landes ausserhalb der definierten Bauzonen? Im folgenden Kapitel soll gezeigt werden, wie die Bemühungen um eine Begrenzung des Baugebietes zunächst an ungenügenden rechtlichen Grundlagen zu scheitern drohten, wie man in der Praxis aber dennoch Wege fand, dieses grundlegende planerische Ziel zu verfolgen.

Einschneidene Praxis des Bundesgerichts

Die Begrenzung der Bautätigkeit auf ein bestimmtes «Baugebiet» hatte von Beginn an eines der wichtigsten Ziele bei der Einführung der Ortsplanung im Kanton Basel-Landschaft dargestellt. Dabei waren verschiedene Motive leitend: Bei der Verankerung im ordentlichen Recht hatten die hohen Folgekosten von Streusiedlungen im Vordergrund gestanden; bei der vollmachtenrechtlichen Unterscheidung von Bau- und Landwirtschaftsland war der Schutz des letzteren das Hauptmotiv gewesen. Bei der Einleitung von Ortsplanungen in der Mitte der 40er Jahre waren Planer und Politiker ganz selbstverständlich davon ausgegangen, dass ausserhalb der in den Zonenplänen zu definierenden Bauzonen das Bauen grundsätzlich nicht erlaubt sein würde, ausser für landwirtschaftliche Bauten natürlich.

117 NZZ 9.5.1956.

Es war bezeichend für diese erste Phase der Planung, dass man sich um die rechtliche Absicherung der einzelnen Massnahmen nicht allzu grosse Sorgen gemacht hatte und die Planungsstelle den Gemeinden die Einrichtung von Landwirtschaftszonen empfahl.

Schon nach kurzer Zeit wurde aber deutlich, dass die Landwirtschaftszone, die von vielen Gemeinden in ihre Zonenpläne aufgenommen worden war, juristisch nur auf sehr wackligen Beinen stand. Ein Streit in Uitikon, einem Vorort der Stadt Zürich, wurde gesamtschweizerisch zum Präzedenzfall. Der Besitzer eines grösseren Areals hatte dieses einem Architekt verkaufen wollen, der darauf 200 Einfamilienhäuser erstellen wollte. Die Gemeinde untersagte aber diese Baupläne, da sie kurz zuvor anlässlich der ersten Ortsplanung diese Parzelle in die Landwirtschaftszone eingeteilt hatte. Die Kantonsregierung wies den Rekurs des Landbesitzers ab, worauf dieser die Sache an die staatsrechtliche Abteilung des Bundesgerichts weiterzog und auf Verletzung der Eigentumsgarantie klagte.

Die höchste Instanz kam 1948 zum folgenschweren Entscheid, dass eine gesetzliche Grundlage für die Landwirtschaftszone nicht bestehe und das Bauen deshalb auf diesem Grundstück nicht verboten werden könne. Die Landwirtschaftszone könne nur in dem Sinne interpretiert werden, dass dort neben Wohnhäusern auch landwirtschaftliche Bauten erstellt werden dürften.[118] Das Bundesgericht entschied in den folgenden Jahren in einer Reihe ähnlich gelagerter Fälle[119] in die gleiche Richtung und bestätigte damit, dass es der Meinung war, «dass die hier in Rede stehende Beschränkung der Baufreiheit einen ausserordentlich schweren Eingriff in das Privateigentum darstellt, der weit über das hinausgeht, was in der Schweiz bisher auf dem Gebiete der öffentlich-rechtlichen Eigentumsbeschränkungen gebräuchlich war.»[120]

Diese grundsätzliche Bestätigung der Baufreiheit des Eigentümers im traditionellen Sinn betraf auch den Kanton Basel-Landschaft, da hier die gesetzlichen Grundlagen vergleichbar waren, d.h. eine Landwirtschaftszone im Gesetz nicht explizit vorgesehen war. Der Bundesgerichtsentscheid schockierte die Planer angesichts seiner Eindeutigkeit, und die politischen Reaktionen liessen nicht lange auf sich warten. Im Landrat wurde eine kleine Anfrage eingereicht: «Ist der Regierungsrat, im Anschluss an die Praxis des Bundesgerichtes, nicht der Auffassung, dass die Rechtsstellung der Grundeigentümer unbedingt zu respektieren und, solange hiefür die gültigen Rechtsgrund-

---

118   BGE 74 I, 174.
119   BGE 76 I, 329 und BGE 77 I, 211.
120   BGE 78 I, 428ff.

lagen fehlen, die Ausscheidung von landwirtschaftlichen Zonen als
ungültig aufzuheben sei?»[121]

Pragmatische Lösungen bleiben möglich

Der Entscheid der höchsten Instanz war allerdings nicht völlig überraschend gekommen. In der kantonalen Verwaltung hatte man schon
angesichts der Verhandlungen des Schweizerischen Juristentags 1947
erkannt, dass sich die Landwirtschaftszone rechtlich nicht werde halten lassen, und man hatte bereits nach anderen Mitteln gesucht, um
das gleiche Ziel erreichen zu können. In einem Schreiben der Direktion des Innern an die Planungskommission wurde schon kurz vor
dem erwähnten Bundesgerichtsentscheid festgehalten:

> «Wir sind überzeugt, dass früher oder später die Rechtsauffassung dem
> modernen Planungsbedürfnis näherkommen wird. Bis aber eine einwand-
> freie Rechtsgrundlage geschaffen worden ist, muss ein anderer Ausweg
> gesucht werden, wenn die Planung den Gemeinden nicht untragbare
> Lasten aufbürden soll. [...] Wenn im Gemeindereglement steht, dass nur
> in der anerkannten Bauzone ein Wasseranschluss erfolge, dann wird das
> Bauen praktisch verunmöglicht und die Frage über die Entschädigung
> stellt sich nicht. Wenn überdies festgestellt wird, dass derjenige, der aus-
> serhalb der anerkannten Bauzone baut, sich auf eigene Kosten an die
> bestehende Kanalisation anschliessen und die im Baugesetz vorgesehenen
> Wege auf eigene Kosten bauen müsse, dann wird auch der Letzte, der
> unter Umständen noch eine eigene Wasserversorgung errichten kann,
> vom Bauen abgeschreckt.»[122]

Damit war eine Strategie abgesteckt, die während der zwei folgenden
Jahrzehnte die Praxis bestimmen sollte. Das Vorgehen entbehrt nicht
einer gewissen Ironie: Hatte man die Planung unter anderem deshalb
eingeführt, um die Ausbreitung der Kanalisationen begrenzen zu
können, so sollten nun die Kanalisationsgrenzen dazu dienen, die
Planung dort möglich zu machen, wo sie aufgrund ihrer eigenen
Rechtsgrundlagen nicht möglich war. Damit zeigte sich erneut die
enge Verschränkung der beiden Problembereiche. Die eingeschla-
gene Richtung wurde bei den Vorberatungen zum Kanalisationsgesetz explizit bestätigt und damit zur offiziellen kantonalen Politik
erhoben. Wie der Kanton in dieser Frage die Gemeinden beriet, zeigt
der Kommentar des Regierungsrates zum Entwurf des Zonenregle-
mentes von Lausen, wo eine Landwirtschaftszone definiert wurde:

---

121   Kleine Anfrage Walter Zeller, 24.5.1948, (Vorlagen).
122   Schreiben der Direktion des Innern an die kant. Planungskommission vom 2.3.1948. StA
      BL Bau A 7.

«Die Landwirtschaftszone ist im Gesetz nicht verankert. Die Gemeinden sind deshalb nicht befugt, solche festzulegen. Um Rechtsschwierigkeiten zu vermeiden, sollte die Landwirtschaftszone weder im Zonenplan noch im Zonenreglement angeführt sein. Um aber doch zu erreichen, dass nicht im eigentlichen Landwirtschaftsgebiet nichtlandwirtschaftliche Bauten entstehen, soll im Zonenreglement eine Bestimmung aufgenommen werden, wonach die Gemeinde nicht verpflichtet ist, ausserhalb der Bauzone Werkleitungen und Strassen zu erstellen.»[123]

Die planerischen Möglichkeiten zur Unterscheidung von Bau- und Landwirtschaftsland waren demnach in den 50er Jahren weitgehend bestimmt vom Stand des Ausbaus von Kanalisationen und dem Ausmass, in dem der Anschluss an diese durchgesetzt wurde. Die Pflicht zum Anschluss an die Kanalisation war zwar bereits im Baugesetz festgelegt worden, doch erst in den frühen 50er Jahren wurde die bisher large Praxis verschärft. Im September 1950 informierte die Baudirektion die Gemeinden in einem Kreisschreiben darüber, dass künftig der Anschluss an die Kanalisation eine Bedingung für die Erlangung einer Baubewilligung sei. Mit dem Kanalisationsgesetz von 1952 setzte der Kanton darüber hinaus sämtliche Kanalisationsreglemente der Gemeinden ausser Kraft, soweit diese abweichende Regeln enthielten. «Da die Investition von Staatsgeldern in kantonalen Anlagen nur dann sinnvoll ist, wenn auch alle Grundeigentümer, ohne Rücksicht auf die Regelung in den einzelnen Gemeinden, zum Anschluss verpflichtet sind, wurde nunmehr auch die Anschlusspflicht selbst kantonalrechtlich geregelt.»[124]

Das Problem der Landwirtschaftszone ist im heiklen Spannungsfeld von Privateigentum und öffentlicher Planung angesiedelt, und es ist nicht erstaunlich, dass diese Frage sehr lange ungeklärt blieb. Es zeigte sich allerdings, dass trotz der juristischen Restriktionen eine politische Praxis verfolgt werden konnte, die das erwünschte Ziel einer Begrenzung des Bauens auf die dafür bestimmte Zone einigermassen erreichte.[125] Der Kanton verfolgte dieses Ziel von Anfang an sehr klar, und er setzte seine Ansicht in den meisten in Frage kommenden Gemeinden durch.[126] Die Gemeinden selbst hatten im allgemeinen auch ein Interesse an einer derartigen Lösung. In der Frage der Landwirtschaftszone ist also eine pragmatische politische Praxis

---

123   RR-Protokoll 284 vom 20.1.1953 Genehmigung Zonenplan. AOR Lausen.

124   RRB 3174 vom 5.11.1954, Beschwerdeentscheid in Sachen Oberer-Frey gegen Gemeinderat Lausen betr. Kanalisationsanschlusspflicht. StA BL A 10.

125   Vgl. Blocher, S. 59. Er spricht von einer «unechten Landwirtschaftszone» als einem «Surrogat, in dem die nichtlandwirtschaftliche Überbauung lediglich erschwert, aber nicht grundsätzlich untersagt ist.»

126   In seiner Antwort auf die Anfrage Zeller vom 7.6.1960 (also 12 Jahre nach ihrem Einreichen) schrieb der Regierungsrat, seine Empfehlungen seien «vielerorts» befolgt worden.

der rechtlichen Regelung vorangegangen. Da auch das Bundesgericht diese Praxis deckte,[127] wurde dieser Umweg zum Schutz des Landwirtschaftsgebietes auch in anderen Kantonen eingeschlagen.

Die Motive, die hinter dieser Politik standen, waren vielfältig: Vorherrschend waren finanzielle Überlegungen im Zusammenhang mit den Erschliessungskosten, doch spielten immer auch im eigentlichen Sinn siedlungsplanerische bzw. landschaftsschützerische Motive eine Rolle. Ausserdem wollte man das Landwirtschaftsland vor der Spekulation schützen, ein Ziel, welches das bäuerliche Bodenrecht kaum zu leisten vermochte, welches 1952 das bisherige Vollmachtrecht ablöste. Mit dem steigenden Siedlungsdruck im Verlauf der 50er Jahre wurde aber diese pragmatische Regelung immer häufiger durchlöchert. Zu Beginn der 60er Jahre wollte der Bundesrat das Problem der Landwirtschaftszone mit einer Revision des bäuerlichen Bodenrechts lösen, er wurde aber in einem juristischen Gutachten belehrt, dass dazu die verfassungsmässigen Grundlagen fehlten – das Problem blieb weiterhin ungelöst.[128]

8.2   Keinerlei übergeordnete Planung

Die Ortsplanungen wurden in den 50er Jahren pragmatisch und im Sinne ihrer beschränkten Zielsetzung auch erfolgreich weiterentwickelt. Doch wie entwickelte sich die Planung grösserer Räume, und wie wurden die gemeindeweisen Zonenpläne aufeinander abgestimmt? Gab es überhaupt irgendeine Form übergeordneter Planung? Zunächst soll das weitere Schicksal der Landesplanung auf schweizerischer Ebene verfolgt werden, bevor die Entwicklung in der Region Basel untersucht wird.

Ablehnung einer schweizerischen Landesplanung

Nach den ausgiebigen Diskussionen der Kriegsjahre stellte sich bald einmal die Frage, ob für die Landesplanung verfassungsmässige und gesetzliche Grundlagen geschaffen werden sollten. Diese Frage wurde am Schweizerischen Juristentag 1947 in Engelberg diskutiert – und klar abschlägig entschieden. Zwar waren die Meinungen an dieser dem Thema Landesplanung gewidmeten Tagung durchaus unterschiedlich, doch ergab sich in wesentlichen Fragen ein Konsens, den die NZZ folgendermassen beschrieb:

---

127   Im sogenannten Ennetbadener Urteil: BGE 76, I 329.
128   Vgl. das Gutachten von Hans Huber aus dem Jahr 1964, publiziert in: DISP 82, 1985.

«Die Landesplanung soll weder zu einem staatlichen Monopol noch zur Tarnung einer neuen Wirtschaftspolitik werden, sie darf insbesondere die föderalistische Struktur des Staates nicht beseitigen oder wesentlich schwächen. Die Zeit für ein eidgenössisches Landesplanungsrecht ist noch nicht gekommen: abgesehen davon, dass die technischen Grundlagen dafür noch nicht vorhanden sind, sprechen auch psychologische, staatsrechtliche und staatspolitische Bedenken gegen ein solches Bundesgesetz.»[129]

Die Engelberger Tagung, an der auch die anderen strittigen Punkte wie die Landwirtschaftszone und die Entschädigungsfrage zur Sprache kamen, markierte das Ende der Diskussion um Landesplanung. Armin Meili, der Pionier und Präsident der Vereinigung für Landesplanung, bezeichnete sie im Rückblick als die «kälteste Dusche», die er und die Sache der Planung über sich hätten ergehen lassen müssen. Seine Bitterkeit drang auch elf Jahre später noch durch, als er schrieb: «Der Mehrheit dieses Berufstandes [der Juristen] fehlte es am guten Willen, uns das, was wir gerade erwartet hatten, zu bieten, nämlich die rechtlichen und verfassungsmässigen Wege zu zeigen, die wir beschreiten könnten.»[130]
Die Bemühungen um eine schweizerische Landesplanung gerieten bald in Vergessenheit, und schon 1950 konnte in der Vergangenheitsform davon gesprochen werden: «Es gab während des Krieges eine Zeit, in der man sich bei uns sehr eingehend mit Fragen des Siedlungswesens beschäftigte. Das war damals, als jene Bewegung entstand, deren Bestrebungen unter dem Begriff der Landesplanung allgemein bekannt geworden sind. Leider scheint es in den letzten Jahren merklich stiller um sie geworden zu sein.»[131]
Die Bemühungen um die Landesplanung machten in den 50er Jahren keinerlei Fortschritte, so dass ein Planer in der Mitte des Jahrzehntes in einer Gesamtbeurteilung resigniert feststellen musste: «Rechtlich steht die Schweizer Landesplanung etwa da, wo sich die englische 1909 befand.»[132] Damit ist angetönt, dass die planerische Unterentwicklung keineswegs eine allgemeine europäische Entwicklung darstellte, sondern dass die Schweiz in dieser Hinsicht tatsächlich einen Sonderfall darstellte, auch wenn die Situation in den einzelnen Ländern sehr unterschiedlich war.
Es gab während der 50er Jahre nicht nur keine öffentliche Diskussion über Landesplanung, es gab auch keine Debatte über die Siedlungs-

129   NZZ 4.10.1947.
130   Meili 1958.
131   NZZ 9.9.1950.
132   Handbuch der schweizerischen Volkswirtschaft, S. 89.

entwicklung als Ganzes. Zwar mochten einzelne Themen, wie etwa die Hochhausfrage, diskutiert worden sein, doch die Gesamtentwicklung entzog sich gewissermassen der öffentlichen Wahrnehmung. Bemerkenswert ist dies deshalb, weil diese Entwicklung ja keineswegs in bescheidenen Dimensionen erfolgte. Es wurde in den 50er Jahren in der Schweiz mehr gebaut als je zuvor, und es setzten Wanderungsbewegungen von grösstem Ausmass ein, ohne dass darüber gesprochen wurde. Dieses offensichtliche Nicht-zur-Kenntnis-Nehmen ist umso auffälliger, wenn man es mit der lebhaften Debatte während des Krieges vergleicht. Die einzige siedlungsplanerische Zielvorstellung, die in den 50er Jahren immer wieder geäussert wurde, war, dass ein zu starkes Wachstum der grossen Städte unerwünscht sei. Aber gerade hier lief die Entwicklung ganz offensichtlich in eine andere Richtung, ohne dass irgendwelche Massnahmen dagegen auch nur diskutiert wurden.

Der einzige Versuch, landesplanerische und siedlungspolitische Fragen zu thematisieren, erfolgte mit dem Pamphlet «achtung: die Schweiz» von Lucius Burckhardt, Max Frisch und Markus Kutter. Diese forderten darin 1955 den Bau einer neuen Stadt anstelle einer Landesausstellung und als Alternative zur gängigen Siedlungsentwicklung. Der Vorschlag löste eine lebhafte Diskussion in der Öffentlichkeit aus, was an sich schon bemerkenswert war.[133] Er stellte aber in der geistigen Landschaft der 50er Jahre eine Ausnahmeerscheinung dar, die weitgehend folgenlos blieb.[134]

Bescheidene planerische Möglichkeiten des Kantons

Der vielversprechende Aufbruch zu einer gemeinsamen Regionalplanung beider Basel versandete in den 50er Jahren und wurde bald völlig vergessen. In Baselland war die kantonale Planungsstelle während einiger Jahre praktisch inexistent, und nachher musste ihre Rolle als Aufsichtsorgan erst wieder näher definiert werden. Rechtliche Instrumente auch für bescheidene regionalplanerische Bemühungen des Kantons bestanden nicht, so dass entsprechende Anläufe in Einzelfällen ohne Erfolg blieben.

---

133   Vgl. Ganz 1991, S. 373ff.
134   Eine akademische Studiengesellschaft beschäftigte sich noch einige Jahre mit dem Projekt einer neuen Stadt im Furttal bei Zürich. Doch es blieb bei Plänen. Die Autoren von «achtung: die Schweiz!» standen diesem Unternehmen eher skeptisch gegenüber. Vgl. Burckhardt 1985, S. 84.

Schleichendes Ende der Regionalplanung

Auch die Regionalplanung beider Basel, die am Ende des Weltkrieges mit grossem Elan eingeleitet worden war, blieb in den 50er Jahren ohne Fortsetzung. Zunächst waren zwar noch einige Lebenszeichen zu vernehmen, wie etwa die Bemerkung im Amtsbericht 1950: «Im Rahmen der Regionalplanung wurden verschiedene Erhebungen und Untersuchungen ausgeführt.»[135] Doch schon bald erstarb die regionalplanerische Aktivität völlig – und dabei blieb es für den Rest des Jahrzehnts. Das Erstaunliche an diesem Prozess ist, dass er nicht einmal kommentiert wurde. Die Regionalplanung schien einfach vergessen gegangen zu sein, ohne dass man sich an die damit verbundenen Ambitionen erinnerte.

Einige Ursachen dieser Entwicklung lassen sich benennen. Wir haben gesehen, dass keine speziellen Rechtsgrundlagen für die Regionalplanung existierten und dass der regionalplanerische Aufbruch von 1945 vom Glauben getragen war, mit den bestehenden Gesetzen und dem guten Willen aller Beteiligten liessen sich die anvisierten Ziele erreichen. Nachdem aber der gute Wille schon in den späten 40er Jahren am Schwinden war, und ganz allgemein die juristischen Probleme der Planung in den Vordergrund rückten, war der Erfolg des ganzen Unternehmens in Frage gestellt. Der spätere Leiter der Planungsstelle urteilte denn auch herablassend über den ersten regionalplanerischen Aufbruch: «Als ein hervorstechendes rechtliches Merkmal kann seine absolute Rechtsunverbindlichkeit gelten.»[136]

Zur Würdigung des ersten Anlaufes für einen Regionalplan ist zu sagen, dass vermutlich einige der damit verbundenen Absichten in den späten 40er Jahren in die Zonenpläne der einzelnen Gemeinden einflossen, da Wilhelm Arnold eine Schlüsselstellung einnahm. Allerdings bestand diese Zusammenarbeit auf Freiwilligkeit, und wie wir im Fall von Bottmingen sehen werden, setzten sich im Zweifelsfall die partikularen Interessen der Gemeinden durch.

Endgültig zum Erliegen kam die regionalplanerische Arbeit der Planungsstelle, nachdem ihr erster Leiter, Wilhelm Arnold, im Jahre 1952 entlassen wurde; eine Geschichte, auf die im folgenden Abschnitt eingegangen wird. Erst zwei Jahre später übernahm sein Nachfolger Georg Schwörer die Leitung der Planungsstelle, und er hatte zunächst alle Hände voll zu tun mit den Ortsplanungen und

---

135   AB 1950, S. 130.
136   Schwörer Georg, Regionalplanung im Kanton Basel-Land, in: Unterlagen zur Studientagung der Planungsgruppe Nordwestschweiz 1959 in Baden. S. 36.

konnte keine weiteren Ziele anvisieren. Erst gegen Ende der 50er Jahre wurde das Fehlen jeglicher regionaler Planung zunehmend kritisiert, doch angesichts der beschränkten gesetzlichen Möglichkeiten änderte sich vorerst nichts an der Situation. Mit der 1960 eingeleiteten Revision des Baugesetzes wollte man zwar auch die Regionalplanung berücksichtigen – doch Gesetzesrevisionen brauchen ihre Zeit, und die bauliche Entwicklung schuf weiterhin vollendete Tatsachen. Wenn auch das Fehlen einer Regionalplanung während der 50er Jahre angesichts der rechtlichen und institutionellen Situation plausibel erscheint, erstaunt es dennoch, dass dieses Thema nicht stärker diskutiert wurde. Allerdings handelte es sich bei diesem Fehlen jeglicher öffentlicher Diskussion nicht um eine Besonderheit der Region Basel. Auch in Kantonen, wo die Regionalplanung eine gewisse Institutionalisierung erfahren hatte, wie im Kanton Zürich, konnte sie die Siedlungsentwicklung während der 50er Jahre kaum beeinflussen, sondern wurde von dieser völlig überrollt, da sie mit völlig ungenügenden Instrumenten ausgestattet blieb. Ganz offensichtlich war die Mehrheit der Politiker der Überzeugung, dass die Ortsplanungen eine hinreichende Lenkung der Siedlungsentwicklung bewirken würden. Diese Meinung wurde allerdings von den Planern selbst kaum geteilt, doch diese hatten sich mit den Verhältnissen abzufinden und das zu tun, was ihnen möglich blieb. Hans Marti, einer der profiliertesten Planer der ersten Generation, beschrieb dieses Dilemma: «Man müsste [...] mit den Ortsplanungen zuwarten, bis die Regionalplanungen stattgefunden hätten. Viel Zeit würde so aber nutzlos verstreichen, und manche Verschandelung der Ortschaften könnte nicht verhindert werden.»[137]

Entwicklung und Rolle der kantonalen Planungsstelle

Obwohl die kantonale Planungsstelle in erster Linie für die Ortsplanung zuständig war und vom Ende der Regionalplanung eigentlich nicht betroffen hätte sein müssen, kam ihre Tätigkeit in den frühen 50er Jahren praktisch zum Stillstand. Dafür war vordergründig die Auseinandersetzung um die Person ihres Leiters verantwortlich, die Ursachen dafür liegen allerdings tiefer.
Der Baselbieter Hochbauinspektor Wilhelm Arnold, dem als Leiter der Planungsstelle wesentliche Verdienste bei der Einführung der Ortsplanungen zukamen, wurde 1952 ohne Vorwarnung nicht in seinem Amt bestätigt. Eine Reihe von Chefbeamten der kantonalen Verwaltung mussten jeweils vom Landrat gewählt werden, was

137   Plan 8, 1951, S. 96.

zumeist eine reine Formsache darstellte. Die Nichtwiederwahl Arnolds kam überraschend und wurde allgemein bedauert. Er scheint sich Zeitungsberichten zufolge zwar mit einer selbstherrlichen Praxis einige Feinde gemacht zu haben, die ihm einen Denkzettel verabreichen wollten, mit seiner Abwahl war aber keineswegs gerechnet worden.[138] Allerdings scheint man von der Arbeit der Baudirektion insgesamt keine hohe Meinung gehabt zu haben, denn es wurde wiederholt bemerkt, Arnold sei «das Opfer seiner zum Teil unfähigen Untergebenen geworden».[139] Er hätte sich mit guten Aussichten noch einmal zur Wahl stellen können, was er allerdings ablehnte. Neben der persönlichen Empfindlichkeit spielte dabei wohl auch eine Rolle, dass die Tätigkeit als freischaffender Architekt lukrativer war als der Staatsdienst. Es war denn auch nicht einfach, einen geeigneten Nachfolger zu finden, wobei die Stelle des Hochbauinspektors nun wieder von jener des Leiters der Planungsstelle getrennt wurde.

Die Planungsstelle blieb damit während einiger Jahre unbesetzt, d.h. sie hörte faktisch auf zu existieren. Dies lag wohl auch daran, dass nicht wenige Leute der Ansicht waren, es brauche eine derartige Stelle gar nicht mehr, denn sie habe ihre Aufgabe ja mit der Einführung der Ortsplanungen erfüllt. Die Gemeinden sollten ihre Zonenplanung selbst weiter entwickeln und für planerische Entscheide des Regierungsrates würde die ad-hoc zusammentretende Planungskommission ausreichen. Im Amtskalender des Jahres 1954 wurde die Planung als Aufgabe der Baudirektion jedenfalls nicht einmal erwähnt.

Im Verlauf des Jahres 1954 wurde mit Georg Schwörer ein qualifizierter Planer gefunden, und die Planungsstelle konnte ihre Arbeit wieder aufnehmen. Es zeigte sich nun immer deutlicher, dass die Arbeit mit der Inkraftsetzung der ersten 30 Ortsplanungen keineswegs abgeschlossen war, und dass die Planung nicht einen einmaligen Akt, sondern einen permanenten Prozess darstellt. Neben der Begutachtung der laufenden kleineren und grösseren Planungsrevisionen – sehr oft Neueinzonungen – mussten die Gemeinden in der Handhabung ihrer Zonenplanung beraten werden und mussten Gutachten zu umstrittenen Baugesuchen erstellt werden. Die Planungsstelle musste sich jedenfalls in den kommenden Jahren nie über mangelnde Beschäftigung beklagen, und ihr Personalbestand wurde schon 1955 kräftig aufgestockt. Nach dem faktischen Stillstand der kantonalen

138 «Zur allgemeinen Verwunderung ist demnach Hochbauinspektor Arnold in seinem Amte nicht mehr bestätigt worden, ohne dass hiefür auch nur die geringsten Anzeichen oder gar Gründe vorlagen.» BZ 11. 3. 1952.
139 BZ 15.3.1952.

Planungsaktivität gewann diese in der zweiten Hälfte der 50er Jahre als koordinierende Tätigkeit zunehmend an Fahrt. Ausdruck davon war, dass von der Planungsstelle eine neues Normal-Baureglement ausgearbeitet wurde,[140] mit welchem der Wildwuchs der Bestimmungen und Begriffe in den Gemeindereglementen beschnitten werden sollte, was eine unabdingbare Voraussetzung für eine einheitliche und vergleichbare Rechtspraxis darstellte.

Die Rolle der kantonalen Planungsstelle (bestehend aus der verwaltenden «Stelle» und der beurteilenden Kommission) gegenüber den Gemeinden wurde durch einen grundsätzlichen juristischen Entscheid geklärt. Der Regierungsrat hatte einer Umzonung durch die Gemeindeversammlung von Binningen auf Antrag der Planungskommission die Genehmigung verweigert. Die Gemeinde wollte diesen Eingriff in ihre Autonomie nicht akzeptieren und gelangte ans Bundesgericht. Dieses schützte die Regierung und gestand ihr im Entscheid vom 25.1.1956 aufgrund der Bestimmungen des Baugesetzes die Kompetenz zu, einen Zonenplan nicht nur in formeller, sondern auch in materieller Hinsicht zu prüfen.[141] Dies hiess konkret, dass der Regierungsrat zwar weiterhin den Gemeinden keine Vorschriften machen konnte, dass er aber bei der Beurteilung der Ortsplanungen zu einer Ermessenskontrolle ermächtigt war, d.h. er durfte die sachliche Angemessenheit einzelner planerischer Entscheide begutachten. Dieser Entscheid führte zu einer Aufwertung der Planungsstelle, auf deren Sachkompetenz sich die Regierung schliesslich stützen musste. Er fand andererseits wenig Verständnis bei den Gemeindebehörden, die sich nicht von «Liestal» in ihre Ortsplanungen dreinreden lassen wollten, und die oft lange genug auf die Genehmigung ihrer Planungen warten mussten. Im Landrat wurde dazu geäussert, «dass man den Gemeinden, die doch selbst am besten wissen, was zu ihrem Wohle ist, von der kantonalen Planungsstelle zu viel dreinrede».[142] Es ist allerdings zu bemerken, dass die Einmischung der kantonalen Regierung in die Planungen der Gemeinden immer noch sehr bescheiden und der Spielraum der letzteren sehr gross blieb.

Planerische Konflikte um das Bruderholz

Gegen Ende der 50er Jahre unternahm der Kanton den Versuch, in einem konkreten Einzelfall regionalplanerisch tätig zu werden. Der Fall zeigt exemplarisch, wie bescheiden die Möglichkeiten des Staates

---

140   AB 1958, S. 219.
141   Vgl. AB 1955, S. 181.
142   BZ 6.1.1956.

in Sachen planerischer Zukunftsgestaltung noch waren, und wo die zu lösenden Probleme lagen.

Im Jahre 1957 ersuchte die Regierung den Landrat um einen Kredit von 750 000 Franken für den gemeinsam mit Basel-Stadt zu tätigenden Ankauf von 45 000 Quadratmetern Land auf der Batterie in Bottmingen. Mit dem Landkauf sollte eine Grünzone gesichert werden, um von der historischen Batterieschanze aus die Aussicht und die Spaziermöglichkeiten zu erhalten. Das gemeinsame Vorgehen der beiden Kantone war an sich schon bemerkenswert, es war aber auch unumgänglich, wenn man in der Erhaltung von Grünflächen zu vernünftigen Lösungen kommen wollte, wie das «Basler Volksblatt» bemerkte: «Wenn die Schanze auch auf Basler Boden steht, heisst das nicht, dass vom Kanton Basel-Landschaft aus auf sie keine Rücksicht zu nehmen sei. Eine solche Auffassung wäre unschweizerisch und würde sich mit dem Gedanken des Heimatschutzes nicht vertragen. Auch vom Standpunkt der modernen Siedlungsplanung aus gesehen, ist daran festzuhalten, dass der Grünstreifen bestehen bleibt.»[143]

Der vom Regierungsrat vorgeschlagenen Lösung waren lange Verhandlungen mit Basel-Stadt sowie der gescheiterte Versuch vorangegangen, die Gemeinde Bottmingen zu einer entsprechenden Gestaltung ihres Zonenplanes zu bewegen. Im Jahr zuvor hatte die Gemeinde gegen den ausdrücklichen Wunsch des Kantons ihren Zonenplan revidiert und dabei die Bauzone bis an die Predigerhofstrasse zuoberst auf dem Bruderholzrücken vorverlegt, wo nach einem Konzept der beiden Kantone ein 100 Meter breiter Grünstreifen erhalten bleiben sollte. Da dem Kanton keine Möglichkeit gegeben war, den Entscheid der Gemeinde zu beeinflussen, wurde schliesslich die Lösung eines Kaufs des entsprechenden Areals durch die beiden Kantone gewählt.

Im Landrat wurde das Anliegen zwar grundsätzlich gutgeheissen, die Kreditgewährung hingegen abgelehnt. Schon die Finanzkommission hatte moniert, dass die Bodenpreissteigerung den diskutierten Kredit unterdessen bereits überholt habe, dass die je hälftige Kostenverteilung mit der Stadt nicht gerecht und dass überhaupt die ganze Sache einen so hohen Preis nicht wert sei.[144]

Die Episode zeigt einerseits das wachsende Bedürfnis nach gewissen regionalplanerischen Eingriffen gerade in der Nähe der Stadtgrenze, andererseits demonstriert sie das Fehlen jeglicher planerischer Instrumente, diese Ziele verfolgen zu können. Obwohl die Freihaltung dieser Grünzone schon seit dem Regionalplanentwurf von 1947

---

143   BVb 18.3.1957.
144   Bericht der Finanzkommission vom 11.5.1957, (Vorlagen).

☐ Zu erwerbende Grünzone   ⬚ Vertraglich gesicherte Grünzone

Die auf diesem Bild noch weitgehend unbebauten Parzellen auf dem Bruderholz südlich
der Batterie wollte die Regierung zwecks Erhaltung als Grünzone aufkaufen.

ein Ziel des Kantons dargestellt hatte, verfügte dieser über keinerlei
rechtliche Möglichkeiten, die Gemeinde dazu zu verpflichten, so
dass nur der direkte Erwerb des strittigen Gebietes übrigzubleiben
schien.
Der Konflikt zwischen den regionalplanerischen Anliegen und der
Gemeinde Bottmingen wurde durch einen Beschluss der Gemeindeversammlung im folgenden Jahr weiter verschärft. Um ein Projekt
für eine Hochspannungsleitung und eine neue Umformerstation auf
dem Bruderholz zu verhindern, entschloss sich die Gemeinde kur-
zerhand, das gesamte davon betroffene Gebiet zur Bauzone zu
erklären. Dass damit das erklärte Ziel – «das schöne Landschaftsbild
erhalten und das Dorf nicht noch weiter verschandeln»[145] – auf längere Sicht gerade nicht erreicht werden konnte, wurde dabei offensichtlich nicht bedacht. Gleichzeitig schuf man damit ein Problem,
welches noch jahrzehntelang ungelöst bleiben sollte.

Strassenbau macht Planung nötig

Im Gegensatz zur Siedlungsplanung führte die fehlende Koordination und Planung im Bereich des Strassenbaus viel rascher zu Problemen. Anders als der Bau von Verwaltungsgebäuden war der Strassen-

145   BZ 15.2.1958.

bau in der Öffentlichkeit nicht umstritten, sondern sehr erwünscht. Jede Gemeinde, jedes Tal, jeder Bezirk wollte zuerst die eigenen Strassen ausgebaut wissen, und seine Vertreter im Landrat kämpften heftig für ihre partikularen Anliegen. Der Strassenbau erfolgte lange lediglich nach politischen Gesichtspunkten und nicht nach verkehrsplanerischen Überlegungen.[146] Es wurden kaum Prioritäten gesetzt, so dass Nebenstrassen ausgebaut wurden, während wichtige Transitstrassen weiterhin Flaschenhälse aufwiesen, von denen die Durchfahrt Liestal wohl der grösste war. Eine übergeordnete Strassenplanung gab es bis 1956 nicht, dann wurde wenigstens ein grobes Zehnjahresprogramm vorgelegt. Rechtliche Probleme bei der Regionalplanung gab es in diesem Bereich kaum, da der Kanton seine eigene Bautätigkeit selbstverständlich planen durfte und Widerstände noch kaum eine Rolle spielten.

In den frühen 60er Jahren gehörte die regionale Strassenplanung zu den vorgezogenen Bereichen der gesamten Regionalplanung. Allerdings blieb auch dies eine sektoral beschränkte Planung, die weder mit der Entwicklung der öffentlichen Verkehrsmittel koordiniert war noch die künftige Siedlungsentwicklung berücksichtigte. Allerdings kann angenommen werden, dass die Strassenplanung in den 50er Jahren noch keine so prägende Bedeutung für die Siedlungsentwicklung hatte, wie dies später der Fall war.

In der zweiten Hälfte des Jahrzehntes stand die Strassenbaupolitik dann immer stärker im Zeichen der Planung des Nationalstrassennetzes und damit der Entscheide übergeordneter politischer Instanzen. Über die Führung der Nationalstrassen im Gebiet von Baselland wurden verschiedene längere Kontroversen ausgetragen. Dabei gab es Gemeinden, die dafür kämpften, in den Genuss eines nahen Autobahnanschlusses zu kommen, so im Fall von Diegten, wo zunächst eine Führung über das Hochplateau vorgesehen war. Im Gegensatz dazu setzten sich die Gemeinden Arisdorf, Giebenach und Augst am Ende des Jahrzehntes energisch, aber erfolglos, gegen die Führung der Autobahn N 2 durch ihr Gebiet zur Wehr.[147]

Eine Planung für den öffentlichen Verkehr gab es zu dieser Zeit überhaupt nicht. Zwar war in den 50er Jahren immer noch die Mehrheit der Bevölkerung auf die öffentlichen Verkehrsmittel angewiesen, doch rechnete man mit ihrem längerfristigen Verschwinden. Die bestehenden Vorortsbahnen wurden deshalb ohne grössere Erneuerungen weiterbetrieben, wobei aber immer wieder eine Umstellung auf Busbetrieb diskutiert oder gefordert wurde. Dem Schicksal einer Umstellung entging die Waldenburgerbahn zu Beginn der 50er Jahre

---

146   Vgl. Auer 1964, S. 257ff.
147   Oberer 1991, S. 148.

nur knapp und dank grossem Engagement ihrer Leitung und der betroffenen Bevölkerung, die sich gegen die Absicht von Regierungsrat und Bundesbehörden durchsetzten.[148] Immerhin wurde im Anschluss daran mit der Elektrifizierung der Schmalspurbahn ein zukunftsweisender Entscheid getroffen, welcher sich zur allgemeinen Überraschung rasch auszahlte und die Bahn begann sogar schwarze Zahlen zu schreiben.[149] Später war von Bedeutung, dass mit dem Eisenbahngesetz des Bundes von 1957 die Abgeltung gemeinwirtschaftlicher Leistungen der Privatbahnen ermöglicht wurde.

Veränderungen zeichnen sich ab

Eine übergeordnete Planung auf Bundesebene wurde in den ausgehenden 40er Jahren abgelehnt und war in den 50er Jahren kein Thema mehr. Angesichts des föderalistischen Staatsaufbaus und der damit verbundenen Haltung, Probleme zuerst auf den unteren politischen Ebenen zu lösen, ist es nicht erstaunlich, dass nicht so schnell neue Planungskompetenzen des Bundes geschaffen wurden. Weniger selbstverständlich ist dagegen, dass auch auf kantonaler oder regionaler Ebene keine übergemeindliche Planung zustandekam und auch kaum über solche Möglichkeiten diskutiert wurde. Es mag eine ganze Reihe von praktischen Gründen dafür geben: Die kantonale Planungsstelle war, soweit sie überhaupt besetzt war, überlastet mit der Bearbeitung der Ortsplanungen und die hängige Wiedervereinigungsfrage wirkte sich gegenüber einer institutionalisierten Zusammenarbeit mit dem Stadtkanton zweifellos blockierend aus. Dennoch bleibt die bemerkenswerte Tatsache, dass man in der Mitte der 40er Jahre ein Problem erkannte und nach Mitteln zu dessen Lösung suchte, das gleiche Problem aber wenige Jahre später nicht einmal mehr ernsthaft diskutierte, obwohl unterdessen eine Entwicklung eingetreten war, die das Problem wesentlich verschärfte.

Damit stellt sich die Frage, wie weit man die Gesamtentwicklung überhaupt zur Kenntnis nahm. Hier ist zunächst auf die fehlende Statistik im Kanton Basel-Landschaft zu verweisen, die es verunmöglichte, über die einfachsten Entwicklungen wie etwa die Bevölkerungszahl einer Gemeinde aktuelle Angaben zu erhalten. Noch viel symptomatischer ist, dass sich sehr lange niemand daran störte, dass solche Angaben nicht greifbar waren.[150]

---

148   Waldenburgbahn AG 1980, S. 59ff.
149   BZ 30.6.1955.
150   Erstmals als Problem bezeichnet wurde dies in der Anfrage Bürgisser vom 27.9.1956, (Vorlagen).

Gegen Ende der 50er Jahre zeichneten sich aber einige Veränderungen ab. Das Fehlen einer Regionalplanung wurde vermehrt beklagt, und im Bereich der Ortsplanungen zeichnete sich mit den Gesamtüberbauungen eine Abkehr von der reinen Ordnungsfunktion ab. Auch im Bereich der kantonalen Infrastrukturinvestitionen zeigten sich gegen Ende der 50er Jahre überall die Folgen der bisherigen zögerlichen und unkoordinierten Entwicklung. Überhaupt wurde die bauliche und siedlungsmässige Entwicklung vermehrt als Ganzes wahrgenommen, wie aus dem folgenden Zitat aus einem Zeitungsartikel von 1958 anklingt: «Eine Umstellung ganz grosser Ordnung, in weitem Umkreis um die Städte, namentlich um Basel ist also im Gang. […] Das ganze vordere Baselbiet wird sich, gern oder ungern, mit einer städtischen Wohnsiedlung überziehen, deren Wert oder Unwert, Schönheit oder Hässlichkeit, Auflockerung, Beglücktheit oder Dumpfheit zu gestalten nun in die Hände unserer Generation gelegt ist.»[151]

8.3 Zögernde Anfänge einer Umweltpolitik

Umweltprobleme fanden in den 50er Jahren wenig Beachtung, sie stellten sich aber auch erst an wenigen Orten. Neben der Gewässerverschmutzung, die bereits seit einiger Zeit diskutiert wurde, sorgte vor allem das Problem der Kehrichtentsorgung für zunehmende Schwierigkeiten. Um diese Bereiche kümmerten sich in zunehmendem Ausmass die zuständigen Experten, während sich die Öffentlichkeit kaum dafür interessierte.

Der Kanton übernimmt die Abwasserreinigung

Bereits während des Krieges war im Kanton Basel-Landschaft die zukünftige Politik im Bereich des Gewässerschutzes konzeptuell vorgezeichnet worden. Es war klar, dass man im grossen Massstab Kanalisationen und Kläranlagen bauen wollte und musste, um das Abwasserproblem in den Griff zu bekommen. Noch nicht entschieden war aber, wer dies finanzieren sollte. Obwohl diese Frage zu Beginn des Jahrzehntes klar geregelt wurde, machte der Bau von Kläranlagen in den 50er Jahren noch keine grossen Fortschritte.

151   BZ 27.11.1958.

Welche Beiträge von Kanton und Gemeinden?

Mit dem Baugesetz von 1941 war eine Anschlusspflicht an die Kanalisationen eingeführt worden, womit die Benützung und Auslastung
der künftigen Abwasserreinigungsanlagen gesichert werden konnte.
Noch völlig offen war aber die entscheidende Frage, wer die neuen
Infrastrukturen bauen und bezahlen sollte. Es war allerdings angesichts der bedeutenden Summen klar, dass der Kanton, der schon bisher im Rahmen der Gemeindehilfe Beiträge an die Erstellung von
Kanalisationen geleistet hatte, einen nicht unwesentlichen Teil der
Kosten würde übernehmen müssen. Unbestritten war, dass für die
Regelung der finanziellen Fragen ein eigentliches Abwassergesetz zu
schaffen sei. Um dazu die nötigen Vorarbeiten zu leisten, hatte der
Regierungsrat bereits 1946 eine Kommission eingesetzt, die eine
mögliche Regelung der ganzen Finanzierungsfrage zu prüfen und die
zu erwartenden Kosten zu schätzen hatte. Die Kommission hielt in
einem Zwischenbericht fest, dass sie ein Eingreifen des Kantons für
nötig erachtete, da nur so die übergeordneten Interessen angemessen
berücksichtigt werden konnten.

> «Der Staat zahlt die Beiträge […] als Förderer der Kanalisationsaufgabe
> im allgemeinen, d.h. im Interesse einer einwandfreien rationellen und
> hygienischen Lösung des Abwasserproblems. Das ist eine Aufgabe, die im
> gesamten Interesse des Kantons liegt. Bis heute war es eine reine Gemein-
> deaufgabe. Die Gemeinde löste das Problem ad hoc als reines Kanalisa-
> tionsproblem ohne Rücksicht auf die Grundwasserverhältnisse und die
> Wasserverhältnisse in den offenen Bachläufen. Man leitete das Wasser ein-
> fach in die Bachläufe ab. Eine solche Lösung genügt heute nicht mehr
> […].»[152]

Die Regelung der Finanzierungsfrage, welche die Kommission nach
längeren Beratungen vorschlug und welche die Verwaltung zu einem
Gesetzesentwurf verarbeitete, orientierte sich stark am Ist-Zustand.
Die Gemeinden sollten sämtliche Kanalisationen und Abwasserreinigungsanlagen selbst erstellen, aber vom Kanton dazu beträchtliche
Beiträge erhalten. Zusätzlich sollten sie in Form von Anschlussge-
bühren auch die Grundeigentümer für die Deckung der Kosten her-
anziehen dürfen.
Der Entwurf wurde dem Landrat im Dezember 1949 unterbreitet,
und in einem Schreiben vom Januar 1950 an den Kommissionspräsi-
denten drängte die Baudirektion auf ungewohnte Eile. Es solle

---

152 Bericht der Unterkommission (Gemeindeausschuss) zur Ausarbeitung von Richtlinien
     für die Ausrichtung von Beiträgen an die Kosten der Erstellung der Abwasserbeseiti-
     gungsanlagen der Gemeinden vom 13.12.1948, S. 4. StA BL, Bau A 10.2.

sogleich eine erste Sitzung einberufen werden, damit anschliessend das Gesetz ohne Verzug durch den Landrat gebracht und noch vor Ende Februar dem Volk vorgelegt werden könne![153] Dieses ungewöhnliche Vorgehen illustriert einerseits den bei den Zuständigen herrschenden Eindruck von der sachlichen Dringlichkeit einer raschen Neuregelung – das Gesetz sollte sogar rückwirkend auf Anfang 1949 in Kraft gesetzt werden –, andererseits sollten die Landräte wohl auch veranlasst werden, auf eigene Vorstellungen möglichst zu verzichten.

Die Kommission liess sich aber weder zur Eile drängen noch vom vorgelegten Entwurf überzeugen. Sie entwarf vielmehr die Grundzüge einer ganz anderen Regelung der Verantwortlichkeiten: «Nach dem vorliegenden Gesetzesentwurf des Regierungsrates subventioniert der Staat; die Gemeinden dagegen führen die Arbeit aus. Die Kommission kam zur Auffassung, dass, wenn wirklich Abhilfe geschaffen werden soll, vom Staat die Abwasserreinigungsanlagen mit den nötigen Hauptsammelsträngen zu erstellen sind und er auch für die Wartung und den Unterhalt aufzukommen hat.»[154] Das Plenum des Landrates hielt sich an die Empfehlung der Kommission und wies den Gesetzesentwurf an die Regierung zurück mit der Empfehlung, eine neue Version auszuarbeiten, in welcher der Kanton viel stärker in die Pflicht genommen werde.

Die Regierung nahm die Anliegen des Landrates auf und legte im Verlauf des folgenden Jahres einen neuen Entwurf vor, der eine klare Trennung der Aufgaben von Kanton und Gemeinden vorsah. Der Kanton sollte für die Erstellung und den Betrieb der Abwasserreinigungsanlagen und aller Zu- und Ableitungskanäle verantwortlich sein. Den Gemeinden dagegen wurde lediglich Bau und Betrieb der Kanalisationsnetze auf ihrem eigenen Gebiet übertragen, und auch dafür sollten sie noch finanzielle Beiträge des Kantons erhalten. Diese im Prinzip eindeutige und für die Gemeinden äusserst vorteilhafte Lösung erwies sich im Landrat als konsensfähig, wobei um einige Details noch hart gerungen wurde. So wurden um die Verwendung des Begriffs «Hauptsammelstrang» – eine Kategorie, die zu höherem Subventionssatz führte – heftige Auseinandersetzungen ausgetragen, bis dieser schliesslich fallengelassen wurde, da man einsehen musste, dass er zuwenig genau definiert war.[155]

---

153 Schreiben der Baudirektion an den Präsidenten der landrätlichen Komission Buser 10.1.1950. StA BL Bau A 10.2.
154 Bericht der Kommission an den LR vom 28.8.1950. StA BL, Bau A 10.2.
155 «Es hat sich herausgestellt, dass das Wort ‹Hauptsammelstrang› kein technischer Begriff ist, sondern mehr ein gefühlsmässiger Ausdruck für den wichtigsten Strang in einer Gemeinde.» Schreiben der Landeskanzlei an den RR betreffend neue Varianten vom 2.11.1950. StA BL, Bau A10.2.

Nach einem hartem Kampf um jeden einzelnen Paragraphen resultierte ein klares und einfaches Gesetz, das die Verantwortlichkeiten
bestimmte, die Finanzierung regelte und die Grundlage für ein
gezieltes Handeln abgab. Möglich wurde dies, weil der erkennbare
Wille vorhanden war, zu einem brauchbaren Resultat zu gelangen,
aber auch, weil die finanziellen Lasten letztlich vorwiegend dem
Kanton zugeschoben werden konnten. Mit dem Gesetz über die
Abwasseranlagen vom 30. Oktober 1952, das auch bei den Stimmbürgern eine gute Zustimmung fand, verfügte der Kanton Basel-
Landschaft über eine moderne Rechtsgrundlage für die Bewältigung
der Probleme in diesem Bereich. In seiner zentralen Bestimmung in
Paragraph 1 war das Gesetz einfach und unmissverständlich: «Alle
Abwasser sind kanalisiert abzuleiten, damit sie den erstellten oder zu
erstellenden Abwasserreinigungsanlagen zugeleitet werden können.»[156]
Mit den eindeutigen und verpflichtenden Bestimmungen dieses
Gesetzes reihte sich Baselland in die vorderste Front jener Kantone
ein, die das Problem der Abwasserreinigung ernst nahmen. Zwar
begann das Problem der Gewässerverschmutzung in der ganzen
Schweiz eine politische Rolle zu spielen, doch übernahm der Bund
hier noch keine aktive Rolle, obwohl ihm mit einem in erstaunlich
kurzer Zeit und mit grosser Mehrheit zustandegekommenen Verfassungsartikel sogar das Recht zur Gesetzgebung eingeräumt worden
war.[157] Das im Jahre 1955 erlassene Bundesgesetz zum Schutz der
Gewässer gegen Verunreinigung blieb aber weit hinter den basellandschaftlichen Regelungen zurück, denn es enthielt weder bindende
Vorschriften, noch regelte es die Frage der Finanzierung.[158] Damit
war klar, dass die Fortschritte in diesem Bereich auf absehbare Zeit
den einzelnen Kantonen überlassen bleiben würden.

Die Kläranlagen lassen auf sich warten

Hatte man während der Arbeit am Gesetz erwarten können, dass bei
dessen Vorliegen rasch gehandelt würde, so musste man sich bald
enttäuscht sehen, denn es wurden zwar weiterhin Kanalisationen
gebaut, aber eine Reinigung des kanalisierten Wassers war noch nirgends in Sicht. In einer Anfrage im Landrat wurde dies 1954 bemängelt:

---

156   GS BL 20, S. 515.
157   BZ 7.12.1953.
158   Bundesgesetz über den Schutz der Gewässer gegen Verunreinigung vom 16.3.1955. AS
       1955, S. 1533ff.

«Vor Jahren wurde die Erstellung von Kläranlagen im dichtbesiedelten Gebiete des Bezirks Arlesheim als besonders dringlich bezeichnet. Die verschmutzten Gewässer der Birs und des Birsig wurden für Badende nicht nur als Infektionsherde, sondern generell für die Gegend als seuchengefährlich erklärt. Seltsamerweise wird seit Annahme des Kanalisationsgesetzes, das für die Kläranlagen die Finanzierungsgrundlage bildet, von einer raschen Verwirklichung der Werke nichts mehr gesagt.»

In seiner ausführlichen Antwort machte der Regierungsrat Informations- und Kooperationsprobleme mit den Gemeinden, v.a. mit Reinach, für die Verzögerungen verantwortlich. In bezug auf die Dimensionierung der Anlage sei noch vieles unklar. Wieweit dies die langsamen Fortschritte wirklich erklärt, ist eine andere Frage. Sicher ist, dass die ganze Angelegenheit wesentlich schwieriger, komplizierter und aufwendiger war, als man es sich ursprünglich vorgestellt hatte. Allerdings handelte es sich dabei um eine allgemeine Erscheinung der 50er Jahre, dass man sich die technische Lösung neuer Probleme als viel einfacher und schneller realisierbar vorstellte, als sie es dann wirklich waren. Wie in anderen Fällen hatte man auch bei der Abwasserreinigung noch kaum eine Ahnung von den Dimensionen, in welchen sich die Kosten schliesslich bewegen sollten.

Neben diesen «technischen» Gründen spielte aber auch die gemächliche und zurückhaltende Einstellung eine Rolle, die man in den 50er Jahren öffentlichen Bauten gegenüber einnahm. Von der Dringlichkeit, die in den späten 40er Jahren die Politiker in der Phase der Gesetzgebung angetrieben hatte, war nun nicht mehr viel zu spüren. Dies mochte damit zusammenhängen, dass die sichtbarsten Verschmutzungen sich mit dem Bau von Kanalisationen lösen liessen, während sich ernsthafte Probleme mit dem Grundwasser vorderhand noch kaum stellten, obwohl zunehmende Abwassermengen in die Flüsse abgeleitet wurden.

Die Verzögerungen beim Bau von Abwasserreinigungsanlagen waren aber sicher nicht in der fehlenden Motivation beim zuständigen Wasserwirtschaftsamt begründet. Dieses musste als eigentliches Amt aber zunächst ausgebaut werden, nachdem es lange lediglich aus dem Pionier Walter Schmassmann bestanden hatte. Als dieser 1956 seinem Nachfolger Platz machte, bestand das Amt inklusive Vorsteher bereits aus vier Personen.[159] In den folgenden Jahren entwickelte es sich zu der am stärksten wachsenden Verwaltungsabteilung.

Im Jahre 1956 legte das Wasserwirtschaftsamt erstmals ein langfristiges Aktionsprogramm vor. Dieses sah ein Schritt-für-Schritt-Vorgehen vor. In den ersten zehn Jahren bis 1966 sollten die grossen Klär-

159 Baudirektion/Wasserwirtschaftsamt 1968, «Leitbild». S. 2.

anlagen für Abwasserregionen gebaut werden, danach sollten die
Gemeinden mit eigenen, kleinen Anlagen an die Reihe kommen und
zuletzt, d.h. in den 70er Jahren, sollte sich das Amt dann vermehrt
den Wasserversorgungsproblemen widmen können.[160] Wir werden
im Teil über die 60er Jahre sehen, wie sich die Umsetzung dieses Pro-
grammes gestalten sollte.
Im Jahre 1958 wurde in Therwil eine erste kleine Abwasserreinigungsanlage dem Betrieb übergeben, was die BZ als «historischen
Moment» bezeichnete. Der Berichterstatter wunderte sich: «Man
hält es schier für unmöglich, dass eine solche übelriechende dunkle
Brühe je zu klarem Wasser gereinigt werden kann.»[161] Die Anlage
hatte eher experimentellen Charakter, doch sie schien sich zu
bewähren, denn es konnte vermerkt werden, sie «arbeitet sehr zufrie-
denstellend und hat einen erfreulich hohen Reinigungseffekt».[162]
Allerdings sollte die erste Reinigungsanlange noch während einiger
Jahre die einzige bleiben. Bis 1960 befanden sich zwar überall die
Zuleitungskanäle im Bau, doch war ausser der kleinen Therwiler
Anlage noch keine Abwasserreinigung in Betrieb, und die stets grösser werdenden Abwassermengen ergossen sich noch überall ungeklärt in die Flüsse. Allerdings war gegen Ende des Jahrzehntes eine
deutliche Beschleunigung bei Projektierung und Bau der Anlagen
festzustellen.

Rasch wachsende Abfallberge

«Nachdem sich zum Schutze des Grundwassers die Notwendigkeit
ergeben hatte, alte Kiesgruben im Gebiet des Ergolztales und des
Birstales nicht mehr mit Kehricht oder industriellen Abfällen aufzu-
füllen, musste dringend die Lösung des gesamten Kehrichtproblemes
an die Hand genommen werden.»[163] Mit diesen Ausführungen
machte die Regierung 1954 deutlich, dass mit der Abfallproblematik
eine neue Frage auftauchte. Anders als bei der Gewässerverschmutzung verfügte man in diesem Bereich noch über keine klare Strategie,
sondern man versuchte, die sich stellenden Probleme mit verschiedenen pragmatischen Projekten zu bewältigen – oder zu verdrängen.
Beides gelang aber im Verlauf des Jahrzehnts angesichts der rasch
wachsenden Kehrichtmengen immer schlechter. Während sich die
Öffentlichkeit noch kaum für die Abfallfrage interessierte, beschäftigte sie die Experten immer stärker.

160   Ebda., S. 3.
161   BZ 2.12.1958.
162   AB 1959, S. 206.
163   AB 1954, S. 169.

Abfallströme zwischen Stadt und Land

Ein Abfallproblem gab es im Baselbiet schon seit der Jahrhundertwende. Einzelne Gemeinden begannen zu dieser Zeit mit der Einrichtung öffentlicher Kehrichtabfuhren, um die sich stellenden Hygieneprobleme zu lösen. Der anfallende Kehricht wurde entweder in Gruben geworfen – häufig auch in Bachbette – oder als Dünger auf den Feldern verteilt, was von den Bauern gerne gesehen wurde. Besondere Probleme stellten sich aber auch in diesem Bereich in den schnell wachsenden Vororten Basels, wo zusätzlich zum eigenen Abfall noch jener der Stadt deponiert wurde.

Die wachsende Überbauung führte dazu, dass die stinkenden oder rauchenden Kehrichtablagerung zunehmend als Problem empfunden wurden und die Gemeinden vermehrt regulierend eingreifen mussten. Der Kanton hatte sich erstmals 1933 mit einem Regierungsratsbeschluss des Problems angenommen. «Im Hinblick darauf, dass die Ablagerung des Hauskehrichts in den Gemeinden des untern Kantonsteils unhaltbar geworden ist», ordnete die Regierung an, dass die Abfalldeponierung nur an hierfür geeigneten Plätzen gestattet und dazu eine Bewilligung der Gemeinde erforderlich sei.[164] Die Bestimmung, welche Orte für Deponien geeignet sein sollten, blieb ebenso vage wie die übrigen Anweisungen über den Umgang mit dem Ablagerungsmaterial. Unzweideutig war lediglich die Bestimmung: «Wenigstens zweimal im Jahr sind Rattenvertilgungsmittel anzuwenden.» Im übrigen blieb die Abfallfrage eine Angelegenheit der Gemeinden.

Nachdem die Abfallfrage in der Zwischenkriegszeit langsam drängender geworden war, entschärfte sie sich während des Zweiten Weltkrieges durch die umfassende Altstoffwirtschaft. Alles, was irgendwie verwendbar war, wurde getrennt gesammelt, um die fehlenden Importrohstoffe zu ersetzen. Diese Phase einer unfreiwilligen ökologischen Musterwirtschaft nahm aber ein rasches Ende, nachdem der freie Warenverkehr wieder hergestellt war.

Die wirtschaftliche und gesellschaftliche Entwicklung nach dem Zweiten Weltkrieg hatte eine rasche Verschärfung der mit der Kehrichtentsorgung verbundenen Probleme zur Folge. Einerseits führte das Wachstum von Wirtschaft und Bevölkerung zu einer quantitativen Steigerung der Abfallmengen. Andererseits sorgte die langsame Veränderung der Alltagsgewohnheiten beim Übergang zur Konsumgesellschaft zu einer qualitativen Verschiebung des Problems: Immer mehr Waren wurden mit immer mehr Verpackungsmaterial versehen

164 RRB vom 13.10.1933. GS BL 18, S. 38.

und für eine immer kürzere Lebensdauer angelegt; immer mehr Produkte wurden weggeworfen und nicht mehr repariert oder wiederverwendet. Diese Veränderungen kündigten sich in den 50er Jahren erst an, doch war damit eine langfristige Veränderung der Mentalitäten verbunden, die von grosser Bedeutung für das Entsorgungsproblem sein sollte.

Dass es im Bereich der Kehrichtentsorgung im Baselbiet nicht schneller zu Problemen kam, kann auch auf den Bau der Basler Kehrichtverbrennungsanlage während des Krieges zurückgeführt werden. Diese grosszügig dimensionierte Anlage stand auch dem Baselbieter Abfall offen, womit die Kehrichtflüsse zwischen Stadt und Land ihre Richtung wechselten. In den 50er Jahren – und noch lange danach – wurde fast der gesamte Abfall des unteren Baselbietes in der Stadt verbrannt, und auch einige Oberbaselbieter Gemeinden begannen ihren Kehricht in die Stadt zu schicken. Allerdings wurden so auch neue Abhängigkeiten geschaffen. Im Sommer 1956 kam es zu einer Notlage, als die Kehrichtverbrennungsanlage infolge warmen Wetters Probleme mit der Wärmeabfuhr bekam und für Baselbieter Abfall eine Annahmesperre verhängt wurde. Der anfallende Kehricht wurde vorübergehend in eine Kiesgrube in Pratteln eingelagert,[165] bis die Verbrennung wieder möglich war. Das Erlebnis der Abhängigkeit scheint auf der Landschaft immerhin das Nachdenken über andere Lösungen gefördert zu haben.

Volle Deponien

Wo der Abfall nicht in die Basler Anlage abgeführt wurde, landete er weiterhin in der nächstbesten Deponie. Zwar wurden vom kantonalen Wasserwirtschaftsamt vermehrt Bedenken wegen möglicher Gewässerverschmutzungen durch diese Ablagerungen geltend gemacht, doch konnte von einer kontrollierten Deponierung noch keine Rede sein.

Einen Einfluss auf die Meinungsbildung zum Abfallproblem hatte der internationale Kehricht-Kongress, der 1955 in Basel durchgeführt wurde, und an dem auch einige Vertreter des Baselbietes referierten.[166] Ein Beispiel für die langsam steigende Aufmerksamkeit für das Problem, aber auch für das Ausmass der überall entstehenden Deponien enthüllt eine Kleine Anfrage von 1957. Landrat Häring erkundigte sich nach dem Stand der Bemühungen um eine neue Lösung der Abfallfrage und beschrieb die Situation: «Leider muss

165   AB 1956, S. 271.
166   BZ 21.2.1955.

man feststellen, dass auch Birsufer als Kehrichtablagerungen benützt werden, was für die Bewohner der Umgebung wie für Passanten zum Ärgernis wird. Daneben sind Abfallgruben ideale Brutstätten für Ratten und anderes Ungeziefer. Auch ist nicht unwahrscheinlich, dass die Übertragung von Seuchen in Viehställen grösstenteils über die Ratten der Kehrichtschutthalden geschieht.»[167] Ernüchternd fiel die Antwort des Regierungsrates aus:

> «Die von Herrn Landrat K. Häring geschilderten Zustände sind bekannt. Grundsätzlich könnte die Baudirektion gestützt auf die Bestimmungen von § 27 des Baugesetzes einschreiten. Mit Verboten ist es jedoch nicht getan, solange keine bessere Beseitigungsart für Kehricht und andere Abfälle geboten werden kann. Unser Kanton verfügt heute praktisch über keine Plätze mehr, auf welchen Kehricht und andere Abfälle ohne Gefahr für das Quell- und Grundwasser deponiert werden können. Aus diesem Grund haben wir die Baudirektion ermächtigt, ein Bauprojekt für eine kantonale Kehrichtverwertungsanstalt in Verbindung mit den Gemeinden ausarbeiten zu lassen. Dieses Projekt befindet sich zur Zeit in Arbeit.»[168]

Im Jahre 1956 begann im Kanton Basel-Landschaft die lange Geschichte der Bemühungen um eine eigene Kehrichtverwertungsanlage. Dieser Name bezieht sich darauf, dass zu dieser Zeit noch keineswegs ausschliesslich an ein Verbrennen des Abfalls gedacht wurde, vielmehr stand eine Verwertung durch Kompostieren im Mittelpunkt der Bemühungen. Ein Projekt für eine Kompostieranlage, wie man sie zu dieser Zeit auch an anderen Orten erstellte, wurde bei einem Ingenieurbüro in Auftrag gegeben. Allerdings tauchte auch bereits die Frage auf, ob eine Kompostierung angesichts der veränderten Zusammensetzung des Kehrichts überhaupt noch sinnvoll und möglich sei. Auf jeden Fall war eine Sortierung des Abfalls unabdingbar. Deshalb wurde der Bau einer kombinierten Anlage – Kompostierung und Verbrennung der aussortierten Teile – in Füllinsdorf vorgesehen. Ausserdem wurde nun auch im Abfallbereich die Schaffung eines kantonalen Gesetzes zur Regelung der grundlegenden Fragen ins Auge gefasst.

Neben dem normalen Hauskehricht entwickelte sich der Industriemüll, der bis anhin nicht speziell behandelt worden war, zu einem Problem. Immer mehr Gemeinden verboten aber seine Deponierung, und nach einer Grundwasserverschmutzung in Muttenz erliess der Regierungsrat 1958 ein generelles Ablagerungsverbot für diese Kategorie von Abfällen.[169] Damit stellte sich die Frage, was mit den industriellen Abfällen in Zukunft geschehen sollte. Alle mögli-

167 Kleine Anfrage Häring vom 2.5.1957, (Vorlagen).
168 Antwort RR auf die Kleine Anfrage Häring vom 28.5.1957, (Vorlagen).
169 RRB vom 9.8.1957, GS BL 21, S. 230. Und: AB 1958, S. 268 f.

chen Lösungen – so auch verschiedene Exportvarianten – wurden
erwogen und teilweise auch praktiziert. Ende der 50er Jahre ergab
sich im Bereich der Industrieabfälle eine ausgesprochene Notlage, die
sich erst entschärfte, als 1962 für die Chemieindustrie eine Lösung
in der nahegelegenen Ajoie gefunden wurde. Für viele Jahre sollten
riesige Mengen von chemischen Abfällen in einer Deponie der Jura-
gemeinde Bonfol gelagert werden, bis auch hier die Sensibilität für
die damit verbundenen Risiken wuchs.

Die «Umweltpolitik» der 50er Jahre

Im folgenden sollen einige generelle Überlegungen zur Bedeutung
jenes Bereichs dargelegt werden, den wir heute als Umweltpolitik
bezeichnen. Ausgehend vom pragmatischen Vorgehen beim Gewässerschutz stellt sich die Frage, wann überhaupt ein Problem als solches erkannt wird. Im Falle der Luftverschmutzung war dies in den
50er Jahren erst punktuell der Fall. Dagegen beschäftigten sich in dieser Zeit spezifische Organisationen mit Problemen, die uns heute als
viel weniger bedeutend erscheinen mögen.

Klare Strategie beim Abwasser, Konzeptlosigkeit beim Abfall

Mit dem Abwassergesetz von 1952 konnte jenes Problem, das in der
ganzen Schweiz bei der Lösung dieses Problems das grösste Hinder-
nis darstellte, nämlich die Frage der Finanzierung durch eine übergeordnete Instanz, für den Kanton Basel-Landschaft auf eine einfache
und zweckdienliche Art gelöst werden. Möglich war dies, weil man
sich in der sachlichen Dringlichkeit – der Gefährdung der Trinkwasserversorgung – weitgehend einig war und weil es dem Kanton finanziell gut ging und er laufend Aufgaben der Gemeinden übernehmen
konnte. Diese Lösung entsprach keineswegs dem heute massgebenden Verursacherprinzip bei der Begleichung der Kosten, aber es war
für die Phase der Ingangsetzung der baulichen Gewässersanierung
angemessen. Trotz der klaren Regelung im Gesetz dauerte es noch
lange, bis auch die Gewässer wieder sauber wurden.
Während für die Lösung der Abwasserreinigung mindestens auf
normativer Ebene eine klare und gute Lösung gefunden wurde,
herrschte bei der Bewältigung der wachsenden Abfallprobleme in
den 50er Jahren noch eine weitgehende Konzeptlosigkeit. Man versuchte die offensichtlichen Missstände zu beheben und vor allem
grössere Gewässerverschmutzungen als Folge von wilden Deponien
zu verhindern. Der Umgang mit der Abfallproblematik kann als
typisch für die «Umweltpolitik» der 50er Jahre gelten. Sie konnte

bewältigt werden, da die Basler Kehrichtverbrennungsanlage eine ausserkantonale Lösung ermöglichte. Abgesehen davon herrschte in ungezählten Abfalldeponien weiterhin eine grosse Sorglosigkeit. Gegen Ende des Jahrzehntes spitzten sich die Probleme aber zu, und eine Abkehr von der bisherigen Praxis zeichnete sich ab.

Luftverschmutzung als lokales Problem

In den 50er Jahren kannte man durchaus schon erhebliche Probleme mit der Luftverschmutzung, nur stand als Verursacher nicht wie heute der Strassenverkehr, sondern die Industrie im Vordergrund. Dementsprechend handelte es sich jeweils um örtlich beschränkte Probleme, die aber ein sehr grosses Ausmass annehmen konnten.
Wie unbekümmert die Industrie ihre giftigen Abfallprodukte noch in die Luft ausstossen konnte, zeigte sich eindrücklich am «Fluor-krieg», der ab Mitte der 50er Jahre im nahen Fricktal ausbrach und sich jahrelang hinzog. Die Fluoremissionen einer Aluminiumfabrik in Badisch-Rheinfelden führten im benachbarten Fricktal zu gewaltigen Schäden an landwirtschaftlichen Kulturen und am Viehbestand. Trotz der offensichtlichen Zusammenhänge waren wiederholte Massenproteste und langwierige grenzüberschreitende politische Bemühungen vonnöten, bis eine Lösung gefunden werden konnte und sich der verursachende Industriebetrieb zu einer gewissen Einschränkung seiner Emissionen bequemte.[170] Die «Fluor-Gefahr» führte verständlicherweise auch in den nahegelegenen Teilen des oberen Baselbietes zu einiger Besorgnis.[171]
Im Kanton Basel-Landschaft war es vor allem die Chemieindustrie, die für entsprechende Probleme sorgte, auch wenn diese nie jenes Ausmass annahmen. Doch wurde in den Unterbaselbieter Industriegemeinden immer wieder energische Klagen über unerträgliche Gestanksbelästigungen geäussert. «Weite Kreise der Bevölkerung in den Vorortsgemeinden sind durch die immer mehr fortschreitende Verpestung der Luft in ihrer Gesundheit bedroht,»[172] hiess es 1957 in einer Interpellation im Landrat. An einer Gemeindeversammlung in Muttenz wurde im gleichen Jahr in bezug auf eine spezielle Immissionsquelle «übereinstimmend festgestellt, dass es sich um einen ganz speziellen penetrierenden Geruch handle, der namentlich bei Nacht auftrete und zahlreiche Bewohner zum Erbrechen mit nachfolgendem Kopfweh bringe.»[173]

170 Skenderovic 1994, S. 138.
171 Titel der BZ am 12.9.1958: «Fluor-Gefahr auch für das Baselbiet».
172 Interpellation Rahm betr. Luftverpestung, 12.9.1957, (Vorlagen).
173 BZ 31.8.1957.

Die hauptsächliche Massnahme gegen die Beeinträchtigung der
Wohnbevölkerung durch die Luftverschmutzung bestand in der
räumlichen Trennung der Wohn- und Industriegebiete, wie sie im
Rahmen der ersten Zonenpläne an die Hand genommen wurde. Die
neuen Industriezonen am Rhein waren denn auch von den Wohnquartieren entfernt, während in den älteren Siedlungen vielfach eine
enge Mischung von Wohnhäusern und immissionsträchtigen Indu-
strie- und Gewerbebetrieben herrschte, die immer wieder für Probleme sorgte. Eine Bekämpfung der Emissionen an der Quelle spielte
in den 50er Jahren dagegen noch kaum eine Rolle.

Spezifische Problemwahrnehmung durch Natur- und
Heimatschutz

Etwas mit dem heutigen Umweltbewusstsein Vergleichbares gab es
in den 50er Jahren noch kaum. Auch der Begriff fehlte, denn Gewässerschutz und Abfallverwertung wurden zur Gesundheitspolitik
gezählt. In der traditionellen Form des Natur- und Heimatschutzes
gab es allerdings trotzdem ein in gewissen Kreisen verbreitetes Verständnis von Umweltproblemen, das vielfach mit grundlegender
Zivilisationskritik verbunden war.
Der Natur- und Heimatschutz hatte sich seit Anfang des 20. Jahrhunderts entwickelt und war national in den beiden grossen Verbän-
den des Naturschutzbundes (SBN) und des Heimatschutzverbandes
(SVH) organisiert. Im Kanton Basel-Landschaft bestand seit 1924
eine Kommission für Natur-, Pflanzen- und Heimatschutz, die
gewisse Einsprache- und Beratungsrechte innehatte. Gegen Ende der
50er Jahre war eine deutliche Steigerung der Aktivitäten dieser Kommission zu verzeichnen. Sie unternahm verschiedene Bemühungen
zum Schutz von Ortskernen, daneben beschäftigte sie sich insbesondere mit dem Problem der Hochhäuser sowie der Frage der Wünschbarkeit von Wochenendhäusern.
Natur- und Heimatschützer waren aber in den 50er Jahren nicht nur
bemüht, einige Stücke Natur und Heimat vor der sich rasant ausbreitenden Industriegesellschaft zu retten, sondern sie waren auch bereit,
politische Auseinandersetzungen für ihre Anliegen auszutragen. Auf
nationaler Ebene sorgten die Kämpfe um das Rheinau-Kraftwerk
und um den Vertrag mit Italien über die Stauung des Spöls zu grossen, politisch und emotional stark polarisierenden Kämpfen.[174] In
beiden Fällen wurden allerdings die Naturschützer von den Stimmbürgern klar in die Minderheit versetzt. Im Kanton Basel-Landschaft

174   Skenderovic 1994, S. 130f.

gab es keine politischen Kämpfe von solcher Bedeutung, aber einige
Projekte waren dennoch sehr umstritten. Im Jahre 1954 wurden im
Baselbieter Jura zwei Gondelbahn-Projekte lanciert, eines für die
Strecke Waldenburg–Waldweide, das andere für Reigoldswil–Wasserfallen. Das zuständige Bundesamt erteilte zwar nur letzterem eine
Konzession, aber Naturschützer und Wanderfreunde wandten sich
gegen das Projekt und stellten den Sinn von Gondelbahnen
grundsätzlich in Frage.[175] Die 1950 gegründete Arbeitsgemeinschaft
für Natur- und Heimatschutz Baselland wandte sich in einer Resolution vom 10. April 1954 gegen das Wasserfallenprojekt und
grundsätzlich gegen «die Gondel- und Sesselbahnen-Seuche».[176]
An der Opposition gegen das vergleichsweise harmlose Gondelbahnprojekt zeigt sich ein Verständnis von Natur und Naturerlebnis,
das sich fundamental von jenem unterschied, welches sich im Zeichen der Anfänge einer «Freizeitgesellschaft» ausbreitete und mit
einer möglichst grossen verkehrstechnischen Erschliessung der
Naturlandschaften verbunden war. Das Wasserfallenprojekt wurde
trotz dieser Opposition ausgeführt, die «fundamentalistische» Haltung der Naturschützer in dieser Frage war eine Minderheitsposition. Sie wurde zwar anerkannt, doch die schönen Jurahöhen waren
so populär, dass man nicht darauf verzichten wollte, sie bequem mit
der Seilbahn erreichen zu können.

---

175   Skenderovic 1992, S. 153.
176   BZ 12.4.1954.

Kapitel 9
Die Planung des Wachstums

Planung wurde in den 60er Jahren wieder zu einem wichtigen politischen Thema. Dabei ging es allerdings nicht um eine Korrektur des bisherigen Wachstumskurses, sondern im Gegenteil darum, diesen planerisch abzusichern. Nur mit vermehrter staatlicher Planung, so glaubte man jetzt, liessen sich die überall auftauchenden Probleme bewältigen und dadurch die Kontinuität der Entwicklung sichern. Auch in der «Umweltpolitik», die als solche noch gar nicht existierte, wurden nun staatliche Problemlösungen in immer weiteren Bereichen unumgänglich und dringlich.

9.1   Ortsplanung im Bann des Wachstums

Die Ortsplanungen der 60er Jahren standen ganz in der Kontinuität der seit dem Kriegsende eingeführten Zonenplanung, doch die Akzente wurden deutlich anders gesetzt. Als zentrale Aufgabenstellung wurde nun die möglichst rationale Bauplanung angesehen, welche die Bereitstellung von grossen Mengen neuer Wohnungen, aber auch von öffentlichen Anlagen ermöglichen sollte. Die Ortsplanung sollte nun nicht mehr nur den Ordnungsrahmen darstellen, innerhalb dem gebaut werden durfte, sie sollte vielmehr eine gestalterische Funktion ausüben.

Das neue Baugesetz im Zeichen der Planung

Mit dem neuen Baugesetz wurden die Grundlagen für die Ortsplanung in den 60er Jahren in wesentlichen Belangen ergänzt und weiterentwickelt. In diesem stellte die Planung nicht mehr ein kleines Nebenthema dar, sondern sie war im Gegenteil zum wichtigsten Anliegen des Gesetzeswerkes avanciert. Dominiert wurden die Ortsplanungen der 60er Jahre vom Anliegen, ein noch rascheres Wachstum zu ermöglichen, wobei die Gemeinden danach trachteten, eine möglichst «optimale» Grösse zu erreichen.
Nachdem die Entwicklung der Ortsplanungen nach dem ersten Aufschwung zu einem gewissen Stillstand gekommen war, setzte sie in

den 60er Jahren auf breiter Front wieder ein. Einerseits führten nun auch die kleinen ländlichen Gemeinden Zonenpläne ein, was nicht immer ganz problemlos ablief. Andererseits standen in vielen Gemeinden bereits erste Totalrevisionen der Ortsplanungen an.

Die neuen Pläne wurden mit einer wesentlich fortgeschritteneren Methodik ausgearbeitet als jene der 40er und 50er Jahre. Wegleitend waren nun die neuen kantonalen Zonenreglementsnormalien, mit denen eine Vereinheitlichung und Vergleichbarkeit der verschiedenen Zonenpläne anstrebt wurde. Es sollten nun von allen Gemeinden die gleichen Zonentypen mit identischen Bestimmungen in ihren Plänen verwendet werden. Mit dem Inkrafttreten des neuen Baugesetzes 1968 schritt die Vereinheitlichung der Planungen weiter voran, und gleichzeitig wurden die gesetzlichen Grundlagen für die bisherige Praxis gefestigt.

Eine wesentliche Neuerung stellte die Einführung einer Zone für öffentliche Bauten und Anlagen dar, die in den frühen Ortsplanungen vielfach gefehlt oder einfach in Form einer undifferenzierten Grünzone bestanden hatte. Mit dem wachsenden Bedarf öffentlicher Bauten ergaben sich aber immer häufiger Probleme, für diese das nötige Bauland zu finden, so dass es ratsam wurde, Reserveflächen für diesen Bedarf auszuscheiden. Dazu hiess es nun im neuen Baugesetz: «Als öffentliche Anlagen und Werke gelten zum Beispiel: Park- und Erholungsanlagen, Spiel- und Sportanlagen, Parkierungsflächen, Anlagen der Verkehrs- und Versorgungsbetriebe, Friedhöfe, Verwaltungsbauten, Schul- und Spitalbauten, kirchliche Bauten der Landeskirchen.»

Bereits in den 50er Jahren waren verschiedene Anläufe zu einer Änderung des Baugesetzes von 1941 unternommen worden, welches man in wesentlichen Teilen als überholt betrachtete. In den frühen 60er Jahren wurde eine Totalrevision dieses Gesetzes eingeleitet, und 1963 legte der Regierungsrat einen ersten Entwurf vor, zu dem er bemerkte: «Im geltenden Gesetz liegt das Schwergewicht auf den Baupolizeivorschriften. […] Der vorliegende Entwurf stellt die Planung in den Vordergrund.»[177] Die den Entwurf behandelnde Landratskommission stellte fest: «Der Schwerpunkt des Gesetzes liegt nicht mehr darauf, den Bau einzelner Gebäude, sondern die Erstellung ganzer Siedlungen, Zonen und Quartiere zu regeln.»[178]

Diese stärkere Ausrichtung auf planerische Fragen war bei der parlamentarischen Behandlung des Gesetzes völlig unbestritten – zu sehr

177 RR betr. Entwurf neues Baugesetz, 26.10.1963, S.3, (Vorlagen).
178 LR-Kommission über die Vorlage des RR vom 26.11.1963 betr. den Entwurf zu einem neuen Baugesetz, S. 2, (Vorlagen).

hatten sich die planerischen Defizite angesichts der überbordenden
baulichen Entwicklung bemerkbar gemacht. So hielt die Landratskommission fest: «Während die Verfasser früherer Baugesetze von
mindestens teilweise stationären Verhältnissen ausgingen, stehen wir
heute vor der Tatsache, dass das ganze Bauwesen in allen seinen einzelnen Sparten einer starken und raschen Entwicklung unterworfen
ist.»[179]
Die wesentlichen gesetzlichen Neuerungen im Bereich der Planung
bestanden in der Ermöglichung einer Regionalplanung auf Kantons-
und der Quartierplanung auf Gemeindeebene. Eine klare Regelung
erfuhr nun auch das Problem der Landwirtschaftszone, für die es ja
bisher keine gesetzliche Grundlage gegeben hatte. Nun wurde den
Gemeinden die Unterteilung des Gemeindebannes in Baugebiet
einerseits und Land- und Forstwirtschaftsgebiet andererseits nicht
nur ermöglicht, sondern unmissverständlich vorgeschrieben. Nur
noch in Ausnahmefällen sollte ausserhalb der Bauzone gebaut werden dürfen: «Das Land- und Forstwirtschaftsgebiet soll der land-
und forstwirtschaftlichen Nutzung erhalten bleiben.»[180]

Die Frage der Gemeindeautonomie

Bestand über die grundsätzliche Stossrichtung einer verstärkten Planungstätigkeit und auch einer Stärkung der Stellung der kantonalen
Planungsstelle Einigkeit, so wurde um gewisse Regelungen dennoch
hart gekämpft. Insbesondere um die Frage, wie stark die Gemeindeautonomie in Planungsfragen erhalten bzw. relativiert werden sollte,
fanden einige Auseinandersetzungen sowohl in der Kommission wie
im Ratsplenum statt. Letztlich setzte sich in diesen Fragen zumeist
eine mittlere Position durch, da man allgemein die Notwendigkeit
einer Stärkung der Rolle des Kantons betonte, aber die Gemeindeautonomie dennoch nicht zu stark schwächen wollte.
Umstritten war die Frage, welcher Beurteilung sich die Ortsplanungen der Gemeinden durch die kantonale Verwaltung ausgesetzt sehen
sollten. Dazu hielt das Gesetz schliesslich fest: «Vorbehalten bleibt
die Ermessenskontrolle aus Gründen der Regionalplanung»,[181] womit der Regierung eine direkte Einflussnahme verwehrt blieb, die sie
sich im Gesetzesentwurf hatte geben wollen.[182] In der Kommission

---

179   Ebda.
180   Baugesetz vom 15.6.1967. GS BL 23, S. 609.
181   Ebda., S. 607.
182   Siehe Anm. 177, S. 10.

des Landrates wurde mehrheitlich die Ansicht vertreten, «dass die klare Zuweisung der vollen Verantwortung an die Gemeinden bewirke, dass diese sich intensiver mit diesen Aufgaben befassen und sich sicher der Beratung durch die Planungsstelle nicht verschliessen werden».[183] In der Kommission wurde allerdings auch die entgegengesetzte Ansicht geäussert: «Demgegenüber sind die in die Minderheit versetzten Gegner dieses Vorschlages der Auffassung, dass die Regionalplanung keinen genügenden Schutz biete, um Fehlplanungen in den Gemeinden zu verhindern. Die privaten Planer müssten zu sehr auf die Wünsche der Gemeinden Rücksicht nehmen und die Organe der Gemeinden stünden oft – besonders in kleineren Ortschaften – zu sehr unter dem Eindruck, auf steuerkräftige Bauherren Rücksicht nehmen zu müssen.»[184]

Widersprüchliche Ortskernplanung

In besonderem Masse stellte sich jetzt häufig das Problem der Behandlung der Ortszentren. An vielen Orten begann man deshalb, besondere Ortskernpläne einzuführen. Mit diesen wurde sowohl die Erhaltung der alten baulichen Strukturen als auch die bauliche Entwicklung der Gemeindezentren angestrebt, wobei diese beiden Ziele je nach Ort sehr verschieden gewichtet wurden. Während in einigen Orten, wie etwa in Muttenz, die Erhaltung des alten Ortsbildes eine hohe Priorität genoss,[185] herrschte in den meisten Fällen der Wunsch nach Erneuerung und einer höheren Ausnutzung vor. Bei der Ortskernplanung von Münchenstein beispielsweise kam es zu einer grösseren Auseinandersetzung mit der kantonalen Natur- und Heimatschutzkommission, die sich für die möglichst integrale Erhaltung des alten Ortskerns einsetzte.[186] Das Problem wurde dadurch verschärft, das die alten Dorfzentren oft baulich heruntergekommen und sanierungsbedürftig waren.[187] Diese Ambivalenz bei der Behandlung der Ortskerne zeigte sich auch im Baugesetz in der Bestimmung zum entsprechenden Zonentyp: «Kernzonen umfassen die architektonisch und städtebaulich wertvollen Ortsteile, die in ihrem Bestand oder in ihrem Charakter erhalten oder saniert werden sollen.»[188]

183   Siehe Anm. 178, S. 10.
184   Siehe Anm. 178, S. 11.
185   Vgl. BZ 26.2.1965.
186   Ortskernplanung Münchenstein 1960. AOR Münchenstein.
187   NZ 13.6.1967.
188   Baugesetz vom 15.6.1967. GS BL 23, S. 611.

Ortsplanung als Wachstumsplanung

Das beherrschende Thema der Ortsplanungen der 60er Jahre war zweifellos das immense Wachstum der Bevölkerung – und seine erwartete und erwünschte Fortsetzung in den kommenden Jahren. Zwar hatten auch schon den früheren Ortsplanungen recht grosszügige Vorstellungen über die künftigen Einwohnerzahlen zugrundegelegen, doch jetzt erreichten diese immer grössere Dimensionen. Im allgemeinen wurde das Bevölkerungswachstum freudig begrüsst und als Zeichen einer positiven Entwicklung gewertet. Es ist auffallend, wie unbefangen in kleinen und grossen Orten Szenarien einer Verdoppelung oder Verdreifachung der Bevölkerung diskutiert wurden. Solche Vorstellungen wirkten sich selbstverständlich auf die Dimensionierung der Bauzonen aus, die bei Revisionen jeweils kräftig erweitert wurden.

Die Weiterführung der bisherigen Entwicklung und ihre Projektion in die Zukunft stellte das grundlegende Merkmal der Ortsplanungen dar. Bei diesen Trendextrapolationen fielen Prognose und Wunschbild zusammen, d.h. die erwartete wurde als die erwünschte Entwicklung definiert. Nur selten kam bei diesem Thema eine leichte Skepsis auf, so etwa gegen Ende des Jahrzehntes in Reinach, dessen Einwohnerschaft sich innert weniger als 10 Jahre schon mehr als verdoppelt hatte. Doch das weitere Wachstum galt als nicht aufhaltbar:

> «Es muss aber berücksichtigt werden, [...] dass im Jahr 1954 eine Gemeindeversammlung das Baugebiet von Reinach für eine wahrscheinliche Bevölkerung von 35 000 Personen ausgeschieden und entsprechende Zonenpläne gutgeheissen hat. Die Überbauung kann aus diesem Grund heute nicht mehr aufgehalten werden, und Reinach muss mit einer ununterbrochenen Bautätigkeit und mit ungefähr 1000 neuen Zuzügern pro Jahr rechnen, ob es will oder nicht.»[189]

Man war so klar auf eine lineare Weiterentwicklung eingestellt, dass man im Fall der Planung von Liestal die Prognose ohne Relativierung auf die kommenden Jahrhunderte ausdehnte: «Es ist kaum zu erwarten, dass eine 150jährige Entwicklung morgen sich verflachen wird. In den vergangenen 150 Jahren ist die Bevölkerung von 3000 auf 10 000 angestiegen, hat sich also verdreifacht. In den nächsten 150 Jahren wird die Bevölkerung voraussichtlich von 10 000 auf 30 000 Einwohner ansteigen.»[190]

Im Fall von Liestal wurde auch die ökonomische Begründung explizit aufgeführt, aufgrund welcher die Planer dieser Entwicklung so

---

189   Diskussion an der Gemeindeversammlung Reinach im Zusammenhang mit der Überbauung Mischeli, NZ 9.5.1967.
190   «Liestal – gestern, heute, morgen.» BZ 6.5.1960.

positiv gegenüberstanden. Sie gingen davon aus, dass mit wachsender Grösse einer Gemeinde die Infrastrukturkosten relativ geringer würden, während die Steuererträge mit der Zahl der Einwohnerschaft wachsen würden.[191] Nach der Logik der industriellen Massenproduktion galt es also auch bei der Entwicklung von Ortschaften durch das Herstellen grösserer Einheiten Skalenerträge zu erwirtschaften. Es gab also eine optimale Grösse, die erreicht werden sollte: «Eine Kleinstadt von 25 000–30 000 Einwohnern ist eine günstige, in sich geschlossene Stadteinheit, die in vollkommen ökonomischer Weise durchgeplant werden kann.»[192]

Eine viel grössere Rolle als früher spielte bei den Ortsplanungen der 60er Jahre die Verkehrsplanung. In den engen Ortsdurchfahrten hatte sich der Strassenverkehr schnell zu einem grösseren Ärgernis entwickelt. Deshalb wurden nun überall neue Strassen, in erster Linie Umfahrungsstrassen, in die Pläne aufgenommen. In der Autobegeisterung der 60er Jahre vergriff man sich im Massstab oft genug und entwarf Strassenpläne von unheimlichem Ausmass. So findet sich beispielsweise selbst bei einer so abgelegenen Ortschaft wie Anwil auf dem Bebauungsplan von 1968 eine grosszügige Ortsumfahrung eingezeichnet.

Grosssiedlungen als Ideal und Problemlösung

Siedlungen aus den 60er Jahren sind im allgemeinen auf den ersten Blick zu erkennen. Dies liegt daran, dass sich mit den Wohn-Grosssiedlungen eine Bauform verbreitete, die es vorher nicht gegeben hatte und die auch nach ihrem kurzen Höhenflug kaum mehr verwendet wurde. Die von Hochhäusern dominierten Gesamtüberbauungen der 60er Jahre versprachen eine Lösung des Problems, wie das überbordende Wachstum zu bewältigen sei. Dennoch wäre die rasche Verbreitung von Hochhaussiedlungen nicht zu erklären, wenn sich diese nicht verhältnismässig rasch als kulturelles Ideal für zeitgemässes Bauen etabliert hätten.

Propagandafeldzug für Gesamtüberbauungen

Im Sommer 1960 trat die kantonale Baudirektion mit einer von der Planungsstelle ausgearbeiteten Broschüre über Gesamtüberbauun-

---

191 NZZ 2.4.1966: «So weiss man heute, dass das Wachstum einer Gemeinde von 500 auf 5000 Einwohner rund 27 Millionen Franken öffentlicher Investitionen bedarf […], und man weiss auch, dass es für bloss 1000 Einwohner nicht weniger sind, weil viele Einrichtungen in beiden Fällen geschaffen werden müssen […].»

192 Otto 1966, S. 19.

gen an die Öffentlichkeit. Sie richtete sich damit an die Gemeinden und an private Bauherren und leitete eine eigentliche Propagandaoffensive für Grossüberbauungen ein. Ein prägendes Element des Diskurses über die Notwendigkeit von Gesamtüberbauungen stellte die Ablehnung der bisher als Folge der ersten Zonenpläne entstandenen Bebauungsmuster dar. So beschrieb der ehemalige Leiter der Planungsstelle an einer Gemeindeversammlung in Pratteln die Folgen der bisherigen Ordnung des Bauens:

> «Als Folge der etwas starren Zonenvorschriften und der ungenügenden kantonalen Rechtsgrundlagen entstehen eintönige, langweilige Blockquartiere mit minimalen Bauabständen, unter voller Ausnützung der Bebauungsziffer. Dadurch werden die Freiflächen so klein, das sie weder als Kinderspielplätze dienen noch als Grünfläche zur Geltung kommen können. Die Strassen sind mit Autos verstopft, weil mangels gesetzlicher Vorschrift meist weder für Parkplätze noch für Garagen gesorgt wird. Es droht eine Vermassung und kulturelle Verarmung, weil man sich (besonders die Spekulanten) weder um ästhetische noch um hygienische oder soziale Forderungen kümmert.»[193]

Diesem düsteren Bild wurde jenes der lichten Zukunft gegenübergestellt, die bei einer Realisierung der zur Diskussion stehenden Gesamtüberbauungen «Stockmatt» und «Gehrenacker» anbrechen würde:

> «Eine solche Siedlung, die vor allem höhere Bauten vorsieht, besteht nicht nur aus Stein und Asphalt, sondern ist durch grosszügige Grünflächen gegliedert und aufgelockert. Die Gebäudeabstände sind bedeutend grösser, was sowohl auf die Wohnhygiene als auf die Aesthetik günstige Einflüsse ausübt. Die der Öffentlichkeit entstehenden Erschliessungskosten sind bei gleichbleibenden Einnahmen bedeutend kleiner, infolge kleinerer Weg- und Werkleitungsnetze.»[194]

Wer sich in der Versammlung von diesen Ausführungen noch nicht überzeugt zeigte – es wurden v.a. gegen die Hochhäuser Bedenken angemeldet –, dem wurde klar gemacht, dass das Areal ohnehin überbaut werde, entweder so oder anders: «Die Frage kann nur lauten: Gleichmässige, langweilige Überbauung mit Dreistockwerkbauten, oder aufgelockerte Bauweise mit mittleren und Hochbauten, wodurch Grünflächen entstehen.»[195] Dieses Argumentationmuster wurde in den 60er Jahren immer wieder verwendet, wenn es darum ging, die neuen Bauformen zu propagieren. So lautete eine Zeitungsüberschrift: «Hochhaus in Parklandschaft oder Mietskasernen in Allschwil?»[196]

193   BZ 17.11.1960.
194   Ebda.
195   Ebda.
196   BN 6.8.1960.

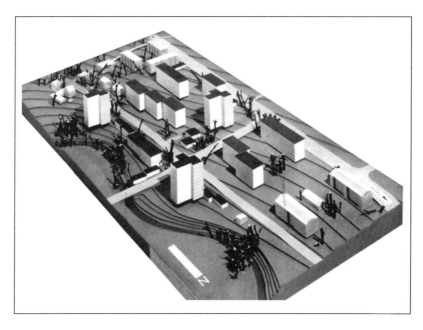

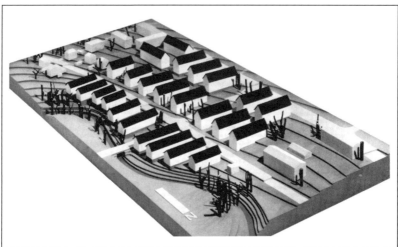

Gegenüberstellung von erwünschter und unerwünschter Siedlungsentwicklung: die
Überbauung Neumatten gemäss der Vorlage der Gemeinde für eine Gesamtüberbauung
(oben) und gemäss geltendem Zonenplan (unten).[197]

197   Baudirektion BL/Planungsstelle 1960.

Unter einer Gesamtüberbauung konnte natürlich ganz verschiedenes verstanden werden, sie konnte in ihrer Grösse erheblich variieren. Die wesentlichen Merkmale dieser neuen Form des Bauens bestanden darin, dass ein grösseres Areal nicht nach den für die einzelnen Parzellen gültigen Zonenvorschriften, sondern nach einem Gesamtplan überbaut wurde. Für diesen galt an sich die bei einer herkömmlichen zonenkonformen Überbauung maximal zulässige Ausnützung, wobei diese obere Grenze als Bonus etwas erhöht wurde. Die damit festgelegte Gesamtgeschossfläche konnte nun innerhalb der Überbauung nach Belieben auf die einzelnen Baukuben verteilt werden. Meist geschah dies, indem zwischen niedrigen Gebäuden und eigentlichen Hochhäusern abgewechselt wurde. Diese gestalterische Freiheit der Differenzierung begründete denn auch den Anspruch auf eine ästhetische Qualität, die sich von den nun verpönten «monotonen» Blockquartieren der bisherigen Zonenüberbauungen abheben sollte.

Gesamtüberbauungen waren im geltenden Baugesetz von 1941 noch ebensowenig vorgesehen wie Hochhäuser. Um sie dennoch zu ermöglichen, wurde von der staatlichen Planungskommission 1960 eine «Subkommission für Gesamtüberbauungen und Hochhäuser» eingesetzt, die vorliegende Projekte zu begutachten und der Regierung zur Genehmigung (als Ausnahmen gemäss Baugesetz) vorzulegen hatte. Diese Genehmigung war noch der einfachere Teil des aufwendigen Verfahrens, das in diesen ersten Jahren zu einer Gesamtüberbauung führte, denn nur mit dem Einverständnis aller betroffener Grundeigentümer und der jeweiligen Gemeinde konnten die entsprechenden Verträge ausgehandelt werden. «Es handelt sich also durchwegs um das Ergebnis von gentlemen's agreements, um Kompromisse, die oft erst nach langem Suchen und Verhandeln getroffen werden konnten.»[198] Trotz dieser Schwierigkeiten breiteten sich die Gesamtüberbauungen in den 60er Jahren rasch aus. Neue rechtliche Grundlagen stellte erst das neue Baugesetz von 1967 mit dem Instrument der «Quartierplanung» bereit: «Quartierpläne fördern wohnhygienisch, architektonisch und städtebaulich befriedigende Gesamtüberbauungen und sanieren bestehende Quartiere. Sie bezwecken eine sinnvolle Erschliessung und Ausnützung des Baulandes in nach Lage, Grösse und Gestaltung geeigneten Gebieten.»[199] Zusammen mit der Quartierplanung wurde auch die zulässige Höhe der Bebauung im Baugesetz neu geregelt. Während im Gesetz von

198   NZ 19.7.1960.
199   Baugesetz vom 15.6.1967. GS BL 23, S. 614.

1941 noch eine generelle Beschränkung auf drei Stockwerke vorgesehen war, wurde nun festgehalten: «Bauten mit sechs und mehr Vollgeschossen dürfen nur im Rahmen eines Quartierplanes erstellt werden.»[200]

Die von Hochhäusern dominierten Gesamtüberbauungen versprachen eine Lösung für das Problem der knapper werdenden Landreserven. Allerdings ging es dabei erklärtermassen nicht darum, eine dichtere Überbauung zu erreichen, abgesehen von der erwähnten geringen Erhöhung der Ausnutzung. Das Ziel war vielmehr, bei vergleichbarer Gesamtausnutzung zusätzliche Grünflächen zu gewinnen: «Höher zu bauen ist nur dann sinnvoll, wenn dadurch mehr Freifläche für den Menschen gewonnen werden kann.»[201] Die Erstellung von Hochhäusern diente somit auch als Ersatz für die in den früheren Planungen vergessene Bereitstellung von Grünzonen.

Eine Frage, die in den 60er Jahren auffallend wenig diskutiert wurde, war jene nach den Wünschen der zukünftigen Mieter und Mieterinnen der neuen Siedlungen. Der Akzent lag klar bei der Produktion neuer Wohneinheiten, und die herrschende Wohnungsnot sorgte dafür, dass diese auch ihre Abnehmer fanden. Die mangelnde Berücksichtigung der Nachfrage war wohl auch die Ursache der später viel kritisierten Fehler bei der Inneneinrichtung. Beim Bau der Grosssiedlungen herrschten sehr schematische Vorstellungen über die Nutzung vor, und es wurde kaum daran gedacht, dass ein Wandel der Familiengrössen und -formen neue Bedürfnisse schaffen könnte. Allerdings muss in Betracht gezogen werden, dass die Grossüberbauungen jener Jahre trotz einer ähnlichen Erscheinung von recht unterschiedlicher Qualität sind. Die gemeinsamen Charakteristiken hat Rudolf Schilling wie folgt beschrieben: «In sich geschlossene Siedlungen oder grosse Solitärbauten, häufig an Stadtrandlage oder nach einem Gesamtüberbauungsplan erstellt. Addition gleich konzipierter und gleich gestalteter Haus- und Wohnungstypen. Keine Durchmischung der Nutzungsarten, sog. ‹Wohnungsmonokultur›. Industriell/rationelle Ausführung, häufig aus Fertigteilen. Meist knapp bemessene Grundrisse mit kleinen Zimmern, Küchen, Bädern. Pflegeleicht mit sog. Abstandsgrün gestaltete Wohnumfelder, oft mit vielen Parkpätzen belegt. Häufig im Eigentum von institutionellen Anlegern oder Genossenschaften mit professionellen Verwaltungen.»[202]

---

200   Ebda, S. 611.
201   Otto 1966, S. 30.
202   Schilling/ Scheurer 1991, S. 1.

Rationalisierung des Wohnbaus

Die Gesamtüberbauungen entsprachen einer weiteren Forderung der
Zeit, der Rationalisierung des Bauens. Wenn billiger und schneller
gebaut werden könnte, so glaubte man, liesse sich das Problem der
anhaltenden Wohnungsknappheit endlich beheben. Von Staates
wegen wurde die Rationalisierung des Wohnbaues im Zusammenhang mit der öffentlichen Wohnbauförderung angestrebt. Der Bundesrat ernannte 1965 einen Delegierten für Wohnbau, zu dessen Aufgaben insbesondere die Förderung der Rationalisierung des Bauens
gehörte.[203] Im gleichen Jahr schuf ein Bundesgesetz eine neue
Rechtsgrundlage für die Förderung des sozialen Wohnungsbaues,
wobei die Massnahmen wie üblich von entsprechenden Beiträgen der
Kantone abhängig gemacht wurden. In diesem Gesetz wurde ausserdem die Förderung von planerischen Massnahmen als ein Weg definiert, zu einem rationelleren Bauen zu gelangen.[204] Das Baugewerbe
hatte sich bisher der allgemeinen Produktivitätssteigerung entzogen,
was ein Grund für die relative Verteuerung des Bauens darstellte.
Durch die Verwendung von industriell vorgefertigten Elementen für
die Grossüberbauungen sollte dies nun geändert werden. Allerdings
wurden insgesamt nicht die erhofften Resultate erzielt, was nicht
zuletzt am kartellisierten Charakter des schweizerischen Baumarktes
lag.[205]
Auch wenn die Rationalisierung ihres Baus weniger weit gediehen
war als im Fall ausländischer «Plattenbauten», verkörpern auch die
schweizerischen Grosssiedlungen jene Grundhaltung der Massenproduktion, die in ihrer Zeit vorherrschte. Die schweizerischen
Gesamtüberbauungen haben aber höchstens in Ausnahmefällen jene
Grösse von 15 000 bis 25 000 Einwohnern erreicht, die im ausländischen Siedlungsbau jener Jahre gang und gäbe waren.[206] Eigentliche
Grosssiedlungen für mehrere tausend Menschen entstanden im Kanton Basel-Landschaft nur wenige. Zu nennen wären hier vor allem
die Siedlungen Sternenfeld in Birsfelden, Mischeli in Reinach und In
der Au in Therwil. Neben diesen besonders grossen Siedlungen entstand aber im Verlauf der 60er Jahre eine sehr grosse Zahl mittelgros-
ser oder kleiner Gesamtüberbauungen desselben Stils. Räumlich
konzentrierten sich diese vorwiegend auf die vorstädtischen Wachstumsgemeinden und auf den Raum Füllinsdorf–Liestal–Lausen. Sie
entwickelten sich allerdings nicht zu einem ausgeprägt städtischen

203   Année politique suisse 1965, S. 192.
204   Lendi/Elsasser 1986, S. 22.
205   Année politique suisse 1965, S. 192.
206   Vgl. Sieverts/Irion. Sowie: Herlyn, S. 265.

Bautypus, der nicht in die Vororte passen würde, wie zu Beginn häufig befürchtet wurde,[207] sondern im Gegenteil zu einem spezifisch vorstädtischen. Die höchste Dichte solcher Siedlungen weist zweifellos das in den 60er Jahren am rasantesten wachsende Reinach auf.

Hochhäuser als Modernitätsideal

Nachdem man mit dem Bau von Hochhäusern schon in den ausgehenden 50er Jahren begonnen hatte, wurden die 60er Jahre von dieser Bauform beherrscht. Die Vermutung liegt nahe, dass Hochhäuser in den 60er Jahren nicht nur aus Nützlichkeitsüberlegungen gebaut wurden, sondern dass ihre symbolische Bedeutung eine grosse Rolle bei ihrer raschen Verbreitung spielte. Es waren nun Bauten gefragt, die «zeitgemäss und zukunftsfreudig»[208] wirkten. Die weithin sichtbaren Hochhäuser legten ein deutliches Zeugnis ab von der Zuversicht, die Zukunft gestalten zu können, und damit entsprachen sie dem Ideal von «Modernität». Man stellte sich die Hochhäuser mit Vorliebe als ästhetisiertes Ideal vor, als «schmale, elegante Bauten in weiten Grünflächen».[209]

Damit wird deutlich, dass die Propagandaktion für die Gesamtüberbauungen, von der einleitend gesprochen wurde, gewissermassen den Charakter einer kulturellen Mission hatte. Es galt, ein Modernitätsideal, von dem zuerst die Elite erfasst worden waren, in der Bevölkerung zu verbreiten. Dies ist recht gut gelungen, soweit man sich auf die offensichtliche Durchsetzung des Formenrepertoirs der «modernen» Architektur bezieht. Wie tief die Liebe zu diesen Formen verwurzelt werden konnte, lässt sich kaum ermitteln, doch im Wissen um die spätere Entwicklung dürften Zweifel angebracht sein. Bedenken und Widerstände gegen Hochhäuser gab es zwar auch in den 60er Jahren immer wieder, aber sie blieben erstaunlich schwach. In der baulichen Produktion der 60er Jahren dominierten jedenfalls Hochhäuser, Flachdächer und die übrige Formensprache dessen, was einst die architektonische Avantgarde gebildet hatte und das nun als «international style» die ganze Welt überzog.

9.2 Neuerwachtes Interesse für Regional- und Landesplanung

Unter dem Druck der rasch wachsenden Probleme gerieten in den 60er Jahren die Verhältnisse auch im Bereich der Regional- und Lan-

---

207   Vgl. BZ 18.11.1960 betr. Gesamtüberbauungen in Pratteln.
208   BZ 13.5.1965.
209   BN 10.3.1961.

desplanung in Bewegung. Es wurde immer offensichtlicher, dass eine
Bewältigung der planerischen Probleme einzig auf Gemeindeebene
nicht hinreichen konnte. Sobald man eine übergemeindliche Planung
in Betracht zu ziehen begann, stellte sich allerdings die Frage der
Kompetenzverteilung zwischen den verschiedenen politischen Ebenen mit aller Schärfe.

Auf dem Weg zur kantonalen Regionalplanung

Das Bedürfnis nach einer regionalplanerischen Tätigkeit des Kantons
wuchs in den frühen 60er Jahren rasch an, doch noch fehlten die
gesetzlichen Grundlagen dafür. Ausserdem musste zuerst die aufwendige Grundlagenarbeit erledigt werden, bevor mit der eigentlichen Planung begonnen werden konnte. Gegen Ende des Jahrzehntes wurde man zudem auf die bisher vernachlässigte Notwendigkeit
einer Planung zum Schutz der Landschaft aufmerksam.

Wachsendes Bedürfnis nach einer kantonalen Planung

Nach dem ersten, folgenlosen Anlauf für eine Regionalplanung im
Raum Basel waren entsprechende Bemühungen in den 50er Jahren
zum völligen Stillstand gekommen. Seit den späten 50er Jahren stieg
allerdings das Bedürfnis nach einer koordinierenden planerischen
Tätigkeit auf kantonaler Ebene rasch an. Es erwuchs, anders als in
den 40er Jahren, nicht mehr aus abstrakten planerischen Einsichten
über künftige Notwendigkeiten, sondern aus praktischen Problemla-
gen. So wurde über die sich häufenden Koordinationsprobleme zwischen den Gemeinden und kantonalen Instanzen geklagt.[210] In den
frühen 60er Jahren verbreitete sich rasch die Ansicht, die Probleme
des raschen Wachstums liessen sich nur noch mit einer regionalen
Planung lösen. Bezeichnend für die «Wiederentdeckung» der Regionalplanung ist, dass man sich erst jetzt bewusst wurde, dass auch
im Rahmen des geltenden Baugesetzes gewisse regionalplanerische
Kompetenzen hätten ausgenutzt werden können. So bemerkte die
Landratskommission im Hinblick auf den letzten Satz im Planungs-
paragraphen 58, jenen Satz, der damals auf Intervention von Planern
ins Gesetz aufgenommen wurde: «Nach diesem Absatz hätte der
Landrat bereits heute eine Art Regionalplanung durchführen können.»[211] Das lange Ausbleiben einer Regionalplanung liess sich also

210   AB 1962, S. 119.
211   Siehe Anm. 178.

nicht allein mit den fehlenden gesetzlichen Grundlagen erklären, sondern vor allem mit dem lange fehlenden Willen, diese auszunutzen.

Dem in den frühen 60er Jahren häufig geäusserten Wunsch nach der Einführung einer Regionalplanung lag meist auch die Hoffnung zugrunde, so liesse sich das Problem der Bodenspekulation entschärfen. So wurde eine entsprechende Motion 1962 begründet: «Die Regionalplanung vermag auch die Möglichkeiten der Bodenspekulation zu beschränken; sie hilft bäuerlichen Grundbesitz zu erhalten; sie erhöht die Rechtssicherheit; schützt die Bevölkerung vor unliebsamen baulichen Entwicklungen; bewahrt wertvolle Natur- und Kulturdenkmäler und trägt dazu bei, den besonderen Charakter unserer Gemeinden und unserer Region zu erhalten.»[212]

Am offensichtlichsten führte das Fehlen einer Regionalplanung bei Planung und Bau öffentlicher Bauten und Anlagen zu Problemen. Dies soll am Beispiel der Motorfahrzeugprüfstation Münchenstein ausgeführt werden. Als sich der Kanton in den frühen 60er Jahren als Folge der raschen Ausbreitung der Automobilisierung veranlasst sah, gemeinsam mit Basel-Stadt eine solche Prüfstation zu errichten, stellte sich das Standortproblem. In Münchenstein befand sich eine dafür geeignete Parzelle im Besitz des Kantons, doch war diese gemäss rechtskräftiger Zonenplanung in der Wohnzone, und die Gemeinde zeigte kein Interesse an einer Umzonung. Der Kanton vertrat den Standpunkt, für verwaltungsnotwendige Bauten müsse er sich nicht an kommunale Zonenpläne halten, und das Bundesgericht, das von der Gemeinde und von Privaten angerufen wurde, stützte diese Ansicht 1965.[213] Die Gemeinde Münchenstein teilte das Areal anlässlich der Zonenplanrevision 1966 in die Zone für öffentliche Werke und Anlagen ein. Allerdings hatte der Kanton damit noch keine freie Bahn, denn gegen den Einbezug einer Parzelle als Erweiterungsmöglichkeit der Prüfstation in diese Zone erhob deren Besitzer wiederum Beschwerde, und er erhielt von der höchsten Instanz recht.[214]

Es war offensichtlich, dass solch aufwendige Verfahren in einer Zeit des forcierten Infrastrukturbaus wenig sinnvoll sein konnten, dass der Kanton also in eigener Kompetenz eine langfristige Planung für seine Bauten benötigte. Im neuen Baugesetz wurde deshalb ausdrücklich festgehalten, dass in den Regionalplänen «die für kantonale und regionale Werke nötigen Areale» bestimmt werden sollten.

212   Motion Huber betr. Schaffung der Unterlagen für eine umfassende Regionalplanung und zur Bekämpfung der Bodenspekulation vom 28.6.1962, (Vorlagen).
213   Urteil vom 26.5.1965. AOR Münchenstein.
214   BGE 94 I, 127ff.

Neue Regelung des Verhältnisses von Kanton und Gemeinden

Angesichts des späten Starts der Regionalplanung war klar, dass sie
sich im wesentlichen an die durch die Ortsplanungen geschaffenen
Tatsachen zu halten haben würde. Dazu stellte die Regierung 1963
fest: «Im Grunde genommen sollte sie [die Regionalplanung] die
Basis für die Ortsplanungen bilden. Da jedoch in unserem Kanton
die Gemeinden im allgemeinen mit ihren Planungen weiter fortge-
schritten sind, wird sich die Regionalplanung weitgehend dem Vorhandenen anpassen müssen.»[215]
Dennoch stellte sich natürlich die Frage, wie in Zukunft das Verhältnis zwischen Orts- und Regionalplanung aussehen würde. Im Landrat wurde bei der ersten Lesung gefragt: «Wird der Umfang und die
Gliederung der Baugebiete aus den Zonenplänen der Gemeinde in
die Regionalplanung übernommen oder schreibt der Kanton mit
dem Regionalplan den Gemeinden vor, wie sie ihre Baugebiete glie-
dern müssen?»[216] Regierungsrat Kaufmann antworte: «In den grossen Regionalplänen werden die von den Gemeinden beschlossenen
Zonen einbezogen. Es besteht aber auch die Möglichkeit, dass der
Kanton in einem Gebiet, in dem die Gemeinde noch nicht planen
möchte, eine Bauzone, z.B. für ein Industriegebiet festlegt.»[217]
Von grösserer Bedeutung für den Kanton war allerdings, dass er mit
den neuen Möglichkeiten auch Grünzonen festlegen könnte, da die
Gemeinden häufig an diesen nicht sehr interessiert waren. «Jede
Gemeinde versucht, bei der Planung von ihrem Gebiet möglichst viel
Land als Baugebiet auszuscheiden. Sie werden jedoch umlernen und
auch Land für Grünzonen zwischen den einzelnen Ortschaften aus-
scheiden müssen.»[218]
In Bezug auf das Verhältnis zwischen Kanton und Gemeinden stellte
das neue Baugesetz in vielen Punkten einen Kompromiss zwischen
den extremen Standpunkten dar. Insgesamt kam es durch die Einführung der Regionalplanung zu einer Verschiebung der Kompetenzen in Richtung Kanton, wobei erst die Praxis deren wirkliches
Ausmass bestimmen sollte. Wichtig war, dass der Kanton Basel-
Landschaft nun eine verbindliche gesetzliche Regelung der Regionalplanung kannte. Er war nun nicht nur befugt, sondern gemäss § 35
sogar verpflichtet, Regionalpläne zu erlassen, wobei allerdings keine
Fristen genannt wurden. Die Gemeinden wurden andererseits ver-

215   RR betr. den Entwurf zu einem neuen Baugesetz, 26.10.1963, S. 6, (Vorlagen).
216   LR-Protokoll vom 1.3.1965.
217   Ebda.
218   Antwort von RR Kaufmann auf die Motion Huber betr. Schaffung der Unterlagen für
      eine umfassende Regionalplanung und zur Bekämpfung der Bodenspekulation vom
      28.6.1962, LR-Protokoll.

pflichtet, ihre eigenen Vorschriften und Zonen den Regionalplänen anzupassen. Damit bestanden nun die gesetzlichen Grundlagen für eine wirksame kantonale Planung, und die eigentliche planerische Arbeit konnte einsetzen.

Langwierige Grundlagenarbeit

Mit der Grundlagenarbeit für die Regionalplanung hatte man schon 1962 begonnen. Es hatte sich zu diesem Zeitpunkt allerdings auch gezeigt, wie viel Arbeit noch bevorstand, da sozusagen bei Null begonnen werden musste. Mit ersten Arbeiten wurden zunächst private Büros beauftragt, da die Planungsstelle keine freien Kapazitäten hatte. Die Grundlagenarbeit bestand vor allem in der Beschaffung von vergleichbaren Informationen zum gesamten Kantonsgebiet. Daneben mussten auch recht banale praktische Probleme gelöst werden. So musste 1964 in langwierigen Verhandlungen mit der Eidgenössischen Landestopographie die Frage der Verwendung von Kartenmaterial geklärt werden, bevor mit der Inventarisierung überhaupt begonnen werden konnte.[219]
Einige regionalplanerische Arbeiten hoher Dringlichkeit wurden allerdings schon in den frühen 60er Jahren vorgezogen. So wurde bereits am Strassennetzplan Leimental, an der regionalen Planung der Gymnasien und am Gesamtprojekt der Abwasserreinigungsanlagen gearbeitet, bevor die neuen gesetzlichen Grundlagen dafür existierten.[220]
Mit der Anstellung von zwei planerisch ausgebildeten Architekten wurde 1967 der Grundstock für eine eigene regionalplanerische Abteilung in der kantonalen Verwaltung gelegt. Im folgenden Jahr erschien ein erster Bericht zur Regionalplanung, in dem auf vielen Karten eine Übersicht über den Stand der Inventarisierung geboten und im Textteil die zukünftigen Aufgaben und Probleme diskutiert wurden. Das Werk gliederte sich nach Sachgebieten in die künftigen Teilpläne: Siedlung, Landschaft, Transport, Versorgung, Öffentliche Werke und Anlagen.
Viele Problembereiche, die Planer und Öffentlichkeit noch lange beschäftigen sollten, wurden in diesem Bericht bereits angesprochen. Erstmals wurde auf die überdimensionierten Bauzonen vieler Gemeinden ebenso hingewiesen – «ein schwerwiegendes Problem für die zukünftige Planung»[221] – wie auf den ungenügenden Ausbau

---

219   AB 1964.
220   Siehe Anm. 178, S. 7.
221   Planungsamt BL 1968, S. 5.

der öffentlichen Verkehrsmittel und die fehlende Abstimmung der
Besiedlung auf diese. Auch die Frage nach dem Schutz des «übrigen
Gemeindegebietes», d.h. der Nichtbauzone, vor Erschliessungen
aller Art (Sportplätze, Strassen usw.) wurde aufgeworfen.
Der Bericht hielt sich an die üblichen Prognosen jener Zeit, die das
bisherige Wachstum der Bevölkerung in die Zukunft extrapolierten,
was zu Annahmen führte, die uns heute unglaublich vorkommen:
«Die langfristigen Planungen auf den verschiedenen Sachgebieten
bestimmen die Massnahmen, die für das Wachstum des Kantons von
200 000 auf ca. eine halbe Million Einwohner in den nächsten Jahrzehnten notwendig sein werden.»[222] Für den zeitlich nicht bestimmten Zustand eines «Vollausbaus» der bestehenden Bauzonen wurde
sogar mit einer Bevölkerung von 650 000 Einwohnern gerechnet. Das
grösste Problem sahen die Planer darin, wie dieses enorme erwartete
Wachstum auf das Kantonsgebiet zu verteilen sei, und die dabei zur
Diskussion stehenden Möglichkeiten der Planung flossen auch ins
«Leitbild Baselland» ein.
Es wurden zwei Planungskonzeptionen und damit zusammenhän-
gend vier Siedlungsmodelle aufgelistet. In beiden Fällen wurde eine
Änderung der bisherigen Politik als empfehlenswert dargestellt. Als
grundsätzlich verschiedene Möglichkeiten der Bauplanung wurde
einer weiteren Ausdehnung der Bauzonen bei eher niedriger Nutzung die Möglichkeit einer Verdichtung innerhalb der bestehenden
Bauzonen aufgeführt. Eine Verdichtung wurde als wünschbar
bezeichnet, weil diese mit niedrigeren Infrastrukturkosten erreichbar
sei.
Neben dem Trendmodell mit maximaler Ausdehnung der Bauzonen
wurden drei verschiedene Varianten verdichteter Besiedlung entworfen, bei welchen die Regionalplanung die entsprechenden Vorgaben
zu leisten hätte. Als unerwünschtes, aber ohne Beeinflussung wahr-
scheinliches Szenario erschien den Verfassern die «maximale Ausdehnung der Bauzonen im Leimen-, Birs-, Rhein- und Ergolztal».
Planerische Eingriffe in die Siedlungsentwicklung wurden als unbedingt nötig angesehen, um diese unerwünschte Entwicklung zu
vermeiden. Als Alternativen wurden drei weitere Siedlungsmodelle
skizziert, die bauliche Verdichtungen in unterschiedlicher Form vor-
sahen. Bandartige Verdichtung in den Tälern oder gezielte Förderung
einzelner stadtnaher Zentren stellten dabei die grundsätzlichen Möglichkeiten dar.

222   Ebda., S. 52.

Landschaftsschutz – noch keine Aufgabe der Planung

«Die von Bund und Kanton durch Gesetz und Verordnungen gestellten Aufgaben, wie die Schaffung von Naturschutzgebieten und die Festlegung erhaltenswerter Landschaften sind bisher aus verschiedenen Gründen nur am Rande behandelt worden.»[223] Mit diesen Ausführungen im Bericht zur Regionalplanung wurde auf ein Defizit der bisherigen Planung hingewiesen. Wenn sich auch die Planung nicht um die Landschaft gekümmert hatte, so hatte diese doch im Natur- und Heimatschutz einen Verteidiger gefunden, der allerdings nur über beschränkte Kompetenzen verfügte. Institutionell erfolgte in den 60er Jahren zwar eine Aufwertung des Natur- und Heimatschutzes, indem dieser in der Schweiz sowohl auf Verfassungs- wie auf Gesetzesebene verankert wurde. Das dabei eingeführte Beschwerderecht der Verbände war für die weitere Entwicklung von nicht geringer Bedeutung.

Mit der Verordnung betreffend den Natur- und Heimatschutz von 1964 wurde auch in Baselland der kantonalen Natur- und Heimatschutzkommission ein Einspracherecht bei den Ortsplanungen gewährt, ausserdem wurde die 1960 eröffnete Geschäftsstelle für Natur- und Heimatschutz 1967 zu einer Amtsstelle für Naturschutz und Denkmalpflege aufgewertet, die Christian Adolf Müller mit grossem Einsatz leitete.[224] Der Regierungsrat hatte die Notwendigkeit eines verstärkten Landschaftsschutzes mit folgenden Worten begründet:

«Die rasche Bevölkerungszunahme nach dem letzten Weltkrieg bewirkte eine bauliche Erweiterung unserer Ortschaften, welche unsere landschaftlichen Gegebenheiten [...] einer völligen Veränderung unterwarf. [...] Es gilt deshalb mehr denn je, die bis heute erhalten gebliebenen, durch ihre Schönheit ausgezeichneten Landschaftsbilder, die wertvollen Naturdenkmäler, seien sie nun geologischer oder botanischer Art, sowie die durch Kunst- und Altertumswert bedeutsamen oder für unser Baselbiet besonders charakteristischen Bauwerke und einheitlich erhaltenen Ortsbilder unter kantonalen Schutz zu stellen und für die Nachwelt zu sichern.»[225]

Der Landschafts- und Naturschutz musste sich in den 60er Jahren aber im wesentlichen auf einzelne Reservate beschränken, etwa auf die anfangs der 60er vom Regierungsrat unter Schutz gestellte Reinacher Heide. Dem «Grosseingriff in unsere Landschaft»,[226] den beispielsweise der Autobahnbau darstellte, hatten die Naturschützer

223   Ebda., S. 11.
224   AB 1967, S. 113.
225   Bericht RR zur Verordnung betr. Natur- und Heimatschutz vom 27.3.1962, (Vorlagen).
226   AB 1960, S. 156.

wenig entgegenzusetzen und mussten sich mit der Forderung begnügen: «Die Bepflanzung der Böschungen und des Mittelstreifens
der Autobahn darf nicht aus den Augen gelassen werden.»[227] Noch
etwas drastischer wurde der kompensatorische Charakter dieses
Schutzverständnisses mit der Forderung illustriert, die Hochspan-
nungsmasten mit Tarnfarben zu bemalen, um sie so besser in die
Landschaft einzufügen.[228]
Unter dem Eindruck der sich rasch ausbreitenden Zersiedlung verstärkte sich in den späten 60er Jahren die Forderung nach einem
echten Landschaftsschutz. So forderte Ernst Winkler 1969 im Baselbieter Heimatbuch: «Die grundlegende Frage bzw. Forderung ist
hierbei, dass aller Landschaftsschutz erstlich und letztlich im
Gesamtzusammenhang einer umfassenden Landesplanung, Land-
schaftsgestaltung und -pflege und Landesnutzung gesehen werden
muss.»[229] Mit dem Bericht zur Regionalplanung von 1968 wurde
immerhin deutlich, dass die Regierung des Kantons Basel-Landschaft
gewillt war, dem Landschaftsschutz künftig ein grösseres Gewicht
beizumessen, indem eine eigene regionale Landschaftsplanung eingeführt wurde.

Restriktionen für Wochendhäuser

In einem Punkt war im Kanton Basel-Landschaft aber schon in den
60er Jahren eigentlicher Landschaftsschutz betrieben worden: bei der
Regelung des Baues von Wochenendhäusern. Dass ausgerechnet diesem Thema viel Aufmerksamkeit gewidmet worden war, lag daran,
dass sich hier die traditionellen Abwehrreflexe des Landkantons
gegen die Städter mit den naturschützerischen Anliegen verbanden.

> Der Regierungsrat hatte schon 1961 festgehalten: «Das Verlangen der
> städtisch lebenden Bevölkerung nach Verbringen der Freizeit in der freien
> Natur wird immer grösser. [...] Wenn wir unsere Landschaft jedoch in
> ihrem Charakter bewahren wollen, müssen wir verhindern, dass jeder
> Waldrand, jeder Aussichtpunkt von solchen Kleinbauten übersät wird.
> [...] Im Gefolge der Wochenendhäuser kommen die Wohnwagen, deren
> Aufstellen auch geregelt werden sollte.»[230]

Im neuen Baugesetz wurde das Problem angegangen, indem die
Gemeinden verpflichtet wurden, eigentliche Wochenendzonen auszuscheiden. Die Landratskommission hatte festgehalten: «Die Streubauweise der Wochenendhäuser muss im Interesse der Landespla-

---

227   AB 1964, S. 111.
228   AB 1965.
229   BHP 11, 1969, S. 80.
230   AB 1961, S. 165.

nung verhindert werden. Die Erstellung von Wochendhäusern soll deshalb auf abgegrenzte, in sich abgeschlossene Gebiete beschränkt werden. [...] Aus den Wochenendhauszonen sollen den Gemeinden nicht ähnliche Belastungen erwachsen wie aus den Bauzonen, z.B. hinsichtlich Schneeräumung, Kehrichtabfuhr, Beleuchtung, Wasserversorgung und Abwasser.»[231]
In diesen Zielsetzungen war man sich im Landrat einig gewesen. Nur ein einzelner Redner hatte sich grundsätzlich gegen die Beschränkung der Wochendhäuser auf eine eigene Zone gewehrt und gleichzeitig «eine gewisse Feindlichkeit» im Kanton Basel-Landschaft diesen gegenüber bedauert.[232] Mehr zu reden gegeben hatte die Frage, ob das Problem der Wochenendhäuser nicht besser den Gemeinden zur Regelung überlassen werden sollte. Doch hier setzten sich für einmal die Befürworter einer strengeren kantonalen Praxis durch.

Planung über die Kantonsgrenzen hinaus

Im ersten Bericht der Regionalplanung Baselland wurde auf das Problem verwiesen, dass sich eine regionale Planung eigentlich nicht auf das Kantonsgebiet beschränken dürfte. Die Erkenntnis, dass mindestens die beiden Basel eine gemeinsame Planung betreiben müssten, war schon dem regionalplanerischen Versuch der 40er Jahre zugrunde gelegen, und Ende der 60er Jahre kam man dabei trotz ungelöster Wiedervereinigungsfrage einen grossen Schritt voran. Darüber hinaus wurde in den 60er Jahren darauf hingearbeitet, auch dem Bund raumplanerische Kompetenzen zu geben.

Planerische Zusammenarbeit mit dem Stadtkanton

Mit seinem Bericht vom 2. Juni 1969 «betreffend die Organisation und Durchführung der Regionalplanung» leitete der Regierungsrat die Phase der Umsetzung der regionalplanerischen Vorstellungen in die politische Praxis ein. Die wichtigste Neuerung stellte die Schaffung einer gemeinsamen Organisation der Regionalplanung der beiden Kantone Basel-Stadt und Basel-Landschaft dar, mit welcher den geographischen Gegebenheiten Rechnung getragen wurde. Diese gemeinsame Organisation sollte drei Behörden umfassen, nämlich eine Regierungsdelegation beider Kantone, eine gemeinsame Regionalplanungskommission sowie eine Regionalplanungsstelle. Letztere

---

231 2. Bericht der LR-Kommission betr. den Entwurf zu einem neuen Baugesetz vom 10. Mai 1967, (Vorlagen).
232 Protokoll LR vom 1.3.1965.

sollte finanziell zu drei Vierteln von Baselland getragen und in Liestal in die kantonale Baudirektion eingegliedert werden. Für diese Aufteilung der finanziellen Verantwortung sprach die Einschätzung, dass «sich die Entwicklung der Bevölkerung im schweizerischen Teil der Region hauptsächlich im Kanton Basel-Landschaft abspielt und dieser als Bindeglied zwischen Basel-Stadt und den angrenzenden Kantonen anzusehen ist».[233] Die auf konzeptionelle Arbeiten ausgerichtete Regionalplanungsstelle beider Basel wurde aus dem Planungsamt ausgegliedert, dem weiterhin die praktische Ausführung der Planungsarbeit oblag. Dass die sachlich notwendige gemeinsame Regionalplanung mit dem Stadtkanton in dieser durch die Wiedervereinigungsfrage polarisierten Zeit tatsächlich zustandekam, ist bemerkenswert.

Der Landrat stimmte den Anträgen der Regierung weitgehend zu. Allerdings äusserte die Kommission Bedenken, «in der Praxis den zuständigen staatlichen Ämtern sehr weitgehende Kompetenzen in die Hand [zu] geben».[234] Die landrätliche Regionalplanungskommission empfahl deshalb, ihr selbst die laufende Kontrolle der Planungstätigkeit anzuvertrauen. Diese Kontrolle sei auch deshalb angezeigt, da zu erwarten sei, «dass die Regionalplanung im Interesse der gesamten Region unvermeidliche Eingriffe in die Gemeindeautonomie bringen wird.»[235] Um die Gemeinden in den Meinungsbildungsprozess einzubeziehen, hatte allerdings schon der Regierungsrat ein Vernehmlassungsverfahren bei diesen für die Erarbeitung von Regionalplänen vorgesehen. Festzuhalten bleibt, dass die neue überkantonale Organisation der Regionalplanung trotz einem untergründigen Misstrauen von Seiten des Landrates und der Gemeinden einen grossen Fortschritt darstellte. Zwar hatte es vorher fallweise immer wieder gemeinsame Projekte zwischen den beiden Halbkantonen gegeben, doch mit einer gemeinsamen Organisation wurde ein weiterer Schritt zur Relativierung der Grenzen getan.

Gründung der Regio Basiliensis

Von grosser Bedeutung für das regionale Verständnis von Planungsfragen dürfte der Bewusstseinsprozess gewesen sein, den die Arbeit der Regio Basiliensis in den 60er Jahren auslöste. Die Organisation wurde 1963 von Privaten gegründet, erhielt aber bald für ihre

233 Bericht RR betr. Organisation und Durchführung der Regionalplanung vom 2.6.1969, (Vorlagen).
234 Bericht LR-Kommission betr. Organisation und Durchführung der Regionalplanung vom 28.4.1970, (Vorlagen).
235 Ebda.

Grundlagenforschung auf dem Gebiet der regionalen Entwicklung Zuschüsse der beiden Kantone und von Seiten der Wirtschaft. Die Exponenten der Regio hatten dabei, auch wenn sie von der schweizerischen Seite aus operierten, von Anfang an den grenzüberschreitenden Charakter der Stadtregion vor Augen und strebten insbesondere auch deren Verbindung zum europäischen Integrationsprozess an.[236] Zu den schrittmachenden Initiativen der Organisation zählte die internationale Regio Planertagung von 1965, die mit über tausend Teilnehmern ein unerwartet grosser Erfolg wurde.[237] Aufschlussreich war die im gleichen Jahr durchgeführte Befragung von etwa hundert «massgebenden Persönlichkeiten» aus Wirtschaft und Politik in den drei Ländern der Regio zu verschiedenen Themen, u.a. zu Planungsfragen. Dabei zeigte sich mit aller Deutlichkeit, dass der schweizerische Teil der Regio in Sachen Planung weit ins Hintertreffen geraten war, was insbesondere von französischer Seite bemängelt wurde: «Wir kennen bisher in der Schweiz noch keine Instanz, die mit den gleichen Kompetenzen verhandeln kann wie wir. Wir treffen immer auf Leute, die nur fragmentarische Kompetenzen haben.»[238] Es wurde in der Untersuchung auch deutlich, dass in bezug auf die Planungsfrage grosse Unterschiede in der Einstellung bestanden. Während von den befragten Franzosen die (zentralistisch ausgerichtete) Planung fast uneingeschränkt begrüsst wurde, standen ihr die interviewten Deutschen etwas vorsichtiger, aber doch zustimmend gegenüber. Auf schweizerischer Seite überwog dagegen noch weitgehend die Skepsis gegen staatliche Eingriffe, wobei den Befragten dennoch klar war, dass in einigen Bereichen eine verstärkte Planungstätigkeit kaum zu umgehen war.

Die schwierige Geburt der schweizerischen Raumplanung

In den frühen 60er Jahren entwickelte sich die Landesplanung zu einem Thema, das in der Öffentlichkeit breiten Raum einnahm. Eine Flut von Zeitungsartikeln, Publikationen und Berichten aller Art zeugt von der Bedeutung, die dieser Frage beigemessen wurde. Als gemeinsame Stossrichtung lässt sich die Überzeugung erkennen, dass vermehrte Planung unumgänglich sei, um die Folgen des Wachstumsprozesses bewältigen zu können. Ähnlich wie schon in den 40er Jahren wurde über Landesplanung sehr viel mehr diskutiert als über

236 Vgl. Briner 1965, S. 111ff.
237 Vgl. Regio Basiliensis 1965.
238 Stolz/Wiss 1965, S. 25.

die Planung auf regionaler bzw. kantonaler Ebene, obwohl dort in Wirklichkeit viel mehr geschah. Beschworen wurde etwa ein Bild der Schweiz als Schicksalgemeinschaft, eines «Volkes ohne Boden»,[239] welches nur durch gemeinsame Regelungen vor den Zerstörungen ungebremster Zersiedlung gerettet werden könnte.

Trotz dieser breiten Thematisierung geschah politisch lange relativ wenig, was unter anderem auf die üblichen föderalistischen Widerstände gegen jegliche Kompetenzerweiterungen zurückzuführen war. Einzig im Bundesgesetz über die Wohnbauförderung von 1965 wurde eine «auf längere Sicht zweckmässige Besiedlung» als Ziel genannt und gewisse finanzielle Beiträge an die Kosten von Regional- und Ortsplanungen in Aussicht gestellt.[240] Es erstaunt angesichts der Diskrepanz zwischen Problembewusstsein in der Öffentlichkeit und der Trägheit des politischen Systems nicht, dass Max Imboden in seinem Manifest von 1964 auch das Ausbleiben einer Landesplanung zu den Merkmalen des «helvetischen Malaise» rechnete.[241]

Dies änderte sich, als in der zweiten Hälfte der 60er Jahre die Behandlung der Antispekulationsinitiative der SPS und des Gewerkschaftsbundes anstand. In diesem Volksbegehren wurden neben den spezifisch bodenrechtlichen Massnahmen – in erster Linie ein Vorkaufsrecht der öffentlichen Hand – auch griffige Massnahmen für eine Landesplanung verlangt. Die Initiative war in den frühen 60er Jahren lanciert worden, als das Thema der Bodenspekulation die Öffentlichkeit bewegt hatte. Jetzt hatte dieses Thema viel an Brisanz verloren und die bürgerliche Mehrheit konnte es sich leisten, die Initiative ohne Gegenvorschlag abzulehnen. Um sich aber nicht dem Vorwurf auszusetzen, gar nichts zu tun, wurden im Bereich der Planung ernsthafte Neuerungen versprochen. Nach der deutlichen Ablehnung der Initiative[242] wurde dieses Versprechen mit zwei neuen Verfassungsartikeln eingelöst, die in zwei ganz verschiedene Richtungen zielten.[243] Im Artikel 22quater der Bundesverfassung wurde das Recht und die Pflicht des Bundes auf die Rahmengesetzgebung im Bereich der Planung verankert: «Der Bund stellt auf dem Wege der Gesetzgebung Grundsätze auf für eine durch die Kantone zu schaffende, der zweckmässigen Nutzung des Bodens und der geordneten Besiedlung des Landes dienende Raumplanung. Er fördert und koordiniert die Bestrebungen der Kantone.»

---

239   Titel in der Tat vom 9.2.1962.
240   AS 1966, S. 434.
241   Imboden 1964, S. 38.
242   Die Initiative wurde mit 192 998 Ja gegen 397 080 Nein abgelehnt. Baselland lag mit 5471 Ja zu 10 864 Nein etwa im schweizerischen Trend. Vgl. BZ 3.7.1967.
243   Vgl. Tschudi 1979.

Vor diesen neuen Kompetenzartikel und sozusagen als Damm gegen die befürchteten planerische Übergriffe wurde die bisher ungeschriebene Garantie des Eigentums in der Verfassung explizit verankert und die Entschädigungspflicht festgelegt. Angesichts dieser Betonung der Bedeutung des Eigentums erstaunt es nicht, dass die beiden neuen Artikel von den Vertretern der gescheiterten Initiative nicht als Massnahme in ihrem Sinn betrachtet wurden. Die SP-Kantonalpartei Baselland bekämpfte denn auch die Vorlage, obwohl sie von der SPS, wenn auch ohne Begeisterung, befürwortet wurde. Vom Souverän wurden die beiden neuen Verfassungsartikel im Jahre 1969 nur knapp gutgeheissen, und auch im Baselbiet war die Zustimmung nicht sehr hoch. Damit war zwar eine Tätigkeit des Bundes im Bereich der Planung immer noch in weiter Ferne, aber immerhin waren ihm nun Kompetenzen in dem Bereich zugeteilt worden, den man mit der noch unverbrauchten und unverdächtigen Wortschöpfung «Raumplanung» bezeichnete.[244]

Ambivalenz der Planung der 60er Jahre

Auf den ersten Blick könnte man meinen, mit der Wiederentdeckung der Regional- und Landesplanung hätte die Planungsdiskussion der 60er Jahre wieder bei derjenigen der Kriegs- und Nachkriegsjahre angeknüpft. Bei genauerer Betrachtung zeigt sich allerdings, dass die beiden Diskurse wenig gemeinsam haben. Während in den 40er Jahren aus grundsätzlichen Überlegungen heraus planerische Leitbilder einer zukünftigen Entwicklung für nötig erachtet wurden, stand nun, nach langen Jahren eines rasanten Wachstums, die konkrete Problembewältigung im Vordergrund. Planung war nicht mehr weltanschauliches Programm, sondern sie versprach die Lösung für die im Gefolge einer überbordenden Entwicklung auftretenden Koordinations- und Steuerungsprobleme. Zwar spielten auch der Schutz von Gütern wie Landschaft, Landwirtschaftsboden und Ortsbildern eine gewisse Rolle, doch der Schwerpunkt lag bei der Planung der weiteren baulichen Expansion.
Bei der Verfolgung dieser Ziele wurde die ablehnende Haltung der 50er Jahre gegenüber der Planung rasch abgelegt. Der ideologisch bedingten Planungsfeindschaft wurde durch den technokratischen Planungsimpetus der Boden entzogen. In der erwähnten Regio-Studie von 1965 wurde konstatiert: «Wie schon erwähnt, ist die ideolo-

244 Der Begriff «Raumplanung» tauchte in der parlamentarischen Beratung 1968 auf. (Année politique suisse 1968, S. 98) Er wurde akzeptiert, da eine extensive Auslegung nicht drohte und die unbestrittene französische Bezeichnung aménagement du territoire als Referenz dienen konnte. Vgl. Wemegah S. 69ff.

gische Belastung des Planungsbegriffes, die sich am schärfsten in
einer Assoziation mit sowjetischer Planwirtschaft manifestiert, im
Abklingen begriffen; ein rein technisches Verständnis der Planung
bahnt sich den Weg.»[245]
Auf Bundesebene machte die Raumplanung trotz breiter Diskussion
allerdings noch keine praktischen Fortschritte, und erst am Ende des
Jahrzehntes konnten in der Bundesverfassung einige planerische
Kompetenzen verankert werden, nicht ohne gleichzeitig die Garantie
des Privateigentums zu bekräftigen. Im Vergleich zum Bund machte
die Planung im Kanton Basel-Landschaft rasche Fortschritte, doch
auch hier vermochte das Tempo kaum mit jenem des beschleunigten
wirtschaftlichen und demographischen Wandels mitzuhalten. Im
Bereich der Ortsplanung vermochte man sich zwar schnell auf das
neue, gestalterische Ziel der Gesamtüberbauungen einzustellen, ohne
auf die Anpassung der gesetzlichen Grundlagen warten zu müssen.
Doch die wiederentdeckte Liebe zur regionalen Planung musste
zunächst mit Grundlagenarbeiten befriedigt werden. Nach der Verankerung der Pflicht zur Regionalplanung machte man sich in den
ausgehenden 60er Jahren sehr unrealistische Vorstellungen über das
Tempo, in dem die Regionalpläne spruchreif werden sollten, d.h.
man unterschätzte die Probleme, die sich bei der praktischen Arbeit
und vor allem bei der Konsensfindung stellen sollten.
In den 60er Jahren fand eine Verlagerung der planerischen Kompetenzen von der Gemeinde zum Kanton statt, und eine ebensolche hin
zum Bund wurde eingeleitet. Allerdings war nun damit kaum die
Gefahr eines zu grossen Zentralismus verbunden, auch wenn natürlich einzelne Entscheide immer wieder zu Problemen führten. Doch
wurden die Gemeinden keineswegs planerisch entmachtet, im
Gegenteil wurden ihre Ortsplanungen zur Grundlage jeglicher übergeordneten Planung. Als Grundsatz gilt hier wie in der gesamten
schweizerischen Raumplanung das Gegenstromprinzip, d.h. die planerischen Konzepte von oben und unten beeinflussen sich gegenseitig.[246]

9.3   Umweltprobleme machen sich geltend

Umweltbeeinträchtigungen häuften sich in den 60er Jahren als Folge
der wirtschaftlichen und demographischen Entwicklung, der zunehmenden Technisierung des Alltags und des Gebrauchs neuer Ver-
packungsmaterialien sowie der enormen Steigerung des Energie-

245   Stolz/Wiss, S. 44.
246   Vgl. Bugmann 1988.

verbauchs. Im Bereich der Gewässerverschmutzung und der Kehrichtentsorgung sah man sich gezwungen, die eingeleiteten Massnahmen zu beschleunigen, um den sich verschärfenden Problemen Herr zu werden. Aber auch in anderen Bereichen, wie etwa der Lufthygiene, zeigten sich neue Probleme, die ein Eingreifen nötig machten.

Noch lange nicht alle Wasser geklärt

In den 60er Jahren wurde im Kanton Basel-Landschaft eine Kläranlage nach der anderen gebaut und in Betrieb genommen, womit sich der Kanton in der Schweiz als Pionier profilierte. Trotzdem war auch hier das Problem der Gewässerverschmutzung noch lange nicht gelöst. Mit dem immer häufigeren Auftreten von Ölverschmutzungen zeigten sich zudem erste Kehrseiten dieses zunehmend vorherrschenden Energieträgers.

Grossinvestitionen in die Abwasserreinigung

In den 60er Jahren fand in der ganzen Schweiz eine starke Sensibilisierung der Öffentlichkeit für das Problem des Gewässerschutzes statt. Die Verschmutzung vieler Gewässer wurde immer sichtbarer und spürbarer. So wurde das Baden in verschiedenen Schweizer Seen und Flüssen zum Gesundheitsrisiko und musste vielerorts verboten werden. Eine geradezu schockartige Wirkung hatte 1963 eine Typhusepidemie in Zermatt.[247] Gleichzeitig kam Empörung darüber auf, dass trotz aller Aufrufe so wenig geschah, um Abhilfe zu schaffen. Das Bundesgesetz über den Schutz der Gewässer von 1955 hatte die Verantwortung in diesem Bereich weitgehend den Kantonen überlassen, und das Resultat war denn auch entsprechend mager. Einige Kantone bemühten sich sehr um die Bewältigung der Abwasserprobleme, andere ein wenig, und viele gar nicht. Die ärmeren Bergkantone hatten selbst keine Probleme mit der Trinkwasserversorgung, und ihre Abwässer flossen schnell ab, so dass sie sich kaum zu teuren Investitionen in den Gewässerschutz veranlasst sahen. Was sich innerhalb des Kantons Baselland so gut bewährte, die Übernahme der finanziellen Last durch den Gesamtstaat, empfahl sich auch auf Bundesebene. Doch erst zögernd begann der Bund 1962 mit einer Subventionierung von Investitionen in die Abwasserreinigung, doch kam diese vorerst vorwiegend den Agglomerationen des Mit-

---

247 Verschiedene Baselbieter Gemeinden beschlossen als Reaktion darauf den Einbau von Entkeimungsanlagen in die Trinkwasserversorgung. AB 1963, S. 334.

tellandes zugute.[248] Unter dem Druck einer Volksinitiative wurde 1966 eine Revision des Gewässerschutzgesetzes eingeleitet, doch kam diese in den 60er Jahren noch nicht zustande.[249]

«Wie kommt es, dass gerade der Kanton Basel-Landschaft mit der Abwassersanierung so gute Fortschritte macht, während die meisten Kantone eher Mühe haben, die Wasserreinigungsaufgaben zu lösen?» fragte 1964 der «Tages-Anzeiger».[250] Auch wenn die Überschrift dieses Artikels – «Basel-Land hat das Abwasserproblem gelöst» – eine allzu optimistische Vorwegnahme der zukünftigen Entwicklung darstellte, so war doch nicht zu übersehen, dass die Abwasserprobleme an der Birs und an der Frenke jetzt zügig angegangen wurden. Die klare Aufteilung der Kompetenzen und vor allem der Finanzierung im Gesetz von 1952 wirkte sich jetzt aus. In rascher Folge entstand neben den Gemeindekanalisationen ein weitgespanntes System von Sammelsträngen und Zuleitungen, und auch der Bau der Reinigungsanlagen machte Fortschritte.

Obwohl sich Basel-Landschaft in den 60er Jahren in Sachen Gewässerschutz zum eigentlichen Vorreiterkanton entwickelte, war auch hier die Lage der Flüsse dramatisch. Zum einen drohte das rasche Wachstum von Bevölkerung und Industrie die erzielten Erfolge in der Abwasserreinigung immer wieder zu überholen, zum andern kam es häufig zu stärkeren Verschmutzungen als Folge der noch unvollendeten Systeme. Die neuen Sammelleitungen hatten zunächst oft einzig zur Folge, dass sich die Dreckwasserströme noch konzentrierter in die Flüsse ergossen, da die zugehörigen Reinigungsanlagen noch nicht erstellt waren.[251] Eine groteske Situation ergab sich in Birsfelden, wo man eine Pumpstation errichtete, um die Abwässer in die baselstädtische Kanalisation einfliessen zu lassen.[252] Von dort gelangten sie dann wiederum ungeklärt in den Rhein – eine Situation, an der sich noch lange nichts ändern sollte.

Zum Problem der häuslichen Abwässer, welches man langsam unter Kontrolle bekam, gesellte sich jenes der mengenmässig rasch zunehmenden Industrieabwässer. So vermerkte 1966 das Wasserwirtschaftsamt, dass die Einleitung der Abwasser der Industrien in Schweizerhalle sogar für den wasserreichen Rhein «tiefgreifende Schäden befürchten lassen».[253] Eine besondere Situation bestand im

248   Vgl. Bussmann 1981.
249   Vgl. Skenderovic 1992, S. 124.
250   TA 14.8.1964.
251   AB 1962, S. 475.
252   AB 1965, S. 132.
253   AB 1966 S. 82.

Falle der Birs ausserdem darin, dass immer wieder grössere Vergiftungen des Flusses ihre Ursache im Laufental und damit im Kanton Bern hatten.[254] In diesen Fällen musste mitunter sogar der Bundesrat eingeschaltet werden, um besonders hartnäckige Verschmutzer zur Räson zu bringen.[255]

Neben all diesen Widersprüchen, die durch das unheimlich rasche Tempo des Wachstums verursacht wurden, waren nach und nach aber auch Erfolge zu verzeichnen. So konnte 1966 vermerkt werden: «Infolge der sukzessiven Beseitigung der Abwassereinläufe im Einzugsgebiet der ARA Birs I und Ergolz II hat sich die verbesserte Wassergüte in bezug auf den Wiederaufbau des Fischbestandes in den beiden Gewässern bereits günstig ausgewirkt.»[256] Neben den Grossreinigungsanlagen wurden in den 60er Jahren auch bereits die ersten kleinen Gemeindekläranlagen, sogenannte Klaras, erstellt.

Überall droht die Ölpest

Als neues Problem erwiesen sich in den 60er Jahren die immer häufigeren Ölverschmutzungen der Gewässer. Das Erdöl entwickelte sich bereits seit 1950 zum dominierenden Primärenergieträger in der Schweiz. Als Folge der fallenden Preise dieses Rohstoffes beschleunigte sich dieser Prozess in den 60er Jahren ausserordentlich stark.[257] Ein grosser Teil der in der Schweiz verbrauchten Erdölprodukte gelangte über die Birsfelder Rheinhäfen in das Land, auch nachdem diese mit dem Bau von Pipelines Konkurrenz erhalten hatten.[258] Baselland war also von der sich ausbreitenden Erdölwirtschaft als Transitland und als Konsumregion doppelt betroffen. Immer wieder kam es in und um die Rheinhäfen zu kleineren und grösseren Ölunfällen. Die Vorschriften beim Umlad und dem Transport der Erdölprodukte mussten laufend verschärft werden. Beispielsweise erliess der Regierungsrat bereits 1962 ein Überholverbot für Lastwagen im Hardwald.[259] Aber noch 1972 musste die Regierung konstatieren, dass kein Ölwehrfahrzeug zum Eingreifen bei Ölunfällen auf dem Rhein zur Verfügung stehe.

Ölverschmutzungen erwiesen sich aber zunehmend als flächendeckendes Problem. Die kantonalen Gewässer wurden immer wieder

---

254 Über eine Grellinger Papierfabrik berichtete die Nationalzeitung am 1.8.1968 unter dem Titel «Verbrechen an unserem Wasser».
255 Der Berner Regierungsrat schloss auf Empfehlung des Bundesrates eine besonders verschmutzende Zellulosefabrik in Delsberg. AB 1963, S. 145.
256 AB 1966, S. 76.
257 Vgl. Pfister 1995, S. 71.
258 Vgl. Haerri, S. 183ff.
259 AB 1962, S. 209.

von Ölverschmutzungen betroffen, so dass auch hier eine strengere
Reglementierung unumgänglich wurde. Zu einer Zeitbombe entwickelten sich in den 60er Jahren ausserdem die Altöllager, die
infolge des Fehlens einer Verbrennungsanlage immer grösser wurden.[260] Die Regierung erliess 1967 einen Beschluss über den Schutz
der Gewässer durch Lagerflüssigkeiten, vier Jahre später wurden die
Bestimmungen mit einem eigentlichen Ölwehrgesetz verschärft.[261]
Besonders gefährdet durch auslaufendes Öl war die Trinkwasserversorgung, weshalb die Regierung schon 1963 die Gemeinden verpflichtete, Schutzzonen um ihre Trinkwasserquellen zu errichten.[262]

Gefährdete Trinkwasserversorgung

Die Trinkwassergewinnung erwies sich angesichts der enormen Steigerung des Verbrauchs auch abgesehen von den immer zahlreicheren
Verschmutzungen als grosses Problem. Dies zeigte sich jeweils in den
ausgesprochenen Trockenjahren, wenn die Quellen zu versiegen
drohten. Schon in den ausgehenden 50er Jahren war festgestellt worden, dass nur eine verstärkte Gesamtplanung der Trinkwasserversorgung Abhilfe schaffen könne: «Die Wassernutzung ruft nach einer
wasserwirtschaftlichen Planung, einer Gesamtplanung und einer
Regionalplanung, denn es zeigt sich immer eindrücklicher, dass die
einzelnen Gemeinden ihre Wasserhaushalte nicht allein bestellen
können.»[263] Gegen Ende der 60er Jahre wurde deutlich, dass die
Trinkwasserversorgung mit immer grösseren Investitionen verbunden sein würde, was im Zusammenhang mit der angespannten
Finanzlage des Kantons zum Problem wurde.
Die zunehmenden Schwierigkeiten bei der Trinkwassergewinnung
machten neue gesetzliche Grundlagen nötig. So wurde 1967 die Wasserversorgung der Gemeinden und das Grundwasser mit je einem
eigenen kantonalen Gesetz geregelt.[264] Mit dem Grundwassergesetz
unterstellte der Kanton das gesamte Grundwasservorkommen seiner
Verfügungsgewalt.
Aufgrund der Verknappung des natürlichen Grundwassers begann
man in den 60er Jahren damit, dieses mit Oberflächenwasser künst-

260   Baudirektion/Wasserwirtschaftsamt 1968 «Leitbild», S. 17.
261   RRB über den Schutz der Gewässer gegen die Verunreinigung durch Lagerflüssigkeiten
       vom 23.5.1967. GS BL 23, S. 425. Und: Ölwehrgesetz vom 1.2.1971, GS BL 24, S. 534.
262   RRB betreffend Richtlinien für die Ausscheidung von Schutzgebieten für Trinkwasser-
       gewinnungsanlagen vom 21.5.1963, GS BL 22.
263   BZ 1.12.1958.
264   Gesetz über die Wasserversorgung der basellandschaftlichen Gemeinden (Wasserversor-
       gungsgesetz) vom 3.4.1967, GS BL 23, S. 434ff. Gesetz über den Schutz des Grundwas-
       sers (Grundwassergesetz) vom 3.4.1967, GS BL 23, S. 439ff.

lich anzureichern. Das war aber nur sinnvoll und möglich, wenn das zugeführte Wasser selbst nicht schon verunreinigt war. Deshalb musste die Wasserentnahme für das in den frühen 60er Jahren erbaute Grundwasseranreicherungswerk Hard ein Stück flussaufwärts verlegt werden, da der Rhein bei Pratteln bereits zu stark verschmutzt war. Das Birswasser eignete sich in den frühen 60er Jahren noch gar nicht für eine derartige Verwendung, da hier noch kaum Kläranlagen in Betrieb waren.[265]

Staatliche Eingriffe gegen verschärfte Probleme

Neben dem schon länger etablierten Gewässerschutz wurde in den 60er Jahren in weiteren Bereichen Eingriffe des Staates nötig, um den sich verschärfenden Problemen zu begegnen. Die Abfallwirtschaft wurde erstmals gesetzlich geregelt, und der Kanton versuchte, die wilde Deponierung unter Kontrolle zu bekommen und eine eigene Lösung anzubieten. Auch die zunehmenden Probleme mit der Lufthygiene machten ein kontrollierendes Eingreifen des Staates nötig, da die Industrie von sich aus wenig unternahm.

Kompostieren, Verbrennen – oder doch wieder deponieren?

Im Bereich der Abfallentsorgung erreichte man in den 60er Jahren trotz intensiver Bemühungen keine Klarheit über die einzuschlagende Stossrichtung. Aufgrund sich immer wieder verändernder technischer Entwicklungen wartete man letztlich das ganze Jahrzehnt über ab – und füllte währenddessen ungezählte Deponien mit Kehricht.

> «Das Volumen der Abfälle nimmt von Jahr zu Jahr zu. Schuld ist einerseits die rapide Bevölkerungszunahme und anderseits der schwunghafte Auftrieb der modernen Verpackungsmaterialien, die auch auf den Bauernhöfen nicht mehr dem natürlichen Zersetzungsprozess zugeführt werden können. Auch Industrie und Gewerbe stehen oft schwierigen Problemen der Abfallbeseitigung gegenüber. Im Besondern gilt dies für chemische Abfälle, bei denen zugleich auch der Gewässerschutz eine erhebliche Rolle spielt. Man ist sich darüber im klaren, dass alle diese Schwierigkeiten von Jahr zu Jahr grösser werden.»[266]

Mit diesen Worten überstellte die Finanzkommission dem Landrat ihren Bericht zum Entwurf eines Kehrichtgesetzes. Dieses scheint

265 Vgl. Schmassmann 1962.
266 Bericht der Finanzkommission an den LR betr. das Gesetz über die Beseitigung und Verwertung von Abfallstoffen vom 3.4.1961, (Vorlagen).

sich in bezug auf die Kompetenzzuteilung am Abwassergesetz orientiert zu haben. «Einsammlung und Abfuhr» des Kehrichts wurde als Aufgabe der Gemeinden bestimmt, während sich der Kanton für die Erstellung und den Betrieb von «Abfallbeseitigungs- und -verwertungsanlagen» zuständig erklärte. Allerdings hiess es im entsprechende Paragraph lediglich, der Kanton könne dies tun, von einer zwingenden Verpflichtung war nicht die Rede. Im Unterschied zur Abwasserreinigung sollte der Kanton hier keine Gratisleistungen erbringen, sondern er wurde verpflichtet, die Anlagen «nach wirtschaftlichen Grundsätzen» zu bauen und zu betreiben.[267] Um die Auslastung sicherzustellen wurden die Gemeinden verpflichtet, die ihnen von der Baudirektion zugewiesene Anlage mit Abfall zu beliefern und kostendeckende Gebühren zu bezahlen. Soweit das 1961 erlassene Gesetz, in der Praxis sah die Situation ganz anders aus.

Bereits seit Ende der 50er Jahre hatte man den Bau einer Kehrichtverwertungsanlage in Füllinsdorf ins Auge gefasst, doch ergaben sich immer neue Verzögerungen. Zuerst wurde das Projekt zurückgestellt, weil die gesetzlichen Grundlagen noch nicht bestanden, dann musste das gesamte Konzept neu überdacht werden. 1965 beschloss der Landrat den Bau einer kombinierten Kompostier- und Verbrennungsanlage, doch bereits im folgenden Jahr musste vermeldet werden, dass die Projektierungsarbeiten nur mühsam vorankämen. «Es ist dies zum Teil auf die unruhige Situation auf dem Gebiet der Kompostierungsanlagen zurückzuführen, wo laufend neue Systeme auf dem Markt erscheinen und andere, auf welche grössere Hoffnungen gesetzt wurden, wieder verschwinden.»[268] Die Verunsicherung über die Systemwahl ging so tief, dass bis zum Ende des Jahrzentes in dieser Frage gar nichts mehr geschah.

Ausschlaggebend für das Problem der Systemwahl war, dass mit zu hohen Kosten beim favorisierten Mischsystem gerechnet wurde. In Zeiten der knapper werdenden Mittel wurde die Wirtschaftlichkeit der Anlage zum obersten Kriterium. Die ursprünglich vorgesehene Kompostierung – die eine Sortierung des Kehrichtes in der Anlage nötig gemacht hätte – wurde deshalb bald wieder fallengelassen. Aber auch eine Nutzung der bei der Verbrennung entstehenden Abwärme erschien nun, angesichts der fallenden Energiepreise, als unwirtschaftlich und «deshalb lässt man die Abwärme aus dem Verbrennungsofen unausgenützt aus dem Kamin austreten und begnügt sich mit einer Veraschungsanlage».[269]

---

267   Gesetz über die Beseitigung und Verwertung von Abfallstoffen (Kehrichtgesetz), vom 19.6.1961, GS BL 21, S. 744ff.
268   AB 1966, S. 209.
269   Baudirektion/Wasserwirtschaftsamt 1968 «Leitbild», S. 1.

All diese Überlegungen führten noch zu keinem konkreten Projekt, doch wurde der Bau einer kantonseigenen Anlage in einem Bericht des Wasserwirtschaftsamtes von 1968 für das Jahr 1973 vorgesehen.[270] Gleichzeitig wurde in diesem Bericht aber auch erwogen, bei der Deponierung zu bleiben, und es wurde festgehalten: «Die geordnete Ablagerung im Gelände wäre die einfachste und billigste Lösung zur Beseitigung der Abfallstoffe.»[271] Die bisher benutzten zahlreichen Deponien genügten den Anforderungen allerdings in keiner Art und Weise, wie kritisiert wurde:

> «Von den 74 Gemeinden sind deren 15 an die Kehrichtverbrennungsanlage der Stadt Basel angeschlossen. Alle übrigen Gemeinden entledigen sich des Hauskehrichts durch Ablagerung im Gelände. Mit Ausnahme der Kehrichtdeponie Lindenstockgraben der Gemeinde Liestal werden alle Deponien «ungeordnet» betrieben. [...] Somit ist praktisch jede Kehrichtdeponie in hygienischer, naturschützlerischer und gewässerschützlerischer Hinsicht eine Gefahr.»[272]

Die Hauptanstrengung des Wasserwirtschaftsamtes galt denn auch in der zweiten Hälfte der 60er Jahre der Verbesserung der Situation der Deponien. Zunächst musste eine Art Inventar der in den vergangenen Jahren und Jahrzehnten angelegten «wilden» Deponien in den Gemeinden erstellt werden, wobei 519 solche gezählt wurden.[273] Auf dem Weg der Deponierung konnte bereits in den frühen 60er Jahre die Frage der Abfälle der chemischen Industrie «gelöst» werden, da sich die jurassische Gemeinde Bonfol bereit erklärte, diese zu übernehmen.

Die ganzen Abfallprobleme fielen in den Arbeitsbereich des Wasserwirtschaftsamtes, da ja eine enge Beziehung zur Abwasserfrage bestand. Um die rasch wachsenden Aufgaben erfüllen zu können, musste dieses Amt personell ständig aufgestockt werden und entwickelte sich zu einem der am schnellsten wachsenden Ämter des Kantons. Die rasche Zuspitzung der Probleme brachte es mit sich, dass das ursprüngliche Arbeitskonzept des Amtes über den Haufen geworfen werden musste, welches von einem Vorgehen in Einzelschritten ausgegangen war. Man kam nicht mehr darum herum, alle Probleme gleichzeitig anzupacken.[274]

270 Ebda., S. 5.
271 Ebda., S. 33.
272 Ebda., S. 14.
273 Ebda., S. 18.
274 Ebda., S. 3.

Lufthygiene als neuer Bereich der Staatstätigkeit

Das Problem der Luftverschmutzung gewann zwar im Verlauf der 60er Jahre an Bedeutung, ein grösseres Interesse fand es aber dennoch nur an besonders betroffenen Orten. Die industriellen Emissionen standen weiterhin im Vordergrund, während der Motorfahrzeugverkehr als Verursacher solcher Verschmutzung ausgeklammert blieb. Erstmals begann der Kanton direkt eine Kontrolle über den Abgasausstoss der Industrie auszuüben und technische Verbesserungen einzufordern.

Zu Beginn des Jahrzehntes kam es in der Schweiz an verschiedenen Orten zu heftigen Auseinandersetzungen um den vorgesehenen Bau thermischer Kraftwerke. Da sich der Streit hauptsächlich um die Auswirkungen dieser Projekte auf die Luftverschmutzung drehte, wiesen diese auf eine verstärkte Sensibilität für solche Fragen hin.[275] Auch im Baselbiet stiess das Projekt für ein thermisches, mit Öl oder Kohle betriebenes Kraftwerk in Kaiseraugst rasch auf Opposition.[276] Aufgrund des starken Widerstandes wurden in der Schweiz schliesslich kaum thermische Kraftwerke gebaut, und da auch der Ausbau der Wasserkraft auf immer stärkere Opposition stiess, wurde statt dessen die Erstellung von Atomkraftwerken beschleunigt, die man als umweltpolitisch problemlos betrachtete.[277]

Im Baselbiet stellten weiterhin die industriellen Emissionen das grösste lufthygienische Problem dar. Die Klagen in Muttenz und Pratteln über entsprechende Beeinträchtigungen wurden immer vehementer, denn im Gefolge der enormen industriellen Expansion jener Jahre nahm auch der Ausstoss giftiger und stinkender Abgase ständig zu.

«Die Bekämpfung der Luftverunreinigung wird je länger je mehr zur öffentlichen Aufgabe.»[278] Diesen Schluss zog der Regierungsrat aus den stetigen Klagen, und er beschloss, dass rasch gehandelt werden müsse. Er engagierte den Gesundheitsinspektor der Stadt Zürich für die ausserordentliche Mission, «durch Inspektionen in den Fabriken im Raum Pratteln–Schweizerhalle–Muttenz allfällige Belästigungsherde festzustellen».[279] Gleichzeitig leitete er die Schaffung einer eigentlichen Amtsstelle in der Direktion des Innern in die Wege, die

275 Vgl. Skenderovic 1992, S. 132 ff.
276 Vgl. Interpellation Frey vom 9.12.1963, (Vorlagen).
277 So wurde 1965 an einer nationalen Kundgebung in Bern der beschleunigte Bau von Atomkraftwerken anstelle eines weiteren Ausbaus der Wasserkraft gefordert. NZZ 10.3.1965.
278 RR betr. Kredicerteilung für Massnahmen zur Bekämpfung der Luftverunreinigung vom 8.6.1965, (Vorlagen).
279 Ebda.

sich um die Lufthygiene kümmern sollte. Allerdings bestand zunächst die Schwierigkeit, die Stelle des Lufthygienechemikers zu besetzen, und auch für die benötigten Apparate bestanden lange Lieferfristen. Auch nachher blieb das Instrumentarium der Lufthygienebehörden bescheiden, konnte doch lediglich Schwefeldioxyd nachgewiesen werden.

Dennoch führten die vom neuen Amt in der zweiten Hälfte des Jahrzehntes eingeleiteten Inspektionen zu wesentlichen Verbesserungen. Kleinere Beeinträchtigungen wurden nach den Kontrollen rasch behoben und in extremen Fällen wurde die Fabrikation auf amtliches Geheiss sofort eingestellt.[280] Vor allem bei grossen Industriebetrieben schienen die amtlichen Kontrollen nicht nur auf Ablehnung gestossen zu sein, denn man erkannte dort, dass Handlungsbedarf bestand. Finanziell konnte es sich die chemische Grossindustrie problemlos leisten, wenigstens die schlimmsten Emissionsquellen zu stopfen. Schon 1967 berichtete die Regierung: «Umfangreiche Sanierungsmassnahmen in der chemischen Grossindustrie schreiten planmässig fort, wobei verschiedene Emissionsquellen durch neu installierte Ablufteinrichtungen ausgemerzt werden konnten.»[281] Im folgenden Jahr konnte das Lufthygieneamt gar vermelden, in den Geigy Werken Schweizerhalle würden für zwei Millionen Franken in Abluftreinigungsanlagen investiert.[282] Die Bemühungen der grossen Luftverschmutzer um Abhilfe scheinen also ein finanziell beträchtliches Ausmass angenommen zu haben, allerdings ausgehend von einem tiefen Niveau.

Auf gesetzlicher Ebene blieb das Instrumentarium zur Bekämpfung der Lufthygiene bescheiden, auch weil noch keine genaueren Vorstellungen darüber bestanden, auf welchem Weg eingegriffen werden könnte. So vermerkte die Landratskommission zur Behandlung des Baugesetzes: «Da das Problem der Luftverunreinigung sich erst in den letzten Jahren mit der vollen Tragweite abzeichnet, ist es nicht möglich, genaue Bestimmungen in das Gesetz aufzunehmen.»[283]

Wettlauf mit wachsenden Problemen

In den 60er Jahren kannte man den Begriff des Umweltschutzes im heutigen Sinne noch nicht, und das Thema spielte in der Öffentlichkeit auch keine wichtige Rolle. Dennoch sah man sich unter dem Druck der Entwicklung gezwungen, die staatlichen Anstrengungen

280   AB 1966, S. 100.
281   AB 1967, S. 100.
282   AB 1968.
283   Siehe Anm. 231, S. 7.

in verschiedenen umweltrelevanten Bereichen wesentlich zu verstärken. Dabei konnte man auf sehr unterschiedlich weit gediehene Vorarbeiten aufbauen.

Zuoberst auf der Traktandenliste befand sich der Gewässerschutz. Hier waren die Probleme am dringlichsten, aber man konnte sie auch entschlossen anpacken, denn die Phasen der Bewusstwerdung und der Gesetzgebung waren hier schon durchlaufen. Beim Kehrichtproblem dagegen wurden zu Beginn der 60er Jahre erst gerade gesetzliche Grundlagen für staatliches Handeln geschaffen, und in bezug auf die technische Systemwahl herrschte noch keine Klarheit. Die grösste Aufmerksamkeit galt denn auch dem Bemühen, die bisher «wild» vor sich gehende Deponierung von Abfällen unter staatliche Kontrolle zu bekommen.

Gemeinsam war den Bereichen Gewässerschutz und Kehrichtentsorgung, dass fast ausschliesslich am hinteren Ende der Umweltbeeinträchtigung angesetzt wurde, d.h. dass man mit klassischen «End-of-pipe-Massnahmen» eingriff. Abfallvermeidung oder Reduktion der Schmutzstoffe an der Quelle waren noch kein Thema. Anders sah es im Bereich der Lufthygiene aus. Zwar befand man sich noch ganz am Anfang der staatlichen Bemühungen, doch war klar, dass man hier an der Quelle ansetzen musste, weil eine nachträgliche Reinigung der vergifteten Luft nicht in Frage kam. Angesichts der Dringlichkeit des Anliegens konnte man sogar eingreifen, bevor spezifische gesetzliche Grundlagen bestanden.

Das Wasserwirtschaftsamt, welches sich sowohl um den Gewässerschutz wie auch um die Kehrichtentsorgung zu kümmern hatte, musste in den 60er Jahren rasch ausgebaut werden, wie 1969 bemerkt wurde:

> «Heute ist es rückblickend einfach festzustellen, dass der Verlauf der Entwicklung im Jahre 1956 falsch eingeschätzt worden ist. Die explosionsartige Entwicklung des Kantons Basel-Landschaft […] hat alle Prognosen auf den Kopf gestellt. […] Die Zeit drängt! Für das Wasserwirtschaftsamt bedeutete dies, sofortige Umstellung des seinerzeit angenommenen Arbeitsprogrammes und gleichzeitige Bearbeitung aller dringenden Probleme wie Abwassersanierung, Abfallbeseitigung und Sicherstellung der Wasserversorgung. Um die beschriebenen Aufgaben gleichzeitig lösen zu können, musste mehr Personal eingestellt werden.»[284]

Charakteristisch für die Entwicklung der 60er Jahre ist, dass in allen Bereichen ein zunehmendes Bedürfnis nach regulierenden und korrigierenden Eingriffen bestand, dass man aber mit den entsprechenden Massnahmen immer weit hinter der sich rasch ausbreitenden

---

284   Siehe Anm. 269, S. 3.

Umweltbeeinträchtigung her hinkte, ohne sie je einholen zu können. Die gesamten Umweltschutzmassnahmen und -probleme waren in den 60er Jahren zwar noch kein sehr wichtiges Thema in der politischen Öffentlichkeit, doch fand eine zunehmende Sensibilisierung für diese Fragen statt, die sich stark von ihrer weitgehenden Vernachlässigung in den 50ern unterschied. «Der Schutz von Luft und Wasser ist heute zu einem Problem erster Ordnung geworden,» wurde schon 1964 in einer Interpellation im Landrat ausgeführt, die nach neuen Massnahmen verlangte.[285]

285   Interpellation Waldner vom 28.9.1964, (Vorlagen).

Kapitel 10
Aufbruch mit neuen Akzenten

Die frühen 70er Jahre stellten im Bereich der Raumplanungspolitik eine eigentliche Wendezeit dar. Plötzlich schien eine Schwelle erreicht zu sein, die man nicht mehr überschreiten wollte, und man griff deshalb verschiedentlich zu dringlichen Massnahmen. Nachdem lange das Wachstum das dominierende Thema der Planung dargestellt hatte, wandte man sich jetzt überall der Bewahrung des Bestehenden zu. Die Grenzen des Wachstums wurden zum vorherrschenden Thema. Eine ähnliche Entwicklung zeigte sich in der Umweltpolitik, die man erst jetzt als solche verstand. Auch hier verlangte man aus ganz verschiedenen Gründen eine Neuorientierung, und die Prioritäten wurden neu gesetzt.

10.1 Neue Ziele der Raumplanung

Im Bereich der Raumplanung ergab sich in den 70er Jahren eine äusserst dynamische und bewegte Entwicklung. Zu Beginn des Jahrzehntes kam es zu dringlichen Eingriffen, später dominierte die konzeptionelle Arbeit am regionalen Landschaftsplan. Zwischendurch fanden um die Frage des Baus von Grosseinkaufszentren politische Auseinandersetzungen statt, die zu einer restriktiven Lösung dieses Problems führten. Auffallend ist, wie sehr sich die entschlossene Raumplanungspolitik in Baselland von jener des Bundes unterschied, die nach einem Aufbruch angesichts wachsender Widerstände fast wieder zum Erliegen kam.

Bremsversuche gegen die Zersiedlung

Mit dem provisorischen Regionalplan Siedlung reagierte der Kanton Basel-Landschaft abrupt auf den immer grösseren Landverbrauch und zwang die Gemeinden zum Einstellen aller Baugebietserweiterungen. Auch der Bund griff in den frühen 70er Jahren zu dringlichen Massnahmen im Kampf gegen die Zersiedlung. Mit dem Scheitern des ersten Bundesgesetzes über die Raumplanung erhielten die

Planungsbemühungen auf Bundesebene allerdings in der zweiten Hälfte des Jahrzehntes einen spürbaren Dämpfer verpasst.

Der «Provisorische Regionalplan Siedlung»

Der Start der Regionalplanung im Kanton Basel-Landschaft wurde mit einer bemerkenswerten Massnahme eingeleitet, die praktisch dem Ziehen der Notbremse gleichkam. Ende 1969 beantragte die Regierung dem Landrat, die geltenden Baugebietsgrenzen aller Gemeinden des Kantons für fünf Jahre «einzufrieren». Er erachtete diese Massnahme wegen der vielen Gesuche zur Erweiterung der Bauzonen als dringlich: «Angesichts dieser von den Gemeinden – häufig auf Grund von privaten Bestrebungen – nachgesuchten Erweiterungen ist der Regierungsrat ernstlich um die Erhaltung wertvoller Land- und Forstwirtschaftsgebiete besorgt, die zugleich der Erholung dienen. Die heute geltenden Baugebiete sämtlicher Gemeinden weisen sehr grosse Kapazitätsreserven auf.»[286]
Diese Reserven würden, so führte der Regierungsrat weiter aus, für etwa das Zweieinhalbfache der aktuellen Bevölkerung Platz bieten. Eine Beeinträchtigung der Bautätigkeit sei also aufgrund eines Erweiterungsstops nicht zu befürchten. Hingegen würde eine Weiterführung der bisherigen unkontrollierten Baugebietserweiterungen ungünstige Präjudizien schaffen: «Die zukünftig zu erwartenden Baugebietserweiterungen könnten auch für die laufende Regionalplanung, die die Planung zusammenhängender Freiflächen und Erholungslandschaften einschliesst, aller Voraussicht nach neue erschwerende Voraussetzungen schaffen.»[287] Um diese Erschwerung der künftigen Planung zu verhindern, empfahl die Regierung den Erlass eines «Provisorischen Regionalplanes Siedlung» in Form der befristeten Fixierung der geltenden Baugebietsgrenzen.
Man könnte meinen, ein derart direkter Eingriff in die Entscheidungsfreiheit der Gemeinde hätte diese zu entschiedener Opposition provozieren müssen. Dies war nicht der Fall, was dafür spricht, dass das Problem der unkontrollierten Zersiedlung weiterum als solches erkannt worden war. Eine Vernehmlassung bei den Gemeinden ergab keine grösseren Widerstände gegen die Festlegung der Baugebietsgrenzen, wohl aber eine Reihe von Ausnahmebegehren. Auch die Kommission des Landrates liess sich von der Regierung überzeugen, dass hier ein Problem vorlag, dass dringliche Massnahmen nötig machte. Auf die im Ratsplenum geäusserte Kritik, der Erweiterungs-

286 Bericht RR betr. den Provisorischen Regionalplan Siedlung vom 23.12.1969, (Vorlagen).
287 Ebda.

stop stelle einen zu grossen Eingriff in die Gemeindeautonomie dar, antwortete Baudirektor Manz, die Gemeindebehörden könnten so vom grossen Druck der Bauinteressenten entlastet werden, dem sie sonst kaum gewachsen wären.[288] In dieser Argumentation war es also der Kanton, der die Gemeinden in ihrem eigenen Interesse vor einzelnen zu mächtigen Bewohnern zu schützen hatte. Der Landrat liess sich davon überzeugen und stimmte dem Bauzonenerweiterungsstop mit nur zwei Gegenstimmen zu.

Wie ist die plötzliche Einsicht in die Notwendigkeit eines Marschhaltes bei der Ausdehnung der Baugebiete zu erklären? Immerhin waren diese seit zwei Jahrzehnten laufend erweitert worden, ohne dass dies als grösseres Problem bezeichnet worden wäre. Zunächst handelte es sich wohl um die Einsicht der mit der längerfristigen Planung beschäftigten Beamten im Planungsamt, die sich dagegen wehrten, alle Optionen verbaut zu sehen, bevor sie mit der regionalplanerischen Arbeit richtig begonnen hatten. Erstaunlich ist, dass sie sich bei ihren vorgesetzten Stellen und bei den Politikern so einfach durchsetzen konnten. Denkbar ist dies nur vor dem Hintergrund einer besonderen Stimmungslage in der ganzen Bevölkerung. Weitherum bestand die Befürchtung, der anhaltende Bauboom werde das ganze Land überziehen, wenn nicht feste Grenzen gesetzt würden. «Unsere Aufgabe ist, zu halten, was noch vorhanden ist an Erholungsgebieten.»[289]

Im Rückblick wurde die Wirkung des provisorischen Siedlungsplanes positiv gewürdigt: «Der Beschluss verhinderte in zahlreichen Fällen Baugebietserweiterungen, die nur kommunalen Bedürfnissen gedient hätten, sich aber aus regionaler Betrachtungsweise als ungerechtfertigt erwiesen.»[290] Im Jahre 1975 wurde der «Provisorische Regionalplan Siedlung» auf Antrag der Regierung verlängert. Als weiteres Instrument wurde gleichzeitig die gesetzliche Möglichkeit zur Etappierung der Erschliessung bestehender Bauzonen geschaffen. Damit sollte eine Alternative zu den raumplanerisch erwünschten, aber infolge der Entschädigungsforderungen finanziell kaum realisierbaren Rückzonungen geschaffen werden.

Dringliche Eingriffe des Bundes

Auch auf Bundesebene wurde der Kampf gegen die Zersiedlung in den frühen 70er Jahren zu einem vordringlichen Anliegen, welches

288   BZ 16.6.1970. Interessant ist, dass eine ähnliche Argumentation bei der Beratung des Baugesetzes im Landrat nur von einer Minderheit geteilt worden war.
289   BN 5.3.1970.
290   Regionalplanung beider Basel 1977 «Regionalplan Landschaft», S. 12.

unter anderem auch im verschärften Gewässerschutzgesetz von 1970 zum Ausdruck kam.[291] Zwei Jahre nachdem der Kanton Basel-Landschaft die raumplanerische Notbremse gegen eine weitere Ausdehnung der Bauzonen gezogen hatte, wurden auf Bundesebene vergleichbare Massnahmen ergriffen. Da hier zwar verfassungsmässige, aber noch keine gesetzlichen Grundlagen bestanden und der Bundesrat die Beratung des Raumplanungsgesetzes nicht abwarten wollte, griff er zum Mittel eines dringlichen Bundesbeschlusses. Dass es so weit kommen konnte, ist nur vor dem Hintergrund einer starken Sensibilisierung von Öffentlichkeit und Behörden für das Problem der Raumplanung zu erklären. Im Rückblick wurde die Situation mit folgenden Worten beschrieben: «Die Siedlungs- und Bautätigkeit stand im Begriff, sich überallhin zu verbreiten, und die Schweiz lief dadurch Gefahr, beträchtliche Flächen landwirtschaftlichen Bodens unwiederbringlich zu verlieren und an ihrem landschaftlichen Gesicht schweren Schaden zu nehmen.»[292]

Das Parlament stimmte dem Bundesbeschluss über dringliche Massnahmen auf dem Gebiet der Raumplanung vom 17. März 1972 deutlich zu. Dieser verpflichtete die Kantone zur Ausscheidung provisorischer Schutzgebiete, deren Überbauung «aus Gründen des Landschaftsschutzes, zur Erhaltung ausreichender Erholungsräume oder zum Schutz vor Naturgewalten vorläufig einzuschränken oder zu verhindern» war.[293] Bezeichnend für die allgmein empfundene Dringlichkeit des Anliegens ist das rasche Tempo, mit dem die Bundesverwaltung die Vorlage durch die üblicherweise langwierigen Verfahren schleuste, sowie die Tatsache, dass der Nationalrat die Bestimmungen sogar noch verschärfte, indem er den Bund zur Ersatzvornahme der Massnahmen gegenüber säumigen Kantonen ermächtigte.[294]

Die Parallelität des Vorgehens der Behörden von Bund und Kanton Basel-Landschaft springt ins Auge. Aufgrund der in Baselland frühzeitig ergriffenen eigenen Massnahmen war der zusätzliche Handlungsbedarf als Folge des Bundesbeschlusses relativ klein. Indem der Regierungsrat das gesamte gemäss Baugesetz von den Gemeinden als Land- und Forstwirtschaftsgebiet eingezonte Gebiet als provisorisches Schutzgebiet bezeichnete, deckte sich dieses weitgehend mit den durch den «Provisorischen Regionalplan Siedlung» von der Baugebietsausdehnung geschützten Flächen.[295] In einigen Fällen konnten

291 Lendi/Elsasser 1986, S. 24.
292 Schürmann, S. 105ff.
293 Zitiert nach Schürmann, S. 109.
294 Année politique suisse 1972, S. 100.
295 Verordnung betreffend den Vollzug des Bundesbeschlusses über dringliche Massnahmen auf dem Gebiete der Raumplanung vom 6.2.1973, GS BL 25, S. 414.

die Planer aber dank der Bundeskompetenzen Ziele anvisieren, die
ihnen sonst kaum erreichbar gewesen wären: «Gleichzeitig wurde
begonnen, Fehlentscheide in einzelnen Ortsplanungen zu korrigieren, indem unüberbaute Teile des rechtskräftigen Baugebietes als
provisorische Schutzgebiete bezeichnet wurden. Diese Massnahme
gelangte besonders in Stadtnähe in Anwendung, wo anerkannte
Erholungsgebiete mit früheren Baugebietsabgrenzungen in Konflikt
stehen.»[296] Damit war in erster Linie der Fall Bottmingen angesprochen, wo ein grosser Teil des auf dem Bruderholz als Bauzone eingeteilten Areals als Schutzgebiet bezeichnet wurde.[297]
Die Übereinstimmung des Handelns in Bund und Kanton Basel-
Landschaft bestand auch darin, dass aufgrund der sachlichen Problemlage und der allgemeinen Stimmung sehr rasch ein politischer
Konsens für dringliche Massnahmen aufgrund provisorischer Pläne
gefunden werden konnte, ein Konsens, wie er in der normalen planerischen und legislatorischen Arbeit nur selten zustande kommt. Dies
kann am Beispiel des eidgenössischen Raumplanungsgesetzes eindrücklich gezeigt werden.

Scheitern des ersten Raumplanungsgesetzes

Die dringlichen Massnahmen des Jahres 1972 waren als Übergangs-
massnahmen bis zum Inkrafttreten des ersten Bundesgesetzes über
die Raumplanung gedacht. An der Ausarbeitung dieses Gesetzes
wurde in den frühen 70er Jahren gearbeitet, und über seine Notwendigkeit und Dringlichkeit schien ein allgemeiner Konsens zu herrschen. Die Raumplanungspolitik stellte in den frühen 70er Jahren auf
Bundesebene ein fast permanent diskutiertes Thema dar. Trotzdem
kam es nach dem allgemeinen politischen Aufschwung der Raumplanung zu einem überraschenden Absturz dieser Bemühungen auf
Bundesebene ab dem Jahr 1974.
Die Umsetzung der dringlichen Massnahmen von 1972 war nicht
überall so unproblematisch verlaufen wie im Kanton Basel-Landschaft, und in der Folge verstärkten sich die üblichen föderalistischen
Widerstände gegen jede Kompetenzverschiebung nach Bern. Zu diesen gesellte sich bei der Behandlung des Raumplanungsgesetzes noch
die Opposition der Landeigentümer, da im Gesetzesentwurf die
Möglichkeit der Mehrwertabschöpfung vorgesehen war. Obwohl das
Parlament diese Widerstände mit etlichen Konzessionen zu entschärfen suchte, resultierte ein griffiges Gesetz, das dem Bund erstmals die

296   Regionalplanung beider Basel 1977, S. 14.
297   Vgl. Karte in: Regionalplanung beider Basel 1973, «Provisorische Schutzgebiete».

Möglichkeit gegeben hätte, mit ordentlichem Recht auf dem Gebiet der Raumplanung tätig zu werden. Doch dafür war es offensichtlich bereits zu spät.

Das Referendum wurde ergriffen, und in der Volksabstimmung von 1976 wurde das Gesetz ein Opfer des Stimmungsumschwunges, der in der Schweizer Politik in den mittleren 70er Jahren einsetzte. Zwar reichte es beinahe für eine Volksmehrheit, doch die Phalanx der ablehnenden Kantone war erdrückend. Zu den lediglich fünf annehmenden «Ständen» gehörten die beiden Basel, wo das Gesetz eine gute Annahme fand; in Baselland fast im Verhältnis 2:1, in der Stadt noch deutlicher.[298] Da die Notwendigkeit eines Bundesgesetzes auch nach der Ablehnung weitgehend unbestritten blieb, war es möglich, in verhältnismässig kurzer Zeit eine neue, um die strittigen Punkte «erleichterte» Gesetzesvariante zu erarbeiten, und 1980 konnte das erste Raumplanungsgesetz des Bundes in Kraft treten. Dieses stellte trotz seiner Abschwächung noch einen grossen Fortschritt dar und hatte auch für die Praxis in den raumplanerisch weiter fortgeschrittenen Kantonen Folgen. So schrieb das basellandschaftliche Planungsamt vor der Inkraftsetzung des neuen Bundesgesetzes: «Die Forderung im RPG, in den Nutzungsplänen (Zonenplänen) die Bauzonen nur so gross auszuscheiden, wie sie u.a. voraussichtlich innert 15 Jahren benötigt und erschlossen werden, stellt eine äusserst aktuelle und direkt wirksame Bestimmung dar. Bildet sie doch eine klare Rechtsgrundlage zur sog. Etappierung und Auszonung von zu gross ausgeschiedenem Baugebiet und verpflichtet die Gemeinden, spätestens bis zum 1.1.1988 die jeweils erforderlichen Massnahmen zu erlassen.»[299]

Erfolgreiche Landschaftsplanung

Als erster der grossen Regionalpläne wurde in den 70er Jahren im Kanton Basel-Landschaft die Landschaftsplanung angepackt. Trotz anfänglichen Widerständen und einigen Verzögerungen kam das Projekt bis zum Ende des Jahrzehntes zu einem erfolgreichen Abschluss.

Schutz und Bewahrung stehen im Vordergrund

Nachdem die ganzen 60er Jahre viel von der Notwendigkeit einer Regionalplanung gesprochen worden war, bestanden seit der Inkraft-

298 BZ 14.6.1976.
299 AB 1979, S. 63.

setzung des neuen Baugesetzes im Jahre 1968 die gesetzlichen
Grundlagen dafür. Anfangs der 70er Jahre hegte man noch optimistische Erwartungen über den Zeithorizont, in welchem die verschiedenen Regionalplanungen vorankommen würden: «Es besteht die
Absicht, ungefähr jedes Jahr einen Plan vorzulegen, so dass die
Arbeit bei Ablaufen der Baugebietssperre beendet ist.»[300] Diese Vorstellungen mussten zwar beträchtlich revidiert werden – der Siedlungsplan ist heute noch nicht in Kraft –, doch mit dem Landschaftsplan[301] als erstem der im Gesetz vorgesehenen Regionalpläne kam die
kantonale Planung noch in den 70er Jahren einen wichtigen Schritt
voran.
In den frühen 70er Jahren stand in Politik und Öffentlichkeit das Ziel
der Bewahrung des Bestehenden eindeutig im Vordergrund, wenn
von Raumplanung die Rede war. Dem entsprach, dass der Landschaftsplan als erster der grossen Regionalpläne angepackt wurde.
Damit setzte die Planung den Hauptakzent neu beim Nicht-Bauge-
biet, nachdem bisher vorwiegend die Ordnung innerhalb des Baugebietes interessiert hatte. Der Schutzgedanke stand beim Regionalplan
Landschaft im Vordergrund, er befasste sich, «mit den natürlichen
Gegebenheiten, welche – einmal zerstört – für die heutigen und
zukünftigen Bewohner endgültig verloren sind oder nur zu einem
geringen Teil mit erheblichem Aufwand saniert werden können.»[302]
Als Landschaftsziel wurde im Regionalplan neben der Bewahrung
der Landwirtschaft insbesondere die Erhaltung der grünen Höhen-
rücken und Talflanken genannt.
Zur Bewahrung der Landschaft kamen in diesem Regionalplan drei
verschiedene Schutzgrade zur Anwendung, mit welchen die einzelnen Flächen als Naturschutzgebiet, Landschaftsschutzgebiet oder als
Landschaftsschongebiet bezeichnet wurden. Daneben wurden verschiedene Kategorien von Erholungsgebieten definiert, wobei insbesondere das Intensiverholungsgebiet umstritten war. Die sozialdemokratische Seite kritisierte erfolglos, die damit verbundene
«industrialisierte» Form sportlicher Betätigung stelle eine faktische
Erweiterung der Bauzonen dar und müsse innerhalb derselben angesiedelt werden.[303]

300   BN 5.3.1970.
301   Genau genommen handelte es sich dabei um zwei verschiedene Pläne, einen Regional-
      plan Landschaft beider Basel und einen Regionalplan Landschaft des Kantons Basel-
      Landschaft, wobei nur letzterer rechtswirksam ist. Da die beiden Pläne inhaltlich über-
      einstimmen, wird hier nur vom Regionalplan Landschaft gesprochen.
302   Siehe Anm. 290, S. 4.
303   BAZ 1.6.1978.

Anfängliche Widerstände

Zunächst glaubten verschiedene Politiker, gerade ihre Gemeinde erleide besondere Beschränkungen durch den Landschaftsplan.[304] Zu den meisten Widerständen Anlass gab aber die mit dem neuen Regionalplan verbundene Kompetenzverschiebung von den Gemeinden zum Kanton. In den Grundzügen war diese zwar schon im Baugesetz angelegt worden, doch jetzt wurde die Sache konkret. Allerdings konnten viele der in der ersten Vernehmlassung in den frühen 70er Jahren von den Gemeinden geäusserten Befürchtungen – sie betrafen häufig die künftige Nutzung der Gemeindewälder[305] – beschwichtigt werden, da sie auf mangelnder Information beruhten. Die besondere Rolle eines nur behördenverbindlichen Regionalplanes, der keine direkte Rechtsverbindlichkeit für den einzelnen Grundeigentümer besitzt, musste zuerst verstanden werden. Die Kommission des Landrates vergrösserte den Spielraum der Gemeinden, da sie der Ansicht war, «dass die Kompetenzabgrenzung zwischen Kanton und Gemeinden den am meisten umstrittenen Bereich dieser Vorlage darstellt».[306] Die Durchsetzung der kantonalen Schutzbestimmungen stellte sie aber nicht in Frage.

Nach der ersten Vernehmlassung und der Überarbeitung des Entwurfes durch einen Fachausschuss dauerte es bis 1976, bis der Antrag des Regierungsrates – gleichzeitig mit jenem in Basel-Stadt – vorlag. Dann ergab sich aber bereits die nächste Verzögerung. Nach der Ablehnung des eidgenössischen Raumplanungsgesetzes «schien es der damaligen Kommission vorteilhafter, die weiteren Schritte in dieser Sache auf Bundesebene abzuwarten».[307] Sie wollte vermeiden, dass der Regionalplan aufgrund allfälliger Unvereinbarkeiten mit dem Bundesrecht schon bald wieder überarbeitet werden musste. Erst als absehbar wurde, dass ein zweiter Anlauf für ein Bundesgesetz nach Ausklammerung der strittigen Punkte rasch vorankommen würde, ging es auch im Kanton Basel-Landschaft mit der Regionalplanung wieder vorwärts. Am 23. Oktober 1980 hiess der Landrat schliesslich die Verordnung über den Regionalplan Landschaft ohne viel Opposition gut, womit dieser in Kraft treten konnte.

---

304 «Es kann nicht Sache Allschwils sein, auf eigene Kosten für die ganze Agglomeration ein ausgedehntes Erholungsgebiet zu schaffen.» BN 22.11.1972.
305 Vgl. Epple 1977, S. 180.
306 Bericht LR-Bau- und Planungskommission betr. Regionalplan Landschaft vom 1.9.1980, (Vorlagen).
307 Ebda.

Reduktion der Baugebiete anvisiert

Eines der wichtigsten konkreten Ziele des Regionalplanes Landschaft stellte die Bewahrung der natürlichen Landschaft durch Fixierung der Baugebietsgrenzen dar, wobei auch einzelne Rückzonungen
anvisiert wurden. Mit dem Landschaftsplan wurden also die Ziele des
«Provisorischen Regionalplanes Siedlung» in die ordentliche Planung übernommen und verbindlich geregelt. Erleichtert wurde dies,
weil man nicht nur erkannt hatte, dass die bestehenden Baugebiete
sehr grosse Reserven beinhalteten, sondern ab Mitte der 70er Jahre
auch die Trendwende der Bevölkerungsentwicklung unübersehbar
wurde. Die im Regionalplan angelegten Rückzonungen entsprachen
den bereits kraft des dringlichen Bundesbeschlusses getroffenen
Massnahmen. Gegenüber der in den 70er Jahren oft geäusserten
Ansicht, die Raumplanung sei zwar gut gemeint, sie komme aber zu
spät, betonte die vorberatende Landratskommission: «Die Massnahmen kommen nicht zu spät. Die ungebrochene Nachfrage nach Bauland und das anhaltende Interesse nach Erholungseinrichtungen lassen eine weitere Verarmung unserer Landschaft erwarten, falls keine
Massnahmen dagegen ergriffen werden.»[308]
Mit dem Regionalplan Landschaft glückte dem Kanton Basel-Landschaft ein grosser Wurf. Weit davon entfernt, lediglich eine planerische Pflichtübung darzustellen, zeugte er vom Willen, in die Entwicklung einzugreifen und der andauernden Zerstörung von Natur-
und Erholungslandschaften Einhalt zu gebieten. Dass dies zustande
kam, ist der Überlagerung verschiedener Entwicklungen zu verdan-
ken. Die Anfänge der Landschaftsplanung reichten einerseits in die
Zeit der «Planungseuphorie» – wie die späten 60er im Rückblick bald
bezeichnet wurden – und der damit verbundenen Aufbruchstimmung zurück. Andererseits sorgte das in den 70er Jahren verbreitete
Bedürfnis nach Bewahrung dafür, dass dieses Ziel in der Planung
auch wirklich berücksichtigt wurde und im Prozess der politischen
Aushandlung nicht verlorenging. Der Einbruch der Wirtschaftskrise
schliesslich wurde nicht als Anlass genommen, die Übung abzubrechen, sondern der vorübergehend reduzierte Druck auf die Landschaft konnte vielmehr zur Festlegung klarer Grenzen für die
Bautätigkeit genutzt werden.

308   Ebda.

Der Kampf um den Bau von Grosseinkaufszentren

Neben der eigentlichen Planungspolitik wurde im Kanton Basel-
Landschaft in den 70er Jahren auf einer anderen Arena ein raumord-
nungspolitisch wichtiger Kampf ausgetragen. Es ging um die Frage
der Zulassung von grossen Shopping Centers und damit um ein Problem, welches die Öffentlichkeit stark bewegte und viele Emotionen
weckte. Die kantonale Politik reagierte auf diese Situation sehr
schnell, und bereits in der Mitte des Jahrzehntes fiel eine Entscheidung, welche die räumliche Entwicklung wesentlich mitprägen
sollte. Doch für das Verständnis des Kampfes um das Einkaufszentrum Hülftenschanz lohnt sich ein kurzer Blick auf die Vorgeschichte.

Aufschwung für Shopping Centers

«Das ‹Shopping Center› drängt nach Europa» hatten die «Basler
Nachrichten» schon 1957 getitelt, und vier Jahre später registrierte
eine andere Zeitung, «dass an allen Ecken und Enden unseres Landes
von Shopping Centers gesprochen wird».[309] In den sechziger Jahren
war zwar tatsächlich viel über den Bau von grossen Einkaufszentren
auch in der Schweiz gesprochen worden, gebaut wurden aber noch
keine. In der Region Basel war insbesondere der Bau eines Shopping
Centers auf dem Dreispitz-Areal in Münchenstein im Gespräch, und
es wurden dafür erste Pläne erstellt. «Dort bietet ein Areal von rund
zwölf Hektaren eine der letzten Gelegenheiten, ein richtiges Einkaufszentrum im Raum von Basel zu realisieren.»[310] In der Gemeinde Münchenstein scheint sich nach anfänglich nur mässigem
Interesse plötzlich Widerstand gegen das Projekt geregt zu haben,
und die nötige Zonenplanänderung kam schliesslich nicht zustande.[311]
1970 eröffnete das erste «richtige» schweizerische Shopping Center
im Limmattal seine Parkplätze, die bald dauernd besetzt waren. Der
kommerzielle Erfolg von «Spreitenbach» beflügelte in der ganzen
Eidgenossenschaft die Phantasie der Planer von Einkaufszentren, so
dass die zahlreich vorhandenen Projekte beschleunigt vorangetrieben
wurden.[312] Die frühen 70er Jahre stellten die eigentlichen Take-off-
Phase des Shopping Centers in der Schweiz dar – fast gleichzeitig

309 BN 25.7.1957 und: Tat 4.4.1963.
310 BN 10.6.1964. Vgl. dazu ausserdem: NZ 24.6.1965 und 13.3.1966, BZ 11.6.1965, BN
8.12.1964 und 26.10.1964.
311 Vgl. Winkler Justin, S. 168.
312 NZ 3.8.1972.

entfalteten sich aber grosse politische Widerstände gegen diese Entwicklung.

Die Pläne für ein Grosseinkaufszentrum auf dem Gebiet der Gemeinde Frenkendorf bei der Hülftenschanz wurden 1972 veröffentlicht. Sie waren, ganz dem Geist der Hochkonjunktur verpflichtet, in ihrem Ausmass keineswegs bescheiden. Die Bauherrschaft ging davon aus, in einer ersten Etappe mit 30000 Quadratmetern mehr Einkaufsfläche zu schaffen als in Spreitenbach. In einer zweiten Etappe sollte die Verkaufsfläche dann gleich verdoppelt werden. Letzteres war allerdings der kantonalen Baudirektion doch zuviel des Guten, nur schon weil absehbar war, dass die Verkehrserschliessung durch die kantonale Autobahn T 2 nicht rechtzeitig gewährleistet werden konnte.[313] Die Dimensionen, in denen sich die Planung bewegte, scheinen im Rückblick auch in kommerzieller Hinsicht reichlich übertrieben, selbst wenn man vom damals noch prognostizierten Bevölkerungswachstum der Region ausgeht. Dem Projekt für die erste Etappe stimmten im Sommer 1972 aber nach der Baudirektion auch die betroffenen Gemeinden Frenkendorf und Füllinsdorf zu, wobei sich ihr Interesse an der Angelegenheit zu diesem Zeitpunkt noch in Grenzen hielt.[314]

Eine breite Oppositions-Allianz

Kurz darauf bildete sich in Frenkendorf «eine Art Bürgerinitiative»,[315] die sich gegen die Pläne für das Gross-Einkaufszentrum und gegen die positive Haltung des Gemeinderates diesem gegenüber zur Wehr setzte. Der sozialdemokratische Landrat Urs Burkhart trug dieses Anliegen mit einer Interpellation ins Parlament und stellte dem Regierungsrat eine ganze Reihe kritischer Fragen.[316] In seiner Antwort liess Baudirektor Manz erkennen, dass er Verständnis für einige der Bedenken hatte. Er betonte aber, dass vor einer Realisierung des Projektes «Hülftenschanz» noch Abklärungen nötig und noch einige Hürden zu nehmen seien.[317] In der anschliessenden Diskussion im Landrat wurde bereits deutlich, dass die kritische Haltung dem Einkaufzentrum gegenüber in fast allen politischen Lagern Vertreter hatte.

Die Debatte um Sinn und Unsinn von Grosseinkaufszentren wurde aber nicht nur im Parlament geführt. Vom grossen Interesse, das eine

---

313   NZ 9.8.1972.
314   NZ 14.10.1972.
315   Burkhart 1986, S. 209.
316   Interpellation Burkhart vom 16.10.1972, (Vorlagen).
317   BZ 22.12.1972.

breite Öffentlichkeit dieser Frage entgegenbrachte, zeugen zahlreichen Zeitungsartikel und Leserbriefe, die im Winter 1972/73 publiziert wurden. Die allermeisten davon äusserten sich kritisch zum Hülftenschanz-Projekt, welches in der Öffentlichkeit nur wenig Unterstützung zu finden schien. Den Auftakt dazu bildete ein grösserer Artikel im Spätherbst 1972 in der «Basellandschaftlichen», in dem sich bereits alle Argumente finden, die gegen das Shopping Center ins Feld geführt wurden. Das wichtigste davon stellte neben den Dimensionen des Projektes zweifellos die Konkurrenz zwischen den bestehenden Ortszentren und dem neuen Shopping-Center dar:

> «Gegen den Bau eines solchen Centers spricht die damit unzweifelhaft verbundene zusätzliche Verödung der Orts- und Quartierkerne. Viele Gemeinden und die rasch wachsenden Aussenquartiere der Vororte sind mit wirtschaftlichen und kulturellen Funktionen ohnehin weit unterdotiert. Der Boden dazu darf ihnen deshalb nicht gänzlich entzogen werden. Mit viel Aufwand und Geld haben einige Gemeinden in den letzten Jahren den Ortskernen wieder Bedeutung zurückzugeben versucht. Diese Arbeit würde durch den Bau solcher Mammut-Centres nachträglich wieder ernsthaft in Frage gestellt.»[318]

Neben der Kritik von der linken Seite wandte sich insbesondere das lokale Gewerbe gegen das Grossprojekt, von dem es sich verständlicherweise bedroht sah. Dabei wurden häufig die Vorteile der bestehenden Ortskerne beschworen, aber auch neue Ideen zu deren attraktiveren Gestaltung entwickelt. So setzte sich ein Vertreter des Liestaler Gewerbes für eine autofreie Altstadt als Gegenprojekt ein: «Die Atmosphäre der ruhigen und schönen Altstadt gewänne für den zu Fuss einkaufenden Kunden eine besondere, in der Hetze unserer Gegenwart geschätzte Attraktivität, die mit dem geschäftigen Treiben in einem überfüllten, supermodernen Shopping-Center sehr vorteilhaft kontrastiert.»[319]
Die Betonung der Bedeutung der Ortszentren muss vor dem Hintergrund der gestiegenen Wertschätzung der Altstädte und Ortskerne gesehen werden, die in den frühen 70er Jahren zum Ausdruck kam. Hatte man noch in den 60er Jahren die Dorfzentren vor allem einmal aus- und umbauen wollen, so wurde nun die Erhaltung der bestehenden Gebäude und Ortsbilder zu einem wichtigen Anliegen. Diese Entwicklung wurde vom kantonalen Denkmalpfleger ab 1970 immer wieder mit Erstaunen, aber auch mit Zustimmung registriert: «Die Nachfrage nach historischen Gebäuden [...] hat unter dem Einfluss der Nostalgie und einem Umdenken der Bevölkerung nach der

---

318 Urs Burkhart in der BZ vom 25.11.1972.
319 BZ 24.2.1973.

Wachstumseuphorie zugenommen, so dass die erhaltenswerten Gebäude in der Regel weniger gefährdet sind.»[320] Ihren Höhepunkt fand die Bewegung im Jahre 1975, das zum Europäischen Jahr für Denkmalpflege und Heimatschutz erklärt worden war.
Die Waagschale neigte sich immer stärker auf die Seite der Gegner des Hülftenschanz-Projektes. Sowohl Ökonomen wie Raumplaner kamen zu negativen Beurteilungen des Projektes, erstere, weil sie ein Überangebot an Ladenfläche befürchteten,[321] letztere, weil sie generell gegen Grosseinkaufszentren auf der «grünen Wiese» waren.[322] Anfang 1974 gewannen die Gegner des Einkaufszentrums auch in Frenkendorf die Überhand, und die Gemeinde stellte sich fortan gegen das Projekt.
Die Propaganda der Initianten des Projektes wirkte dagegen dilettantisch und defensiv. So waren in einer Werbebroschüre die wenig überzeugenden Beschwörungen zu lesen: «Das Einkaufszentrum wird auf die Umwelt Rücksicht nehmen. Weil es nicht zu gross ist und weil die ‹Blechlawinen› in gedeckten Parkgeschossen versorgt werden. […] Dorf- und Stadtzentren werden wieder atmen können. Sie werden wieder wohnlicher sein und ihre kulturelle und soziale Funktion besser erfüllen.»[323]

Eine restriktive Regelung für Einkaufszentren

Im November 1974 liess die Regierung den Landräten ein Paket bemerkenswerter Anträge zukommen. Sie erklärte sich darin tief besorgt über die allgemeine Entwicklung auf dem Gebiet der Raumordnung, insbesondere über die schnell zunehmende Trennung von Wohn- und Arbeitsorten und die wachsenden Pendlerströme. Zur Brechung dieses Trends, so erklärte der Regierungsrat, seien Sofortmassnahmen erforderlich: «Er geht dabei von der festen Überzeugung aus, dass es je länger je weniger erträglich ist, dass politische Entscheide und öffentliche Finanzen durch die privaten Investitionen zwangsweise diktiert werden. Der Regierungsrat ist kein grundsätzlicher Gegner des Wachstums, dieses aber in geordneten Bahnen zu halten, ist unter zahlreichen Aspekten seine Pflicht.»[324] Zu diesen Sofortmassnahmen gehörte neben der Verlängerung des provisorischen Regionalplanes Siedlung in erster Linie ein neues

---

320   AB 1973, S. 67.
321   Frey 1973.
322   Vgl. Wienke 1974. Zu einer Tagung der Vereinigung für Landesplanung zum Thema Einkaufszentren: NZZ 27.4.1974.
323   Informationskommission der Initianten 1973.
324   Bericht RR betr. Massnahmen zum Provisorischen Regionalplan Siedlung vom 12.11.1974, (Vorlagen).

«Verfahren bei der Schaffung neuer Verkaufsflächen», welches praktisch einem Verbot grosser Einkaufszentren gleichkam. Die Neuschaffung oder Erweiterung von Verkaufsflächen über 1000 Quadratmeter sollte künftig nur aufgrund einer rechtskräftigen Quartierplanung bewilligt werden dürfen. Einkaufszentren mit mehr als 8000 Quadratmeter Nettoverkaufsfläche sollten überhaupt nicht mehr zugelassen werden.

Dies stellte eine unzweideutige Stellungnahme zum Fall Hülftenschanze dar, einem Projekt, dessen Grösse diese Grenze um ein Mehrfaches übertraf. Die Regierung begründete ihren Antrag allerdings moderater: «Damit entspricht der Regierungsrat nicht nur drei Postulaten aus dem Landrat, sondern dokumentiert den Willen, nicht grundsätzlich Einkaufszentren zu verbieten, sondern mit allen Mitteln ihre Einordnung in das Besiedlungs- und Zentrenkonzept der Region zu gewährleisten.»[325] Zu diesem «Zentrenkonzept», dies stellte die Regierung klar, gehörte die Erhaltung und Förderung der bestehenden Ortszentren. «Die Grösse einer Verkaufseinheit hat sich nach der Funktion des Zentrums zu richten, innerhalb dem sie erstellt werden soll.»[326]

Trotz einiger Bedenken hinsichtlich der Handels- und Gewerbefreiheit stimmte der Landrat dem Antrag grossmehrheitlich zu, ebenso wie den beiden anderen, welche die Regierung zusammen als «Massnahmen zum provisorischen Regionalplan Siedlung» präsentiert hatte. Energische Opposition gegen die neuen Restriktionen für Einkaufszentren war lediglich von Seiten des Landesrings zu hören.

Nicht nur das Projekt Hülftenschanze wurde mit der neuen Regelung verhindert, sondern auch ein ähnliches Projekt in Reinach, welches politisch im Windschatten des Frenkendorfer Vorhabens gestanden hatte. Bereits seit den ausgehenden 60er Jahren hatte ein Konsortium den Bau eines Shopping Centers beim Reinacher Sternenhof geplant, und die Gemeinde wie der Kanton hatten sich 1970 positiv dazu geäussert. Aber auch hier schlug die Stimmung rasch um, und 1973 erliess die Gemeinde neue restriktive Zonenvorschriften mit dem Ziel, den Bau des Einkaufszentrums zu verhindern.[327] Als 1975 auch auf kantonaler Ebene einschränkende Bestimmungen erlassen wurden, beerdigte die Bauherrschaft ihre Reinacher Pläne, und das Konsortium löste sich auf.

Die restriktive Regelung der Bewilligung neuer Einkaufszentren diente keineswegs dazu, jede Form neuer Einkaufszentren zu verhin-

---

325 Ebda.
326 LRB über das Verfahren bei Schaffung neuer Verkaufsflächen vom 13.3.1975, GS BL 25, S. 791ff.
327 Winkler Justin, S. 170.

dern. Ihr Zweck bestand primär darin, ihre raumplanerische Integration sicherzustellen – und damit in erster Linie das Aufkommen jener weitab bestehender Ortszentren und fern jeder öffentlichen Verkehrserschliessung gelegenen Grosszentren zu unterdrücken.

Ein Beispiel für ein Ladenzentrum, wie es auch mit dieser Regelung noch möglich war, ist das Einkaufszentrum «Gartenstadt», welches als Teil der Überbauung Stöckacker in Münchenstein erbaut wurde. Die Planung dieses «integrierten» Zentrums entstand als Alternative zum abgelehnten Projekt eines grossen Shopping Centers in der Langen Heid beim Dreispitzareal. 1970 kam ein Prognos-Gutachten zum Schluss, ein solches lokales Zentrum würde auch vom damals noch geplanten Reinacherhof nicht wesentlich konkurriert, da in Münchenstein noch eine erhebliche Unterversorgung bestünde.[328] In der längeren Planungsgeschichte des neuen Einkaufszentrums wurde dessen Ladenfläche schliesslich 1978 auf die eben noch zugelassenen 7500 Quadratmeter erhöht.[329] 1983 wurde das neue Zentrum eröffnet und hat sich seither zu einem beliebten Quartierzentrum entwickelt.[330]

Erneutes Scheitern eines Projektes in Arlesheim

Die Aufgabe der beiden Projekte im Jahre 1975 mochte dadurch erleichtert worden sein, dass die Rezession in der Schweiz bei manchem neu eröffneten Einkaufszentrum zu einem schwierigen Start führte und jedenfalls die allzu optimistischen Planungen zunichte machte. Gleichzeitig wurden in verschiedenen Kantonen einschränkende Bestimmungen für den Bau neuer Shopping Centers erlassen.[331] Bereits 1977 wurde aber in der Wirtschaftspresse vermeldet «Einkaufszentren legen Rezessionsschatten ab»,[332] und prompt wurde auch im Baselbiet ein neues Projekt lanciert.

Nachdem das Sternenhof-Projekt gescheitert war, an dem sich die Migros beteiligt hatte, lancierte dieser Detailhandelskonzern ein eigenes Vorhaben im benachbarten Arlesheim. Auf dem Areal der ehemaligen Schappe-Fabrik sollte ein Einkaufszentrum entstehen, das mit 13 000 Quadratmetern Verkaufsfläche zwar deutlich bescheidener dimensioniert war als frühere Projekte, aber dennoch die

328 Ökonomische Grundlagen zur Planung des Einkaufszentrums «Stöckacker» in Münchenstein BL, Untersuchung im Auftrag der Mobag AG Basel, Nov. 1970. AOR Münchenstein.
329 Prüfungsbericht Planungsamt betr. Einkaufszentrum Stöckacker vom 17.4.1978. AOR Münchenstein.
330 Ramseier 1995, S. 319.
331 NZ 21.4.1975.
332 Finanz und Wirtschaft 13.8.1977.

erlaubte Limite von 8000 klar übertraf. Um bauen zu können, musste also entweder der Landratsbeschluss von 1975 geändert oder dann zumindest eine Ausnahmeregelung gefunden werden. Beides war in dem durch den Wirtschaftseinbruch geprägten Klima der späten 70er Jahre nicht unwahrscheinlich, und es gab starke Kräfte, die eine Revision der kantonalen Politik in diesem Bereich anstrebten. Davon zeugt die von der kantonalen Baudirektion, deren Vorsteher unterdessen gewechselt hatte, organisierte Tagung «Einkaufszentren in Baselland – wo und wie gross?» vom 12. September 1979 in Muttenz.[333]

Entscheidend dafür, dass auch die Migros mit dem Schappe-Projekt eine Schlappe erlitt, war der grosse Widerstand der betroffenen Gemeinde. Arlesheim holte zunächst beim ORL-Institut der ETH Zürich ein Gutachten zum Projekt ein, dass zu einer klar negativen Empfehlung kam – was angesichts der ablehnenden Haltung der Raumplaner gegenüber Grosseinkaufszentren auch nicht erstaunt. Darauf erliess die Gemeinde 1980 nach heftigen Diskussionen eine Bausperre für das Schappe-Gelände. Diese wurde von der Bauherrschaft auf dem Rechtsweg angefochten, und die Entscheidung fiel erst mit dem Bundesgerichtsentscheid von 1984, der die Rechtmässigkeit der Massnahme bestätigte.[334] Damit hat sich die im Kanton Basel-Landschaft eingeleitete Politik der Verhinderung von grossen Einkaufszentren auch in den auf die Krise folgenden Jahren behaupten können; eine Politik, durch welche die weitere Entwicklung der Raumordnung in der ganzen Nordwestschweiz in diesem Bereich wesentlich geprägt wurde.

Raumplanungspolitik im Zeichen der Bewahrung

Die dynamischen Entwicklungen in der Baselbieter Raumplanungspolitik der 70er Jahre mündeten gegen Ende des Jahrzehntes in eine explizite Bestimmung der globalen «Ziele der Raumordnung». Vor dem Hintergrund dieser Ziele soll die Entwicklung dieser Politik kommentiert werden.

Signal für Bremsaktion

In historischer Perspektive liegt die Bedeutung der Verabschiedung des «Provisorischen Regionalplans Siedlung» zu Beginn der 70er Jahre in erster Linie in ihrem Signalcharakter. Nach Jahrzehnten der

333   Regionalplanung beider Basel 1980 «Einkaufszentren».
334   Winkler Justin, S. 170f.

stetigen Ausweitung der überbauten Flächen wurde diese Entwicklung zum ersten Mal zu stoppen versucht. In der Diskussion um raumplanerische Massnahmen nahm in den 70er Jahren das Motiv der Bewahrung des Vorhandenen eine zentrale Stellung ein. Nach Jahrzehnten ungestümen Wachstums wuchs das Bewusstsein dafür, dass der Lebensraum beschränkt und dass einmal zerstörte Qualitäten der natürlichen wie auch der gebauten Umwelt nicht wieder herzustellen sind. «Der Entwicklungskanton Basel-Land sieht nun allmählich, welche Wunden die stürmische Entwicklung der Bautätigkeit in seine Landschaften und Siedlungen geschlagen hat. Der Weg zurück ist mühsam, aber in der Zeit der Rezession eher möglich.»[335]

Der Ausdehnungsstop für die Bauzonen trug dieser neuen Zielsetzung in einem verhältnismässig frühen Zeitpunkt Rechnung, und mit dem Regionalplan Landschaft erfuhr die kantonale Raumplanungspolitik in der zweiten Hälfte des Jahrzehntes eine konsequente Weiterentwicklung. Dabei wurden die Planungsinstanzen des Kantons gegenüber den widerstrebenden Gemeinden deutlich gestärkt. Die basellandschaftliche Politik unterschied sich darin markant von der Entwicklung auf Bundesebene, wo der raumplanerische Elan in der zweiten Hälfte des Jahrzehntes viel an Schwung verlor. Die Rolle des Bundes in der Raumplanungspolitik blieb in den 70er Jahren in Baselland eher beschränkt, da der Kanton in den meisten Fällen den Massnahmen des Bundes zeitlich voraus war, mit denen dieser vor allem jene Kantone anzutreiben versuchte, die bisher kaum eine eigene Planungspolitik betrieben. Aus diesen Kantonen vor allem des Berggebietes kam deshalb auch ein Grossteil jener Opposition, die das erste Raumplanungsgesetz des Bundes scheitern liess.

Einkaufszentren als Symbole

Auch beim Widerstand gegen den Bau von Grosseinkaufszentren hat das Motiv der Bewahrung eine wichtige Rolle gespielt. Das überdimensionierte Hülftenschanz-Projekt drohte die Ortszentren in einem weiten Umkreis veröden zu lassen. Da sich aber gerade die architektonisch noch intakten Ortszentren, wie etwa die Liestaler Altstadt, zu dieser Zeit einer wachsenden Wertschätzung erfreuten, konnte sich rasch eine heterogene Oppositionsallianz gegen Einkaufszentren bilden. Diese repräsentierten die totale «Amerikanisierung», auf die sich die Gesellschaft hinzuentwickeln schien und

335   AB 1975, S. 68.

anerboten sich dadurch als Objekte einer Gesellschaftskritik von progressiver wie von konservativer Seite.

Dass es zudem noch eine baselstädtische Bauherrschaft war, die sich an einem symbolträchtigen Ort anschickte, dem einheimischen Gewerbe das Wasser abzugraben, trug zur allgemeinen Ablehnung bei, auf die das Projekt bald stiess. Im Kampf gegen das «Hülften-Shopping» kam es zudem zu einem Zusammenwirken des Widerstandes von unten in Form einer Bürgerinitiative und von institutioneller Politik von Regierung und Parlament. Dem breiten Widerstand gegen die Einkaufszentren vermochte sich nach anfänglichem Zögern auch die Regierung nicht zu entziehen. Sie hielt in ihrem Regierungsprogramm fest: «Riesenzentren vermögen wohl den privatwirtschaftlichen Gewinn der Unternehmer zu maximieren, verursachen jedoch im umfassendsten Sinne äusserst hohe volkswirtschaftliche und soziale Kosten.»[336]

Das Instrumentarium, mit welchem der Bau von Grosseinkaufszentren im Kanton Basel-Landschaft schliesslich unterbunden wurde, entstammte dem Bau- und Planungsrecht, was kein Zufall war, denn die Raumplaner hatten auch die überzeugendsten und konsequentesten Begründungen für diesen Eingriff in die Handels- und Gewerbefreiheit geliefert.

Raumordnungspolitische Perspektiven um 1980

In den frühen 70er Jahren wurde verschiedentlich versucht, allgemeine Ziele für die räumliche und siedlungsmässige Entwicklung des Landes zu formulieren. Anlass dazu war 1972 die Veröffentlichung der «Landesplanerischen Leitbilder», die das Institut für Orts-, Regional- und Landesplanung der ETH Zürich im Auftrag des Bundesrates erarbeitet hatte. Die Leitbilder öffneten den Fächer möglicher räumlicher Entwicklungen und zeigten neben dem Trend «ungelenkte Besiedlung» neun verschiedene Varianten von siedlungsmässiger Konzentration oder Dispersion. Erstmals seit dem Zweiten Weltkrieg wurde damit eine planerische und politische Diskussion über eine generelle Konzeption und mögliche Alternativen der Siedlungsentwicklung in der Schweiz geführt.[337] Eine direkte Wirkung hatte die Diskussion um die landesplanerischen Leitbilder nicht, auch wenn mit dem Progamm «CK-73» der Bundesverwaltung eine Art offizielle Zielbestimmung stattfand, in der eine massvolle Dezentralisierung mittels der Förderung verschiedener Klein-

---

336 RR, Regierungsprogramm 1974–1978, S. 58.
337 Regionalplanung beider Basel 1972.

und Mittelstädte anstelle der einseitigen Entwicklung der fünf grossen Ballungsgebiete empfohlen wurde.[338] Mit der Festlegung auf explizite siedlungspolitische Zielvorstellungen knüpfte man in den 70er Jahren bei der Diskussion über Landesplanung an, die in den 40er Jahren geführt worden war. Allerdings war man sich dieses Zusammenhanges kaum bewusst, und ausserdem hatten sich seither auch die siedlungsmässigen Voraussetzungen stark verändert.

Über den Zusammenhang dieser nationalen Leitbilder mit der Regionalplanung in der Nordwestschweiz wurde bereits im Herbst 1972 an einer Tagung der Regionalplanungskommission beider Basel diskutiert, und in den folgenden Jahren befasste sich die Regionalplanung beider Basel intensiv damit, die raumplanerischen Zielvorstellungen genauer und umfassend zu entwickeln.[339] Im Jahre 1980 veröffentlichte der Regierungsrat als Resultat dieser Bemühungen die «Ziele der Raumordnung beider Basel». Dabei handelte es sich um ein ausgesprochen programmatisches Dokument, dem aber keinerlei rechtliche Bedeutung zukam.

Das wichtigste der in diesem Programm formulierten Ziele betraf die regionale Siedlungsstruktur und die daraus resultierenden Verkehrsströme. Der Trend zur Auseinanderentwicklung von Wohnorten und Arbeitsstätten, der im Verlauf der 70er Jahre zu einem Anschwellen der Pendlerströme vor allem zwischen der Stadt Basel und ihrem Umland geführt hatte, sollte gestoppt werden. Dazu sollte die Einwohnerzahl und Struktur der Stadt stabilisiert und umgekehrt im Vorortsgebiet die Ansiedlung von Arbeitsplätzen in Entlastungszentren gefördert werden.[340] Erweiterungen des Baugebietes sollten wenn möglich vermieden und durch die Auffüllung des bestehenden ersetzt werden. Neue Wohnsiedlungen sollten im Einzugsgebiet des öffentlichen Verkehrs angelegt werden, welcher ganz allgemein gegenüber dem Privatverkehr bevorzugt zu behandeln sei.[341]

10.2 Umweltpolitik wird zum Thema

In den frühen 70er Jahren wurde Umweltpolitik schlagartig zu einem öffentlichen Thema. Natürlich hatte es fast alle der Teilbereiche, die nun unter der Bezeichnung Umweltpolitik zusammengefasst wurden, schon vorher gegeben, und auch im Einzelnen wurden keine völlig neuen «umweltpolitischen» Massnahmen aus dem Ärmel

---

338   Vgl. Année politique suisse 1974, S. 104. «CK» steht für Chefbeamtenkonferenz.
339   Vgl. Regionalplanung beider Basel 1977 «Raumordnungskonzept».
340   Dies wurde in der Stadt bereits mit dem 1975 veröffentlichten Programm «Basel 75» angestrebt. Vgl. BZ 1.3.1975.
341   Regionalplanung beider Basel 1980 «Ziele der Raumordnung».

geschüttelt. Neu war, dass von Umweltschutz und -politik als einem zusammenhängenden Gebiet gesprochen wurde, während früher beispielsweise der Gewässerschutz als Teil der Gesundheitspolitik verstanden wurde. Neu war ausserdem, dass sich eine breite Öffentlichkeit für Umwelt-Themen zu interessieren begann und sie als wichtiges Anliegen betrachtete.

Neuorientierung in der Entsorgungspolitik

In der Abwasser- und Abfallpolitik kam es in den frühen 70er Jahren zu neuen Zieldefinitionen, die eine deutliche Abkehr vom bisher als selbstverständlich angenommenen Mengenwachstum signalisierten, auch wenn die Umkehr noch wenig zielgerichtet verfolgt wurde. Eine wichtige Rolle spielten in beiden Fällen die rasch wachsenden Kosten der Entsorgung, die zur Suche nach günstigeren Alternativen führten.

Eskalierende Kosten der Abwasserreinigung

Seit den 50er Jahren hatte der Abwasserreinigung im Kanton Basel-Landschaft eine spezielle Aufmerksamkeit gegolten, und in den 60er Jahren hatte er sich dank seiner gewaltigen Anstrengungen in diesem Bereich zu einem Musterkanton entwickelt. Das verschärfte Bundesgesetz über den Gewässerschutz von 1971 hatte in Baselland denn auch nur einen geringen Anpassungsbedarf zur Folge, weil darin im wesentlichen nur die Entwicklung der fortgeschritteneren Kantone auf Bundesebene nachvollzogen wurde. Obwohl man im Kanton Basel-Landschaft im Bereich des Gewässerschutzes auf eine erfolgreiche Politik zurückblicken konnte, machte sich in den frühen 70er Jahren aus verschiedenen Gründen eine gewisse Ernüchterung über das Erreichte breit. Erstens waren die Verschmutzungsprobleme noch keineswegs endgültig gelöst, und zweitens sah man die Kosten der Gewässerreinigung immer mehr in die Höhe steigen. Etwas resigniert hielt der Regierungsrat 1976 fest: «Trotz langjähriger intensiver Bemühungen, die Lage in den Griff zu bekommen und mit der Zunahme von Bevölkerung und Industrie Schritt zu halten, müssen wir heute feststellen, dass die Ziele des Gewässerschutzes zum Teil noch nicht erreicht werden konnten.»[342] Bereits 1970 hatte eine Landratskommission feststellen müssen, dass der Kanton Basel-Landschaft nicht mehr zur schweizerischen Spitzengruppe in Sachen Abwasserreinigung gehörte, da ein wesentlicher Teil seiner Bevölke-

342 AB 1976, S. 63.

rung, nämlich die näheren Vororte Basels, noch immer nicht an eine Kläranlage angeschlossen war.[343] Da sich der Bau einer stadtbaslerischen Abwasserreinigungsanlage immer wieder verzögerte, flossen die Abwässer der basellandschaftlichen Vororte zwar in die städtische Kanalisation, von dort aber weiterhin ungeklärt in den Rhein.

Doch der Rhein war auch oberhalb der Stadt Basel alles andere als rein, und zwar in erster Linie als Folge der Industrieabwässer. Im Januar 1972 wurde dem Landrat eine von 7000 Personen unterschriebene Petition eingereicht, in der das Parlament dringend ersucht wurde, «wirksame Sofortmassnahmen zu ergreifen gegen die andauernden Verschmutzungen des Rheines durch den Industriebezirk Schweizerhalle».[344] Verschiedene gravierende Fälle von Rheinwasser-Verschmutzungen hatten die Bevölkerung für das Problem sensibilisiert und zu dieser Aktion veranlasst. Auch die Petitionskommission des Landrates anerkannte das Problem, sie fügte aber noch dazu: «Viel bedenklicher als die 1971 durch Betriebsunfälle verursachten akuten Verunreinigungen ist die dauernde, nach aussen wenig auffallende Stromverschmutzung durch die Industrieabwässer. Hier kann erst die Abwasserreinigungsanlage ‹ARA Rhein› Abhilfe schaffen.»[345]

Mochte es auch länger gehen als erwartet, so wurde doch von der konsequenten Weiterverfolgung der eingeschlagenen Politik der Gewässerreinigung eine gründliche Verbesserung der Lage erwartet. Mehr Sorgen bereiteten allerdings die rasch steigenden Kosten, welche die Abwasserreinigung, aber auch die Trinkwasserversorgung, zur Folge hatte. In seinem Bericht zur Revision des Abwassergesetzes stellte der Regierungsrat 1970 fest, dass nicht nur die Erstellung der Abwasserreinigungsanlagen enorm teuer zu stehen komme, sondern dass auch ihre Betriebskosten sehr viel höher ausfallen würden, als ursprünglich erwartet worden war. Aus dieser Feststellung zog die Regierung den Schluss, dass das Wachstum der Abwassermenge aus Kostengründen möglichst zu bremsen sei:

> «Vor allem ist es dringend nötig, dass sich jeder Wasserverbraucher und somit jeder Abwasserlieferant viel stärker als bisher bewusst wird, dass jeder Kubikmeter des unersetzlichen Lebenselementes Wasser mit zunehmender Bevölkerungszahl und Industrialisierung immer kostbarer wird, dass Beschaffung, Ableitung und Reinigung von Wasser enorme Kosten

---

343 Bericht der Strassenbaukommission betr. Abwassergesetz-Revision vom 27.7.1970, (Vorlagen).

344 Bericht der Petitionskommission zur Petition betr. Sofortmassnahmen gegen die Verschmutzung des Rheines durch den Industriebezirk in Schweizerhalle vom 11.11.1972, (Vorlagen).

345 Ebda.

verursachen, die mit jenen für den Nationalstrassenbau durchaus zu vergleichen sind, und dass demzufolge – wo immer möglich – Wasser gespart werden muss.»[346]

Dieses neue Bewusstsein wollte die Regierung durch die Beteiligung der Wasserverbraucher an den Kosten der Reinigung fördern. Dies entsprach einer grundsätzlichen Neuorientierung. Die raschen Fortschritte im Bereich der Abwasserreinigung waren ja gerade möglich gewesen, weil der Kanton Bau und Betrieb der Kläranlagen nicht nur organisatorisch, sondern auch finanziell übernommen hatte. Nachdem die Pionierarbeit getan war, wollte nun der Kanton einen Teil der Betriebskosten abwälzen.

Im Bericht des Regierungsrates wurde darauf verwiesen, dass in Deutschland die Kosten der Abwasserreinigung zusätzlich zum Wasserzins geschlagen und damit direkt den «Produzenten» des Abwassers verrechnet werden konnten. Diesen Schritt zum direkten Verursacherprinzip machte man aber im neuen Abwassergesetz noch nicht. Es wurde lediglich festgelegt, dass der Kanton die Betriebskosten der Abwasseranlagen nach Einwohnerzahl auf die Gemeinden überwälzen könne. Der tatsächliche Verbrauch wurde lediglich bei den industriellen Abwässern zum Kriterium bei der Bemessung der Kostenüberwälzung gewählt.[347] Die neue finanzielle Aufteilung der Lasten wurde in der Abstimmungspropaganda als Umweltschutzmassnahme angepriesen,[348] was allerdings die hauptsächlichen Motive der Revision eher verschleierte.

Zusammenfassend lässt sich sagen, dass der gesamte Bereich der Gewässerverschmutzung ein wesentlich grösseres Interesse in der Öffentlichkeit fand und dass die Lösung dieser Probleme primär in der Weiterführung der bisherigen Politik der Abwasserreinigung gesehen wurde. Eine Neuorientierung ergab sich denn in diesem Bereich weniger aus einer neuen Sichtweise der Probleme, sondern sie wurde durch die steigenden Kosten veranlasst. Die zunehmenden Betriebskosten der ARAs führten dazu, dass man die Abwasserströme – und gleichzeitig den Trinkwasserverbrauch – erstmals einzudämmen versuchte, nachdem bisher der wachsende Verbrauch pro Kopf als natürliche Entwicklung betrachtet worden war. Mit der Neuverteilung der Kosten wurden auch erste Schritte hin zum Verursacherprinzip unternommen.

---

346   Bericht RR betr. Revision des Abwassergesetzes vom 17.2.1970, (Vorlagen).
347   Gesetz über die Abwasserreinigung vom 22.4.1971, GS BL 24, S. 579ff.
348   Titel der BZ 22.9.1971: «Ja zum Abwassergesetz – Ja zum Umweltschutz».

Abfallvermeidung als neues Ziel

Auch im Bereich der Abfallentsorgung zeigten sich in den 70er Jahren neben der Weiterverfolgung des bisherigen Kurses neue Akzente und Ziele. Zwar erfolgten auch hier gewisse Änderungen bei den Zielsetzungen, doch wählte man schliesslich die einfachsten und billigsten Lösungen.

Das Projekt einer Kehrichtverbrennungsanlage für das obere Baselbiet wurde 1970 einmal mehr auf unbestimmte Zeit aufgeschoben, da immer noch keine klare Entscheidung bei der Systemwahl möglich schien. Ausserdem bot sich die Errichtung einer Grossdeponie als bedeutend kostengünstigere Zwischenlösung an. Der Lindenstock bei Liestal enthielt vorderhand noch genügend Reserven, und als Standort einer neuen Regionaldeponie empfahl der Regierungsrat insbesondere den Strickrain bei Sissach.[349]

Es stellte sich also in erster Linie das Problem der Standortwahl für neue Deponien, und da es um sehr grosse und langfristige Projekte ging, wurde die Frage schnell zum Politikum. Die Landratskommission hielt 1971 den Strickrain aus natur- und gewässerschützerischen Gründen für wenig geeignet,[350] ausserdem konnte darauf verwiesen werden, dass sich die Gemeinde schon in den 60er Jahren gegen eine Deponie an diesem Standort gewehrt hatte. Die Kommission schlug denn auch einen erfolgversprechenderen Weg vor. In unmittelbarer Nähe der bereits in Betrieb stehenden Regionaldeponie Lindenstock bei Liestal sollten zusätzliche Kapazitäten für eine «geordnete Ablage» geschaffen werden. Die Idee überzeugte, da sie einen einfachen und gangbaren Weg wies. 1978 wurde das Projekt «kantonale geordnete Deponie Elbisgraben» vom Landrat ohne Gegenstimmen gutgeheissen, worauf der Regierungsrat im Amtsbericht erleichtert vermerken konnte: «Endlich ist der Weg frei für eine gesetzeskonforme und langfristige Lösung des Abfallproblems im Kanton Basel-Landschaft.»[351]

Neben dieser eher pragmatischen als überzeugenden Lösung des Kehrichtsproblemes durch die Deponierung kam es in den 70er Jahren auch zu einer gewissen Neuausrichtung in der Abfallpolitik. Nachdem die Abfallmengen sowohl absolut wie auch pro Kopf der Bevölkerung jahrzehntelang unablässig gewachsen waren, begannen sich Zweifel am Sinn dieser Versorgungs-Entsorgungs-Spirale zu regen. Dabei spielten sowohl umweltpolitische wie finanzielle Über-

349   Bericht RR betr. Abfallbeseitigung im Kanton BL vom 20.1.1970, (Vorlagen).
350   Kommission betr. Abfallbeseitigung BL vom 18.2.1971, (Vorlagen).
351   AB 1978, S. 70.

legungen eine Rolle. In seinem Bericht zum Entwurf eines neuen Kehrichtgesetzes schrieb der Regierungsrat 1973: «Immer häufiger wird die berechtigte Forderung laut, die Güterproduktion möglichst derart zu konzipieren, dass keine oder möglichst geringe Mengen Abfälle entstehen, und entstandene Abfälle möglichst wieder zu verwenden oder als Ausgangsstoff für neue Produkte weiterzuverwenden. [...] Dies setzt jedoch eine umfassende und moderne Gesetzgebung voraus, die Kanton und Gemeinden ermächtigt, zielgerichtet zu handeln.»[352] Die Regierung hatte offensichtlich die Zeichen der Zeit erkannt, als sie voraussah: «In absehbarer Zeit wird es zur Reduktion der Abfallflut und zur Schonung der Rohstoffreserven auch nötig werden, wiederverwendbare Abfälle (Altöl, Papier, Glas, Metall) separat einzusammeln.»[353]

Im neuen Gesetz über die Verwertung und Beseitigung von Abfallstoffen wurde 1974 die Bestimmung aufgenommen: «Jedermann ist verpflichtet, das Entstehen von Abfällen möglichst zu verhindern.» Ausserdem wurde darin festgehalten, dass Abfälle der Wiederverwertung zuzuführen seien, «sofern dies möglich und zumutbar ist».[354] Mit solchen programmatischen Geboten unterschied sich das neue Abfallgesetz des Kantons wesentlich vom geltenden, lediglich 13 Jahre alten Gesetz, auch wenn diese Gebote grösstenteils eher unverbindlich formuliert waren. Neu wurde festgelegt, dass der Kanton für die Betriebskosten die Kehrichtlieferanten (Gemeinden, Industriebetriebe) zur Kasse bitten sollte, und zwar nach Massgabe von Art und Menge der gelieferten Stoffe. Das Gesetz, das auch eine Zentralisierung von Kompetenzen beim Kanton beinhaltete, wurde in der Volksabstimmung von einer grossen Mehrheit angenommen. Einzig die vom Elbisgrabenprojekt betroffene Gemeinde Arisdorf sagte «ziemlich kategorisch nein».[355]

Der Umgang mit der Abfallfrage war in den 70er Jahren im Baselbiet also insgesamt recht widersprüchlich. Für die praktische Lösung der drängenden Probleme wählte man mit der Deponierung eine einfache und billige, aber nicht sehr überzeugende Variante, die aber gegenüber der bisherigen Praxis dennoch grosse Fortschritte brachte. Eine viel weitergehende Neuausrichtung in Richtung Wiederverwertung und Vermeidung von Abfällen wurde zwar diskutiert und im Gesetzestext als Ziel festgelegt, aber nur in bescheidenem Ausmass wirklich umgesetzt. Immerhin begannen einige Gemeinden schon in

352   Bericht RR betr. Revision Kehrichtgesetz vom 21.12.1973, (Vorlagen).
353   Ebda.
354   Gesetz über die Verwertung und Beseitigung von Abfallstoffen vom 5.12.1974, GS BL 25, S. 771.
355   BZ 3.3.1975.

den frühen 70er Jahren mit separaten Sammlungen von zur Wieder-
verwendung geeigneten Abfallstoffen.[356] Der grösste Umbruch
bestand vielleicht darin, dass, ähnlich wie im Fall der Abwasserreinigung, das bisherige unausgesprochene Selbstverständnis durchbro-
chen wurde, dass mehr Wohlstand nur mit einem höheren Ressour-
cenverbrauch und mit mehr Entsorgungsaufwand möglich sei.

Verstärkter Kampf gegen die Luftverschmutzung

Das Problem der Luftverschmutzung wurde in den frühen 70er Jahren im Zeichen der Politisierung des Umweltschutzes ausserordentlich stark thematisiert. Nach wie vor stand hier die Reduktion der
Emissionen der Industrie im Vordergrund, doch wurde nun auch die
lufthygienische Optimierung von Heizungsanlagen verlangt. Der
Strassenverkehr als Luftverschmutzer blieb dagegen weitgehend von
der verschärften Politik ausgeklammert. Dies zum einen, weil seine
Regelung nicht in der kantonalen Kompetenz lag, zum anderen
zeigte sich aber auch, dass trotz zunehmender Kritik an der autoori-
entierten Verkehrspolitik eine Kursänderung nicht erwünscht war.

«Emotionale Empfindungen» und neue Messtechniken

Einzelne Ereignisse riefen eine besonders starke Reaktion in der
Öffentlichkeit hervor. So musste beispielsweise am 29. April 1971 in
Muttenz die Schliessung der Schulen angeordnet werden, nachdem
eine Sandoz-Fabrik in Schweizerhalle eine Luftverpestung verursacht hatte, die zu Übelkeit und Erbrechen führte.
Die Politisierung der Lufthygieneprobleme wurde bei der Verwaltung mit Unbehagen registriert. So kritisierte das Amt für Lufthygiene im Amtsbericht 1970: «Das Naturschutzjahr 1970 hat die
Besorgnis um die Umwelt in einem bisher unbekannten Ausmass in
das Bewusstsein der öffentlichen Meinung getragen und zum Teil zu
einem Politikum gemacht. [...] Der Umstand, dass insbesondere bei
der Lufthygiene in der Beurteilung der Lage vielfach emotionale
Empfindungen überwogen und die Beschränkungen in den technischen Möglichkeiten ignoriert wurden, führte 1970 zu unsachlichen
Polemiken.»[357]
Die «Beschränkungen der Technik» erwiesen sich in der Folge als
nicht so absolut. Jedenfalls verstärkte die Regierung die bisherigen
Bemühungen um die Kontrolle der industriellen Emissionen. Ab

---

356   AB 1973.
357   AB 1970, S. 75.

1972 stand ein mobiler Messwagen – ein umgerüstetes Armeefahrzeug – zur Verfügung, mit dem erstmals die Luftbelastung, die für die Betroffenen entscheidende Grösse, erfasst werden konnte.[358] Im Zentrum der Aufmerksamkeit stand gemäss dem Massnahmenplan der Lufthygienekommission von 1974 der Kampf gegen die Zunahme von Schwefeldioxid.[359] In den Amtsberichten der frühen 70er Jahre wurde regelmässig von bedeutenden und teuren Massnahmen der Industrie zur Verminderung der Emissionen berichtet. Nach dem Einbruch der Rezession von 1975 herrschte allerdings wieder eine Zurückhaltung gegenüber solchen Investitionen vor.

Als erster Kanton erliess Basel-Landschaft 1973 ein spezielles Lufthygienegesetz, das auf die Prinzipien «Verhütung, Beseitigung oder Verminderung» ausgerichtet war.[360] Der Regierungsrat bemerkte zu dieser Pionierrolle: «Leider ist der Bund noch nicht in der Lage, in absehbarer Zeit aufgrund seiner Kompetenz die notwendigen erforderlichen Vorschriften erlassen zu können. Er begrüsst sogar, wenn die Kantone nicht zuwarten, sondern vorangehen und mithelfen, wertvolle Erfahrungen für eine umfassende Legiferierung zu sammeln.»[361] Gleichzeitig wies die Regierung auch auf die Notwendigkeit einer regionalen Koordination der Bemühungen im Bereich dieses grenzüberschreitenden Problemes hin.

Das kantonale Vorpreschen hatte allerdings eine gewichtige Beschränkung zur Folge, wie die Landratskommission feststellte: «Leider können mit diesem Gesetz Luftverunreinigungen durch Motorfahrzeuge nicht erfasst werden.»[362] Dagegen wurden im neuen Gesetz neben Massnahmen zur Kontrolle der industriellen Emissionen – wozu wenn nötig sogar Betriebsschliessungen gehörten – auch die jährliche Kontrolle der privaten Ölfeuerungen vorgesehen. Damit war, schon vor der Ölkrise, eine Ausweitung der Lufthygienepolitik auf den Bereich der Heizungen angelegt, die dann im Zusammenhang mit der neuen Energiepolitik verstärkt wurde.

Das Lufthygienegesetz fand im März 1973 bei den Stimmberechtigten eine sehr gute Annahme. Im Bereich der Lufthygiene konnte die institutionelle Politik damit flexibel auf die verstärkten Forderungen aus der Bevölkerung reagieren, weil dieser Kurs schon eingeleitet worden war, aber noch beträchtliche Potentiale zur Verbesserung bestanden, die mit verhältnismässig bescheidenen Mittel ausgeschöpft werden konnten.

358   AB 1972.
359   AB 1974.
360   Gesetz über die Lufthygiene vom 5.3.1973, GS BL 25, S. 127.
361   Bericht RR betr. Gesetz über die Lufthygiene vom 6.6.1972, (Vorlagen).
362   Bericht Komission betr. Lufthygiene-Gesetz, 18.11.1972, (Vorlagen).

Beschränkte Neuausrichtung der Verkehrspolitik

In der Verkehrspolitik ergaben sich in den frühen 70er Jahren
grundsätzliche Veränderungen, auch wenn diese nur teilweise die
Entscheidungen prägten. Nach Jahrzehnten einer nahezu unange-
fochtenen Politik der Automobilisierung und des forcierten Stras-
senbaues bildeten sich oppositionelle Bewegungen, welche die einseitig auf das Automobil ausgerichtete Verkehrspolitik grundsätzlich in
Frage stellten. Grosse Teile der Linken übernahmen unter dem Einfluss ihrer jungen Mitglieder diese «grünen» Positionen, während
diese im bürgerlichen Lager nur verhältnismässig wenige Anhänger
fanden. Damit bildete sich jene verkehrspolitische Konstellation, die
bis heute besteht. Dieser politische Umbruch vollzog sich in den
grossen Städten, wo die negativen Folgen des Autoverkehrs viel
spürbarer waren, wesentlich schneller und ausgeprägter,[363] doch war
er auch im Baselbiet zu verzeichnen.
Der Bau der kantonalen Autobahn J 18 im Birstal war bisher kaum
bestritten gewesen, auch die Natur- und Heimatschutzkommission
hatte 1969 nur kleine Korrekturen an der Linienführung verlangt.[364]
In den frühen 70er Jahren, als das Projekt in die Phase der Verwirklichung eintrat, stiess es aber auf ausserordentlich starke Opposition.
Bei der Behandlung der Frage im Landrat kam es zu heftigen und
sehr emotional geführten Debatten, wobei die Notwendigkeit der
Strasse nicht grundsätzlich in Frage gestellt, sondern darum
gefeilscht wurde, welches Gebiet dem Verkehr zu opfern sei. Die
Frage des Baus der T 18 gab in den folgenden Jahren noch viel zu
reden, entschieden wurde sie letztlich 1984 durch die klare Ablehnung (56 Prozent Nein-Stimmen) einer kantonalen Initiative, mit der
ihre Gegner die Realisierung der Autobahn zu verhindern versucht
hatten. Trotz einer stark gewachsenen Gegnerschaft wurde also im
Baselbiet das vorgesehene Strassenbauprogramm nicht ernsthaft in
Frage gestellt. Dies zeigte sich auch daran, dass die Schnellstrasse im
Ergolztal als Teil der Konjunkturbelebungsmassnahmen von 1975 in
aller Eile an Liestal vorbeigebaut wurde.
Obwohl der Vorrang des individuellen Strassenverkehrs nicht in
Frage gestellt wurde, kam es in den frühen 70er Jahren zu einer Wie-
derentdeckung der öffentlichen Verkehrsmittel durch Planung und
Politik.[365] Für diese verkehrspolitische Neuorientierung spielten vor
allem die Kapazitätsengpässe auf den Strassen eine Rolle, die als

363   Vgl. Blanc 1993, S. 135 ff.
364   Vgl. Oberer 1991.
365   Vgl. Messmer, S. 68.

Folge der wachsenden Pendlerströme absehbar waren. Der Option, ausschliesslich auf den Ausbau des Strassennetzes zu setzen, wurde von der Regionalplanung eine klare Absage erteilt: «Eine weitere massive Verdichtung des Hochleistungsstrassennetzes […] ist in den dicht besiedelten Gebieten, wo die grössten Verkehrskonzentrationen bereits vorhanden oder in Zukunft zu erwarten sind, unseres Erachtens aus planerischen, städtebaulichen und finanziellen Gründen nicht denkbar.»[366]

Demgegenüber sprach einiges für die bessere Ausnützung der bestehenden Vorortslinien des öffentlichen Verkehrs: «Trassees für den öffentlichen Verkehr sind vorhanden und müssen nicht erst neu erstellt werden. Als erste Massnahme geht es deshalb darum, diese Trassees für einen schnelleren, leistungsfähigeren Betrieb zu sanieren und die bestehenden Strecken besser auszunützen.»[367] Es war also zunächst einmal die Entdeckung der in den bestehenden Schienennetzen schlummernden Kapazitätsreserven für den Vorortsverkehr, die zu einem «Sanierungsprogramm» für den öffentlichen Verkehr führten. Immerhin kann in diesem Zusammenhang von einer eigentlichen Renaissance des öffentlichen Verkehrs gesprochen werden. Dazu gehörte neben steigenden Investitionen in die Erneuerung der Vorortsbahnen auch ihre Ende 1974 vollzogene Zusammenfassung in der «Baselland Transport AG».[368]

Aufbruch zu einer neuen Energiepolitik

Die Energiepolitik war zweifellos jenes Gebiet, in dem im Kanton Basel-Landschaft in den 70er Jahren am meisten in Bewegung geriet. Unter dem Eindruck der Diskussion über die Grenzen des Wachstums und der Bestätigung dieses Ansatzes durch die Ölkrise begann man Massnahmen zur sparsamen Verwendung von Energie zu evaluieren. Unter dem Eindruck der Konfrontation um das geplante Atomkraftwerk Kaiseraugst entwickelte sich daraus eine eigenständige kantonale Energiepolitik.

Der Begriff Energiepolitik tauchte in den frühen 70er Jahren zur Benennung eines Bereiches auf, den man bis anhin kaum als etwas Zusammenhängendes betrachtet hatte, den man jetzt aber im Gefolge der Bemühungen um politische Planung systematischer zu organisieren trachtete. Bereits 1970 wurde das Wasserwirtschaftsamt als für Energiefragen zuständig bezeichnet.[369] Zwei Jahre später war davon

366   Regionalplanung beider Basel 1971 «Sanierungsprogramm», S. 6.
367   Ebda.
368   Vgl. Schwabe 1987.
369   AB 1970.

die Rede, dass eine Fachkommission mit der Erarbeitung eines Energieversorgungskonzeptes beider Basel beschäftigt sei.[370]

Umdenken schon vor der Ölkrise

Die Beschränktheit der fossilen Energiereserven wurde schon kurz vor der Ölkrise im Zeichen der «Grenzen des Wachstums» diskutiert.[371] Im Frühling 1973 wurde in parlamentarischen Vorstössen erstmals eine gewisse Besorgnis über die zukünftige Energieversorgung thematisiert und gleichzeitig eine kantonale Politik für diesen Bereich verlangt.[372] In einem dieser Postulate wurde die Zunahme des Energieverbrauchs als besorgniserregend bezeichnet und der Regierungsrat gefragt: «Ist er nicht auch der Auffassung, dass öffentlich aufgerufen werden muss, damit der Energieverschwendung Einhalt geboten werden muss?»[373] Hier klangen also bereits ganz neue Töne an.

Die Abhängigkeit der modernen Industriegesellschaft von der Energieversorgung wurde durch die sogenannte Ölkrise vom Spätherbst 1973 schlagartig ins Bewusstsein gerufen. Sonntagsfahrverbote und andere kurzfristige Massnahmen, mit denen in der Schweiz auf die Krise reagiert wurde, trugen dazu bei, den Eindruck einer dramatischen Situation zu verstärken. Die Bedeutung, welche die «Ölkrise» erhielt, ist nur vor dem Hintergrund der Diskussion über die «Grenzen des Wachstums» und die Begrenztheit der Ressourcen zu verstehen; eine Diskussion, die seit 1972 breiten Raum in der Öffentlichkeit einnahm. Der anscheinend drohende Versorgungsunterbruch wirkte deshalb als ein die Diagnose des «Club of Rome» bestätigendes Ereignis – und wurde deshalb als weit mehr als nur eine vorübergehende Erscheinung interpretiert.

Zwar stellte sich bald heraus, dass von einer wirklichen Knappheitskrise beim Erdöl keine Rede sein konnte, doch verursachte die plötzliche Verteuerung schockartige Anpassungsprozesse. So hielt die Kantonalbank in ihrem Bericht über das Jahr 1973 fest, dass «am Jahresende die zeitweilige Panikstimmung nicht mehr vorhanden war und auch die Verknappungserscheinungen sich in Grenzen hielten.»[374] Gleichzeitig wurde aber die klare Erwartung formuliert:

---

370   AB 1972.
371   BZ 18.5.1973: «Für die Erdölvorräte ist die Prognose düster, es wird mit einer Erschöpfung schon in rund 33 Jahren gerechnet.»
372   Postulat Gysin betr. Energieversorgung BL vom 26.3.1973, (Vorlagen).
373   Interpellation Ramseier betr. Energiepolitik vom 3.4. 1973, (Vorlagen).
374   KB BL 1973, S. 10.

«Die Zeiten ‹billiger› Energie dürften der Vergangenheit angehören.»[375]
Als Reaktion auf die Ölkrise verstärkte sich das Bedürfnis, zu einer
Gesamtenergiepolitik zu gelangen, worunter allerdings sehr verschiedene Dinge verstanden wurden. Auf nationaler Ebene wurde
1974 mit der Einsetzung einer Kommission für eine Gesamtenergie-
konzeption zwar viel Wissen aufbereitet, in erster Linie aber die
bisherige Politik fortzuschreiben versucht, während im Kanton
Basel-Landschaft die Suche nach einer neuen Energiepolitik vorangetrieben wurde.
Seit 1974 wurde an einem kantonalen Energieleitbild gearbeitet.[376]
Unter dem Druck der Öffentlichkeit und des Landrates zeigte sich
die Regierung gewillt, wirksame Massnahmen zu ergreifen. In Beantwortung eines landrätlichen Vorstosses hielt sie 1976 fest: «Um einen
nachhaltigen Erfolg zu erzielen, kommen wir nicht darum herum,
der Energieverschwendung vor allem beim Wärmeverbrauch (insbesondere bei der Raumheizung) und beim Strassenverkehr auf den
Leib zu rücken.»[377] Ohne die Arbeit am Energieleitbild und dem
vorgesehenen Energiegesetz abzuwarten, erliess der Regierungsrat
am 5. Dezember 1978 Baupolizeivorschriften, die Minimalstandards
zur Wärmedämmung im Hochbau definierten, im gleichen Jahr
wurde ausserdem eine kantonale Energieberatungsstelle eingerichtet.
Der Regierungsrat hielt zu diesen neuen Aufgaben des Staates fest:
«Mit diesen Aktivitäten auf dem Gebiet der Energiewirtschaft
betätigt sich der Kanton Basel-Landschaft als Pionier. Da wir zum
Teil Neuland betreten, wird es noch eine Anzahl rechtlicher und
technischer Nüsse zu knacken geben.»[378]
Diese Pionierrolle des Kantons Basel-Landschaft in der Energiepolitik ist vor dem Hintergrund der Auseinandersetzungen um das
geplante Atomkraftwerk Kaiseraugst zu verstehen.[379] Bereits seit
1970 hatte sich die Besorgnis über dieses Vorhaben und über die vorgesehene Massierung von Kernkraftwerken in der Region zu mehren
begonnen, was sich unter anderem in zahlreichen Vorstössen im
Landrat niederschlug. Mit der Besetzung des Bauplatzes in Kaiseraugst ging 1975 die Initiative von der parlamentarischen Ebene aber
auf die «Gewaltfreie Aktion Kaiseraugst» über. Die ganze Frage ent-

---

375   Ebda.
376   AB 1974, S. 65.
377   RR-Beantwortung der Kleinen Anfrage Dreyer vom 16.3.1976, (Vorlagen).
378   Ebda.
379   Vgl. die Arbeit von Ruedi Epple zur Anti-AKW-Bewegung im Rahmen der Forschungs-
       stelle BL-Geschichte.

faltete jetzt eine riesige Breitenwirkung. Welchen Rückhalt die
Bewegung in Baselland bald hatte, zeigte die gute Annahme der kantonalen Atomschutzinitiative im Jahre 1978 und des daraufhin ausgearbeiteten Atomgesetzes 1980. Die breite Politisierung der Bevölkerung um die Frage der Atomenergie trug jedenfalls dazu bei, dass in
Baselland eine Politik eingeschlagen wurde, die das Energiesparen
nicht nur proklamierte, sondern auch Massnahmen zu dessen Förderung umfasste.

Als Ergänzung zum Energieleitbild beider Basel, das 1977 vorlag, gab
der Landrat eine Ergänzungsstudie in Auftrag, die den Akzent mehr
auf das Energiesparen zu legen hatte. Auch bei der Beratung des
Energiegesetzes, des ersten in der Schweiz, zeigte sich der Landrat
entschlossen, der Forderung nach Energiesparen Taten folgen zu lassen.[380] Im Frühling 1980 wurde das Energiegesetz von einer überwäl-
tigenden Mehrheit der Baselbieter Bevölkerung gutgeheissen – am
gleichen Tag, an dem sie auch das kantonale Gesetz gegen Atom-
kraftwerke annahm. Ein Zeitungskommentar zum neuen Energiegesetz hielt fest: «Baselland wird nun als erster Kanton mit einschlägi-
gen Vorschriften erst einmal Erfahrungen sammeln müssen. Ein
gewisser Experiment-Charakter war und ist dem Gesetz ja nicht
abzusprechen. Umso erfreulicher ist die Bereitschaft weiter Bevölkerungskreise, sich Neuem gegenüber aufgeschlossen zu zeigen.»[381]

Nur am Rand sei noch erwähnt, dass der Zeitpunkt der Abstimmung
auch durch den kurz zuvor erfolgten zweiten (und wesentlich stärkeren) Ölpreisschock von 1979 besonders günstig für die Energiespar-
vorlage war, was bei der Erarbeitung des Gesetzes allerdings noch
nicht vorauszusehen war. Hingegen rechnete man damals schon mit
längerfristig steigenden Energiepreisen. Dass einige der Baselbieter
Energiesparvorschriften auch Jahre und Jahrzehnte später in anderen
Kantonen (z.B. Zürich) noch heftig umstritten waren, hängt aber auf
jeden Fall mit der Tatsache zusammen, dass das Erdöl seither, entgegen den damaligen Erwartungen, wieder so billig geworden ist, dass
sich Sparmassnahmen vielfach kaum lohnen. Aus der in den 70er Jahren geltenden Perspektive längerfristig steigender Heizölpreise ist
verständlich, dass im Kanton Basel-Landschaft der Handlungsbedarf
besonders hoch war, da hier der Anteil der schlecht isolierten Bauten
aus den 60er Jahren besonders gross war.

380   Energiegesetz vom 15.10.1979. GS BL 29, S. 416.
381   BZ 3.3.1980.

Umweltpolitik – etwas Neues?

Mit der breiten Thematisierung von Umweltpolitik ist in den 70er Jahren ein grundsätzliches Problem moderner Industriegesellschaften erstmals einem grossen Teil der Bevölkerung ins Bewusstsein gebracht worden. Vor dem Hintergrund der Diskussion um die Grenzen des Wachstums ist die Umweltpolitik schlagartig hinter dem konservativen Natur- und Heimatschutzideal hervorgetreten und hat sich auf der politischen Bühne eine Hauptrolle gesichert. Die Etablierung dieses neuen Politikbereichs erfolgte gleichzeitig von oben und unten. Neue Oppositionsbewegungen trugen ebenso dazu bei wie die Medien, welche die neuen Themen aufgriffen und popularisierten. Aber auch die konventionellen Aktoren in den Parlamenten und Regierungen beteiligten sich, mehr oder weniger freiwillig, an der Neubewertung politischer Entwicklungsziele. Am einfachsten war dies, wenn nicht nur umweltpolitische Argumente, sondern auch die steigenden Kosten nach einer Neuorientierung verlangten, wie das bei der Abfall- und der Abwasserfrage der Fall war.

Auffallend ist, dass der Gebrauch der direktdemokratischen Rechte des Volkes auf kantonaler Ebene in der Umweltpolitik der 70er Jahre eine geringe Rolle spielte, wenn man von der Initiative gegen die Birstalautobahn und der Atominitiative absieht. Wenn es hingegen darum ging, neu ausgerichteten Gesetzen zuzustimmen, erwiesen sich die Stimmbürgerinnen und Stimmbürger als dem Neuen gegenüber sehr gewogen. Die Gesetze über die Abwasserbeseitigung, Lufthygiene und Abfallverwertung wurden alle sehr gut angenommen. Noch viel stärker zeigte sich die Aufgeschlossenheit gegenüber neuen Ansätzen in der Energiepolitik. Mit dem Energiegesetz wurden die Weichen auf Energiesparen umgestellt, soweit dies dem Kanton überhaupt möglich war.

Insgesamt bewegten sich die in den 70er Jahren eingeleiteten umweltpolitischen Kurskorrekturen aber trotz allem in einem engen Rahmen. Im Bereich des Gewässerschutzes und der Abfallentsorgung handelte es sich vorhanden um nicht viel mehr als um neue Akzente. Bei der Lufthygienepolitik wurde die bisherige Stossrichtung unter dem Druck der öffentlichen Meinung energischer verfolgt, doch waren dem Spielraum kantonaler Politik Grenzen gesetzt, da die Motorfahrzeuge nicht erfasst werden konnten. Klein war der Spielraum bei der Atomenergie, zu welcher der Kanton an sich kaum viel zu sagen hatte, da die entsprechenden Kompetenzen auf Bundesebene angesiedelt sind. Das kantonale Atomgesetz hatte denn auch in erster Linie programmatischen Charakter und sollte den Willen der Bevölkerung zum Ausdruck bringen und die Regierung zu einer aktiven Politik verpflichten.

Auf sich warten liess auch im Kanton Basel-Landschaft die institutionelle Etablierung einer ganzheitlichen Umweltpolitik. Der Landrat mochte 1973 der Schaffung eines eigenen Umweltschutzamtes
nicht zustimmen, sondern begnügte sich mit der Schaffung eines entsprechenden Dokumentationszentrums. Faktisch übernahm aber das
Wasserwirtschaftsamt immer mehr diese Funktionen, so dass es
schliesslich in den 80er Jahren nur noch in «Amt für Umweltschutz
und Energie» umbenannt zu werden brauchte.

Kapitel 11
Die Zeit der Umsetzung

Nach der Aufbruch- und Umbruchstimmung in den 70er Jahren stellte sich die Frage, wie die Entwicklung in den eng verknüpften Bereichen Raumplanung und Umweltpolitik weiter voranschreiten würde. Blieben die in den 70er Jahren neu formulierten Ziele für die Politik leitend, und auf welchem Weg sollten sie umgesetzt werden?

11.1 Widersprüchliche raumplanerische Entwicklungen

Die dynamische Entwicklung der Raumplanungspolitik der 70er Jahre führte zu einer starken Prägung der Ausgangslage der 80er Jahre. Mit dem Raumplanungsgesetz des Bundes und dem kantonalen Landschaftsplan bestanden neue gesetzliche Grundlagen. Mit den Zielen der Raumordnung beider Basel lagen eindeutige Vorstellungen darüber vor, welche räumliche Entwicklung angestrebt werden sollte. Neue Ziele der Raumplanungspolitik tauchten in den 80er Jahre nicht auf, so dass sie danach beurteilt werden kann, wie schnell und erfolgreich sie sich in diesen vorgespurten Bahnen bewegte.

Rückzonungen werden durchgesetzt

Ein belastendes Erbe der Planungspolitik der 60er Jahre stellten die übertrieben grossen Baugebiete vieler Gemeinden dar. Ihre weitere Ausdehnung war ab 1970 mit Sofortmassnahmen gestoppt worden, jetzt begann die Zeit der Rückzonungen. Obwohl es sich dabei im allgemeinen um schwierige und konfliktreiche Angelegenheiten handelte, liessen sie sich in Zusammenarbeit zwischen Kanton und Gemeinden in vielen Fällen erfolgreich lösen.
Der kantonale Landschaftsplan von 1980 verpflichtete die Gemeinden, innert fünf Jahren ihre Ortsplanungen mit kommunalen Landschaftsplänen zu ergänzen, wobei die im kantonalen Plan angelegte Reduktion des Baugebietes von den Gemeinden in ihre eigenen Pläne übernommen werden musste. Viele Gemeinden konnten allerdings die Frist zur Anpassung ihrer Ortsplanung nicht einhalten, so dass

diese 1985 um zwei Jahre erstreckt wurde. Zu Rückzonungen waren
insgesamt 32 Gemeinden verpflichtet, in denen die entsprechenden
Gebiete 1979 mit Planungszonen provisorisch geschützt worden waren. Bis 1987 konnten viele der nötigen Rückzonungen erfolgreich abgeschlossen werden, was allerdings auch darauf zurückzuführen war,
dass es sich in den meisten Fällen um sehr kleine Parzellen handelte.
Für die meisten Probleme sorgte nicht unerwartet der Fall Bottmingen. Diese Gemeinde hatte in den 50er Jahren fast das ganze
Gemeindegebiet auf dem Bruderholz zur Bauzone geschlagen. Im
kantonalen Landschaftsplan erklärte man einen grossen Teil dieser
überdimensionierten und grösstenteils noch nicht erschlossenen
Baugebiete zur Landschaftsschutzzone und verlangte damit ihre
Auszonung. Die Besitzer der betroffenen Areale wehrten sich ihrer-
seits mit allen Mitteln gegen die Auszonung.
Es handelte sich dabei um eine für die gesamte Entwicklung der
Regionalplanung symptomatische Angelegenheit. Teile des betroffe-
nen Areals waren bereits im unvollendeten Regionalplan von 1946 als
Grünzone bestimmt worden, doch die Gemeinde hatte in den 50er
Jahren mehr als grosszügig eingezont, unter anderem, um den Bau
einer Hochspannungsleitung zu verhindern. Bereits 1957 hatte die
Kantonsregierung erfolglos versucht, einen Streifen dieser Bauzone
aufzukaufen, um so den Zusammenhang des Erholungsgebietes auf
dem Bruderholz zu erhalten. Jetzt wurde Bottmingen also von der
Geschichte eingeholt. Die Gemeinde wehrte sich in den 80er Jahren
vehement gegen die kantonalen Aufforderungen zur Auszonung des
noch unerschlossenen Gebietes von 60 Hektaren auf dem Bruderholz, da sie – nicht ohne Grund – riesige Entschädigungsforderungen
befürchtete.[382] Da die Regierung aber die harte Haltung der kantonalen Planungsbehörde stützte, gab die Gemeinde schliesslich nach und
beschloss 1987 über die umfangreichste Auszonung, die im Kanton
je zu verzeichnen war. Der Mut wurde belohnt, denn das Bundesgericht wies die postwendend erfolgende Klage von Eigentümern nach
Entschädigung in einem wegleitenden Urteil ab.

Rückzonungsfreundliches Bundesgericht

Der Prozess der Verkleinerung überdimensionierter Bauzonen
wurde aber keineswegs nur durch die planerischen Vorgaben des
Kantons vorangetrieben, sondern entsprechende Wünsche kamen
auch aus den Gemeinden selbst. Dies auch darum, weil viele Gemeinden auf Anregung des Kantons eine generelle Revision ihrer meist

382   BZ 12.10.1984, BAZ 25.9.1987.

aus den 60er Jahre stammenden Ortsplanungen einleiteten, womit sich automatisch die Frage einer neuen Dimensionierung der Baugebiete stellte. Um die Frage von weiteren Auszonungen kam es in den Gemeinden regelmässig zu harten politischen Auseinandersetzungen und häufig zu richterlichen Entscheidungen. Die Ergebnisse dieser Auseinandersetzungen fielen dabei sehr unterschiedlich aus.

Dass kommunale Initiativen für Rückzonungen überhaupt eine politische Chance erhielten, war nur dank der neuen Praxis des Bundesgerichtes möglich, welches die in Ortsplanungen fixierten Baugebietsgrenzen nur dann als verbindlich zu betrachten begann, wenn diese nach «neuem Recht», d.h. gemäss dem Bundesgesetz über die Raumplanung von 1980 erlassen worden waren. Der Unterschied bestand darin, dass nach diesem Raumplanungsgesetz nicht beliebig viel Land als Bauzone eingeteilt werden darf, sondern nur soviel, wie in den nächsten 15 Jahren erwartungsgemäss überbaut wird. Wenn eine Gemeinde nach Inkrafttreten des Raumplanungsgesetzes erstmals eine Ortsplanungsrevision durchführte, so konnte sie ihr Baugebiet den Bestimmungen dieses Bundesgesetzes gemäss reduzieren, ohne dadurch entschädigungspflichtig zu werden.[383] Das Raumplanungsgesetz des Bundes trug damit in diesen Fällen dazu bei, den planerischen Spielraum der Gemeinden zu erhöhen, die sonst angesichts riesiger Entschädigungsleistungen kaum an Rückzonungen hätten denken können.

Die Bedeutung der neuen Praxis des Bundesgerichtes zeigte sich exemplarisch an einem Fall in Langenbruck. Im Jahre 1987 setzte dort eine Initiativgruppe gegen den Willen des Gemeinderates an einer Gemeindeversammlung die Rückzonung einer Parzelle nahe der Baugebietsgrenze bei der «hinteren Hüslimatt» durch. Deren Eigentümer reichte eine staatsrechtliche Beschwerde beim Bundesgericht ein, die allerdings ausgesetzt wurde, weil die Gemeinde unterdessen eine Totalrevision des Zonenplans Siedlung eingeleitet hatte. Nachdem die strittige Auszonung in die neue Ortsplanung integriert worden war, wurde das Verfahren wieder aufgenommen. In seinem Urteil vom 26. April 1991 wies das Bundesgericht die Beschwerde vollständig ab. Da mit dem neuen kommunalen Siedlungsplan noch weitere Rückzonungen vorgenommen würden, könne im strittigen Fall nicht mehr von Willkür gesprochen werden. «Die angefochtene Planungsmassnahme qualifiziert sich objektiv in erster Linie als Massnahme zur Reduktion des gesamthaft überdimensionierten Baugebietes im Hinblick auf die erstmalige Festsetzung eines dem Raumplanungsgesetzes entsprechenden Nutzungsplanes.»[384]

383   Vgl. Trautvetter 1993, S. 38.
384   Bundesgerichtsakten Hintere Hüslimatt, BGE vom 26.4.1991, S. 10. AOR Langenbruck.

Unerreichte Ziele der Raumplanung

Im Bereich der Durchsetzung des Regionalplanes Landschaft waren die Raumplaner in den 80er Jahren recht erfolgreich. Weniger positiv fällt die Beurteilung im Bereich der «strategischen» Ziele aus, wie sie 1980 in den «Zielen der Raumordnung» festgeschrieben worden waren. Obwohl diese Ziele an sich kaum bestritten wurden, führte die Entwicklung weiterhin in eine ganz andere Richtung.

Bei der wachsenden räumlichen Auseinanderentwicklung von Wohn- und Arbeitsorten und den daraus resultierenden Verkehrsströmen konnte keine Trendwende eingeleitet werden. Im Gegenteil: «Die Zahl der Pendler hat zwischen 1980 und 1990 dramatisch zugenommen: Über 90 000 Erwerbstätige pendeln in den Kanton Basel-Stadt, 33 Prozent mehr als 10 Jahre zuvor.»[385] Auch der Flächenverbrauch je Einwohner wuchs weiter an, wie mehrfach beklagt wurde.[386] «Vorschriften zur optimalen Nutzung des verfügbaren Landes bestehen nicht», wurde im Regierungsprogramm 1985 – 1989 festgehalten.[387]

Die Verkehrsplanung unterstützte die raumplanerischen Ziele nur bedingt. Zwar wurde das öffentliche Verkehrssystem kräftig ausgebaut, etwa mit der Verlängerung der Tramlinie vom Leimental ins Birstal. Die Benützung der öffentlichen Verkehrsmittel wurde auch mit der Einführung von Umweltschutzabonnementen und der Schaffung des Tarifverbundes Nordwestschweiz kräftig gesteigert.[388] Doch eine Ausrichtung der Neubesiedlung auf die Haltestellen des öffentlichen Verkehrs fand nur beschränkt statt und wurde jedenfalls durch den Trend zur periurbanen Besiedlung des ländlichen Raumes mehr als kompensiert. Mit der Krise der öffentlichen Finanzen geriet in den 90er Jahren auch der Ausbau des öffentlichen Verkehrs ins Stocken.[389]

Auch der in den 80er Jahren stark vorangetriebene Strassenbau, z.B. der Hochleistungsstrasse im Birstal, förderte die weitere Ausbreitung einer aufs Auto ausgerichteten Siedlungsstruktur. Dass man die Realisierung der aus früheren Epochen stammenden Strassenprojekte jetzt als «qualitativen Strassenbau» bezeichnete, änderte an dessen Charakter kaum etwas.[390]

385   BAZ 26.2.1994.
386   Vgl. Amt für Orts- und Regionalplanung 1987, S. 39.
387   RR, Regierungsprogramm 1985–1989, S. 9.
388   Messmer, S. 69.
389   BAZ 16.4.1994.
390   RR, Regierungsprogramm 1980–1984, S. 35.

In den 80er Jahren trat mit der «Verdichtung» bzw. dem «verdichteten Bauen» ein neues siedlungsplanerisches Leitbild auf. Die zunehmende Propagierung dieses Leitbildes durch die Planer stellte die Reaktion auf den Trend zum wachsenden Landverbrauch dar, vor dem schon zu Beginn der 80er Jahre gewarnt wurde: «Besorgniserregend für die Raumordnung in der Region ist der trotz Bevölkerungsstagnation andauernde Flächenverbrauch. Der im Raumplanungsgesetz geforderte, haushälterische Umgang mit dem Boden ist die wesentliche Aufgabe der nächsten Jahre.»[391]

Das Vorgehen entbehrte nicht einer gewissen Widersprüchlichkeit. Tatsächlich «verdichtet» gebaut hatte man ja schliesslich mit den Grosssiedlungen der 60er Jahre, die jetzt aber bei Planern und Bewohnern nicht mehr erwünscht waren. Der seit den 70er Jahren nicht mehr abbrechende Boom der Einfamilienhäuser dagegen widersprach dem raumplanerischen Ziel eines haushälterischen Umgangs mit dem Boden, so dass man nun die Einfamilienhausbewohner davon zu überzeugen versuchte, wenigstens ihre Häuser näher aneinanderzubauen und auf das obligate Abstandsgrün zugunsten gemeinsam genutzter Flächen zu verzichten.

Dem neuen Leitbild war jedenfalls, dies lässt sich bei einem Spaziergang durch die Siedlungen aus den 80er Jahren erkennen, nur ein beschränkter praktischer Erfolg beschieden. In Richtung auf eine Verdichtung wirkten wohl eher die wieder rasch steigenden Bodenpreise als die gutgemeinten Ratschläge der Raumplaner. In den späten 80er Jahren bremste der Anstieg der Hypothekarzinsen die Ausbreitung der neuen Einfamilienhausquartiere.

Ausblick Raumplanung

Im Bereich der Raumplanung wirkte in den 80er Jahren der Elan der Vorperiode nach, und es wurden die in den 70er Jahren angelegten Pläne umgesetzt. Dabei war man im konkreten Fall recht erfolgreich. Die generellen Ziele der Raumplanung dagegen, die nur als Querschnittaufgabe verschiedener Politikbereiche hätten erreicht werden können, verfehlte man bei weitem, ohne dass sie an sich in Frage gestellt wurden. Die weiter fortschreitende Zersiedlung und der gesteigerte Flächenverbrauch wird den Spielraum für politische oder planerische Massnahmen auf Jahrzehnte hinaus einengen. Ganz allgemein waren wachsende Widerstände gegen die Durchsetzung raumplanerischer Massnahmen zu verzeichnen. Die immer von

---

391   AB 1982, S. 74.

neuem verzögerte Behandlung des Regionalplanes Siedlung legt
davon Zeugnis ab.

11.2 Umweltpolitik wird vorangetrieben

Mit der erfolgreichen Sanierung der öffentlichen Haushalte kam es in
den mittleren 80er Jahren, wie zeitgenössische Beobachter feststell-
ten, zu einem «Paradigmenwechsel von finanzpolitischen zu ver-
kehrs- und umweltpolitischen Fragestellungen».[392] Im Baselbiet
zeigte sich die Bedeutung, welche die Stimmbürgerschaft diesen Fragen beimass, 1984 in der starken Annahme einer von Regierung und
Landrat zur Ablehnung empfohlenen Initiative der Progressiven
Organisationen «zum Schutz der Luft, des Wassers und des Bodens
gegen chemische und biologische Verseuchung».[393]
Die Umweltpolitik stellte in der Folge in der ganzen Schweiz, und
erst recht im Baselbiet, das dominierende politische Thema der 80er
Jahre dar. Eine wesentliche Rolle spielte dabei das «Waldsterben»,
welches die Diskussion beherrschte, nachdem 1983 bekanntgewor-
den war, dass immer grössere Teile der schweizerischen Wälder an
Vitalität einbüssten oder gar dahinserbelten. Eine noch grössere
Rolle spielte im Baselbiet aufgrund der hohen regionalen Betroffen-
heit der Schock von «Schweizerhalle» im Jahre 1986.

Abwasserreinigung

Im Bereich des Gewässerschutzes kam es zur Vollendung des nach
dem Krieg begonnen Bauprogramms für Abwasserreinigungsanlagen. Zwar waren die Baselbieter Projekte schon fertig gebaut, doch
ein nicht unbeträchtlicher Teil der Basler Vorortsgemeinden liess ihre
Abwässer noch lange ungeklärt auf dem Umweg über die städtische
Kanalisation in den Rhein abfliessen. 1983 kam die lange Leidensge-
schichte um die Basler Kläranlage schliesslich mit der Fertigstellung
der neuen Grosskläranlage zu einem glücklichen Abschluss.[394]
In den frühen 90er Jahren wurden dann die Weichen für eine ganz
neue «Abwasserphilosophie» gestellt.[395] Nachdem die ganze Abwasserreinigung der vergangenen Jahrzehnte auf dem Grundsatz der einheitlichen Behandlung aller «Ab»-Wässer beruht hatte, wurde nun
der Übergang zu einem Trennsystem eingeleitet, bei welchem nur
noch wirklich verschmutzte Wasser wieder gereinigt, die andern aber

392   Année politique suisse 1985, S. 104.
393   Annahme mit 50 137 Ja gegen 26 952 Nein. Vgl. BZ 27.2.1984.
394   Vgl. Zimmermann 1983.
395   BAZ 22.10.1993.

versickert werden sollen. Dieser Systemwechsel wurde dem Kanton vom neuen Gewässerschutzgesetz des Bundes vorgeschrieben. Der Systemwechsel wird allerdings noch grosse Investitionen über Jahrzehnte nach sich ziehen.

Die neue Abfallpolitik führt zu einer Trendwende

Im Jahre 1980 wurde mit den Bauarbeiten für die neue Grossdeponie Elbisgraben begonnen, womit nach den Worten des Regierungsrates «eine neue Aera in der Kehrichtverwertung» eingeleitet wurde.[396] Als die Deponie drei Jahre später in Betrieb genommen werden konnte, bezeichnete die Regierung dies als «Markstein auf dem Wege zur umweltgerechten Abfallbewirtschaftung».[397] Als Fortschritt betrachtete man aber weniger den Elbisgraben selbst, als vielmehr die Tatsache, dass dank ihm sukzessive die 25 bisherigen Deponien geschlossen werden konnten, die weit weniger hohen Anforderungen in bezug auf Hygiene und Überwachung genügten.
Die Deponie Elbisgraben hatte sich während der Planungsphase zu einem Riesenprojekt ausgewachsen, für das 8 Hektaren Wald gerodet und eigene Zufahrtssstrassen erstellt werden mussten. Trotz der riesigen Dimension der Abfallagerstätte erwies sich aber bald, dass diese keineswegs jene langfristige Lösung darstellte, als die sie in der politischen Beratung bezeichnet worden war. Schon nach dem ersten Betriebsjahr zeigte es sich, dass sich die Grube wesentlich schneller füllte, als man angenommen hatte. Eine zweite Bauetappe musste rasch realisiert werden.
Die «deprimierende Entwicklung»[398] der stetig steigenden Kehrichtmengen führte gegen Ende der 80er Jahre dazu, dass man in der Baselbieter Abfallpolitik nach neuen Perspektiven suchen musste. Im Abfallkonzept der Bau- und Umweltschutzdirektion von 1989 wurde der Elbisgraben nur noch in dem Sinne gewürdigt, dass er «damals eine Pionierleistung» dargestellt habe.[399] Angesichts der wachsenden Abfallmengen und der absehbaren Schwierigkeiten diese unterzubringen, folgerte das Konzept: «Bisherige Strategien der ‹Abfallbeseitigung› stossen an Grenzen, sowohl wirtschaftlich wie ökologisch.»[400] Als neue Strategie schlug das Konzept vor, den Akzent vermehrt auf das Vermeiden der Abfälle sowie das Trennen und Sortieren als Voraussetzung zur Verwertung zu setzen. Gleich-

396   AB 1980 S. 5.
397   AB 1983 S. 3.
398   AB 1987.
399   Bau- und Umweltschutzdirektion 1989, S. 2.
400   Ebda.

zeitig forderte das Konzept erneut, den Abfall zu verbrennen, statt zu deponieren. Diese Forderungen fanden Eingang in das kantonale Umweltschutzgesetz von 1991, in dem die Abfallfrage auch darum einen Schwerpunkt bildete, weil die Gesetzgebung des Bundes hier viel Spielraum liess.[401]

In den frühen 90er Jahren kam es in der Abfallwirtschaft zu einer in ihrem Ausmass unerwarteten Trendwende. Als Folge der Einführung von Sackgebühren und wohl auch der Rezession nahm die Kehrichtmenge erstmals seit langer Zeit spürbar ab. Gleichzeitig nahm die Menge der separat gesammelten «Wertstoffe» stark zu.[402] Während in vielen anderen Kantonen die unerwartet abnehmenden Abfallmengen zu teuren Überkapazitäten bei den Verbrennungsanlagen führten, war sie für Baselland von Vorteil. Das Projekt einer eigenen Verbrennungsanlage war nicht zuletzt wegen dieser Entwicklung stark umstritten und wurde in der Volksabstimmung vom Herbst 1993 abgelehnt.

Erfolge bei der Luftreinhaltung

In der Luftreinhaltepolitik erzielte man in den 80er Jahren dank einer verschärften Gesetzgebung auf allen Stufen grosse Erfolge. Allerdings stiess man mit der auf technische Optimierung ausgerichteten Politik auch an Grenzen, die nach zusätzlichen Massnahmen verlangen.

Im Bereich der privaten Hausfeuerungen wurden die Spielräume kantonaler Politik weitgehend ausgenutzt. Der geringere Heizölverbrauch als Folge besserer Raumisolierung wirkte ebenfalls in Richtung einer Verminderung der Schadstoffemissionen der privaten Haushalte. Auch bei der Umsetzung des Lufthygienegesetzes im Bereich der industriellen Emissionen erzielte man Erfolge. Das kantonale Umweltschutzgesetz führte in diesem Bereich mit handelbaren Emissionsgutschriften ein neues Instrument in die Umweltpolitik ein.

Die Initiative ging allerdings im Bereich der Lufthygiene stark auf den Bund über, der mit dem Umweltschutzgesetz von 1985 und der darauf beruhenden Luftreinhalteverordnung neue Massstäbe setzte. Die grösste Wirkung erzielte die verschärfte Politik des Bundes mit dem Erlass neuer Abgasnormen für Motorfahrzeuge, einem Bereich, in dem bisher autonomes kantonales Handeln nicht möglich gewesen war.

---

401   Vgl. Koechlin 1992.
402   StJ BL 1995, S. 157.

Die Massnahmen in den verschiedenen Bereichen führten zu einer markanten Verbesserung der Luftqualität. Die meisten relevanten Luftschadstoffe zeigten seit den mittleren 80er Jahren eine abnehmende Verbreitung. Die Ziele der Luftreinhalteverordnung liessen sich allerdings auch in den 90er Jahren noch nicht erreichen. Zudem tauchte mit dem Ozon als Folgeschadstoff ein neues Problem auf, gegen das man bisher kaum Massnahmen ergriff. Und am Horizont droht mit der sich abzeichnenden Klimaveränderung eine Ausweitung der Emissionsprobleme auf globale Dimensionen.

Energiepolitik

In der Energiepolitik wurden heftige Kontroversen ausgefochten, doch verkleinerten sich die anfänglich grossen Unterschiede zwischen dem Kanton Basel-Landschaft und der Eidgenossenschaft am Ende des Jahrzehntes.
Die auf kantonaler Ebene ergriffenen Massnahmen im Bereich der Wärmedämmung führten in den frühen 80er Jahren zusammen mit der Wirkung der hohen Erdölpreise zu einer Trendumkehr beim Energieverbrauch. Neue Gebäude konnten nun mit wesentlich kleinerem Energieverbrauch geheizt werden als früher. Im Jahre 1991 fand die kantonale Energiepolitik mit der guten Annahme des revidierten Energiegesetzes eine Bestätigung.
Die Kompetenzen in der Energiepolitik liegen aber zum grössten Teil auf Bundesebene, und hier geschah in den 80er Jahren lange sehr wenig. Auch unverbindliche Bekenntnisse zum Energiesparen scheiterten an hartnäckigen Widerständen der betroffenen Interessenverbände. In der Kernenergiepolitik schien auf nationaler Ebene der Wille zu bestehen, das Atomkraftwerk Kaiseraugst gegen den Willen der betroffenen Region durchzusetzen. Eine Wende brachte erst die Katastrophe von Tschernobyl, welche die Stimmung in bezug auf die Atomkraft rasch veränderte. Das Parlament sagte die Konfrontation um Kaiseraugst schliesslich ab.
Im Jahre 1990 sprachen sich die Stimmberechtigten in der Schweiz für ein 10jähriges Moratorium beim Bau von Kernkraftwerken aus und nahmen gleichzeitig einen Energiesparartikel in die Bundesverfassung auf. Seither suchte man unter dem Schlagwort «Energiefrieden» nach einem neuen Konsens in der Energiepolitik. Das Ziel einer Abkoppelung des Energieverbrauchs vom Wirtschaftswachstum konnte bisher allerdings nicht erreicht werden, und in einem Bereich geht der Zuwachs sogar ungebremst weiter: Ein immer grösserer Teil des Energieverbrauchs geht auf das Konto des Motorfahrzeugverkehrs. Als Folge des weiteren Ausbaues der Strasseninfrastruktur ist

eine Trendwende in diesem Bereich weder auf kantonaler noch auf nationaler Ebene in Sicht, es sei denn, ein völlig neuer Typ Fahrzeug käme zum Einsatz.

Ausblick Umweltpolitik

Die 80er Jahre können als das politische Umwelt-Jahrzehnt par excellence bezeichnet werden. Auch im Umweltbereich wurden die Themen in den 80er Jahren nicht neu entwickelt, doch die in den 70er Jahren aufgetauchten Umweltthemen dominierten nun die Politik. Der Höhepunkt des Umweltdiskurses wurde in der Region Basel sicher im Gefolge der Chemiekatastrophe von Schweizerhalle 1986 erreicht, mit der eine neue Dimension der «Risikogesellschaft» schlagartig ins Bewusstsein rückte.

Die Umweltpolitik etablierte sich in den 80er Jahren auch institutionell als Politikbereich und als bedeutende Aufgabe des Kantons. Das bisherige Wasserwirtschaftsamt wurde 1983 in Amt für Umweltschutz und Energie umbenannt, nachdem es längst viele Aufgaben aus diesem Bereich übernommen hatte. Bei der Verwaltungsreorganisation von 1989 ging man mit der Erweiterung der Baudirektion zur Bau- und Umweltschutzdirektion noch weiter und kommentierte dies: «Damit sind die Voraussetzungen geschaffen, die kommenden grossen Umweltschutzvollzugsaufgaben effizient und speditiv anzupacken und zu bewältigen.»[403]

Schwieriger ist die Frage nach der Wirkung der Umweltpolitik der 80er Jahre zu beantworten. Zweifellos sind viele Erfolge zu verbuchen, wovon die markante Trendwende bei der Luftverschmutzung die auffallendste darstellt. Auch kann davon ausgegangen werden, dass die Ökologie heute ein Thema darstellt, dessen Belange bei einer Vielzahl von Entscheiden mitberücksichtigt werden.

Eine entscheidende Wende hin zu einer Ökologisierung der Industriegesellschaft fand hingegen nicht statt. In kaum einem Bereich wurden jene marktwirtschaftlichen Mittel des Umweltschutzes wirklich eingesetzt, über deren Notwendigkeit seit einigen Jahren im Grundsatz ein grosser Konsens besteht.[404] Als Folge der Rezession und der damit verbundenen sozial- und wirtschaftspolitischen Probleme verloren Umweltfragen in den 90er Jahren stark an Bedeutung. Langfristig führt an ihnen aber kein Weg vorbei, doch erweist sich immer stärker, wie beschränkt die Spielräume auf kantonaler Ebene sind, und auch die Umweltpolitik des Bundes wird immer stärker von Entscheiden auf europäischer oder internationaler Ebene geprägt.

403   AB 1989, S. 5.
404   BZ 7.12.1993. Behandlung des Umweltberichtes 92 im Landrat.

Kapitel 12
Zusammenfassende Schlussthesen

Zum Abschluss werden die wichtigsten Aspekte der Arbeit zusammenfassend und nach Jahrzehnten geordnet dargestellt. Die thesenartige Zuspitzung soll auf die bedeutendsten Entwicklungslinien hinweisen.

40er Jahre: Neue Lösungen

In den 40er Jahren war der Wille gross, Lösungen für die Probleme der Vergangenheit zu suchen. Dies galt sowohl für die Bewältigung der speziellen Probleme der Kriegszeit als auch im Hinblick auf die erwartete Nachkriegsentwicklung.

Überwindung der sozialpolitischen Polarisierung

In der unmittelbaren Nachkriegszeit wurden mit der verfassungsmässigen Festlegung der Rolle des Staates in der Wirtschaft und der Schaffung einer solidarischen Alters- und Sozialversicherung die Fundamente des künftigen Sozialstaates Schweiz gelegt. Gleichzeitig wurde im Bereich der industriellen Beziehungen die Sozialpartnerschaft institutionalisiert. Damit fand die Entwicklung eines neuen gesellschaftspolitischen Grundkonsenses ihren Abschluss, die ihren Ausgangspunkt in den 30er Jahren hatte. Sie führte zur Überwindung der sozialpolitischen Polarisierung und legte das Fundament für den wirtschaftlichen Erfolg der folgenden Jahrzehnte.

Schaffung planerischer Gesetzesbestimmungen

Mit der Verankerung von neuartigen Bestimmungen über die Ortsplanung im Baugesetz reagierte man im Kanton Basel-Landschaft primär auf die Probleme der vorstädtischen Zersiedelung, denen im Zusammenhang mit der Wiedervereinigungsfrage politische Brisanz beigemessen wurde. Diese Bestimmungen rutschten ohne politische Auseinandersetzungen in den Gesetzestext hinein, da kaum Vorstellungen über ihre Tragweite bestanden.

Einleitung der ersten Ortsplanungen

Die Einleitung der ersten Ortsplanungen wurde durch die spezielle
Situation während des Krieges begünstigt. Aufgrund der vollmachtenrechtlichen Befugnisse begann die Kantonsverwaltung mit planerischen Arbeiten, welche zunächst vor allem dem Schutz des
Landwirtschaftslandes dienten. Als Folge der Diskussionen über
Landesplanung wuchs aber auch das Bewusstsein für Probleme der
Siedlungsentwicklung, so dass die Regierung eine kantonale Planungsstelle schuf und im Hinblick auf die Nachkriegsentwicklung
eine Reihe von Gemeinden aufforderte, Ortsplanungen einzuleiten.

Versuch einer Regionalplanung

Bezeichnend für die langfristige und grundsätzliche Ausrichtung der
Diskussionen während des Krieges war der von den Planungsstellen
beider Basel unternommene Versuch, mit einem Regionalplan die
Siedlungsentwicklung im vorstädtischen Raum lenken zu können.
Dabei wurden aber die rechtlichen Schwierigkeiten und politischen
Widerstände gegen eine solche Planung stark unterschätzt, wie es in
der ganzen Diskussion über Landesplanung der Fall war.

Kampf der Gewässerverschmutzung

Auch im Bereich der Gewässerverschmutzung reagierte man in den
40er Jahren auf ein seit längerem bekanntes Problem mit einer neuen
Lösung. Auch hier wurden diese zunächst von einem einzelnen Pionier innerhalb der Verwaltung vorangetrieben. Man intensivierte die
Suche nach Abhilfe, weil man als Folge der erwarteten Nachkriegsentwicklung mit sich verschärfenden Problemen rechnete. Zwischen
den Ortsplanungen und der Abwasserreinigung bestand wegen der
nötigen Planung von Kanalisationen eine enge Verbindung.

50er Jahre: Von der Entwicklung überrascht

Vom Ausmass, der Dauer und den Auswirkungen des wirtschaftlichen und bevölkerungsmässigen Wachstums wurde man in den 50er
Jahren überrascht, und man nahm diese Entwicklungen lange nicht
richtig zur Kenntnis. Im Kanton Basel-Landschaft existierten zudem
nicht einmal die einfachsten statistischen Instrumente zur Beobach-
tung der Entwicklung. Während sich die Industrialisierung des Kantons in grossem Tempo fortsetzte und die räumliche Mobilität rasch
zunahm, schien sich die Politik noch in einem geruhsamen Landkanton abzuspielen.

Wahrung des sozialen Friedens

Die wirtschafts- und sozialpolitischen Herausforderungen waren
angesichts von Vollbeschäftigung und wachsenden Einkommen
gering. Die Vorbereitung aktiven staatlichen Handelns für den Fall
einer noch lange erwarteten Rezession stellte ein wichtiges Thema
dar, weil man eine Gefährdung des sozialen Friedens nicht in Kauf
nehmen wollte. Es zeigte sich, dass man mehr auf die Probleme der
Vergangenheit als auf diejenigen der Gegenwart und Zukunft ausgerichtet war.

Sparpolitik und Infrastrukturrückstau

Grosse Zurückhaltung herrschte in bezug auf den Ausbau der Rolle
des Staates in der Gesellschaft, wobei die traditionelle Baselbieter
Sparsamkeit und der neoliberale Zeitgeist in die gleiche Richtung
zielten. Die Folge der übergrossen Zurückhaltung beim öffentlichen
Bau war ein immer grösserer Rückstau im Bereich der Infrastruktur.
Dabei spielte auch die ungelöste Wiedervereinigungsfrage eine Rolle.
Ausserdem glaubte man lange, auf diese Weise Konjunkturpolitik
betreiben zu können.

Pragmatische Entwicklung der Ortsplanungen

Die nach dem Krieg eingeleiteten Ortsplanungen wurden pragmatisch weiterentwickelt und genossen als Ordnungsrahmen der Siedlungsentwicklung grosse Akzeptanz. Ebenso pragmatisch vermochte
man für die wichtige Frage der Baugebietsbegrenzung einigermassen
wirksame Lösungen zu finden, auch wenn die rechtlichen Grundlagen für eine eigentliche Landwirtschaftszone fehlten. In der zweiten
Hälfte des Jahrzehnts suchte man mit dem Bau von Hochhäusern
eine neue Lösung für die Bewältigung der zunehmend dichteren
Bebauung in den Vororten.

Kein Interesse für Regional- und Landesplanung

Keine Fortsetzung fanden in den 50er Jahren die Bemühungen um
regionale oder gar nationale Planung. Ausserdem fehlte in den 50er
Jahren jegliches Interesse für Grundsatzfragen der räumlichen Entwicklung, wie sie in den 40er Jahren ausgiebig diskutiert worden
waren. Dieses Desinteresse kontrastierte mit dem Tempo der tatsächlichen Entwicklung der Siedlungen.

Umweltpolitik ist kein Thema

Mit den Folgen des beschleunigten energie- und ressourcenintensi-
ven Wachstums war man in den 50er Jahren noch wenig konfrontiert.
Einzig im Bereich des Gewässerschutzes wurden die Lösungsansätze
der 40er Jahre weiterverfolgt und gesetzlich festgelegt, ohne dass
man sich mit der Umsetzung besonders beeilte. Bei der Kehrichtentsorgung zeigte sich zwar eine Verschärfung der bisherigen Probleme,
doch wurde diese höchstens von den Experten zur Kenntnis genommen, da der Abfall in unzähligen Deponien abgelagert werden
konnte.

60er Jahre: Wachstumsrausch und Wachstumsprobleme

In den 60er Jahren stellten Wachstum und Wachstumsbewältigung
die wichtigsten politischen Themen dar. Einerseits war das Wachstum wichtigstes Ziel und Bezugspunkt aller Prognosen, andererseits
manifestierten sich immer mehr unerwünschte Folgeerscheinungen
dieses Wachstumskurses. Es herrschte aber der optimistische Glaube,
die Probleme mit verstärkter Planung unter Kontrolle zu behalten.

Anzeichen einer Modernisierungskrise

Im Verlauf des aussergewöhnlich starken konjunkturellen Auftriebs
zu Beginn der 60er Jahre breitete sich eine Unzufriedenheit aus, die
sich auf die Wachstumsfolgeerscheinungen Inflation, Bodenspekulation und «Überfremdung» bezog. Diese Anzeichen wurden
aufmerksam registriert und als Vorboten einer sozialpolitischen
Destabilisierung interpretiert. Die Anzeichen einer kleinen Modernisierungskrise verschwanden bald wieder, wenn auch die fremdenfeindliche Bewegung gegen Ende des Jahrzehntes erneut stark
anwuchs. Mit dem beschleunigten Ausbau der sozialen Sicherheit,
den anhaltend hohen Reallohnsteigerungen und der nachgerade
selbstverständlichen Vollbeschäftigung waren die Grundlagen des
gesellschaftlichen Wachstumskonsenses noch intakt.

Rascher Infrastrukturausbau

In der Gewissheit weiteren Wachstums wurde im Kanton Basel-
Landschaft in den 60er Jahren das traditionelle Verständnis des sparsamen und zurückhaltenden Staates durch dasjenige eines modernen
Leistungsstaates abgelöst. Jetzt holte man den in den 50er Jahren
verzögerten Infrastrukturausbau nach. Allerdings erkannte man die

daraus erwachsenden finanziellen Belastungen erst spät, und alle Versuche scheiterten, die Steuern wieder zu erhöhen. Aus der zur Koordination der Bauvorhaben nötigen Finanzplanung entwickelte sich im Kanton Basel-Landschaft mit dem «Leitbild Baselland» der Versuch einer gross angelegten Entwicklungsplanung.

Ortsplanung als Wachstumsplanung

Bei den Ortsplanungen lag der Akzent in den 60er Jahren noch stärker beim Wachstum als bisher. Überall wurden die Bauzonen im Hinblick auf das erwartete und erwünschte langfristige Wachstum dimensioniert. Ein neuer Schwerpunkt lag nun bei den Quartierplanungen, mit denen insbesondere der Bau von eigentlichen Grossiedlungen vorangetrieben wurde.

Wiederentdeckung der Regionalplanung

In den 60er Jahren wurde die Planung ganz allgemein als Instrument der Wachstumspolitik entdeckt. Ohne Planung auf übergeordneter Ebene glaubte man die überall anstehenden Koordinationsprobleme nicht mehr lösen zu können, ausserdem wurde die Verknappung des Bodens zum Thema. Im Kanton Basel-Landschaft begann man deshalb mit dem Aufbau der gesetzlichen und organisatorischen Grundlagen für eine kantonale Regionalplanung.

Staatliche Eingriffe gegen verschärfte Umweltprobleme

Umweltprobleme fanden zwar in den 60er Jahren immer noch wenig Beachtung, sie gewannen aber im Verlauf des Jahrzehntes an Bedeutung. Ihre Bekämpfung wurde zunehmend als Aufgabe des Staates angesehen, was vor allem im Bereich der Lufthygiene neu war. In die Abwasserreinigung investierte der Kanton zu dieser Zeit grosse Summen, während er im Bereich der Kehrichtentsorgung aufgrund konzeptioneller Unsicherheiten noch zögerte.

70er Jahre: Wendezeit der Wachstumsgesellschaft

In bezug auf Wachstum und Wachstumsbewältigung stellten die 70er Jahre eine ausgesprochene Wendezeit dar. Einerseits wurde die Notwendigkeit weiteren Wachstums in Frage gestellt, andererseits kam es im Verlauf dieses Jahrzehntes zu einem abrupten Ende des bisherigen Wachstumspfades im Bereich der Wirtschaft wie auch bei der Bevölkerungsentwicklung.

Ende der Infrastruktur-Aufholjagd

Noch mitten in der Hochkonjunktur hatten sich Einnahmen und
Ausgaben des Kantons immer weiter auseinanderentwickelt. Den
Weg einer verstärkten Kreditfinanzierung wollte die Regierung nicht
noch weiter beschreiten, deshalb warf sie das Steuer herum und reduzierte das Bauprogramm. Als Folge der mehrfach revidierten Bevölkerungsprognosen wurde bald auch der Infrastrukturbedarf wesentlich tiefer eingeschätzt als ursprünglich angenommen. Die Phase des
nachholenden Ausbaus der kantonalen Infrastruktur war vorüber.

Sparpolitik domiert auch in der Krise

Während die erste Hälfte des Jahrzehntes noch im Zeichen der Konjunkturdämpfung stand, veränderte die Rezession im Jahr 1975 die
Verhältnisse radikal. Man aktivierte zwar zunächst die traditionellen
Vorstellungen über Krisenbekämpfung, diese gerieten aber bald mit
den finanziellen Restriktionen in Konflikt. Ausserdem verbreiteten
sich genau in dieser Situation neue wirtschaftspolitische Vorstellungen, die konjunkturpolitische Zurückhaltung verlangten. Die kantonale Politik wurde als Resultat dieser Entwicklungen von einer
zunehmend rigider werdenden Sparpolitik dominiert. Diese entsprach der gesamtschweizerischen Entwicklung, die politisch nur
durchsetzbar war, weil durch das Abschieben von grossen ausländischen Bevölkerungsteilen die ausgewiesene inländische Arbeitslosigkeit niedrig blieb.

Bremsversuche gegen die Zersiedlung

In den frühen 70er Jahren rückte die Besorgnis über die zunehmende
Zersiedlung des Landes in den Vordergrund. Sowohl der Kanton wie
etwas später auch der Bund intervenierten mit dringlichen Beschlüssen, um die Gemeinden an der weiteren Ausdehnung ihrer Baugebiete zu hindern. Die Raumplanungspolitik wurde in den ganzen
70er Jahren vom Wunsch nach Bewahrung des Bestehenden dominiert, und im Kanton Basel-Landschaft wurden verschiedene politische Entscheidungen in diesem Sinn gefällt.

«Grenzen des Wachstums» als Thema der Umweltpolitik

Die «Grenzen des Wachstums» stellten eines der dominierenden
Themen des Jahrzehnts dar, was sich insbesondere auch in der überhaupt erst als solcher entdeckten Umweltpolitik zeigte. Die Motive

reichten dabei von der Sorge über die wachsenden Kosten der bisherigen Entsorgungspolitik bis zu grundsätzlichen zivilisationskritischen Wünschen nach einer Umkehr. Im Kanton Basel-Landschaft vermochten neue Oppositionsbewegungen Zweckallianzen mit anderen Interessengruppen einzugehen oder an Bewegungstraditionen anzuknüpfen und so erfolgreich zu operieren. Dies führte dazu, dass Basel-Landschaft in den 70er Jahren in den Bereichen Raumplanung, Umwelt- und Energiepolitik eine gegenüber grossen Teilen der Schweiz progressivere Entwicklung aufwies.

80er Jahre: Eine Übergangszeit

Die 80er Jahre enthielten Elemente einer verkürzten Wiederholung der Hochkonjunkturjahre, sie wurden aber gleichzeitig stark geprägt durch die politischen Themen aus den 70er Jahren.

Ein kurzer Boom

Trotz eher pessimistischer Perspektiven folgte auf eine kurze Rezession zu Beginn der 80er Jahre eine längere Hochkonjunkturphase. In dieser traten sehr viele Erscheinungen auf, die an die Zeit vor 1975 erinnerten: Breitenwachstum der Industrie, neue Einwanderungswellen unqualifizierter Arbeitskräfte, spekulativer Boom im Baugewerbe. Allerdings zeigte sich eine zunehmende Diskrepanz zwischen der in einem scharfen internationalen Wettbewerb stehenden Exportindustrie und der noch stark abgeschotteten Binnenwirtschaft.

Unerwartete Überschussjahre

Nach Jahren einer trotz rigorosen Sparpolitik defizitären Staatsrechnung erfolgte 1983 eine überraschende Wende und während einiger Jahre wurden grosse Überschüsse erzielt und Schulden abgezahlt. Die Ausgaben wurden niedrig gehalten, erst gegen Ende des Jahrzehntes stiegen die Investitionen stark an. Ausgabenwachstum, Steuerreduktionen und die Auswirkungen der Rezession führten in den 90er Jahren zu erneuten Defiziten und zu einer stärkeren Diskussion über finanzpolitische Grundsatzfragen.

Nachlassender Elan in der Raumplanungspolitik

In der Raumplanung wurden die Themen durch die Vorgaben aus den 70er Jahren gesetzt. Bei ihrer Umsetzung zeigten sich grosse Unterschiede. Die Ziele wurden erreicht, soweit sie mit raumplaneri-

schen Instrumenten im engeren Sinn umgesetzt werden konnten, wie
im Fall der im kantonalen Landschaftsplan angelegten Rückzonungen. Wo Raumplanung im Sinne einer Querschnittsaufgabe übergeordnete Ziele vorgab, scheiterte sie an der Widersprüchlichkeit der
verschiedenen Politikbereiche und am mangelnden politischen Willen. Die Entwicklung der motorisierten Pendlerströme konnte nicht
gebremst werden, da sich die Entmischungsprozesse zwischen Stadt
und Umland weiter fortsetzten.

Das Umweltjahrzehnt

Die Umweltpolitik stellte das dominierende politische Thema der
80er Jahre dar, und der Kanton Basel-Landschaft profilierte sich im
schweizerischen Kontext weiterhin als Vorreiter. In der Umweltpolitik erreichte man mit technischen Massnahmen zahlreiche Ziele, eine
Wende zu einer Ökologisierung der Industriegesellschaft fand hingegen nicht statt. Mit der wirtschaftlichen und sozialen Krise der 90er
Jahre verloren die Umweltanliegen ihre dominierende Bedeutung.

Anhang

Abkürzungsverzeichnis

AB	Amtsbericht des Regierungsrates BL
ABl	Amtsblatt des Kantons Basel-Landschaft
AS	Amtliche Sammlung des Bundesrechts
AZB	Abend-Zeitung Basel
BaZ	Basler Zeitung
BB	Baselbieter (Zeitung)
BD	Baudirektion BL
BGE	Bundesgerichtsentscheid
BHB	Baselbieter Heimatbuch
BN	Basler Nachrichten
BRB	Bundesratsbeschluss
BVb	Basler Volksblatt
BZ	Basellandschaftliche Zeitung, Liestal
GS BL	Gesetzessammlung für den Kanton BL
HK	Heimatkunde
KB BL	Basellandschaftliche Kantonalbank, Geschäftsberichte
LR	Landrat BL
LRB	Landratsbeschluss
LS	Landschäftler, Liestal
NoZ	Nordschweiz/Basler Volksblatt, Basel
NZ	Nationalzeitung, Basel
NZZ	Neue Zürcher Zeitung
RR	Regierungsrat BL
RRB	Regierungsratbeschluss
StA BL	Staatsarchiv BL
StJ BL	Statistisches Jahrbuch des Kantons BL
StJ CH	Statistisches Jahrbuch der Schweiz
TA	Tages-Anzeiger
Tat	Die Tat
VR	Volksrecht
WW	Weltwoche

Bibliographie

Ungedruckte Quellen

Staatsarchiv Basel-Landschaft

Bau A 6, Regional- und Landesplanung.
Bau A 6.2, Baugesetz 1941.
Bau A7/A8, Zonenpläne.
Bau A 10, Abwasser.
B 2, Protokolle des Landrates.
Landeskanzlei, Vorlagen des Landrates.
Landeskanzlei 00.20 Nr. 244 Spezialkommission Baugesetz 1967.

Archiv des Amtes für Orts- und Regionalplanung BL (AOR)

Verschiedene Akten zu Ortsplanung (geordnet nach Gemeinden)

Gedruckte Quellen

Amt für Gewerbe, Handel und Industrie: Konjunkturpolitischer Lagebericht. Liestal 1977.
Amt für Orts- und Regionalplanung: Koordinationsplan Kanton Basel-Landschaft. Liestal 1987.
Amtliche Sammlung der Bundesgesetze und Verordnungen der Schweizerischen Eidgenossenschaft. Bern. (AS)
Amtliche Sammlung von Entscheiden des Schweizerischen Bundesgerichts. Lausanne. (BGE)
Amtsbericht des Regierungsrates an den Landrat über die Betriebsführung im Jahre .... Liestal. (AB)
Amtskalender Kanton Basel-Landschaft. Liestal.
Arnold Wilhelm; Trüdinger Paul: Regionalplan Basel-Stadt und Baselland. Liestal 1945.
Basellandschaftliche Kantonalbank: Geschäftsbericht für das Jahr.... Liestal. (KB BL)
Bau- und Umweltschutzdirektion BL: Bericht über die Abfallbewirtschaftung im Kanton BL (Abfallkonzept). Liestal 1989.
Baudirektion BL/Kantonale Planungsstelle: Gesamtüberbauungen. Eine Orientierung für Gemeinden und Private. Liestal 1960.
Baudirektion/Planungsstelle BL: Gesamtüberbauungen. Baselland auf dem Weg zur Quartierplanung. Liestal 1965.
Baudirektion/Wasserwirtschaftsamt BL: Bau- und Finanzplan 1969–1973. Liestal 1968.
Baudirektion/Wasserwirtschaftsamt BL: Leitbild als Grundlage für die Feststellung des Finanzbedarfs und für die Ausarbeitung neuer Finanzierungsvorschläge. Zeitabschnitt 1969–1995. Liestal 1968.
Baudirektion BL, Abteilung Wirtschaft und Verkehr: Standort eines 5. Gymnasiums im Kanton Basel-Landschaft im Raume Sissach. Entwicklung der Real-, Progymnasial- und Gymnasialschülerzahlen im Kanton Basel-Landschaft. Liestal 1972.
Baudirektion/Erziehungsdirektion BL: Schulraumplanung. Unter- und Mittelstufe Baselland. Liestal 1976 .
Baudirektion/Erziehungsdirektion BL: Schulraumplanung. Gymnasien Baselland. Bezeichnung der Schulraumplanung Gymnasien Baselland als Teilbereich des Regionalplanes öffentliche Werke und Anlagen, Liestal 1977.

Baudirektion BL für die Regierungen BS und BL: Regio Wirtschaftsstudie Nordwestschweiz: Von der Analyse zur Politik. Dokumentation zur Leuenberger Tagung vom 14.4.1980. Liestal 1980.

Bericht des Preisgerichtes zum allgemeinen Projekt-Wettbewerb zur Erlangung von Entwürfen für den Neubau von Verwaltungsgebäuden des Kantons Basellandschaft auf dem Gutsmattareal in Liestal. Liestal 1948.

Bundesamt für Statistik (Hg.): Statistisches Jahrbuch der Schweiz. (StJ CH).

Bundesamt für Statistik: Langfristige Reihen der Nationalen Buchhaltung der Schweiz Haupttabellen 1948–1990. Detailtabellen und Konti 1970–1990. Bern 1992.

Bundesamt für Wohnungswesen (Hg.): Perspektiven des Wohnungsbedarfs 1995 in der Region Basel, Liestal 1988.

Gesetzessammlung für den Kanton Basel-Landschaft. (GS BL).

Informationskommission der Initianten Globus und Rheinbrücke: Hülften. Information über das geplante Einkaufszentrum. Frenkendorf 1973.

Institut für Orts- Regional- und Landesplanung der ETH Zürich (Hg.): Landesplanerische Leitbilder der Schweiz. Zürich 1969.

Kantonales Tiefbauamt Baselland: Leitbild für die Erarbeitung eines Investitionsprogrammes für die Verkehrs- und Wasserbauten des Kantons Baselland. Entwurf. Liestal 1967.

Paritätische Fachkommission für Spitalfragen: Spitalkonzeption in der Region Basel. Liestal/Basel 1968.

Planungsamt BL: Regionalplanung Kanton Baselland. 1. Bericht Teile A und B (Text und Abbildungen). Liestal 1968.

Planungsteam Kantonsspital Liestal: Bericht an den Regierungsrat zur Gesamt- und Ausbauplanung des Kantonsspitals Liestal. Liestal 1976.

Regierungsrat des Kantons Basel-Landschaft: Regierungsprogramm 1974–1978. Liestal 1973.

Regierungsrat des Kantons Basel-Landschaft: Regierungsprogramm 1980–1984. Liestal 1979.

Regierungsrat des Kantons Basel-Landschaft: Regierungsprogramm 1985–1989. Liestal 1984.

Regionalkonferenz der Regierungen der Nordwestschweiz: Generelles Landschaftskonzept Nordwestschweiz. Liestal 1976.

Regionalplanung beider Basel: Bericht über die Planung des öffentlichen Verkehrs im Kanton Basel-Landschaft (Sanierungsprogramm). Liestal 1971.

Regionalplanung beider Basel: Landesplanerische Leitbilder. Folgerungen für die Region Basel. Tagung der Regionalplanungskommission beider Basel am 27.9.1972. Liestal 1972.

Regionalplanung beider Basel: Bevölkerungsprognose für die Kantone Basel-Stadt und Basel-Landschaft 1970–1990. Liestal 1973.

Regionalplanung beider Basel: Provisorische Schutzgebiete Kanton Basel-Landschaft. Liestal 1973.

Regionalplanung beider Basel: Bevölkerungsprognose BS+BL Nr. 3. 1975–1995. Liestal 1976.

Regionalplanung beider Basel: Raumordnungskonzept beider Basel. Entwurf. Liestal 1977.

Regionalplanung beider Basel: Energieleitbild beider Basel. Liestal 1977.

Regionalplanung beider Basel: Regionalplan Landschaft beider Basel. Erläuterungsbericht. Liestal 1977.

Regionalplanung beider Basel: Die Entwicklung der Pendler-Bewegungen in der Region Basel. Liestal 1978.

Regionalplanung beider Basel: Einkaufszentren in Baselland – wo und wie gross. Referate der Tagung der Baudirektion Basellandschaft vom 12.9.1979. Liestal 1980.

Regionalplanung beider Basel: Ziele der Raumordnung beider Basel. Liestal 1980.

Sanitätsdirektion BL: Planung der zweiten Phase der Förderung der öffentlichen und privaten Krankenpflege. Liestal 1971.

Sanitätsdirektion BL: Kantonsspital Bruderholz. Symposium über Fragen des öffentlichen Gesundheitswesens anlässlich der Übergabe des Kantonsspitals Bruderholz. Liestal 1973.

Sanitätsdirektion BL: Alterspflege. Leitbild Baselland. Bezeichnung des Leitbildes Alterspflege als Teilbereich des Regionalplanes öffentliche Werke und Anlagen. Liestal 1975.

Statistisches Jahrbuch des Kantons Basel-Landschaft. Hg. vom Statistischen Amt BL, Liestal. (StJ BL)

Statistisches Amt BL: Bevölkerungsbewegung 1975. Mit Rückblick auf die Periode 1961–1975. Statistische Mitteilungen Nr. 100. Liestal 1976.

Statistisches Amt BL: Grundbesitzerwechsel 1950–1978. Statistische Mitteilungen Nr. 120. Liestal 1981.

Periodika

Abend-Zeitung Basel (AZB).
Année politique suisse. Schweizerische Politik im Jahr ... Hg. von der Forschungsstelle für schweizerische Politik an der Universität Bern.
Baselbieter, (BB).
Baselbieter Heimatbuch (BHB).
Basellandschaftliche Zeitung, (BZ).
Basler Nachrichten (BN).
Basler Stadtbuch (BasS).
Basler Volksblatt (BVb).
Basler Zeitung (BaZ).
Die Tat.
DISP, Dokumente und Informationen zur Orts-, Regional und Landesplanung, Hg. vom ORL-Insititut der ETH Zürich.
Landschäftler (LS).
Finanz und Wirtschaft.
Hochparterre.
Neue Zürcher Zeitung (NZZ).
Nordschweiz (NoZ).
Nationalzeitung, Basel (NZ).
Plan, Schweizerische Zeitschrift für Landes-, Regional- und Ortsplanung. Offizielles Organ der Schweizerischen Vereinigung für Landesplanung, Solothurn, ab 1944.
Schweizerische Bauzeitung (SBZ), Organ des SIA, Seit 1979: Schweizer Ingenieur und Architekt, Solothurn.
Schweizerisches Jahrbuch für politische Wissenschaft (SJPW).
Volksrecht (VR).
Weltwoche (WW).
Werk, Bauen+Wohnen, Offizielles Organ des Bundes Schweizer Architekten, Zürich.

Literatur

Abegg, Heinrich: Die Lösung der Spitalbaufrage im Kanton Basel-Landschaft, in: Der Neubau des Kantonsspitals in Liestal 1957–1964. Hg. vom Regierungsrat BL. Liestal 1966.
Angelini Terenzio; Gurtner Peter: Wohnungsmarkt und Wohnungspolitik in der Schweiz. Bern 1978.
Arnold Wilhelm: Die organisatorischen Vorkehrungen in Kanton und Gemeinden, in: Verwaltungskurs Planung der Hochschule St. Gallen 1952.
Auer Felix: Baselland – Durchgangsland einst und jetzt, in: Beiträge zur Entwicklungsgeschichte des Kantons Basel-Landschaft. Hg. von der Basellandschaftlichen Kantonalbank. Liestal 1964.
Auer Felix: Der Staatshaushalt des Kantons Basel-Landschaft, in: Beiträge zur Entwicklungsgeschichte des Kantons Basel-Landschaft. Hg. von der Basellandschaftlichen Kantonalbank. Liestal 1964.
Auer Felix: Baselland nach der Reichtumssteuer. Liestal 1973.
Auer Felix; Vogel Rupert: 1969: Dem 4xNein entgegen, in: Baselland bleibt selbständig. Von der Wiedervereinigungsidee zur Partnerschaft, Hg. Stiftung für Baselbieter Zeitgeschichte. Liestal 1985.
Ballmer Adolf: Die gewerbliche und industrielle Gütererzeugung im Wandel der Zeiten, in: Beiträge zur Entwicklungsgeschichte des Kantons Basel-Landschaft. Hg. von der Basellandschaftlichen Kantonalbank. Liestal 1964.
Ballmer Meinrad: 's Baselbiet. Liestal 1991.
Baselland bleibt selbständig. Von der Wiedervereinigungsidee zur Partnerschaft, Hg. Stiftung für Baselbieter Zeitgeschichte. Liestal 1985.
Bergier Jean-François: Die Wirtschaftsgeschichte der Schweiz. Von den Anfängen bis zur Gegenwart. Zürich 1983.
Bernegger Michael: Die Schweiz unter flexiblen Wechselkursen. Synthese der Forschungsergebnisse des Nationalen Forschungsprogrammes Nr. 9. Bern 1988.
Binswanger Hans Christian (Hg.): Eigentum und Eigentumspolitik. Ein Beitrag zur Totalrevision der Bundesverfassung. Zürich 1978.

Birkner Othmar: Liestal und der Eisenbahnbau aus städtebaulicher Sicht, in: BHB 15, 1986.

Bischoff Karl: Das fakultative Finanzreferendum, in: BHB, 1977.

Blanc Jean-Daniel: Die Stadt – ein Verkehrshindernis? Leitbilder städtischer Verkehrsplanung und Verkehrspolitik in Zürich 1945–1975. Zürich 1993.

Blanc Jean-Daniel: Planlos in die Zukunft? Zur Bau- und Siedlungsgeschichte der 50er Jahre, in: Blanc Jean-Daniel; Luchsinger Christine (Hg.): Achtung: die 50er Jahre! Annäherungen an eine widersprüchliche Zeit. Zürich 1994.

Blocher Christoph: Die Funktion der Landwirtschaftszone und ihre Vereinbarkeit mit der schweizerischen Eigentumsgarantie. Zürich 1972.

Blum Roger et al.: Baselland unterwegs. 150 Jahre Kanton-Basel-Landschaft. Katalog einer Ausstellung. Liestal 1982.

Blum Roger: Der mühevolle Weg zum Partnerschaftsartikel 1969–1974, in: Baselland bleibt selbständig. Von der Wiedervereinigungsidee zur Partnerschaft, Hg. Stiftung für Baselbieter Zeitgeschichte. Liestal 1985.

Brassel Ruedi; Schiavi Rita: Kämpfend in den Arbeitsfrieden. Zur Streikwelle in der unmittelbaren Nachkriegszeit, in: Arbeitsfrieden – Realität eines Mythos. Zürich 1987. (Widerspruch-Sonderband).

Braun Rudolf: Sozio-kulturelle Probleme der Eingliederung italienischer Arbeitskräfte in der Schweiz. Erlenbach-Zürich 1970.

Briner Hans J.: REGIO Basiliensis – ein neuzeitlicher Versuch interkantonaler Zusammenarbeit, in: Die Schweiz. Jahrbuch der Neuen Helvetischen Gesellschaft. 1965.

Brüggemeier Franz-Josef; Rommelspacher Thomas (Hg.): Besiegte Natur. Geschichte der Umwelt im 19. und 20. Jahrhundert. München 1987.

Bucher Hermann: Das Rheinkraftwerk bei Birsfelden, in: BHB 6. Liestal 1954.

Bugmann Erich: Werdende Raumplanung in der Schweiz. Eine Einführung in Entwicklung und Einsatz des Planungsinstrumentariums. St. Gallen 1988.

Burckhardt Lucius et al.: achtung: Die Schweiz. Ein Gespräch über unsere Lage und ein Vorschlag zur Tat. Basel 1955.

Burckhardt Lucius: Gedanken zur Regionalplanung im Kanton Basel-Landschaft, in: Beiträge zur Entwicklungsgeschichte des Kantons Basel-Landschaft. Hg. von der Basellandschaftlichen Kantonalbank. Liestal 1964.

Burckhardt Lucius (Hg.): Öffentlichkeit und Landesplanung. Zürich 1970.

Burckhardt Lucius: Die Kinder fressen ihre Revolution. Wohnen – Planen – Bauen – Grünen. Köln 1985.

Burkhart Urs et al.: Heimatkunde Frenkendorf. Liestal 1986.

Bussmann Werner: Gewässerschutz und kooperativer Föderalismus in der Schweiz. Bern 1981.

Cappus Hans: Der Wohnungsbau im Kanton Baselland, 1950–60. Basel 1963.

Carol Hans; Werner Max: Städte – wie wir sie wünschen. Ein Vorschlag zur Gestaltung schweizerischer Grossstadt-Gebiete dargestellt am Beispiel von Stadt und Kanton Zürich. Zürich 1949.

Christen Walter: Der subventionierte Wohnungsbau im Kanton Baselland von 1942–1949. Basel 1952.

Dejung Christoph: Schweizer Geschichte seit 1945. Frauenfeld 1984.

Deppeler Rolf: Die Entwicklung des Bildungswesens, in: Gruner Erich (Hg.): Die Schweiz seit 1945. Beiträge zur Zeitgeschichte. Bern 1971.

Diserens Daniel: Ängste und Hoffnungen in der Argumentation der Schweizerischen Wirtschaftspolitik unter besonderer Berücksichtigung der Finanzordnung und der Stabilisierungspolitik auf Bundesebene von 1933 bis 1984. Bern 1988.

Dufner Peter: Die Entwicklung der Industrie- und Bevölkerungsagglomeration Basel 1945–1961. Grundlagenstudie für eine Regionalplanung. Basel 1964.

Enderle Urs: Die Mietpreispolitik des Bundes von 1936 bis 1967. Zürich 1969.

Epple Peter: Regionalplan «Landschaft» beider Basel. Natur- und Landschaftsschutz, in: BHB 13, 1971.

Epple-Gass Ruedi: Baselland – Teil des Dreyecklands, in: BHB 18, 1991.

Epple-Gass Ruedi: Basel-Landschaft in historischen Dokumenten. 4. Teil: Eine Zeit der Widersprüche 1915–1945. Liestal 1993.

Expertengruppe Wirtschaftslage: Lage und Probleme der schweizerischen Wirtschaft. Gutachten, Bern 1977.

Fischer Georges: Die Entwicklung der kantonalen Volkswirtschaften seit 1965. Bern 1981.

Frey René L. (Hg.): Shopping Centers in der Region Basel. Stellungnahme zu zwei Projekten. Ausgearbeitet von Ökonomiestudenten der Universität Basel. Basel 1973.

Frey René L: Von der Land- zur Stadtflucht. Bestimmungsfaktoren der Bevölkerungswanderung in der Region Basel. Bern 1981.

Frey René L.: Basel in der Region, in: Burckhardt, Lukas et al. (Hg.): Das politische System Basel-Stadt. Geschichte, Strukturen, Institutionen, Politikbereiche. Basel 1984.

Frey, René L.: Städtewachstum – Städtewandel. Eine ökonomische Analyse der schweizerischen Stadtagglomerationen. Basel 1990.

Furrer Rosmarie: 10 Jahre Wirtschaftsförderung Baselland, in: BHB 18, 1991.

Ganz Martin: Nonkonformes von vorgestern: «achtung die Schweiz», in: Bilder und Leitbilder im sozialen Wandel. Hg. vom Schweizerischen Sozialarchiv. Zürich 1991.

Gilg Peter; Hablützel Peter: Beschleunigter Wandel und neue Krisen (seit 1945), in: Geschichte der Schweiz – und der Schweizer. Bd. 3, Basel 1983.

Ginsburg Theo: Energiepolitik von unten, in: Dahinden Martin (Hg.): Neue soziale Bewegungen – und ihre gesellschaftlichen Wirkungen. Zürich 1987.

Gisler Johanna: Leitbilder des Wohnens und sozialer Wandel: 1936–1965, in: Bilder und Leitbilder im sozialen Wandel. Hg. vom Schweizerischen Sozialarchiv. Zürich 1991.

Grieder Fritz: Glanz und Niedergang der Baselbieter Heimposamenterei im 19. und 20. Jahrhundert. Ein Beitrag zur wirtschaftlichen, sozialen, kulturellen und politischen Geschichte von Baselland. Liestal 1985.

Gruner Erich (Hg.): Die Schweiz seit 1945. Beiträge zur Zeitgeschichte. Bern 1971.

Gruner Erich; Hertig Hans Peter: Der Stimmbürger und die «neue Politik». Bern 1983.

Haerri Franz: Die Basellandschaftlichen Rheinhäfen Birsfelden und Au, in: BHB 14, 1981.

Hafen Hans: Ein Vierteljahrhundert Gymnasialbildung im Kanton Basel-Landschaft, in: BHB 17, 1989.

Hagen Petra: Städtebau im Kreuzverhör. Max Frisch zum Städtebau der fünfziger Jahre. Baden 1986.

Handbuch der schweizerischen Volkswirtschaft. Hg. von der Schweizerischen Gesellschaft für Statistik und Volkswirtschaft, Bern 1955.

Haug Werner: «... und es kamen Menschen». Ausländerpolitik und Fremdarbeit in der Schweiz 1914–1980. Basel 1980.

Herlyn Ulfert (Hg.): Neubausiedlungen der 20er und 60er Jahre. Ein historisch-soziologischer Vergleich. Frankfurt 1987.

Hintermann Kurt: Zur Kulturgeographie des oberen Baselbietes. Liestal 1966.

Höpflinger François: Bevölkerungswandel in der Schweiz. Zur Entwicklung von Heiraten, Geburten, Wanderungen und Sterblichkeit. Grüsch 1986.

Hornberger Klaus Dieter: Interdependenzen zwischen Stadtgestalt und Baugesetz. Zürich 1980.

Hotz Beat: Die Nachkriegsentwicklung von Wirtschaft und Gesellschaft als Zwang zur Planung staatlicher Problemlösungen, in: Linder Wolf et al.: Planung in der Schweizerischen Demokratie. Bern 1979.

Hotz Beat: Kantonale Wirtschaftspolitik, in: Linder Wolf et al.: Planung in der Schweizer Demokratie. Bern 1979.

Huber Benedikt: Der Wandel der Zielvorstellungen der schweizerischen Stadtplanung 1900–1979, in: Urbanisierungsprobleme in der 1. und der 3. Welt. Festschrift für W. Custer. Zürich 1979.

Imboden Max: Helvetisches Malaise. Zürich 1964.

Jenni Paul: Bildungs- und Kulturpolitik in den Jahren 1975–1987, in: BHB 16, 1987.

Kaelble Hartmut (Hg.): Der Boom 1948–1973. Gesellschaftliche und wirtschaftliche Folgen in der Bundesrepublik und in Europa. Opladen 1992.

Kantonales Arbeitsamt BL, 75 Jahre Abeitsamt 1913–1988. Liestal 1988.

Klaus Fritz: 50 Jahre Verband der Industriellen von Baselland 1919–1969. Liestal 1969.

Kleinewefers Heiner: Inflation und Inflationsbekämpfung in der Schweiz. Frauenfeld 1976.

Kleinewefers Heiner et al.: Die schweizerische Volkswirtschaft. Eine problemorientierte Einführung in die Volkswirtschaftslehre. Frauenfeld (4. Auflage) 1993.

Kneschaurek Francesco; Meier P.: Der sektorale Strukturwandel in der Schweiz von 1960 bis 1980. Diessenhofen 1983.

Koch Michael: Städtebau in der Schweiz 1800–1990. Entwicklungslinien, Einflüsse und Stationen. Zürich 1992.

Koechlin Dominik: Die neuen Umweltschutzgesetze von Basel-Stadt und Baselland, in: BasS 1992.

König Mario: Auf dem Weg in die Gegenwart – Der Kanton Zürich seit 1945, in: Geschichte des Kantons Zürich Bd. 3. Zürich 1994.

Kreis Georg: Basel in den Jahren 1945 bis 1970, in: Burckhardt, Lukas (Hg.): Das politische System Basel-Stadt. Geschichte, Strukturen, Institutionen, Politikbereiche. Basel 1984.

Kriesi Hans-Peter: Politische Aktivierung in der Schweiz 1945–1978. Diessenhofen 1981.

Laubscher Otto: Die Basellandschaftlichen Gemeinden, in: BHB 14, 1981.

Leimgruber Walter: Studien zur Dynamik und zum Strukturwandel der Bevölkerung im südlichen Umland von Basel. Basel 1972.

Lejeune Leo: Wandel und Wachstum der Schulen im Kanton Basel-Landschaft. (1959 – 1972), in: BHB 12, 1973.

Lendi Martin; Elsasser Hans: Raumplanung in der Schweiz. Eine Einführung. Zürich 1986.

Levy René; Duvanel Laurent: Politik von unten. Bürgerprotest in der Nachkriegszeit. Basel 1984.

Linder Wolf et al.: Planung in der schweizerischen Demokratie. Bern 1979.

Linder Wolf: Entwicklung, Strukturen und Funktionen des Wirtschafts- und Sozialstaates in der Schweiz, in: Handbuch politisches System der Schweiz Bd. 1. Bern 1984.

Linder Wolf: Vom Einfluss neuer Bewegungen auf die institutionelle Politik, in: Dahinden Martin (Hg.): Neue soziale Bewegungen – und ihre gesellschaftlichen Wirkungen. Zürich 1987.

Loeliger Ernst: Spitalbau in Baselland, in: BHB 12, 1973.

Loelinger Ernst: Anfänge der Zusammenarbeit mit Basel, in: Baselland bleibt selbständig. Von der Wiedervereinigungsidee zur Partnerschaft, Hg. Stiftung für Baselbieter Zeitgeschichte. Liestal 1985.

Löw Thomas: Basler Flugplatzwirren 1930–1945. Liz Basel 1989.

Luchsinger Christine: Sozialstaat auf wackligen Beinen. Das erste Jahrzehnt der AHV, in: Blanc Jean-Daniel; Luchsinger Christine (Hg.): achtung: die 50er Jahre! Annäherungen an eine widersprüchliche Zeit. Zürich 1994.

Lutz Burkhart: Der kurze Traum immerwährender Prosperität. Eine Neuinterpretation der industriell-kapitalistischen Entwicklung im Europa des 20. Jahrhunderts. Frankfurt 1989.

Lutz Christian: Die dringlichen Bundesbeschlüsse über die Bekämpfung der Teuerung. Ein Kapitel Geschichte schweizerischer Wirtschaftspolitik. Winterthur 1967.

Manz Paul: Die Wiedervereinigungsfrage als Damoklesschwert über der Baselbieter Politik, in: Baselland bleibt selbständig. Von der Wiedervereinigungsidee zur Partnerschaft, Hg. Stiftung für Baselbieter Zeitgeschichte. Liestal 1985.

Meier Theo: Staat und Wirtschaft, in: BHB 13, 1977.

Meili Armin: 25 Jahre Landesplanung in der Schweiz, in: Werk 1958, Nr. 9.

Meili Armin: Allgemeines über Landesplanung, in: Die Autostrasse 1933, Nr. 2.

Meili Armin: Zürich heute und morgen. Wille oder Zufall in der baulichen Gestaltung. Sonderdruck NZZ. Zürich 1945.

Messmer Paul: Der Öffentliche Verkehr. Vorgeschichte, Entwicklung, Zukunftsaussichten des Tarifverbunds Nordwestschweiz, in: BHB 16, 1987.

Niederberger Josef Martin: Die politisch-administrative Regelung von Ausländern in der Schweiz – Strukturen, Prozesse, Wirkungen, in: Hoffmann-Nowotny Hans-Joachim; Hondrich Karl-Otto: Ausländer in der BRD und in der Schweiz. Segregation und Integration, Frankfurt/M 1981.

Nyffeler Paul et al.: Partnerschaft zwischen Basel-Stadt und Basel-Landschaft. Grundlagen. Hintergrund. Stossrichtungen. Liestal 1986.

Oberer Christoph: Das Phänomen der Periurbanisation oder die Vereinzelung der Menschen, in: BHB 16, 1987.

Oberer Christoph: Die Massenmotorisierung im Kanton Basel-Landschaft. Ms Liestal 1991.

Otto R.G. et al.: Planung Liestal. Liestal 1966.

Pfister Christian (Hg.): Das 1950er Syndrom. Der Weg in die Konsumgesellschaft. Bern 1995.

Pfister Christian; Thut Werner: Haushälterischer Umgang mit dem Boden – Erfahrungen aus der Geschichte. Bern 1986.

Prader Gaudenz: 50 Jahre schweizerische Stabilisierungspolitik. Lernprozesse in Theorie und Politik am Beispiel der Finanz- und Beschäftigungspolitik des Bundes. Zürich 1981.

Ramseier Walter et al.: Heimatkunde Münchenstein: Liestal 1995.

Regierungsrat des Kantons Basel-Landschaft: Leitbild Baselland. Liestal 1968.

Regio Basiliensis (Hg.): Internationale Regio Planertagung 1965. Schriften der Regio Nr. 3. Basel 1965.

Rohner Jürg: Merkmale der Bevölkerungsentwicklung im schweizerischen Teil der Agglomeration Basel und in ihrem Umland, in: DISP 80/81, 1985.

Röpke Wilhelm: Fronten der Freiheit. Wirtschaft – Internationale Ordnung – Politik. Stuttgart 1965.

Schaffner Werner: Landschaft und Wirtschaft an der obern Ergolz, in: BHB 3. Liestal 1945.

Schilling Rudolf; Scheurer Otto: Die Erneuerung von Grossiedlungen. Beispiele und Empfehlungen. Hg. vom Bundesamt für Wohnungswesen. Bern 1991.

Schmassmann Walter: Die Ergolz als Vorfluter häuslicher und industrieller Abwasser. Untersuchungen zur Lösung der Abwasserfrage im Ergolztal. Liestal 1944.

Schmassmann Walter: Die wasserwirtschaftlichen Verhältnisse unserer Region und die Bedeutung des Grundwasserwerks Hard für ihre Versorgung mit Trinkwasser, in: BHB 9, 1962.

Schmid Gerhard: Stadtkanton und Dreiländeragglomeration: Der Fall Basel, in: Schweizerisches Jahrbuch für politische Wissenschaft. Bern 1985.

Schneider Werner: Die Beteiligung des Kantons Basel-Landschaft an der Universität Basel, in: BHB 15, 1986.

Schneider Willi: Das regionale Schulabkommen und seine Geschichte, in: BasS 1981.

Schürmann Leo: Bau- und Planungsrecht. Bern (2. Aufl.) 1984.

Schwabe, Hansrudolf et al.: BTB+BEB+TBA+BUeB = BLT. 100 Jahre öffentlicher Regionalverkehr in der Nordwestschweiz. Basel 1987.

Schweizerische Bankgesellschaft (Hg.): Die Schweizer Wirtschaft 1946–1986. Daten, Fakten, Analysen. Zürich 1987.

Schweizerische Studiengesellschaft für Raumordnung und Regionalpolitik (Hg.): Agglomerationsprobleme in der Schweiz. Bern 1988.

Senti Richard: Die staatliche Wirtschaftspolitik, in: Gruner Erich (Hg.): Die Schweiz seit 1945. Beiträge zur Zeitgeschichte. Bern 1971.

Sieber Hugo: Umstrittene Fragen der schweizerischen Wirtschaftspolitik. Ausgewählte Aufsätze. Bern 1965.

Siegenthaler Hansjörg: Die Schweiz 1914–1984, in: Handbuch der europäischen Wirtschafts- und Sozialgeschichte. Hg. von Wolfram Fischer. Stuttgart 1987.

Siegenthaler Hansjörg: Regelvertrauen, Prosperität und Krisen. Die Ungleichmässigkeit wirtschaftlicher und sozialer Entwicklung als Ergebnis individuellen Handelns und sozialen Lernens. Tübingen 1993.

Siegenthaler Hansjörg: Soziale Bewegungen und gesellschaftliches Lernen im Industriezeitalter, in: Dahinden Martin (Hg.): Neue soziale Bewegungen – und ihre gesellschaftlichen Wirkungen. Zürich 1987.

Siegrist Georg: Die Bevölkerungsentwicklung, in: Beiträge zur Entwicklungsgeschichte des Kantons Basel-Landschaft. Hg. von der Basellandschaftlichen Kantonalbank. Liestal 1964.

Sieverts Thomas; Irion Ilse: Neue Städte und Grossiedlungen der Epoche 1950–1975: Schon Baugeschichte oder noch aktuell? in: DISP 117, 1994.

Simmen Leo; Sutter Eva: Die Nationale Aktion 1961–1970. Ms Zürich 1985 (Seminararbeit am Historischen Seminar Zürich).

Skenderovic Damir: Die schweizerische Umweltschutzbewegung in den 1950er und 1960er Jahren. Oppositionen und Aktionen. Liz Freiburg 1992.

Skenderovic Damir: Die Umweltschutzbewegung im Spannungsfeld der 50er Jahre, in: Blanc Jean-Daniel; Luchsinger Christine (Hg.): achtung: die 50er Jahre! Annäherungen an eine widersprüchliche Zeit. Zürich 1994.

Stirnimann Charles: Der Weg in die Nachkriegszeit 1943–1948. Ein Beitrag zur politischen Sozialgeschichte des «Roten Basel». Basel 1992.

Stolz Peter; Wiss Edmund: Soziologische Regio-Untersuchung. Basel 1965.

Studer Oscar et al.: Heimatkunde Arlesheim. Liestal 1993.

Suter Peter: Die Einzelhöfe von Baselland. Liestal 1969.

Tanner Jakob: Bundeshaushalt, Währung und Kriegswirtschaft in der Schweiz zwischen 1938 und 1953. Eine finanzsoziologische Analyse. Zürich 1986.

Tanner Jakob: Die Schweiz in den 1950er Jahren. Prozesse, Brüche, Widersprüche, Ungleichzeitigkeiten, in: Blanc Jean-Daniel; Luchsinger Christine (Hg.): achtung: die 50er Jahre! Annäherungen an eine widersprüchliche Zeit. Zürich 1994.

Trautvetter Peter M: Raumplanung und Eigentumsgarantie, in: Hochparterre 1993, Nr. 12.

Trüdinger Paul: Planungs-Probleme in der Region Basel. Basel 1942.

Tschäni Hans: Wem gehört die Schweiz? Unser Eigentums- und Bodenrecht auf dem Weg zum Feudalsystem. Zürich 1986.

Tschudi Anton: Die sozialdemokratisch-gewerkschaftliche Verfassungsinitiative gegen die Bodenspekulation aus dem Jahre 1963. Konstanz 1979.

Urteile Firestone. Die gerichtlichen Auseinandersetzungen der Gewerkschaften (SMUV und GCTP) mit der Firestone (Schweiz) AG im Anschluss an die Einstellung des Produktionsbetriebes in Pratteln. Liestal 1984.

Waldenburgerbahn AG (Hg.): 100 Jahre Waldenburgerbahn 1880–1980. Waldenburg 1980.

Walter François: Fédéralisme et proprieté privée 1930–50. Les attitudes face à l'amenagement du territoire en temps de crise et de plain pouvoirs, in: DISP 82, 1985.

Walter François: Les suisses et l'environnement. Une histoire du rapport à la nature, du 18ème siècle à nos jours. Genève 1990.

Wasserfallen Walter: Die Wirkung der Baubeschlüsse 1964, 1971 und 1972 in der Schweiz. Bern 1977.

Weber Karl: Entstehung und Entwicklung des Kantons Basellandschaft 1798 bis 1932, in: Geschichte der Landschaft Basel und des Kantons Basellandschaft. Hg. Regierung des Kantons Basel-Landschaft. Bd. 2. Liestal 1932.

Weisskopf Ernst: Finanzausgleich Baselland. Basel 1943.

Werder Hans: Die Bedeutung der Volksinitiative in der Nachkriegszeit. Bern 1978.

Werder Hans: Probleme kantonaler Regierungsprogramme, in: SJPW 1977.

Wienke U.: Shopping Center oder Ortszentren. Bericht zur Orts-, Regional- und Landesplanung Nr. 30, 1974.

Windler Hans: Reinach BL. Beiträge zur Heimatkunde einer jungen Stadt. Liestal 1975.

Winkler Ernst et al.: Dokumente zur Geschichte der schweizerischen Landesplanung. Zürich 1979.

Winkler Ernst: Grundfragen des Landschaftsschutzes, in: BHB 9, 1969.

Winkler Gabriela: Ideengeschichtliche Skizze der schweizerischen Landesplanung, in: Schweizer Ingenieur und Architekt 1981, Nr. 41/42.

Winkler Justin: Die Landwirtschaftsgüter der Christoph Merian Stiftung Basel. Darstellung des raumbezogenen Handelns und der regionalen Funktion einer gemeinnützigen städtischen Institution. Basel 1986.

Wittmann Walter: Die Finanzpolitik, in: Gruner Erich (Hg.): Die Schweiz seit 1945. Beiträge zur Zeitgeschichte. Bern 1971.

Wronsky Dieter: Wohnsiedlungen im Baselbiet – Neubau oder Ausbau? in: BHB 16, 1987.

Zappa Vera et al.: Infrastrukturbedarf, Finanzbedarf und Finanzaufkommen der Kantone Basel-Stadt und Basel-Landschaft 1965–1980 unter Berücksichtigung der Verflechtungen mit der Regio. Basel 1968.

Zimmermann Jürgen et al.: Abwasserreinigung in der Region Basel. Pro Rheno – Der Weg zum Ziel. Basel 1983.